Rosina-Fawzia Al-Rawi

Der Hauch der Ewigkeit

DIE 99 HEILENDEN NAMEN DER EINEN LIEBE

„Die Schönsten Namen Gottes“

أسماء الله الحسنى

´asmā´u llāh al–ḥusnā

SHEEMA

Rosina-Fawzia Al-Rawi

Der Hauch der Ewigkeit

DIE 99 HEILENDEN NAMEN DER EINEN LIEBE

„Die Schönsten Namen Gottes“

أسماء الله الحسنى

´asmā´u llāh al–ḥusnā

Bibliografische Information der Deutschen Bibliothek
Die Deutsche Bibliothek verzeichnet diese Publikation in der Deutschen Nationalbibliothek; detaillierte Daten sind im Internet über http://dnb.ddb.de abrufbar.

ISBN 978-3-931560-37-9

1. Auflage 2014

Gesamtherstellung: Sheema Medien Verlag, Cornelia Linder, www.sheema-verlag.de
Cover und Layout: Schmucker Digital
Gestaltung des Umschlages unter Verwendung eines Motivs von © oowenoc / Fotolia.com
Druck: FINIDR, s.r.o., Český Těšín

Für

meine Weggefährtin und meine Tochter

AMIRA und TASNIM

IN TIEFER LIEBE UND VERBUNDENHEIT

Inhaltsangabe

Seite

Aus Gründen der Stetigkeit und Unkompliziertheit wurde in diesem Buch Allāh, Gott, der Ewig Große Geliebte, als „Er" bezeichnet, obwohl es klar ist, dass die Absolutheit weder männlich noch weiblich ist, sondern ein All–Sein ist, jenseits von allem und beides beinhaltend.

Wichtiger Verlagshinweis

Alle in diesem Buch gegebenen Informationen ersetzen keine fachspezifische Beratung oder Behandlung. Wer medizinischen oder sonstigen speziellen Rat oder Hilfe sucht, sollte sich an einen geeigneten Spezialisten, Arzt und/oder Heilpraktiker wenden. Autorin und Verlag machen keinerlei Heilsversprechungen und übenehmen keine Haftung für vermeintliche oder tatsächliche Schäden irgendeiner Art, die in Verbindung mit dem Gebrauch oder dem Vertrauen auf irgendwelche in diesem Buch enthaltenen Informationen auftreten könnten. Alle praktischen Anwendungen durch die LeserInnen geschehen auf eigene Verantwortung.

Danksagung

Meinen tiefsten Dank an alle großen Seelen, die mir Allāh erlaubt hat kennenzulernen, neben ihnen zu verweilen und von ihrem Licht und ihrer Weisheit zu trinken. Ich möchte Amira A. Jost für ihre stets bereite Unterstützung danken und für die Zeit, die sie dem Korrigieren und Durchlesen gewidmet hat. Mein Dank gilt auch Ute und Werner Lauf für ihre Korrekturen und Inspirationen. Bedanken möchte ich mich auch bei meinem Mann und meinen Kindern für ihre Geduld und Liebe.

Anmerkungen zur Transliteration

Die Transliteration folgt den Vorgaben der Deutschen Morgenländischen Gesellschaft (DMG). Alle unbekannteren arabischen Namen wurden korrekt umgeschrieben, während bestimmte arabische Begriffe wie Koran, Muhammad, Hadith, Scharia nicht umgeschrieben wurden, da sie häufig Verwendung finden und daher bekannt sind. Bei manchen Begriffen wie z. B. Hadith, wird der gebräuchliche Plural Hadithe benutzt, obwohl die korrekte Schreibweise im Plural aḥādīṯ wäre.

Anmerkungen zu den weiblichen und männlichen Personalpronomen

Um den Leserinnen und Lesern eine ausgleichende, gleichwertige Atmosphäre zu vermitteln, habe ich auf eine unübliche bzw. unkonventionelle Weise mal das weibliche, mal das männliche Pronomen verwendet. Dies mag teilweise verwirren, trotzdem wollte ich nicht das ganze Buch hindurch fortwährend beide Möglichkeiten nebeneinander stellen, da mir dies als unvorteilhaft für den Fluss des Lesens erschien. Die angewendete „Mischform" ist Ausdruck der Anerkennung für alle Frauen und Männer, die dieses Buch lesen werden.

Vorwort

Dieses Buch sieht sich als einführender und einfacher Beitrag zum Verständnis der Göttlichen Namen. Es reflektiert und bringt zusammen das Wissen meines Lehrers Šayh Sidi Muhammad Al–Ǧamal Al–Rifāʿī, anderer Lehrer und Wissender, und ist hier in Bescheidenheit zusammengefasst.

Mein besonderer Dank und meine Liebe gelten meinem Lehrer Šayẖ Sidi Muhammad Al–Ǧamal Al–Rifāʿī, der mich in seiner unendlichen Geduld und Liebe durch die Täler und Berge meines Ichs begleitet hat und mir immer wieder gezeigt hat, was es bedeutet, Mensch zu werden. Am meisten danke ich ihm für den Samen des Vertrauens, den er in mein Herz gepflanzt hat mit seinen immer wiederkehrenden Worten: „Alles ist in dir, lerne zu lesen!" Zwölf Jahre lang in seiner Nähe sein zu dürfen, mir zu erlauben, in Stille neben ihm zu sitzen, mich am Licht seiner großen Seele wärmen zu können, waren große Geschenke, die mich mein Leben lang begleiten werden – und ihn auch Schwiegervater nennen zu können, nachdem sein Sohn und ich durch ihn vermählt wurden, entwickelten ein Band der tiefen Verbundenheit.

Sidi kommt aus der Tradition der Šāḏuliyya–Schule, einer sehr verbreiteten Sufischule, die nach dem großen Sufilehrer Abu Al–Ḥasan Aš–Šāḏulī benannt ist. Sein Meister war der bedeutende marokkanische Sufimeister ʿAbd As–Salām ibn Mašīš. Durch ihn initiiert, verbreitete er sein Wissen vor allem in Tunesien und Ägypten, wo er auch 1258 begraben wurde.

Die Šāḏuliyya–Schule ist kein spektakulärer Weg, die äußeren Handlungen sollen ausgewogen, moderat und harmonisch sein und im Inneren soll die/der Suchende durch Gedenken das Herz mit Allāh verbinden. Eine der Grundbedingungen für diesen Weg ist, im Leben zu stehen, einen Beruf, eine Familie, eine Gemeinschaft zu haben und den inneren Entwicklungen in den äußeren Handlungen und Taten Ausdruck zu geben. Es ist nicht so schwer, ausgewogen, würdevoll und friedlich in einer abgeschiedenen Höhle zu sein, doch diese Qualitäten unter den Menschen zu halten und zu leben, das erfordert Großmut, Gelassenheit, Vertrauen, Selbstüberwindung, Selbstbeherrschung, sowie Reflexion, Kontemplation und tiefe Liebe. Zu lernen, aus unserem tiefen Sein zu schöpfen, die Dinge von innen zu sehen, in ihrer Urbeschaffenheit und in der Einheit, erfordert eine tiefe Transformation. Denn das Ich sieht die Dinge gerne von außen und in ihrer Zufälligkeit und demzufolge auch außerhalb des Göttlichen.

Was ist Sufismus?

Der Sufismus ist ein Weg, der den Menschen eine Methode lehrt zur Entdeckung des eigenen Seins, der eigenen Talente und Potenziale, zur Auffindung der eigenen wahren Realität, des eigenen Wunders.

Es ist kein theoretisches System, das durch Schlussfolgerungen oder Betrachtungen erreicht wird, sondern es ist ein zu erfahrender Weg, offenbart und vorgelebt von den Gesandten und Propheten, ein Weg, durch den diese den Zustand absoluter Erkenntnis erreichten.

In uns Menschen bestehen gleichzeitig zwei Kräfte, zwei Sehnsüchte: eine vertikale und eine horizontale. Die eine ist die Liebe zu Gott, und die andere die Liebe zum Menschen, zur Schöpfung.

Schwankend, verwirrt und verloren ist der Mensch, wenn er nicht weiß, wo er steht, wenn er ziellos durchs Leben geht und immer nur japsend auf die äußeren Situationen reagieren muss. Täglich gehen wir durch eine Palette von Zuständen: mal sind wir offen und freundlich, mal genervt und ängstlich, mal heuchlerisch und wiederum ehrlich, mal ängstlich, mal mutig, mal tief zufrieden, dann wieder unglücklich, mal weitherzig, mal kleinlich, mal berechnend, mal großzügig. Wofür und warum all diese Bewegungen, was mache ich damit, was soll das Ganze und wo liegt der Sinn?

Je mehr man Gott erkennt, desto mehr liebt man Ihn, und den Menschen erkennt man vor allem, wenn man ihn liebt. Es sind die Nächstenliebe und das Mitgefühl, die die elementarsten Ausdrücke unserer Bewegung auf die Ganzheit zu sind. Sie haben die Kraft, die Ketten der Isolation zu sprengen und die trotzigen und leidenschaftlichen Trennungen zwischen mir und dem anderen, dem Rest der Welt, aufzuheben. Sie reinigen das Herz und befreien den Geist von den Ich-bezogenen Hindernissen. Die Nächstenliebe bringt die Beseitigung der Ichsucht mit sich. Sie ist die Ausdehnung, die stattfindet, wenn sich das Herz von den dunklen Flecken der Gier, des Neides und der Arroganz reinigt. Denn Nächstenliebe und Mitgefühl für alle Lebewesen sind die Grundlagen wahrer Moral.

Wir Menschen sind „nichts“ vom herkömmlichen und trennenden Blickpunkt aus gesehen und „alles“ vom Blickpunkt der Einheit, der Göttlichen Wirklichkeit. Ganzheit ist Vollkommenheit und wir sind ein Teil davon, ein Teil der Schöpfung. Gott gegenüber sind wir „nichts“ oder „alles“, je nach Anschauung. In Bezug auf das Universum sind wir Teil, Teil dieser erschaffenen Vollkommenheit. Die Ganzheit pulsiert in unserer Mitte, ein himmlisch–Göttlicher Kern, dessen äußerste Peripherie das Ego ist.

Das Ziel der Sufis ist es, sich in der Peripherie des Egos die Göttliche Mitte zu vergegenwärtigen und gleichzeitig nach der eigenen Ganzheit zu suchen. Es ist der Weg vom Exil in die Heimat, zur Mitte, zu meinem wahren Selbst, durch das Erkennen der Ganzheit der Existenz. Weg und Mitte sind hier die Orientierungen.

Das größte Geschenk an den Menschen ist die Erkenntnisfähigkeit. Der Prophet Muhammad, Allāhs Friede und Heil seien mit ihm, hat gesagt: „Gott hat nichts Edleres als das Erkenntnisvermögen geschaffen, und sein Zorn fällt auf den, der es verachtet“.

Die Erkenntnisfähigkeit ist dem Menschen gegeben, die Verführung folgt stets auf der Ebene des Willens. Der Wille ist der Wind – verweilt er im Göttlichen Willen, so widerspiegelt er klar den ewig vollkommenen ruhigen See in uns. Ist der Wind durch Turbulenzen des Egos gestört, wird auch der Widerschein der Sonne gestört und die Göttliche Spiegelung verzerrt. Das Böse oder die Disharmonie ist nicht das Gegenteil von Gott, sondern befindet sich im Widerstand zu Allāh. Alles besteht aus und kommt von derselben Quelle. Das Göttliche beinhaltet beides, schwarz und weiß, männlich und weiblich.

Das Konzept der Dualität existiert, um uns besser in dieser Welt zu orientieren, doch nicht, um darin gefangen zu bleiben. Denn die Dualität besteht in dieser Welt nur, um uns in die Einheit zu führen. Die Dualität ist eine Welt der augenscheinlichen Gegenpole, die sich ergänzen, sie sind keine „wahren“ Gegensätze. Alles ist miteinander verwoben, alles ist ein untrennbares Energiemuster.

Die Verwendung und Vertiefung in die Göttlichen Namen, vor allem die „Gegenpolnamen" wie z. B. Aḍ–Ḍār / An–Nāfi' „Der Erschaffer des Schadens" / „Der Erschaffer des Nützlichen" oder Al–Qābiḍ / Al–Bāsiṭ „Der Zusammenziehende" / „Der Ausbreitende", helfen uns, den linearen Verstand zu transzendieren und die Verbundenheit aller Dinge als Realität zu erfassen. Der Sufi sucht Zuflucht im Göttlichen, bis er sowohl bei dem einen wie auch dem anderen Namen, sowohl bei den leicht zu tragenden wie bei verworrenen Situationen, nur mehr „Geliebter" ausrufen kann, weil alles mit der Weisheit des Herzens erkannt und aufgenommen wird. Je tiefer und weiter unser Bewusstsein wird, je mehr wir uns aus der Abschnürung des Ichs befreien, desto mehr begreifen wir diese Realität.

Der Weg dorthin besteht in der Annäherung der Peripherie des Ichs an die Mitte des wahren Seins. Die vielfältigen äußeren Manifestationen sollen uns helfen, den Weg zur inneren Dimension anzugehen, wo alles in der Einheit mündet, stirbt und wiedergeboren wird.

Die ausgewogene Mitte zu finden zwischen den beiden Kräften, die wir in uns tragen, ist der Weg der Sufis. Wir sind einerseits himmlische, andererseits irdische Wesen. Himmlisch wie die Engel, nur zu Gutem fähig, im Lobpreis des Einen verweilend und irdisch wie die Tiere, die ihren Trieben und Bedürfnissen folgen. Für beide – Engel und Tier – ist dieser Weg, sind ihre Gaben bestimmt, und sie beide können nicht anders.

Wir Menschen aber sind mit dem Erkenntnisvermögen, also mit der Fähigkeit des Verstandes, der Reflexion, beschenkt und sind daher auch mit der Aufgabe und Bürde der freien Wahl beerbt. Wir sind uns unserer selbst und unserer Taten bewusst und tragen daher die Konsequenzen unserer Handlungen. Wenn wir uns zu unserem wahren, tiefen Göttlichen Sein hinwenden, mit all dem Ringen, das damit verbunden ist, steigen wir aufgrund unserer bewussten Entscheidung höher als die Engel, und wenn wir uns für unsere Triebe und eigennützigen Ich–bezogenen Bedürfnisse entscheiden, sinken wir tiefer als tierisches Leben.

In dieser bewussten Entscheidung und großen Anstrengung liegt die Würde des Menschen. Stetig Schritt für Schritt, Atemzug für Atemzug das Ego einnehmend, verwandelnd und mehr und mehr, tiefer und tiefer mit den Göttlichen Eigenschaften sich einfärbend, gelangt der Mensch zu seiner wahren Bestimmung, zu seiner wahren Natur. Dafür ist es wichtig, sich selbst kennenzulernen, um die richtigen und effizienten Methoden anzuwenden, die uns zu unserem wahren Sein, zur Liebe, zum Sinn unserer Existenz führen, zum Großen Geliebten in und um uns und jenseits von Allem!

Rumi umschreibt den Menschen so treffend:

„Ein Wesen mit Engelsflügeln, an den ein Eselsschwanz gebunden ist!"

Der Mensch vereinigt in sich die Gesamtheit von Allem und wird daher die/der Auserwählte der Schöpfung genannt.

Sei dir deiner Ewigkeit bewusst und des „zeitlosen Augenblicks", geschaffen durch dein Gedenken an Allāh! Werde, wie die Sufis sagen, „die Tochter, der Sohn des gegenwärtigen Augenblicks" und sorge dich nicht um das Morgen! Denn nur im gegenwärtigen unersetzlichen Augenblick im Göttlichen „Jetzt", gehören wir ganz Gott.

Stehe auf und beginne zu gehen, öffne dein Herz, lass dich in der Göttlichen Absoluttheit drehen und wenden, wissend, dass alles von Ihm kommt und zu Ihm zurückkehrt. Das Endziel der Sufis ist die Erkenntnis des Göttlichen, das Einswerden mit Gott und die Auflösung der Ketten des selbstgefälligen, selbstsüchtigen, ängstlichen Ichs. Die Liebe als vereinende Kraft steht dabei im Zentrum. „Nicht die Furcht vor der Hölle, noch die Aussicht auf das Paradies sind maßgebend, sondern allein die ewige Schönheit Gottes zu erfahren", sprach Rābi'a Al–'Adawiyya so treffend.

Auf der Suche nach der Erkenntnis des Göttlichen, der Ewigen Realität, sind die Selbstbeobachtung und die spirituelle Reinigung des Herzens wesentlich. Dies ist es, was die Sufis den „großen Djihad (ğihād)" oder ğihād un–nafs, „den großen Kampf, die große Anstrengung gegen die Isolationsbestrebungen des verletzten Ichs" nennen. Folglich bedeutet ğihād „Anstrengung für das Göttliche" gegen die selbstsüchtigen Leidenschaften und Schwächen. Djihad kommt vom Verb ğahada und bedeutet „sich bemühen, kämpfen, an sich arbeiten, anstrengen" und zwar für eine gute Sache und gegen Übel. Das Ego–Nafs mit Mitgefühl und Nächstenliebe zu füllen, mit der Erkenntnis, dass des Nächsten Zustand und Situation sehr wohl mit meinem verbunden ist, erfordert Selbstüberwindung und kann nur erreicht und erkannt werden, wenn ich den Urstoff, den Urgrund, der uns alle verbindet, erfahre. Wenn ich also mein Herz langsam öffne und sage: „Ja, komm Vertrauen, komm Liebe und berühre mich! Ich habe Angst vor den Konsequenzen, ich habe

Angst, dass vielleicht auch Schmerz kommen kann, aber ich will ganz werden, ich will den Schritt aus der Isolation wagen und ich werde den notwendigen Kampf und die Achtsamkeit aufnehmen, um heil zu werden!" In dem Sinne ist Djihad (ǧihād) ein „heilender, heiliger Kampf" bis der Zustand der „Seele im Frieden" erlangt ist.

Der arabische Begriff „nafs" steht für die menschliche „Seele" und/oder das „Selbst" in welche Allāh Sein rūḥ (Geist) gehaucht hat. Das Nafs umschließt moralisch höhere sowie niedrigere Eigenschaften wie Hass, Gier, Neid usw. Das Nafs ist im Gegensatz zum Geist rūḥ der Teil im Herzen des Menschen, der unter seine eigene Kontrolle gestellt wurde, sozusagen sein „Ich". Nun sollen aber die niederen Eigenschaften eines Menschen nicht abgetötet sondern kanalisiert werden, um auf dem Weg zum Göttlichen dienen zu können. Das Umwandeln der niederen Triebe und Eigenschaften der Seele/des Selbst in nützliche Werkzeuge ist eine komplexe Angelegenheit. Es bedeutet, die niedrigen, selbstsüchtigen, egoistischen Aspekte der Seele untertan zu machen, zu verwandeln und auszulöschen. Durch diesen Akt der Anstrengung (ǧihād), des sakralen Wirtschaften in einem Selbst, lernt man, nicht vom Nafs beritten zu werden, sondern auf ihm zu reiten wie auf einem gebändigten Löwen. Ziel ist es, das selbstgefällige „Ich" zu überwinden und zu einem gemeinsamen „Wir" zu kommen – in der Ergebenheit und Hingabe in Gott.

Die Praktiken dazu variieren von Gebet, Meditation, Tanz, Musik, ḫalwa („Rückzug") und ḏikr („Gottgedenken, Gottesbewusstsein"). Doch stets stehen der Alltag, der Umgang mit den Mitmenschen und die Handlungen im Mittelpunkt. Sie sind die wahre Übungs– und Reflexionsarena. Teile den Tag in zwei Teile: Sei tagsüber in der Qualität der Dankbarkeit (šukr), im Einatmen der Erlebnisse, und sei nachts in der Qualität des Erinnerns (ḏikr), im Ausatmen in die Kontemplation und dem inneren Lernen. Tag und Nacht haben hier symbolische Bedeutung: Der „Tag" ist die Gottgegebene Fähigkeit des Menschen, Einsicht durch bewusstes vernünftiges Denken zu gewinnen. Die „Nacht" ist die Intuition, die aus der stillen ruhevollen Ergebenheit gegenüber der Stimme des eigenen Herzens kommt.

> „Denn waren sie nicht gewahr, dass Wir es sind, die die Nacht für sie gemacht hatten, auf das sie darin ruhen mögen, und den Tag, um sie sehen zu lassen."
> Koran Sure 27: Vers 86 (27:86)

Die ersten Schritte, der Auszug vom Übel des selbstgefälligen, selbstsüchtigen Ich zum Göttlichen, sind oft von herzzerreißender Einsamkeit begleitet. Es ist eine Trennung vom Vertrauten, aber auch oft ein Abschied von bestehenden Beziehungen.

„Und wer den Bereich des Übels um Gottes Willen verlässt, der wird auf Erden
manch einsame Straße wie auch Leben in Fülle finden."
(4:100)

Um diesen Weg zu gehen, braucht der Suchende eine/n LehrerIn, jemanden, der diesen Weg gegangen ist und die komplexen Fallen des Egos kennt und von der Liebe zu Gott durchtränkt ist, aber auch unterstützende, beistehende, aufmunternde, weiterhelfende GefährtInnen.

Der Weg und das Ziel ist Schönheit „iḥsān". Iḥsān kommt von ḥusn „Schönheit, Anmut" und bedeutet: „Alles auf die für uns höchstmögliche Art und Weise schön angehen, leben und ausführen", denn iḥsān bedeutet gemäß der prophetischen Überlieferung „dass du Gott verehrst, als wenn du Ihn sähest, und wenn du Ihn nicht siehst, so sieht Er doch dich". Iḥsān ist die vollkommen aufrichtige Anbetung Gottes, die vollständige Verschmelzung der Erkenntnis und des Willens mit dem Göttlichen.

Der Sufismus besagt: Der Mensch ist das perfekte Ebenbild des Universums! Betrachten wir das Universum, die Natur, so finden wir Harmonie, Ausgewogenheit und Frieden vor. Wieso finden wir also keine Harmonie, keine Ausgeglichenheit und vor allem keinen Frieden unter den Menschen?

Beschenkt mit einem freien Willen und einem Verstand verwendet das Ich diese, um seine Wünsche und Begierden zu erfüllen und auf bestmögliche Weise zu befriedigen. In seiner Ich–bezogenen Einstellung lehnt das Ego–Nafs das wahre heilige Gleichgewicht ab und ist bereit, für seine Begierden nicht nur unsere persönlichen und sozialen Beziehungen, sondern auch die Natur und den ganzen Planeten zu zerstören. Obwohl wir alles tun, um diese Befriedigung zu erreichen, haben wir stets das Gefühl, dass etwas fehlt, und dieses Gefühl lässt uns immer weiter nach noch mehr „Fortschritt" hinzielen.

Doch die wahre Identität des Menschen ist nicht ein Konglomerat seiner Begierden und Verhaltensweisen. Wir sind zwar in unserer Konstellation den Steinen, den Pflanzen und den Tieren sehr ähnlich, doch es gibt da einen Kern, eine Essenz, ein inneres Licht, ein Sein, das uns Menschen von allen unterscheidet und das der Mensch mit seinem Verstand und seinem Herzen bewusst erreichen kann.

Es ist dieses Sein, an das sich alle Propheten und großen Meister wenden. Je nach Zeit und Raum, mit stets anderen Einsichten, zeigen sie alle die Eine Realität auf. Sie wenden sich nicht an unsere Gefühle, unsere Verhaltensweisen oder unsere Intelligenz. Ihre Worte sind stets an unsere Essenz gerichtet, die ewig und anhaltend von Anbeginn bis zum Ende existiert. Alles verändert sich: unser Körper, unsere Gedanken, unsere Ideen, unsere Beziehungen, unsere Neigungen und Ziele, doch dieses wahre Selbst ist ewig und immerwährend.

Uns auf dieses wahre Selbst einzuschwingen bedeutet, uns für unsere wahre Bestimmung bereitzustellen. Dafür müssen wir uns mit unserer wahren Natur verbinden, erst dann beginnen sich die höheren Energien klar und unverzerrt in uns zu manifestieren. Das isolierte Ich–bezogene Ego, das uns so oft zu Sklaven unserer scheinheiligen und engherzigen Bedürfnisse und Triebe macht, ist ein träges, sich langsam drehendes Gebilde. Sich vom Ego–Selbst zum wahren Selbst zu öffnen bedeutet, vom schnelldrehenden Wirbel der Liebe gepackt zu werden, der alles Schwere abprallen lässt und das Göttliche Licht anzieht. Es bedeutet, im Herzen eine Verpflichtung für die Menschheit und diesen Planeten, ja das ganze Universum zu tragen. Es bedeutet, sich in sich selbst zu verlieben, in diese ewige Göttliche Natur, die in unserer Mitte pulsiert, und die uns mit ihrer unendlichen Güte und Gnade durch das Leben führt, wenn wir es zulassen. Es ist ein täglicher Kampf für das Licht, die Liebe, die Güte, die Harmonie, die Toleranz und den Frieden.

Im Wesen sind die Botschaften aller Propheten zu allen Zeiten gleich: Erkenne dich selbst! Auch der Prophet Muhammad, Allāhs Friede und Heil seien mit ihm, hat gesagt:

„Wer auch immer das wahre Selbst erkennt, der hat Gott erkannt!“

Es ist unser Schicksal in unserer Endlichkeit – wir, die wir dem Wandel der Zeit unterstellt sind – uns auf den Weg zu begeben, die Ewigkeit, die auch in uns pulsiert, zu erfahren.

Das Ziel des Sufismus ist, den Menschen dorthin zu leiten, ihn zu erleuchten und zu seinem Heiligtum, zu den Göttlichen Energien zu führen. Der Weg ist die Liebe, die durch spirituelle Praktiken und Aufrichtigkeit genährt wird, bis das Herz und der Geist den Sinn der Existenz erkennen.

> Rumi sagte: „Das Ergebnis meines Lebens kann man in drei Worten zusammenfassen: Ich war unreif, ich reifte, und ich wurde verzehrt!"

Die Weisheitslehre der Sufis taucht in die Religionen durch die maʻrifa, die Erkenntnis, ein. Sie benutzt die Unterscheidung zwischen dem Absoluten und den Manifestationen, der Essenz und der Form, dem Inneren und Äußeren, um zu verbinden, um zwischen Wahrheit Ḥaqq und Welt dunya zu vereinen. Der Ort dieser Einung ist das menschliche Herz.

Die Göttlichen Namen und Qualitäten

Dieses Buch soll als Arbeitsbuch dienen, dazu beitragen, einen Raum in den Herzen der Menschen zu öffnen und darin die Samen der Sehnsucht und Liebe für die Schönheit und Majestät dieser Namen zu pflanzen, um so letztendlich die Schönheit und Würde dieser Welt zu kosten, die majestätische Schönheit des Schöpfers zu sehen und den Mitmenschen nahezubringen.

Alle Göttlichen Namen bzw. Eigenschaften widerspiegeln die verschiedenen Aspekte des Einen, der einen allumfassenden Liebe, Allāh. Durch die Göttlichen Namen versuchen wir die Gegenwart des Unendlichen im Endlichen zu kosten. Sie beschreiben uns den Weg der Annäherung an Gott. Da sie aber selbst von Gott erschaffen sind, können sie Ihn nicht enthalten, dennoch geben sie uns die Möglichkeit, Ihn durch sie zu erkennen. Doch es wird immer eine Erkenntnis nach menschlicher Bewertung sein. Die einzige Möglichkeit, uns

Ihm zu nähern, ist, wenn wir uns mit Seinen Qualitäten „färben“, uns also zu unserer eigenen Vollkommenheit begeben und Seine Qualitäten auf uns anwenden, bis das Göttliche Licht, aus dem wir geformt wurden, durch unsere irdische Hülle hindurchstrahlt und wir das werden, was wir vor unserer irdischen Existenz waren und sind.

Die Wiederholung der Göttlichen Namen ist, wie die Sufis es nennen, „das Einkleiden der Triebseele nafs mit den Göttlichen Eigenschaften“. Es ist der Akt, das ewig Heilige in uns zum Erblühen zu bringen. Dafür muss das nafs, das Ego, jener selbstgefällige, egoistische Teil in uns, zunächst die Mängel, die Vorurteile und auch die negativen Gewohnheiten ablegen bzw. transformieren. Die Öffnung des Herzens, das Erwachen des Herzens, führt zu einer Ausdehnung, die uns erlaubt, die Verbundenheit zu spüren und damit die Schöpfung zu berühren und zu vereinen.

In jedem Augenblick erschafft Gott die Welt, täte Er dies nicht, bräche sie in sich zusammen und so wirkt Er in jeder Erscheinung. Es gibt keinen anderen Ursprung, kein Naturgesetz, nichts was zwischen Gott und den Ereignissen wirksam werden könnte, außer durch den Menschen, diesem einenden Wesen zwischen Himmel und Erde. Der Mensch als Vertreter Gottes auf Erden wurde mit der himmlischen Fähigkeit der Erkenntnis und der irdischen Willensfreiheit beschenkt und kann durch sein Dasein Harmonie und Disharmonie in diese Welt bringen.

Gott schuf die Welt aus Gegensätzen, Er schuf ein Gottgewolltes Ungleichgewicht, damit ein Miteinander und eine Erkenntnis möglich werden.

So sind auch die verschiedenen Auffassungen und Ideen der Menschen nicht zufällig, sondern ein Gottgewollter, grundlegender Aspekt der menschlichen Existenz. Wenn Gott gewollt hätte, dass wir Menschen alle einer Auffassung sind, wäre jeder Fortschritt, jede Möglichkeit des Wachsens undenkbar, jeder freie Wille hinfällig, der uns die Gelegenheit gibt, zwischen rechtem und unrechtem Tun zu wählen und uns so mit einem moralischen Sinn und einer spirituellen Kraft zu bereifen.

Mit dem Entstehen der Welt erwachte auch ihre Sehnsucht nach dem ursprünglichen Zustand der Einheit. Jeder Bär ist stärker als ein Mensch, jeder Gepard schneller, jeder Fisch ein besserer Schwimmer und jeder Vogel kann sich leichter in die Lüfte erheben, doch nur der Mensch ist fähig, die Welt in die Einheit zu führen, Himmel und Erde in Einklang zu bringen.

Wir Menschen sind Suchende, ob wir es wahrhaben wollen oder nicht: wir wollen verstehen – wir wollen erkennen – wollen erkannt werden. Unsere Suche mag alle möglichen Formen annehmen, doch in ihrer letzten Konsequenz endet die Suche in nichts anderem als der puren Lobpreisung Gottes, selbst wenn das erst nach dem letzten Atemzug kommt. Dieses einzige, was letztlich bleibt, ist allgegenwärtig auf allen Ebenen der Existenz. Die Lobpreisung Gottes, das Erkennen des Göttlichen, ist der eigentliche Sinn der Schöpfung.

Nichts auf dieser Welt ist dem Menschen fremd. Alle Geschöpfe darauf sind in das Wesen des Menschen eingewoben und durchdringen seinen Geist. Wenn der Mensch erkennt, dass er die Seele der Schöpfung ist, öffnen sich für ihn die Tore des Lebens und in seinen Taten, Worten und Gedanken können sich die Göttlichen Wahrheiten, die in der Schöpfung eingebettet sind, widerspiegeln.

Das Wiederholen der Göttlichen Namen, der ḏikr, ist ein äußeres Ritual, das einen inneren Sinn hat, und genauso erhält eine innere Haltung ihren Wert, wenn sie sich in äußeren Handlungen widerspiegelt.

Das Äußere dient stets der Annäherung an das Innere, denn in der Wiedervereinigung und Zuordnung der äußerlichen Dinge zu ihren inneren Wirklichkeiten liegt der Sinn und die Aufgabe des Lebens. Es ist die Erkenntnis des Herzens, das stets fähig ist zu einen, zu verbinden. Dies ist der Weg der Sufis.

Die äußeren Taten hinterlassen Erinnerungen, aus denen wiederum innere Werte wachsen. Die regelmäßige Wiederholung äußerer spiritueller Praktiken und Rituale stärkt und stabilisiert die innere Haltung der Einung – bis immer mehr Teile unseres Seins an diesem Weg teilnehmen. Es ist wie das Schwimmen – in der Regelmäßigkeit der Bewegungen entsteht ein gleichmäßiges Vorwärtskommen zu unserem Ziel.

„Denn es besteht eine Einheit zwischen Sinn und Form;
solange die beiden nicht zusammenkommen,
bringen sie keinen Nutzen."
(Rumi, Fihi ma Fihi)

Wir können nicht erst Erkenntnis erlangen und anschließend einen Weg wählen. Der Mensch muss sich zuerst auf den Weg begeben, und dann erst wird ihm Erkenntnis zuteil. Gottes Geschenke sind nicht voraussehbar und nicht planbar. Zuerst das Pflügen, Säen und Bewässern – und dann die Ernte. Wir müssen also ein Risiko eingehen. Es brauchen keine Erleichterungen im weltlichen Leben aufscheinen, wenn spirituelle Regeln eingehalten werden. Doch eine Veränderung findet statt, wenn wir bestehende selbstgefällige Vorstellungen und Bilder loslassen und uns offen und ohne Erwartungen auf einen spirituellen Weg begeben. Neue Räume eröffnen sich, die Denk- und Sichtweise transformiert sich und führt zu einer neuen Haltung. Am Ufer zu stehen und das Meer verstehen zu wollen, geht nicht. Man muss sich hineinbegeben, zu schwimmen beginnen, erfahren, um daraus Erkenntnisse zu erlangen.

Es wäre zu einfach und nicht der Sinn des Menschseins, zu glauben, indem ich eine Menge Regeln einhalte, kann ich die Verantwortung für mein Tun an Gott zurückgeben. Der Weg des Menschen ist und bleibt ein Unterfangen, eine Mutprobe, eine Herausforderung. Man kann ihn nicht durch Regeln oder verschiedenen Garantien absichern. Wir können nur lernen, uns Schritt für Schritt, Herzschlag nach Herzschlag, bedingungslos in Gottes Hände zu begeben.

„Das wahre Ziel des Gebets und der Meditation ist aber nicht, dass der Wunsch der Menschen erfüllt wird, sondern vielmehr, dass der menschliche Wille sich wandelt, um sich so mit dem Göttlichen Willen zu vereinigen; denn dann kann der Göttliche Wille die menschliche Seele durchfluten und uns so verwandeln, dass wir das Geschick, das uns bestimmt ist, als eigene Wahl annehmen."
(aus einem Gedicht von Iqbal)

Die 99 Göttlichen Namen dienen als Hinweis, wie Gott in dieser Welt gesehen und erkannt werden kann.

Muḥiyuddīn Muḥammad´ibn‘Arabī, 1165 in Murcia/Spanien beboren, 1240 in Damaskus gestorben, war einer der bekanntesten Sufis. Er wird wegen seines großen Einflusses auf die allgemeine Entwicklung des Sufismus auch „aš–šayh al–´akbar“, „Der größte Meister“ genannt. Vielen gilt er als Vertreter religiöser Toleranz. Ibn Al–‘Arabi erklärt:

„Allāh sagte: „Ich war ein verborgener Schatz und Ich liebte es, erkannt zu werden, so schuf Ich die Schöpfung (Menschheit) für Mich, damit sie Mich durch Mich erkennen werden“.

Die in Ihm verborgenen Namen sehnten sich danach, sich zu manifestieren. So brachen sie infolge ihrer Sehnsucht, erkannt und geliebt zu werden, aus dem verborgenen und niemals zugänglichen Göttlichen Sein hervor, wie zu lange angehaltener Atem aus dem Körper bricht. Das ist es, was als nafas ar–raḥmān, der Göttliche Hauch, bezeichnet wird, jener Hauch, der die ganze Schöpfung durchweht und die Göttlichen Worte wirken lässt. Die Namen trafen auf das Nichtsein, das sie, gleichsam wie Spiegelstücke, reflektierte, und so ist die Welt gewissermaßen eine Spiegelung der Göttlichen Namen. Sie existiert nur, solange ihr Gesicht, die Oberfläche des Spiegels, Gott zugewandt ist, sonst verschwindet sie, denn sie ist absolut von Gott abhängig. Gott aber bleibt unverändert, unberührt von der Welt und ist ausschließlich durch die Spiegelung zu ahnen, und so erkennt Ihn jede/r auf seine/ ihre eigene Weise, je nach dem Namen, der sich in ihm/ihr am stärksten manifestiert“.

Die 99 Göttlichen Namen polieren den Spiegel des Herzens, um den Schöpfer sowohl transzendent – und damit größer als die erschaffene Welt – zu erkennen, als auch immanent, also in Allem enthalten. Alle 99 Göttlichen Namen sind Liebesausdrücke, die das Herz heilen und somit unser ganzes Sein.

Die Suchende lernt, innerlich loszulassen und äußerlich festen Fußes mit wachem Herzen auf dem rechten Weg zu gehen. Sie lernt, mit dem sich Widersprechenden umzugehen und die allumfassende Einheit hinter der Dualität zu erkennen. Der Mensch lernt, eine liebende Kriegerin / ein liebender Krieger zu werden auf dem Pfad der bedingungslosen Liebe, dessen äußerer Ausdruck die Güte und das Mitgefühl gegenüber sich selbst und anderen, und dessen innerer Ausdruck die Freiheit ist. Durch die Verwendung der Göttlichen Namen und deren Wiederholung (ḏikr) wird der Herzensspiegel, der vom Rost weltlicher Gedanken und Beschäftigungen überlagert ist, poliert, damit sich unsere Essenz, das Göttliche Licht unverzerrt und ungedämpft zeigen kann.

VERWENDUNG DER GÖTTLICHEN NAMEN

Es ist empfehlenswert, vor allem zu Beginn, die Göttlichen Namen laut auszusprechen. Laut bedeutet, dass man seine eigene Stimme beim Wiederholen hört. Der jeweilige Göttliche Name bewegt sich, schwingt durch unseren Körper, durch unser ganzes System. Langsam beginnt eine Annäherung zwischen unserer Stimme und der innewohnenden Schwingung des wiederholten Namens. Die Essenz dieses Namens beginnt uns zu bewegen. Oft erfahren wir verschiedene Widerstände, aber auch einen intensiven Widerhall in uns. Manchmal berührt ein Göttlicher Name genau den Trennungspunkt in uns, es ist der Trennungspunkt in Bezug zum Bewusstsein um unsere Seele, der Trennungspunkt in Bezug zur Familie, Gemeinschaft und Menschheit, der Trennungspunkt in Bezug zu Gott, zur allumfassenden ewigen Existenz. Der Bereich des Unterbewusstseins wird berührt, da unsere Trennungswunde, die wir mit den komplexesten Mitteln zu beschützen suchen, dort aufbewahrt ist.

Das stille Wiederholen der Göttlichen Namen wird vor allem dann empfohlen, wenn die oder der Suchende schon klar als murīda bzw. murīd bezeichnet werden kann, also als ein Mensch, der sich ganz klar mit seinem Willen und Streben auf den Weg zu Allāh, zum Absoluten, zur Ewigen Liebe, zum Geliebten begeben will.

Sich selbst zu vergessen, sich jenseits des Ego–Nafs zu öffnen, um von den Göttlichen Namen berührt zu werden, ist wesentlich, um in die tieferen Schichten des Seins zu kommen.

Die Göttlichen Namen können so gewählt werden, dass der Mangel, das, was fehlt, berührt wird, um so den Mangel bewusst zu machen und wieder in die Ganzheit unseres Seins einzugliedern. Eine andere Weise wäre, die Göttlichen Namen so zu wählen, dass eine besonders hoch entwickelte Qualität in uns angeregt wird. Diese Stärke wird ermutigt und aktiviert. Sie beginnt, sich im ganzen System auszubreiten und gibt somit die Kraft, sich den schwächeren, verletzten Bereichen zuzuwenden.

Wichtig ist, eine Balance, eine Ausgeglichenheit in der Herangehensweise zu halten. Zu sehr auf den Mangel zu pochen, kann verhungern lassen, und zu lange auf die Fülle zu konzentrieren, kann vom Ego ausgenutzt werden. Unsere wahre Natur, jenes Sein, jene Seele, die ein Abbild des Göttlichen ist, zu entdecken, ein intaktes, heiles, integriertes, eingebettetes Individuum zu sein, ist die Inspiration, die die Göttlichen Namen mit sich bringen. Es ist die Vereinigung von Göttlichem und Menschlichem, von Gnade und Liebe in uns.

Wenn ein Mensch auf der Suche nach dem Absoluten ist und sich aktiv dafür einsetzt, dann sind die Göttlichen Namen das Tor, durch das sie oder er durchgehen werden. Wenn ein Mensch vorerst seine Aufmerksamkeit im Relativen, also auf seine Ganzheit und seine Einbettung gerichtet hat, so mögen die Göttlichen Namen ihr oder ihm den Segen und die Liebe bringen, die sie brauchen, um ganz zu werden.

Die Göttlichen Namen werden auf drei Arten verwendet:

1. Mit dem Artikel „Al" wie „Al–Wadūd" bzw. mit assimiliertem Artikel wie bei „Aṣ–Ṣabūr".
2. Mit dem Anrufungspartikel „Ya" wie „Ya Wadūd" bzw. „Ya Ṣabūr".
3. Ohne Artikel wie „Wadūd" und „Ṣabūr".

KRANKHEIT UND HEILUNG

Der Prophet Muhammad, Allāhs Segen und Friede seien mit ihm, sprach:

„Allāh hat keinen Schmerz gebracht,
ohne dass Er ein Heilmittel dafür gebracht hat."

Das Weibliche kennt die Einheit. Eine Frau spürt sie instinktiv in ihrem Körper. Sie weiß, wie alles miteinander verbunden ist. Sie weiß, dass auch, wenn Kinder aus einem Bauch kommen, sie ganz verschieden sein können, jedes einmalig in seinem Sein, und doch gehören sie zu einer Quelle. Wie die „kleine" Gebärmutter so auch die „Große". Das ist die tiefe Weisheit des Weiblichen. Es ist das tiefe Wissen um die Beziehungen und das Gefühl für das Flechtwerk der Schöpfung. Eine Weisheit, die in der rationalen, wissenschaftlich–trennenden Geisteshaltung der Welt, die wir uns aufgebaut haben, kaum Platz hat. So blieb den Frauen meist nichts anderes übrig als diese Weisheit zu verdrängen bzw. zu marginalisieren, sie einzuschläfern und das männliche Denken und die männliche Herangehensweise nachzuahmen. Genau durch eine solche geistige Trennungshaltung, die sich durch alle menschlichen Bereiche durchzieht, haben wir diese Realität, in der wir sind, erschaffen. Doch wenn wir lernen, die Weisheit des Weiblichen mit dem männlichen Bewusstsein zu verbinden und auch eine Beziehung zwischen den Teilen und dem Ganzen, zwischen dem Ganzen und dem Einen zu entwickeln, wird uns dieses neue Wissen helfen die Ganzheit des Lebens und unsere Welt zu heilen und es wird uns enthüllt, wie wir das bestehende Ungleichgewicht wieder aufheben können.

Auf die gleiche Weise steht es mit unserer eigenen Heilung und Ganzwerdung.

Die meisten Spannungen in unserer Welt sind von den Menschen selbst verursacht, was aber auch heißt, dass die Lösungen für diese Spannungen – mit Allāhs Hilfe – ebenfalls in unseren Händen liegen.

Viele Menschen stellen sich unter „Gesundsein“ die Fähigkeit vor, ohne Störung funktionieren zu können, während ,,Kranksein” bedeutet, dass ein oder mehrere Teile des Organismus beschädigt sind bzw. nicht mehr funktionieren. Diese müssen dann wieder in Stand gesetzt oder ausgetauscht werden, damit alles wieder „läuft“. Der Mensch wird also als ein isolierter begrenzter Organismus angesehen. Diese Sichtweise ist die im „Westen“ noch immer vorherrschende Herangehensweise zur Bewältigung von Krankheiten. Die Fokussierung ist auf die Dysfunktion eines Teils gerichtet, die Leber ist krank, das Bein ist gebrochen, doch die Gesamtheit des Menschen, die gesunden beteiligten Teile, die verstehen wollen, die an der Heilung beteiligt werden müssen und dafür benötigt werden, werden immer noch ausgeklammert. Diese Grundeinstellung drückt sich auch in dem Wort „Krankenhaus“ aus, während es z. B. im Arabischen „Heilungshaus“ mustašfā heißt.

In den nicht–westlichen traditionellen Kulturen besteht eine holistischere Sicht der Welt. Diese hat damit natürlich auch Ausdruck in der Herangehensweise der Dinge in Bezug auf Krankheit wie auch im Alltag. Alles steht mit Allem in Verbindung und somit in gegenseitiger Abhängigkeit und Ergänzung. Geborenwerden und Sterben, Gesundsein und Kranksein, Freude und Trauer. Man kann von einer „Beziehungsgesellschaft“ sprechen, während die westliche Kultur als „Leistungsgesellschaft“ bezeichnet werden kann.

Natürlich integriert dieses verbundene Verständnis für das Leben auch den Tod. Der Tod wird nicht als Versagen empfunden – was nicht die tiefe Trauer des Abschieds ausschließt – sondern als integrierter Teilbestand des Lebens. Wichtig ist, dass der Patient wenn sie/er stirbt, geheilt, in sich „vereint“, in Frieden sterben kann. Heilung führt nicht notwendigerweise zu einer Verlängerung des Lebens, aber unsere Existenz ist auch nicht zwischen Geburt und Tod beschränkt.

Eine der ansehnlichsten Sufi–Geschichten ist jene vom Fluss und der Sandwüste. Sie schildert die Transformation auf dem Entwicklungsweg in poetisch berührender Weise: Es ist notwendig, dem Selbst das Ich zu opfern, um den letzten Schritt in Richtung Erlösung zu tun. Eine Geschichte von Idries Schah erzählt:

> Ein Strom floss von seinem Ursprung im fernen Gebirge durch sehr verschiedene Landschaften und erreichte schließlich die Sandwüste. So wie er es immer schon gewohnt war und wie er alle anderen Hindernisse überwunden hatte, versuchte der Strom nun auch, die Wüste zu durchqueren. Doch er merkte, dass – so schnell er auch in den Sand fließen mochte – seine Wasser verschwanden.
>
> Da er jedoch überzeugt davon war, dass es seine Bestimmung sei, die Wüste zu durchqueren, versuchte er es weiter. Da hörte er eine sanfte Stimme, die aus der Wüste kam und ihm zuflüsterte: „Der Wind durchquert die Wüste, und der Strom kann es auch.“ Der Strom wandte ein, dass er sich doch gegen den Sand werfe, aber dabei nur aufgesogen würde; der Wind aber kann fliegen, und deshalb vermag er die Wüste zu überqueren. „Wenn du dich auf die gewohnte Weise vorantreibst, wird es dir unmöglich sein, sie zu überqueren. Du wirst entweder verschwinden, oder du wirst ein Sumpf. Du musst dem Wind erlauben, dich zu deinem Bestimmungsort hinüberzutragen.“ Aber wie sollte das zugehen? „Indem du dich von ihm aufnehmen lässt.“ Diese Vorstellung war für den Fluss unannehmbar. Schließlich war er noch nie zuvor aufgesogen worden. Er wollte keinesfalls seine Eigenart verlieren. Denn wenn man sich einmal verliert, wie kann man da wissen, ob man sich je wiedergewinnt. „Der Wind erfüllt seine Aufgabe“, sagte der Sand. „Er nimmt das Wasser auf, trägt es über die Wüste und lässt es dann wieder fallen. Als Regen fällt es hernieder, und das Wasser wird wieder ein

Fluss." „Woher kann ich wissen, ob das wirklich wahr ist?" „Es ist so, und wenn du es nicht glaubst, kannst du eben nur ein Sumpf werden. Und auch das würde viele, viele Jahre dauern; und es ist bestimmt nicht dasselbe wie ein Fluss." „Aber kann ich nicht derselbe Fluss bleiben, der ich jetzt bin?"

„In keinem Fall kannst du bleiben, was du bist", flüsterte die geheimnisvolle Stimme. „Was wahrhaft wesentlich an dir ist, wird fortgetragen und bildet wieder einen Strom. Heute wirst du nach dem genannt, was du jetzt gerade bist, doch du weißt nicht, welcher Teil deines Selbst der Wesentliche ist." Als der Strom dies alles hörte, stieg in seinem Innern langsam ein Widerhall auf. Dunkel erinnerte er sich an einen Zustand, in dem der Wind ihn – oder einen Teil von ihm? War es so? – auf seinen Schwingen getragen hatte. Er erinnerte sich auch daran, dass dieses, und nicht das jedermann Sichtbare, das Eigentliche war, was zu tun wäre – oder tat er es schon?

Und der Strom ließ seinen Dunst aufsteigen in die Arme des Windes, der ihn willkommen hieß, sachte und leicht aufwärts trug und ihn, sobald sie nach vielen, vielen Meilen den Gipfel des Gebirges erreicht hatten, wieder sanft herabfallen ließ. Und weil er voller Bedenken gewesen war, konnte der Strom nun in seinem Gemüte die Erfahrungen in allen Einzelheiten viel deutlicher festhalten und erinnern und davon berichten. Er erkannte: „Ja, jetzt bin ich wirklich ich selbst."

Der Strom lernte. Aber die Sandwüste flüsterte: „Wir wissen, weil wir sehen, wie es sich Tag für Tag ereignet; denn wir, die Sandwüste, sind immer dabei, das ganze Flussufer entlang bis hin zum Gebirge."

Und deshalb sagt man, dass der Weg, den der Strom des Lebens auf seiner Reise einschlagen muss, in den Sand geschrieben ist.

Was ist der Unterschied zwischen ,,heilen" und „kurieren"?

Heilen ist mit „ganz sein", „heil sein" verbunden, aber auch mit „heilig". Heil sein bedeutet, in die große Harmonie des Seins eingebettet zu sein, selbst wenn der individuelle Mensch im Extremfall stirbt, denn einerseits hört der Prozess mit dem Tor des Todes nicht auf, andererseits schwingt mit dem „Ich" stets das „Wir" der Gesamtheit der Menschheit mit.

So ist das „Heil" der einzelnen Person ein Anliegen der Gesamtheit der menschlichen Gemeinschaft, ja der Schöpfung. Der Einklang mit dem eigenen tiefen individuellen Sein bringt Einklang für uns alle.

Wenn jemand ,,kuriert" ist, also wieder „funktioniert", jedoch keinen Sinn in ihrem oder seinem Leben gefunden hat, keine Verbindung bzw. Integration in ihre oder seine Gemeinschaft erfahren kann, ist kein „Heil sein" im holistischem Sinne geschehen. Denn eine durchlebte Krankheit sollte uns Menschen die Möglichkeit geben, danach menschlicher zu werden, bessere Menschen zu sein und näher unserer eigenen Vollkommenheit gekommen zu sein. Dazu brauchen wir die adäquate sinnerfüllte Begleitung und die dafür angebrachte Medizin.

Die Heilungs– bzw. Therapiemethoden, die aus dem islamischen Kulturraum stammen, aber auch die anderer Kulturen mit holistischer Herangehensweise wie z. B. jene der Indianer, der Tibeter oder Inder, basieren auf der Erkenntnis der Verwobenheit aller Existenzen und daher auf der existentiellen Einheit allen Seins.

Aus der Sicht des Sufismus basiert alles Kranksein auf dem „Getrenntsein", auf dem „Vergessen" um die verwobene Einheit allen Seins. Es ist diese „Illusion" der Trennung, die sich im Innerlichen, also auf der körperlichen, psychischen und emotionalen Ebene zeigen kann, wo sich Schleier zwischen Körper, Geist und Seele schieben, die ihren Ausdruck der Abgetrenntheit innerlich, aber auch im Äußerlichen, auf der Ebene der familiären oder der sozialen Beziehungen aufzeigen, wo Einsamkeit, Isolierung und „das außerhalb stehen" einen einnimmt. Doch auch die Verbundenheit mit dem Göttlichen ist nicht mehr bewusst und man verliert sich in der verwirrenden Orientierungslosigkeit. Eines der wichtigsten Ziele der Heilung ist die Auflösung der Isolation des Einzelnen und die Wiedereinbettung in die Ganzheit.

Alle Behandlungen, alle Unterstützungen streben die Auflösung der „Trennungsschleier" an und zielen auf die Wiederverbindung und Einbettung des erkrankten Menschen, und darauf, dem Menschen zu helfen ihren bzw. seinen Platz im Leben zu finden und ihn auszufüllen. Die Heilung geschieht, wenn der Mensch wieder seine Verbundenheit mit allen Ebenen des Seins erkennt, eingebettet wird in die Einheit allen Seins, und ihren/seinen Platz wiedergefunden hat, innerlich und äußerlich. Denn jeder Mensch, der in diese Welt geboren wird, trägt einen wesentlichen Beitrag für diese Welt in sich. Jeder Mensch ist ein Geschenk an die Menschheit, an die Schöpfung. Das „Wieder–erinnern“ an unsere Verbundenheit macht uns Menschen gesund. Das Ziel ist nicht die Unabhängigkeit des Einzelnen, sondern die bewusste Akzeptanz der Verwobenheit, die gegenseitige Vervollständigung und auch Abhängigkeit der Schöpfung von einander und für einander.

Krankheit und Schmerz sind nicht immer leicht zu ertragen, doch sie sind Teil unserer menschlichen Existenz. Krankheit wird erst zu Leid, wenn wir mit ihr „Strafe" oder „Verbannung" verbinden; wenn wir glauben, dass wir „schlecht" waren und wir daher durch eine Krankheit, einen Unfall oder ein Problem gerichtet werden. Es ist dieser Schmerz, der meist viel tiefer und größer empfunden wird als die Krankheit selbst. Zu meinen, wir waren „ungenügend“, „mangelhaft“, „hässlich“ und damit „unwürdig“ für Gottes viele Segnungen, ist das tiefste Leid, das wir uns antun können. Zum Schmerz und zur Krankheit kommen Scham, Schuld und Kränkung.

Sufis sehen in einer Krankheit einen der vielen Wege, die Allāh für uns wählt, um uns zu besseren, mitfühlenderen, integrierteren Menschen zu machen. Es ist das große Tor, das sich öffnet, damit der Akt der Transformation vom Ich zum wahren Selbst stattfinden kann. Krankheiten sind eine der vielen Möglichkeiten – und zwar nicht nur für uns, sondern auch für unsere Gemeinschaft, für unsere Familie – uns zu unserer Vollkommenheit, die allgegenwärtig in uns pulsiert, zu führen. Eine Sufi–Weisheit sagt: „Durch Krankheiten fallen unsere selbstgefälligen Sichten der Dinge wie Blätter im Herbst ab.“

Sich den Finger zu verletzen ist schmerzhaft, doch zu glauben, dass es eine Strafe ist, dass Gott uns dadurch bestraft, das ist Leiden. So oft im Leben urteilen wir über uns und verurteilen uns selbst. Wir verurteilen unser Betragen, unsere Arbeit, unsere Vergangenheit und meist kommen wir zu dem Schluss, dass wir nicht gut genug sind, nicht genug können und dass das, was wir tun, nicht wirklich von Wert ist. Das Nafs liebt es, uns Dinge einzuflüstern: „Du bist nicht gut genug, das, was du erlebt bzw. erfahren hast, war nichts besonderes, das, was du gemacht hast, war wieder einmal mittelmäßig, nicht genügend!“ Im Urteilen und Verurteilen verschließen wir uns den Weg nicht nur der tieferen Erkenntnis unseres Selbst, sondern auch der Fähigkeit zu wachsen, aus jeder Situation wahrlich zu lernen und sie in den transformativen Prozess der Reifung zu integrieren. Das Nafs aber liebt es, im Selbstmitleid zu verharren und sich so das Glück, den Weg zur Erkenntnis zu verwehren.

Sich zu verurteilen, zu richten ist „sündigen“, wenn sündigen, sich „trennen“ vom „Vollkommen werden“ bedeutet, denn dies verursacht Leid, bläht den Schleier des Selbstmitleids auf und trennt vom Weg zum Göttlichen Licht der Seele. Es ist aber auch ein Trennen vom Glauben an Allāhs Gnade, Ar–Raḥmān, und Güte, Ar–Raḥīm, es ist ein Trennen vom Glauben an Allāhs ewig vorhandene Vergebung, Al–Ġaffār, und an Allāhs Liebe, Al–Wadūd, und Seine allumfassende Fähigkeit, Al–Qādir, alles zu verwandeln und Allāhs Führung, Ar–Rašīd, in Seinem ewigen Plan. Denn Allāh schuf die Welt der Vielfalt, durch die sich die Einheit selbst betrachtet und Er hat alles für die Menschheit erschaffen und die Menschheit für Sich.

Erkennen bzw. sich Wieder–Erinnern an die existentielle Einheit allen Seins ist so wichtig, weil sie im Heiligen wurzelt und zugleich die Methode zu ihrer Erlangung ist. Zu erkennen, dass die Dinge dieser Welt nicht als unabhängige Wirklichkeiten existieren, sondern ganz und gar vom Vorhandensein des verborgenen Urstoffes abhängig sind, dessen Herrlichkeit zu enthüllen, sie erschaffen sind, heißt, Glückseligkeit zu kosten. Die inneren und äußeren Sinne zu vereinen, bedeutet auch, das sichtbare Leben des Diesseits mit dem verborgenen Leben des Jenseits zu vereinen.

„Lese!“ ist der erste Befehl im Koran. „Lese!“, bedeutet auch: kontempliere, erkenne, nehme dir Zeit, die äußeren Dinge nach innen zu nehmen und den äußeren Gang der Dinge mit dem inneren Lernen, mit dem inneren Auge des Herzens anzusehen, mit deinem ganzen Wesen, mit deinen Augen, deinen Ohren, deinem Herzen.

Lese mit deinem ganzem Wesen in den Zeichen und Symbolen um dich herum, in den Reichen der Pflanzen, Tiere und Mineralien, in den Wolken der Himmel, in den Begegnungen und Bewegungen deines Lebens und nehme alles nach innen, dorthin, wo diese äußeren Ideen und Symbole zu deiner Wahrhaftigkeit führen.

Sufismus basiert auf der Realität unseres Seins, dem stabilen und konstanten Zentrum unserer Existenz. Dieses Zentrum kann nicht ererbt werden. Jedes Wesen im Universum besitzt eine Quelle, ein Zentrum der Stabilität. Dieser Punkt befindet sich im Herzen des Menschen. Das ist auch der Grund, wieso das Herz einen so hohen Stellenwert im Sufismus, bei allen Propheten, einnimmt. Das Herz wird als das Tor zum Unsichtbaren, zum himmlischen Königreich betrachtet. Das Herz ist das Tor zum Königreich Gottes. Mit dem

Herzen schauen bedeutet, das Universum als Ganzheit zu sehen. Das Herz kann alles vereinen. Sieht man mit dem Herzen, erkennt man die organische Einheit des Universums. Diese Einheit ist ALLĀH!

„Sind sie denn niemals auf der Erde umhergereist, um ihr Herz Weisheit erlangen und ihre Ohren hören zu lassen. Doch wahrlich, es sind nicht ihre Augen, die blind geworden sind, sondern blind geworden sind ihre Herzen, die in ihren Brüsten sind!
(22:46)

Wesentlich beim Heilen sind die Zuversicht und die Absicht, die du im Herzen trägst. Zuversicht ausstrahlen, dass man helfen kann. Ist deine Absicht zu helfen und zu heilen stark genug und fokussiert, überträgt sie sich auf den begleitenden Menschen. Arbeite „für" den Menschen, nicht nur „an" ihr/ihm. Würdige die Wichtigkeit und Bedeutsamkeit der Situation oder des Zustandes, in der sich ein Mensch befindet, gleichzeitig verringere die Gefährlichkeit des Zustandes, denn den Menschen Vertrauen zu geben, ist schon die halbe Heilung.

Im Grunde handelt es sich bei welch einer Krankheit auch immer um etwas, das vom eigenen System erschaffen wird, damit sich Gleichgewicht und Harmonie wieder einstellen können. Der eigene Organismus arbeitet von sich aus immer auf eine ganzheitliche Heilung zu. Der menschliche Organismus hat die Kapazität, sich selbst zu heilen. Die gegebene Unterstützung und Begleitung soll vor allem einen Raum der Liebe und des Vertrauens öffnen, in dem dieser Prozess stattfinden kann, gemeinsam mit einem heilenden Wissen, das natürlich notwendig ist.

Jedes Mal, wenn du etwas tust, bei dem du zuvor deine Absicht deutlich formuliert hast, ziehst du die Energie der Einheit an. Alles im Leben hat einen Sinn, eine tiefere Bedeutung! Es gibt einen natürlichen Dialog von Licht zu Licht, den jede Heilerin kennt, wenn sie dem Körper ihres Patienten zuhört. Wenn das stets gesunde Sein eines Menschen mit dem Sein des Anderen kommuniziert, können sie gemeinsam den Körper und die Seele wieder neu ausrichten.

Heilung ist immer eine spirituelle Angelegenheit. Die spirituelle Entwicklung ist der Zweck, der dann im eigenen Leben und in der Umwelt Ausdruck findet. Gesundheit bedeutet, sich in Harmonie mit der Welt zu befinden, zu erfahren, dass das Universum und all seine Geschöpfe aus einem „Urstoff" gemacht sind. Gesundheit bedeutet, hinauszuwachsen über das individuelle Bewusstsein, um die Schwingungen und Strömungen des Universums zu spüren. Diese universelle Wahrheit zeigt sich in allen Traditionen und zu allen Zeiten.

Sie hat zwar im Äußeren das Antlitz der Vielfalt und Mannigfaltigkeit, doch dies ist eher eine Bestätigung der Universalität der Wahrheit, die ihre unendliche Schöpferkraft in unbegrenzten Möglichkeiten und Welten entfaltet. Und doch widerspiegeln sie alle die Eine Wahrheit.

Für den Sufi ist es jedem Menschen möglich, wieder Anschluss an die Göttliche Ebene zu erlangen und heil, ganz zu werden. Jedes Wesen entsprechend ihrer/seiner Dimension. Wir Menschen sind komplexe Meisterwerke, Universen mit eigenen Gesetzen und Gesetzlichkeiten, einmalig in unserer Existenz. Der zur Heilung nötige Wiederanschluss wird bei den Sufis durch vielerlei Praktiken angestrebt: durch Gebete, durch Fasten, durch mystische Tänze, durch Musik, durch Körperarbeit, durch Atem und durch die Kraft der Göttlichen Namen, auf deren Bedeutung und Heilungsenergie in diesem Buch im Besonderen eingegangen wird.

„(Oh Menschen), Ihr werdet euch von einer Stufe zur anderen bewegen!"
(84:19)

Und immer ist der Alltag, unser Leben, unser Übungsterrain, der Ort unserer Transformation. Doch ohne Bezug zur Höchsten allumfassenden Wahrheit hat unser Leben keine Grundlage, keine Bedeutung, keinen Sinn und keinen Glanz. Wir sind dann wie Treibholz den Strömungen ausgesetzt, ohne zu wissen, wohin wir fließen und wer wir sind. Lass Liebe die Grundlage deines Lebens sein, gehe anders mit deiner Umgebung um, behalte eine liebevolle Einstellung gegenüber dem Leben und den Geschöpfen dieses Universums bei und alles wird zu dir zurückfließen. Denn was immer wir für andere tun, tun wir für uns, und alles, was wir für uns tun, tun wir für andere. Das ist das Gesetz der Einheit. Habe Vertrauen und Zuversicht.

Ein Beduine hatte drei Söhne. Als seine Zeit kam sandte er nach ihnen und sprach: „Meine Kinder, ich möchte euch meine 17 Kamele vermachen! Ich bestehe aber auf folgender Aufteilung: Du, mein Ältester, sollst die Hälfte bekommen, Du, mein Zweitgeborener, ein Drittel und Du, mein Jüngster, ein Neuntel. Der Vater starb und die Söhne zermarterten sich das Gehirn, wie sie diese Aufteilung bewerkstelligen sollten. Wie immer sie es drehten und wendeten, es passte nie. Sollten sie ein Kamel opfern und aufteilen, sollten sie einige Tiere verteilen? Da bemerkten sie einen alten Sufi, der mit seinem Kamel unter einer Palme rastete. Sie gingen hin und baten um Rat. „Nehmt mein Kamel dazu, dann habt ihr 18 Kamele!" So geschah es auch. Der Älteste bekam die Hälfte, also 9 Kamele, der Mittlere ein Drittel, also 6 und der Jüngste ein Neuntel, also 2 Kamele. Als sie die Aufteilung beendet hatten, blieb ein Kamel über. Der alte Sufi schnappte sich sein Kamel und ging lächelnd seines Weges.

Das ist Liebe, Vertrauen und Freiheit oder Gelassenheit in Gott. Weisheit ist süß!

Wir werden im Folgenden von den Strukturen der Arabischen Formen sprechen und dass jeder Göttliche Name auf einem Klangcodex basiert, der in sich eine besondere Schwingung trägt. Diese besondere Schwingung wird zusammen mit der Bedeutung des jeweiligen Namens durch die Rezitation weitergegeben. Jeder Göttliche Name, jeder der 99 Göttlichen Liebesformen regt Harmonie an, wo Disharmonie besteht, bringt Heilung, wo Schmerz besteht, löst Vertrauen und Zuversicht aus, wo Verzweiflung und Abgrenzung bestand. Ob es sich um eine nervliche, mentale oder physische Krankheit handelt, die Wurzel ist immer Disharmonie.

In der Sufi Tradition wird der Körper selbst auch als Schwingung gesehen, als beseeltes Energiefeld. Dieses materialisierte Energiefeld kann zum Verständnis in Ton und Rhythmus aufgeteilt werden. Der TON ist unsere Lebensenergie, genannt qudra. Die qudra ist die individuelle Kapazität, Kraft und Fähigkeit, die jedem Menschen gegeben ist. Sie ist aber auch universell vorhanden und durchdringt den ganzen Kosmos und alle Lebewesen. Sie ist mit unserem Atem, dem absoluten Ausdruck des Lebens, verbunden und wird durch ihn angeregt und unterstützt. Der RHYTHMUS ist unser Pulsschlag. Er fließt durch unseren Körper mit der Blutzirkulation. Das „Lied", das sich aus Ton und Rhythmus bildet, formt sich im Herzen. Es wird durch zwei Aspekte gefärbt: intern durch unsere Gedanken und Gefühle und im weiteren extern durch unsere Handlungen.

Das Zentrum, wo sich Atem und Pulsschlag vereinen, ist im Herzen gelegen. Dort werden die Gedanken und die Taten aufeinander eingestimmt, durch die Gefühle gefärbt und in unsere innere und äußere Welt getragen. Wir sind natürlich fähig, unsere Gedanken und unsere Taten mit unserem Herzen zu verbinden, obwohl das Herz anderen Gesetzlichkeiten als der Verstand folgt. Es ist direkt, frei und kompromisslos gegenüber den Bedenken des Ichs. Daher vermeidet das Ich oft, das Herz um Rat zu fragen, denn die Antwort ist für das Ich meist unbequem. In gewisser Weise fragt der Verstand immer: „Wie kann ich mehr bekommen?" und das Herz: „Wie kann ich mehr geben!" Doch eine Lösung zu finden, die auch das Herz erfreut, ist die Basis des Sufi Weges.

Wir sind also in zwei Bewegungen eingebettet: im Atem und im Herzschlag. Beide Bewegungen stehen im normalen ruhigen Zustand im Verhältnis 1:4 zueinander. Bei 15 bis 20 Atemzügen pro Minute erfolgen 60 bis 80 Herzschläge. „Eins" ist die grundlegende Einheit und „vier" die vielfältige Natur, symbolisiert durch kalt–heiß–nass–trocken. Die einende Erkenntnis ist mit dem Verstand verbunden, die Weisheit ist in der Natur zu finden, in unserer Natur und in der uns umgebenden Natur. Die Natur ist die natürliche Gefährtin des Glaubens. Sie lehrt den Verstand die Demut: „Du hast weder den Baum noch das Wasser erfunden, weder das Licht noch das Auge!" Aus dem Erkennen der eigenen Grenzen kann sich der Verstand für die Notwendigkeit des Glaubens öffnen und die höheren Sphären zulassen. Die Einbettung bekommt ihre Gestalt.

Der Atem ist mit den Gedanken und zugleich auch mit den Gefühlen verbunden. Sie sind zwei Seiten einer Münze. Der Atem ist die körperliche Seite des Denkens und das Denken die psychische Seite des Atems, die Gefühle sind das Verbindungsglied. Jede Veränderung auf der geistig–gedanklichen Ebene, also auf der Bewusstseinsebene, hat sofort eine Auswirkung auf den Atem. Wenn wir z. B. unseren Atem beobachten, wird er spürbar tiefer und unsere Gedanken langsamer und stiller. Wenn wir gefühlsmäßig aufgewühlt sind, hat dies wiederum Einfluss auf den Atem.

Das Zusammenwirken von Körper, Denken und Gefühl ist zur Erlangung des innewohnenden Schatzes von kostbarster Wichtigkeit.

Die mentale Ebene ist sensibler als die Körperebene. Das bedeutet, dass meine geistige Haltung einen wesentlichen Einfluss auf meinen Körper ausübt.

Seinen Ton, seine Lebensenergie, seine Mitte zu stärken ist wertvoll, um gesund zu sein bzw. zu werden. Durch eine Krankheit kommt man aus dem gewohnten Rhythmus. Seinen Rhythmus nach einer Krankheit wieder zu finden ist wesentlich, sonst bleiben die Zeichen der Krankheit. Erst wenn der Mensch seinen Rhythmus gefunden hat, ist das Wesen der Krankheit, der Boden, der für die Krankheit zur Verfügung stand, entfernt. Mit anderen Worten: ist auch die Wurzel der Krankheit und nicht nur die Pflanze entfernt, oder wie HeilerInnen sagen würden, ist auch der Geist der Krankheit entfernt worden, ist der Mensch wirklich befreit und nicht mehr anfällig. Jeder Mensch hat seinen eigenen Rhythmus, wichtig ist, dass man seinen findet, ihn respektiert und achtet. Um den Rhythmus wieder in die Ganzheit einzubetten, sind adäquate Ernährung, Balance zwischen Ruhen und Tätigkeit, Befolgung eines Tagesrhythmus und auch eines Jahreszeitenrhythmus erforderlich. Durch die bewusste Atmung, eine bejahende Geisteshaltung sowie Meditation bzw. Gebet finde ich meine Ganzheit wieder.

Der Übergang zu einem neuen Rhythmus bringt kurzfristig Stress, Unruhen und Krisen mit sich und muss achtsam angegangen werden. Die Aufgabe von HeilerInnen ist es, hier zu unterstützen, zu motivieren und zu begleiten.

Jedes Atom ist lebendig, ob man es Strahl, Spur, Elektron, Mikrobe, Keim oder Bakterie nennt. Die traditionellen HeilerInnen nannten sie Wesen, Geister und Lebewesen. Sie sahen also nicht nur die äußere Form sondern auch ihren Geist. Sie bemühten sich nicht nur darum, die äußere Bakterie oder Mikrobe zu entfernen, sondern auch deren Geist. Das ist heil werden, das ist frei werden.

Denke an den Tod und lebe bewusst!
Lebe in Liebe und tue deine Arbeit!
Meistere deine Worte und lass jedes aus deinem Herzen kommen!
(Saad)

Eine weitere Energie, die durch das Zusammenspiel von Gedanken, Körper und Gefühl entsteht, ist der Magnetismus. Der Magnetismus ist mit dem Immunsystem verbunden. Das Immunsystem ist der Ort, der die Nahtstelle zwischen Körper und Seele formt. Der Magnetismus ist die Energie, die Seele und Körper zusammenhält.

Um das Immunsystem zu stärken und die Abwehrkräfte zu steigern, muss man auf eine gesunde Darmflora achten, denn der größte Teil der Immunabwehr spielt sich im Darm ab. Das Immunsystem ist ein Abwehrsystem und „abwehren“ heißt, nicht hereinlassen. Der Gegenpol der Abwehr ist Liebe. Liebe ist ein Akt des Hereinlassens. Jede Abwehr, jede Abgrenzung, jede Isolierung festigt unser Ego und hindert uns am Weg zur Vollkommenheit. Das Ego stellt alle Antriebe, die klügsten, anständigsten und frommsten Behauptungen in den Dienst der Abgrenzung. Doch der Weg der Liebe sagt: „Alles was ist, ist gut!“

Gewiss ist Abwehr wichtig, denn sie bringt uns in unserer dualen Welt dazu, Reibungen und Widerstände, wir nennen sie üblicherweise Schwierigkeiten und Probleme, zu erleben, damit wir durch Erkenntnis weiterkommen. Schwierigkeiten haben ihre Berechtigung, sie werden gebraucht, genauso wie Krankheit Anrecht hat, zu sein, bis wir sie in Heilung verwandeln. Sie alle sind Hilfsmittel auf dem Weg der Liebe, auf dem Weg der Reife und Freiheit. Alles auf dieser Welt strebt nach Reife und Freiheit. Alle Herausforderungen und Gegebenheiten anzunehmen, die mir die Göttliche Liebe in meinem Leben zuträgt, heißt Eins werden. Dafür muss ich Raum in meinem Geist und Herzen machen und gut vom Einen Geber denken. Platz machen für Vertrauen. „Vertrauen ist gefährlich und lebensbedrohend!“ ruft der Verstand. „Aber es ist unabdingbar!“ antwortet das Herz. Vertrauen in die weise Gnade in die unendliche liebevolle Hand, auch hinter der bittersten Medizin.

Auf der Ebene der Krankheit geht es weniger darum, den Erreger zu zerstören, als vielmehr, das Immunsystem so zu stärken, dass es mit jedem Erreger fertig werden kann. Daran ist die Ganzheit des Menschen beteiligt, also körperlich, emotional, geistig, spirituell und ethisch.

Ein Körper, der in Disharmonie geraten ist, ist empfänglich für disharmonischen Einfluss, für disharmonische Atome. Er zieht sie unbewusst an und nimmt daran teil, und zwar nicht nur der Körper sondern auch der Verstand. Denn jede körperliche Krankheit steht in irgendeiner Weise mit einer mentalen Krankheit in Verbindung. Jedes Element zieht ein ähnliches Element an, so zieht Disharmonie ihrerseits Disharmonie an und Harmonie wiederum Harmonie.

Die Wissenschaft der Buchstaben

Im Arabischen Alphabet hat jeder Buchstabe einen Zahlenwert. Ibn Al–'Arabi erwähnt in seinem Buch „al–futuḥāt al–makkiyya“ die esoterische Bedeutung der 28 Buchstaben des Arabischen Alphabets. Er vergleicht das Weltall mit einem Buch, in dem jeder der Buchstaben eine Göttliche Idee darstellt und zugleich eine Zahl repräsentiert. Ibn Al–'Arabi stellt auch eine Verbindung her zwischen dem Universum, dem Makrokosmos, al–kawn al–kabīr, und dem Menschen, dem Mikrokosmos, al–kawn aṣ–ṣaġīr, in dem jeder der 28 Arabischen Buchstaben einem bestimmten Teil des Organismus entspricht. Diese Entsprechungen ermöglichen es, die geheime Wissenschaft von den in den Buchstaben verborgenen Kräften therapeutisch anzuwenden. Die Wissenschaft von den Buchstaben führt in drei Daseinsebenen oder Welten: Im höchsten Sinne führt die geheime Wissenschaft von den Buchstaben zur Erkenntnis der Ur–Prinzipien, im mittleren Sinne führt sie in das Wissen vom Entstehen der wahrnehmbaren Welt, und im unteren Sinne führt sie zur Kenntnis der Eigenschaften der aus Buchstaben gebildeten Wörter und Namen, sowie der Zahlen. Denn in den Buchstaben eines Namens verrät sich die Natur eines geschaffenen Wesens.

Dem Menschen wurde das Wissen um die Namen geschenkt:

„Und Er lehrte Adam die Namen aller Dinge.“
(2:31)

In jedem Buchstaben pulsiert eine individuelle Kraft, die ihn befähigt, an der Formung der Materie teilzunehmen. Die Vereinigung bestimmter Buchstaben trägt in sich eine individuelle Offenbarung, durch die der menschliche Organismus beeinflusst werden kann, denn jedes Organ hat eine besondere Grundschwingung, eine Farbtönung, die derjenigen eines bestimmten Buchstaben entspricht.

Zusätzlich wird jeder Arabische Buchstabe mit einem Element verbunden. Die Reihenfolge folgt der inneren, esoterischen Anordnung der Buchstaben, die sich von der äußeren

Reihenfolge des Arabischen Alphabets unterscheidet. Es beginnt mit dem Buchstaben Alif, der mit dem Element Feuer verbunden wird; der zweite Buchstabe Bā' mit dem Element Luft (siehe Tabelle auf S. 40 ff). Wenn also ein Wort aus einer spezifischen Kombination von Buchstaben zusammengestellt ist, so schwingen automatisch gewisse Elemente mit, die einen weiteren Einblick in die Wirkung dieses Wortes geben.

Nach jedem Göttlichen Namen stehen drei verschiedene Zahlen, die sich folgendermaßen ergeben: Nehmen wir den Göttlichen Namen Ar–Raḥmān, der aus den Konsonanten R–Ḥ–M–N besteht, diese Konsonanten werden jeweils mit den Zahlen R=200, Ḥ=8, M=40, N=50 verbunden und ergeben die Summe 298. Für Heilungen auf der körperlichen Ebene würde diese Anzahl der Repetitionen verwendet. Die zweite Ebene entsteht, indem man die Zahl 298 mit der Anzahl der Konsonanten, aus dem das jeweilige Wort besteht, in unserem Fall 4, multipliziert, also 4 x 298, dies ergibt die Summe 1.192. Diese Ebene bzw. diese Anzahl der Repetitionen wird vor allem verwendet, wenn man es mit einem Menschen zu tun hat, dessen Wiedereinbettung in das „Wir“, in die Menschheitsfamilie wesentlich wäre. Die dritte Ebene hilft vor allem, wenn die Einbettung und die Verbundenheit mit der Göttlichen Ebene nicht mehr bewusst zu sein scheint. Hier ergibt sich die Summe durch das Multiplizieren der Grundzahl, in unserem Fall 298, mit sich selbst: 298 x 298 = 88.804. Mit jeder Ebene weitet sich der Mensch aus und befreit sein Bewusstsein aus der Abtrennung.

Das Rezitieren der Göttlichen Namen beeinflusst den Menschen und unterstützt sie/ihn auf dem Weg zur individuellen Vollkommenheit. Das geschieht durch die Bedeutung des jeweiligen Göttlichen Namens, durch die Form bzw. den Klangschlüssel, in welche/n der Name eingebettet ist, durch die Buchstaben und deren Kraft, die jeweils mit einem Körperteil bzw. Organ verbunden ist und durch den Zahlenwert, der durch die Buchstabenzusammensetzung entsteht und daher die nützlichste Anzahl von Wiederholungen vorgibt.

Jeder Göttliche Name ist erfüllt von Göttlichen Schwingungen. Diese umgeben und widerspiegeln sich in Allem, was uns umgibt. Sie beschützen uns und durchdringen unseren Körper und unser ganzes inneres Sein. Jede Silbe eines Göttlichen Namens enthält Schwingungen, die die Atmosphäre verwandeln. Das Besinnen auf den Göttlichen Namen schenkt unmittelbar Frieden und Glück und wendet uns vom Weltlichen zum Göttlichen.

Beim Wiederholen eines Göttlichen Namens soll man sich nicht anstrengen oder versuchen, irgendetwas Bestimmtes zu erreichen. Man soll versuchen, aufrichtig zu sein, Liebe zu Gott zu empfinden und das Herz für diese Öffnung zur Verfügung zu stellen. Darauf folgt die Kraft unmittelbar – ob man das wahrnimmt oder nicht.

Obwohl die Göttlichen Namen stark und machtvoll sind, spüren wir vielleicht nicht gleich ihre Wirkung, doch es werden sich Ergebnisse einstellen. Durch ihre Rezitation, durch ihr Singen oder inneres Wiederholen kann man Dinge verändern. Es gibt keine festgelegte und begrenzte Zeit, man kann sich den ganzen Tag von ihnen begleiten lassen, sie den ganzen Tag ins Herz fließen lassen. Dann beginnt das Herz zu schwingen und du spürst, wie allmählich dein Herz das Singen deiner Zunge übernimmt und dann deine Seele den lang ersehnten Klang wiederholt. Pflege das Besinnen auf das Göttliche, wann immer es dir möglich ist. Du kannst dies während jeder Tätigkeit machen. Es geht aber leichter bei einer körperlichen Tätigkeit ohne geistige Arbeit. Es ist mittlerweile wissenschaftlich erwiesen, dass regelmäßige Meditation effektiv und nachweislich die mentale, emotionale und physische Gesundheit auf vielerlei Weise unterstützen kann und dass sie tiefgreifende und inspirierende Vorzüge im Alltag hervorruft.

Die in diesem Buch angegebenen Vorschläge für die Wiederholung der Göttlichen Namen in spezieller Anzahl und zu gewissen Zeiten beruhen auf Wissen, das von mehreren Lehrern weitergegeben wurde: Šayh Sidi Muhammad Al-Ğamal Al-Rifāʿī, Šayh ʿAbd Al-Maqṣud Muḥammad Sālim, Šayh Tosun Bayrak Al-Jerrahi Al-Halveti.

Diese Angaben, alle Erklärungen und Unterstützungen, die hier erwähnt werden, dienen als Hilfe bei der Entdeckung des Juwels, des wahren Seins, jenes ewigen Seins, das in uns allen ruht und an das sich alle Propheten gewandt haben. Der Weg dorthin, Schicht für Schicht die Schleier der Isolation ablegend auf der Suche nach dem Absoluten, dem Urgrund aller Existenzen, nach Allāh. Seine Nähe suchend, Seine Hilfe erbittend, Seine Liebe spürend. Eine Suche mit dem Auge des Herzens und dem Licht des Verstandes, Würde und Freude verbindend, Diesseits und Jenseits paarend, Sichtbar und Unsichtbar vereinend.

Die 28 Buchstaben des Arabischen Alphabets und deren transliterarische Entsprechung, Numerologie und Elemente

Äußere Reihenfolge	Numerologie	Element	Innere Reihenfolge	Numerologie	Element
ا = a	1	Feuer	ا = a	1	Feuer
ب = b	2	Luft	ب = b	2	Luft
ت = t	400	Luft	ج = ğ	3	Wasser
ث = ṯ	500	Wasser	د = d	4	Erde
ج = ğ	3	Wasser	ه = h	5	Feuer
ح = ḥ	8	Erde	و = w	6	Luft
خ = ẖ	600	Erde	ز = z	7	Wasser
د = d	4	Erde	ح = ḥ	8	Erde
ذ = ḏ	700	Feuer	ط = ṭ	9	Feuer
ر = r	200	Erde	ى = y	10	Luft
ز = z	7	Wasser	ك = k	20	Wasser
س = s	60	Wasser	ل = l	30	Erde
ش = š	300	Feuer	م = m	40	Feuer
ص = ṣ	90	Luft	ن = n	50	Luft
ض = ḍ	800	Luft	س = s	60	Wasser
ط = ṭ	9	Feuer	ع = ʿ	70	Erde
ظ = ḏh	900	Wasser	ف = f	80	Feuer
ف = f	80	Feuer	ص = ṣ	90	Luft
ق = q	100	Wasser	ق = q	100	Wasser
ع = ʿ	70	Erde	ر = r	200	Erde

Äußere Reihenfolge	Numerologie	Element	Innere Reihenfolge	Numerologie	Element
غ = ġ	1000	Erde	ش = š	300	Feuer
ك = k	20	Wasser	ت = t	400	Luft
ل = l	30	Erde	ث = ṯ	500	Wasser
م = m	40	Feuer	خ = ḫ	600	Erde
ن = n	50	Luft	ذ = ḏ	700	Feuer
ه = h	5	Feuer	ض = ḍ	800	Luft
و = w	6	Luft	ظ = ḏh	900	Wasser
ى = y	10	Luft	غ = ġ	1000	Erde

Die Formen der Arabischen Sprache, ihre Bedeutung und Wirkung

Eines Tages war ein Sufimeister bei einem Freund zu Besuch. Zur gleichen Zeit war auch ein befreundeter Kaufmann anwesend. Die Tochter des Gastgebers war eine junge schwächliche Frau. Als man gemeinsam beim Abendmahl saß, stürzte plötzlich das Kindermädchen ganz aufgelöst herein: „Der jungen Frau geht es gar nicht gut, sie ist in Ohnmacht gefallen und liegt jetzt fiebernd im Bett!" Der Sufimeister begann sofort Heilungsgebete zu rezitieren. Der Kaufmann aber schüttelte verächtlich den Kopf. „Welch volkstümlicher Aberglaube, zu glauben, dass man mit Worten Einfluss nehmen kann auf den Gesundheitszustand eines Menschen!" Der Sufimeister sprang wütend auf und sprach: „Wie kann ein so einfältiger, aufgeblähter, ignoranter Dummkopf wie Sie über etwas urteilen, von dem er keine Ahnung hat! Ein Esel bleibt ein Esel, auch wenn er Ladungen von Büchern auf seinem Rücken trägt!" Bei diesen Worten sprang der Kaufmann auf, sein Gesicht verfärbte sich tiefrot, sein ganzer Körper zitterte und er schnappte mit offenem Mund nach Luft. Er rang nach Worten, doch er konnte sich einfach nicht beherrschen. Ganz mild wurde der Blick des Meisters und mit sanfter ruhiger Stimme sprach er: „Bitte verzeih, hochgeschätzter Bruder, meine Worte sollten in keinster Weise Ihre Ehre oder Ihr Ansehen kränken. Ich wollte nur aufzeigen, welche Macht in gewöhnlichen Worten liegt, wie sie uns beeinflussen und unsere Zustände verändern können. Wenn diese Kraft in gewöhnlichen Worten ruht, welche Kraft besteht erst in heiligen Worten und Formeln!

Die Göttlichen Namen sind in ihrem Klang und ihrer Bedeutung in der arabisch grammatikalischen Struktur eingebettet. Es gibt im Arabischen verschiedene Formen, in die jeweils die Grundwurzel, die zumeist aus drei Komponenten (Konsonanten) besteht, hineinfließt. Jede dieser Formen trägt eine Grundqualität und eine Resonanz in sich, die durch ihren Klanglaut sowohl auf der körperlichen, geistig–psychologischen wie spirituellen Ebene ihren Einfluss verströmt. Alle Worte einer bestimmten Form haben also eine gemeinsame spezifische Grundbedeutung, einen gemeinsamen Klangschlüssel.

Worte der arabischen Sprache, also auch die Göttlichen Namen, wachsen aus einer Wurzel, die meist aus drei, selten aus vier „Wassertropfen“ (Konsonanten) bestehen. Diese „Tropfen“ werden in verschiedene Formen gegossen, aus denen dann die vielfältigsten Worte, Begriffe und Bedeutungen entstehen. Die vorgegebenen Formen tragen aktive oder passive, manche sowohl passive als auch aktive Qualitäten in sich, andere Namen tragen Steigerungsqualitäten in sich, und jene Namen mit dem Präfix „mu“ zeigen die Instrumentalisierung auf. Der Klang eines Göttlichen Namens trägt nicht seine Bedeutung, doch die Form, die ein Göttlicher Name annimmt, gibt uns Einblick in den Wirkungsbereich.

Alle Göttlichen Namen tragen somit eine aktive Qualität in sich. Wenn die Göttlichen Namen wiederholt werden, so ist es wichtig, ihre Bedeutung zu wissen. Zu sagen, ich verlasse mich auf die Schwingungen oder die Form eines Göttlichen Namens und schließe aus dem akustischen Klang eines Namens auf seine Bedeutung, ist nicht möglich. Denn dieselben Formen werden in der gesamten Arabischen Sprache verwendet und wenn die Form bzw. der Klanglaut allein ausschlaggebend wäre, dann könnte man ja beliebige Worte wählen, in der Hoffnung, durch sie etwas Positives bzw. Negatives zu bewirken.

In der nachstehenden Liste (siehe Seite 44 ff) werden die Göttlichen Namen nach ihren gemeinsamen Formen aufgelistet, um die Grundbedeutung einer Form, auch Stamm genannt, näherzubringen. Jeder Stamm des Arabischen Verbes, und es gibt deren fünfzehn im Arabischen, von denen aber nur zehn mehr oder weniger verwendet werden, wird durch lange Vokale, Konsonantenverdoppelungen, Präfixe, Einfügungen oder aus Kombinationen der oben erwähnten Aspekte geformt. Jede Erweiterung der Grundform bringt bedeutungsmäßige Veränderungen mit sich. So hat jede Form, jeder Stamm einen anderen Bereich, in dem sich seine Wirkung ausbreitet. Der Klangkodex beinhaltet in sich eine spezielle Wirkung. Es ist, als ob sich das Licht eines Göttlichen Namens durch seine besondere Form und seinen ausgewählten Klang gebündelter auf einen Bereich des Daseins konzentriert.

Die Aufreihung der verschiedenen Formen und der Klangschlüssel soll die Verwendung der Göttlichen Namen erleichtern. Ein tieferes Verständnis für das innewohnende Potenzial der Göttlichen Namen zu bekommen, hilft uns, ihre Heilkraft zu erfassen und durch ihre Rezitation Ausgewogenheit, Weisheit, Heilung und Ganz–Werdung in alle Bereiche unseres Lebens zu bringen. Die Göttlichen Namen dienen dazu, unser psychologisches und spirituelles Potenzial zu erkennen, und unterstützen uns, zu dem zu werden, was wir wahrlich sind. Sie sind Orte der Transformation und ihr Ziel ist, die Verbindung zwischen dem Menschen und Gott herzustellen. Ihr Ziel ist Glückseligkeit, denn Glück ist Allāh.

Manche der Arabischen Buchstaben sind für viele nicht einfach auszusprechen. Doch es ist bei der Verwendung der Göttlichen Namen wesentlicher, ihre Bedeutung zu kennen und sich an ihren Klangkodex bzw. ihre Form zu halten, als die einzelnen Buchstaben ganz korrekt auszusprechen. Ist es also schwierig, den stimmlosen gutturalen Verschlusslaut „q“, der im Göttlichen Namen Quddūs enthalten ist, auszusprechen, so kann man sich mit dem „g“ wie in Gaumen zufrieden geben.

I. FĀ ‘IL: „Der Aktive, ausschließlich Tuende“

Die Form bzw. der Klang „fā ‘il“ ist DIE aktive Form und trägt in sich die Bedeutung „des aktiven, ausschließlich Tuenden“. Sie prägt sich in das Herz mit der Klarheit einer vertikalen Lichtsäule, die sich durch das lange „ā“, also durch das Alif „ أ “ zeigt. Der jeweilige Göttliche Name dringt mit dieser Form ein und aktiviert die Sammlung auf der geistigen, emotionalen und auf der Wahrnehmungsebene.

19 der Göttlichen Namen gestalten sich aus dieser Form, drei weitere Göttliche Namen können hier hinzugefügt werden, obwohl der letzte Vokal lang gesprochen wird, da sie auf grammatikalischer Ebene Sonderformen bilden.

Der zusammengesetzte Göttliche Name Māliku–l–Mulk entspricht in seinem ersten Teil „Mālik“ form– und klangweise dieser Kategorie von Namen. Durch die Hinzufügung des zweiten Namen „Mulk“ wird die Absolutheit und allumfassende Qualität dieses Göttlichen Namens unterstrichen.

Al–Ḫāliq	Al–Ḫāfiḍ
Al–Bāri´	Ar–Rāfi‘
Al–Qābiḍ	Al–Wāsi‘
Al–Bāsiṭ	Al–Bā‘iṯ

Al–Wāğid	Al–Māni‘
Al–Māğid	An–Nāfi‘
Al–Wāḥid	Al–Wāriṯ
Al–Qādir	Al–Wālī
Al–´Āhir	Al–Hādī
Aḏh–Ḏhāhir	Al–Bāqī
Al–Bāṭin	
Al–Ğāmi‘	Māliku–l–Mulk

II. FA'ĪL: „Durchdringung allen Seins ohne Unterschied“

Wenn ein Göttlicher Name in dieser Form bzw. mit diesem Klang erscheint, so trägt er vor allem bzw. vordergründig die Qualität der Durchdringung in sich. Die Durchdringung allen Seins, sowohl auf der individuellen, wie auch auf der kollektiven Ebene ohne Unterscheidung. Er dringt mit der in ihm schwingenden Qualität in alle Wesen ein. Das Herz wird hin und her bewegt, bis es seine Ausgewogenheit zwischen der sichtbaren und der verborgenen Welt findet und somit seinen tiefen Frieden. 27 der Göttlichen Namen gestalten sich aus dieser Form.

Ar–Raḥīm	Al–‘Alīy
Al–‘Azīz	
Al–‘Alīm	Al–Kabīr
As–Samī‘	
Al–Baṣīr	Al–Ḥafīḏh
Al–Laṭīf	Al–Ḥasīb
Al–Ḫabīr	Al–Ğalīl
Al–Ḥalīm	Al–Karīm
Al–‘Aḏhīm	Ar–Raqīb

Al–Ḥakīm
Al–Mağīd
Aš–Šahīd
Al–Wakīl
Al–Qawīy
Al–Matīn

Al–Walīy
Al–Ḥamīd
Al–Ġanīy
Al–Badī'
Ar–Rašīd

III. FA'ŪL: „Berührung der tiefsten Tiefen"

Die Göttlichen Namen, die in dieser Form bzw. diesem Klang „fa'ūl" erscheinen, tragen vor allem die Qualität des tiefen Eindringens in eine Sache in sich. Jeder Schmerz, jedes Leid – und wenn sie noch so tief im Herzen liegen – können hiermit erreicht werden. Es ist der liebevolle, heilige, tiefeindringende Finger, der Heilung in sich trägt. Die tiefsten Wunden, sogar jene, die wir selbst in unseren entblößten Momenten kaum ansehen können, werden mit diesem Klangschlüssel und der Bedeutung des jeweiligen Namens umspült und gereinigt. Dies ist die intensive Form von fā'il. Fünf der Göttlichen Namen gestalten sich aus dieser Form.

Der Göttliche Namen As–Salām mit der Form „fa'āl" bildet eine Variante der oben erwähnten Form. Mit dem „ā" an Stelle des „ū", also mit dem zusätzlich öffnenden Klangschlüssel, dringt dieser Name tief in das Herz und hat zusätzlich einen erhebenden, allverbindenden Effekt.

Al–Ġafūr
Aš–Šakūr
Al–Wadūd
Ar–Ra`ūf
Aṣ–Ṣabūr

Al–'Afūw

As–Salām

VI. FA"ĀL und FA"ŪL: „Die ewig sich wiederholende Kontinuität"

Die Formen bzw. Klänge „fa"āl" und „fa"ūl" tragen die Bedeutung von „ewig" und „immer" in sich. Hier schwingt das stetige Immerwährende, das fließende, ewig Wiederholende, ohne Unterbrechung, ohne Pause, wie der Schlag des Herzens mit. Diese Formen tragen in sich den Klang der Kontinuität, ohne Anfang und ohne Ende.

Die Verdoppelung des mittleren Konsonanten zeigt eine Intensität auf, die wie ein Stempel auf das Herz wirkt, bis das Herz in diesem Aufdruck verschmilzt. Sieben der Göttlichen Namen gestalten sich aus dieser Form.

Die Verdoppelung, auch mit den Varianten von „fa"ūl" und „fu"ūl" schwingen in derselben Beschaffenheit, wobei hier zusätzlich der Aspekt der allumfassenden Tiefe und Ewigkeit hinzukommt. Die tiefsten Schichten des Herzens werden erfasst.

Der Göttliche Name Al–´Awwal wird auch hier erwähnt, kann aber in der Bedeutung seines Klangschlüssels nur in Verbindung mit seinem Gegenpol Al–´Āẖir ganz erfasst werden. Beide gemeinsam formen den Kreis der unendlichen Kontinuität.

Al–Ğabbār
Al–Ġaffār
Al–Qahhār
Al–Wahhāb
Ar–Razzāq
Al–Fattāḥ
At–Tawwāb

Al–Qayyūm
Al–Quddūs

Al–´Awwal

V. FA'L: „Die innewohnende allanwesende essentielle Qualität des Daseins"

In der Form bzw. dem Klang „fa'l" schwingt die Bedeutung und die Wirkung eines permanent existierenden Merkmals. Eine Qualität, ob sichtbar oder unsichtbar, die frei von der jeweiligen Manifestation existiert. Es ist eine innewohnende essentielle Qualität des

Daseins, die mit diesem Klang Ausdruck bekommt, ein permanentes Sein. Obwohl nicht offensichtlich, sind Göttliche Namen mit dieser Form allanwesend und gehören zu den Grundeigenschaften hinter aller Existenz. Dieser Klangkodex lässt eine ekstatische Nüchternheit im Herzen aufkommen, die auch in den schwersten Stürmen des Lebens Standhaftigkeit vermittelt. Vier der Göttlichen Namen gestalten sich aus dieser Form.

Zwei weitere Göttliche Namen, die aus grammatikalischen Gründen eine andere äußere Form bilden, gehören auch zu dieser Kategorie, nämlich Aḍ–Ḍār und An–Nūr. Al–Malik bildet durch das „i" eine weitere Variante, trägt aber dieselbe Grundbedeutung.

Al–'Adl	Aḍ–Ḍār
Al–Ḥaqq	An–Nūr
Al–Ḥayy	
Al–Barr	Al–Malik

VI. FA'AL: „Der permanente bleibende Lauf des Absoluten"

Die Form bzw. der Klangkodex „fa'al" nimmt Bezug auf die ursprüngliche Natur einer Sache, auf die innewohnende Grundnatur des Urstoffes, des Absoluten. Wenn ein Göttlicher Name in dieser Form erscheint, trägt er in sich den Ausdruck des permanent anwesenden Laufes, wie die vorher erwähnte Form, aber auch den des Werdegangs, der Entwicklung und des Auslösens eines Prozesses. Drei der Göttlichen Namen gestalten sich aus dieser Form.

Al–Ḥakam
Al–´Aḥad
Aṣ–Ṣamad

Mu + Form: „Kontinuierlich verursachend“

Die Form bzw. der Klang, die bzw. der mit der Vorsilbe „Mu“ beginnt, deutet immer auf eine stetig kontinuierlich verursachende, begründend ursächliche Kraft hin. Bei dieser Form kommt klar zum Ausdruck, dass „etwas mit einem getan wird“, „es wirkt durch einen“.

VII. MUFA“IL: „Der ewig ausführenden Akt“

Dieser Klangkodex zeigt auf, dass diese Gruppe von Göttlichen Namen einen kontinuierlichen ewig ausführenden Akt repräsentiert, ohne Anfang und ohne Ende. In jedem Moment erschafft Allāh die manifestierte Welt und in jedem Augenblick entsteht sie neu. Drei der Göttlichen Namen gestalten sich in dieser Form.

Al–Muṣawwir
Al–Muqaddim
Al–Mu´aẖẖir

VIII. MUF‘IL: „Der all–einnehmende Verursacher“

In dieser Form bzw. diesem Klang zeigt sich, dass Allāh der Verursacher und Former aller Dinge, aller Manifestationen, aller Geschehnisse ist und dass es keinen anderen Verursacher außer Ihm gibt. Eine solche Absolutheit wird durch diesen Klang in das Herz eingeprägt. Zwölf der Göttlichen Namen schwingen in dieser Qualität.

Die hier erwähnten Göttlichen Namen enden zum Teil mit einem langen Vokal, da es grammatikalisch ein schwacher langer Vokal ist.

Al–Mu´min	Al–Muḥṣī
Al–Muqsiṭ	Al–Muḥyī
Al–Mubdi´	Al–Muġnī
Al–Mu'izz	Al–Mu'īd
Al–Muḏil	Al–Mumīt
	Al–Muqīt
	Al–Muǧīb

IX. MUFAY'IL: „Die zutiefst eindringende Verwandlungskraft"

Diese Form drückt einerseits die Kontinuität aus, andererseits die zutiefst eindringende Kraft, die bis in Grundstrukturen eines Wesens vorbricht. Trotz dieser Kraft beinhaltet sie auch eine Leichtigkeit und Weichheit: „wie Wolle sein in den Händen Gottes". Es ist ein Name, der in dieser Schwingung der Göttlichen Liebe pulsiert.

Al–Muhaymin

X. MUTAFA''IL: „Der kontinuierlich widerspiegelnde Zustand"

Diese Form bzw. dieser Klangkodex fügt zur Vorsilbe „Mu", welche stets die Qualität der unerlässlichen Kontinuität beinhaltet, noch zwei weitere Aspekte hinzu. Diese entstehen durch die Verdoppelung und durch die Hinzufügung des „t". Der ewige zeitlose Aspekt wird durch die Verdoppelung betont, und der reflexive durch das „t". Gemeinsam bewirken sie einen reflexiven, widerspiegelnden Zustand. Das bedeutet: wenn dieser Zustand aufgenommen werden möchte, ist vom Aufnehmer/von der Aufnehmerin große Bemühung verlangt. Wenn ein Spiegel ein Licht gut widerspiegeln möchte, muss er erst gut poliert werden.

Es gibt nur einen Göttlichen Namen, der diesen Klang verbreitet. Interessanterweise gibt es eine Sure im Koran, in der eine längere Aufreihung der Göttlichen Namen vorkommt (59:23) und sie endet genau bei diesem Namen.

Al–Mutakabbir

XI. MUFTA'IL: „Die ewig wechselseitig Qualität"

Auch in diesem Klangkodex erscheint der Buchstabe „t" und drückt eine wechselseitige Qualität damit aus. Allāh gibt eine Qualität, und diese Begabung wird von der Beschenkten genutzt. Wir übernehmen die Verantwortung für unsere Handlungen, wissend, dass alles von Allāh kommt und alle Handlungen Seine sind. Das ist eine der Bedeutungen von „Dein Wille und mein Wille sind eins!"

Al–Muqtadir
Al–Muntaqim

XII. MUTAFĀ'IL: „Die verbindende reziproke Gegenseitigkeit"

Auch in dieser Form besteht die offensichtliche reziproke Gegenseitigkeit. Der zusätzliche Aspekt von diesem Klangkodex ist die tiefe Qualität der Hingabe, die hier mitschwingt. Diese Form trägt sowohl den aktiven wie den ergebenden Aspekt in sich und verbindet somit Feuer und Wasser, Mut und Vertrauen, Höhen und Tiefen.

Al–Muta'ālī

بِسۡمِ ٱللَّهِ ٱلرَّحۡمَـٰنِ ٱلرَّحِيمِ

بِسۡمِ ٱللَّهِ ٱلرَّحۡمَـٰنِ ٱلرَّحِيمِ ﴿١﴾ ٱلۡحَمۡدُ لِلَّهِ رَبِّ ٱلۡعَـٰلَمِينَ ﴿٢﴾ ٱلرَّحۡمَـٰنِ
ٱلرَّحِيمِ ﴿٣﴾ مَـٰلِكِ يَوۡمِ ٱلدِّينِ ﴿٤﴾ إِيَّاكَ نَعۡبُدُ وَإِيَّاكَ نَسۡتَعِينُ ﴿٥﴾ ٱهۡدِنَا
ٱلصِّرَٰطَ ٱلۡمُسۡتَقِيمَ ﴿٦﴾ صِرَٰطَ ٱلَّذِينَ أَنۡعَمۡتَ عَلَيۡهِمۡ غَيۡرِ ٱلۡمَغۡضُوبِ
عَلَيۡهِمۡ وَلَا ٱلضَّآلِّينَ ﴿٧﴾

Sure Al–Fātiḥa

سورة الفاتحة

„Die Öffnende“

(1) Im Namen Allāhs, des Allerbarmers, des Allbarmherzigen
(2) Alles lobt den Schöpfer der Welten
(3) Der unendlich Gütige, Der immer Barmherzige;
(4) Der König des Letzten Gerichtes
(5) Du bist es, Den wir anbeten, und bei Dir suchen wir Zuflucht;
(6) Leite uns auf den rechten Weg,
(7) den Weg derer, über denen Deine Gnade waltet;
nicht derer, über denen Dein Zorn waltet,
noch derer, welche in die Irre gehen.

Die Fātiḥa

Die Eröffnungssure „Al–Fātiḥa“ steht zu Beginn des Korans. Sie umfasst in ihrer tiefen Schönheit die Lehre des ganzen Korans. Die Fātiḥa wird zu Beginn jedes Gebetszyklus rak‘a gesprochen, sowie beim Abschließen von Verträgen, Abkommen etc. Sie öffnet die Herzen der Menschen. Sie setzt durch ihre eindrücklichen Worte das Licht der Klarheit und Aufrichtigkeit in den Geist und die Herzen der Menschen und öffnet in uns den Willen, den Weg der Göttlichen Hingabe zu beschreiten. Ihre Wiederholung öffnet in uns die Tore der Dunkelheit und hilft, uns am Göttlichen Licht zu orientieren.

Eine kurze Erläuterung der Eröffnungssure:

(1) Im Namen Allāhs, des Allerbarmers, des Allbarmherzigen

Im Namen der Ewigen Unendlichen Realität – transzendent und immanent –, die aus Liebe Schenkende, die aus Gnade Erhaltende. „Der Allgnade Erweisende, der Allgnädige" Ar–Raḥmān, Ar–Raḥīm, sind zwei Namen, die darauf hinweisen, dass Gottes Gnade grenzenlos ist, dass sie alles einnimmt und umhüllt.

(2) Alles lobt den Schöpfer der Welten

Das Loben der Schöpfung ist Ausdruck unseres Zustandes der Freude am Dasein. Denn Dasein heißt, die Schönheit der Welt zu sehen. Es heißt die Wunder, die Schönheit zu sehen und sie auf ihren Ursprung zurückzuführen. In dieser Vielfalt der Existenzen wird das Herz erinnert, dass jede Vollkommenheit, jede äußere oder innere Eigenschaft einen einzigen Ursprung hat, aus dem alle Welten hervorkommen.

(3) Der unendlich Gütige, Der immer Barmherzige

Aus dieser Güte kommt unser Dasein, all die Bedingungen und Voraussetzungen, die dieses ermöglichen. Vergesse nicht all die Gaben, mit denen du beschenkt bist, noch schreibe sie dir selber zu, denn weder hast du den Baum noch das Wasser erfunden.

Eine mündliche Überlieferung des Propheten Muhammad – Allāh segne ihn und schenke ihm Heil – sagte: Als Gott die Schöpfung beendete schrieb Er über Seinen Thron: „Meine Barmherzigkeit übersteigt Meinen Zorn." Und Allāh teilte die Barmherzigkeit in hundert Teile, dann behielt Er 99 Teile bei Sich und sandte einen Teil auf die Erde. Und aus diesem einen Teil kommt die Barmherzigkeit der Schöpfung für einander.

Lasst Barmherzigkeit unter euch weilen, denn wer anderen gegenüber Barmherzigkeit zeigt und sie mit Güte und Mitgefühl behandelt, wird selbst von Barmherzigkeit eingenommen. Er nimmt teil an der Einheit und folglich an dem, was unsere wahre Natur ist.

(4) Der König des Letzten Gerichtes

Gott ist der Erhalter der Welten und Er ist auch der Herr ihres Endes. Das zu wissen heißt, zu verstehen, dass das Bedingte vom Unbedingten kommt und von ihm abhängt. Der Tag des Gerichts ist die Hoffnung der Geduldigen, die ihrer Menschlichkeit zum Sieg verhalfen, die ihr niedriges Selbst bekämpft haben und die ihren selbstgefälligen Trieben nicht unterlagen. Der yawm ad–din, „der Tag des Gerichts", ist der Tag, an dem die Unterdrücker und die Unterdrückten zusammen kommen und die Gegensätze vereint werden. Denn bei Gott vereinen sich die Gegensätze. Am Tage des Gerichts kommen wir zusammen und alle Ungerechtigkeiten werden gesehen. An diesem Tag sind alle gleich, die Könige und die Untertanen, die Reichen und die Armen. An diesem Tag werden die Menschen gemäß ihren guten und schlechten Taten beurteilt werden.

(5) Du bist es, Den wir anbeten, und bei Dir suchen wir Zuflucht

Die Anbetung ist das Erkennen Gottes außerhalb von uns, und die Zuflucht ist Rückkehr zum Gott in uns, in der Tiefe unseres Herzens; es ist das Vertrauen zu einem unendlich nahen Gott. Der Gott „außen" gleicht der Unendlichkeit des Himmels; der Gott „innen" der Vertrautheit des Herzens. Dies sind die Worte, die zwischen Gott und dem Menschen aufgeteilt sind. Die eine Hälfte, iyyaka na'budu, „Dir alleine dienen wir", ist für Gott, und wa iyyaka nasta'īn, „und Dich allein bitten wir um Hilfe", ist für den Anbetenden.

Zwischen Gottvertrauen und Ergebung bewegt sich der Mensch zu seinem wahren Selbst und rettet sich vor der Ungläubigkeit an die Einheit aller Existenz. Liebe ohne Ergebung bringt dich nicht weiter, genauso wie Ergebung ohne Liebe nicht weiterführt. Wer die Süße des Glaubens kosten möchte, muss Liebe und Ergebung vereinen. Er hat dich erschaffen, damit du das Göttliche in dir erweckst, so sei nicht niedrig. Er hat dich erschaffen, damit du frei bist, so sei nicht Gefangener deiner Triebe. Befreie dein Ich von allem Niedrigen, und bringe es zurück, wo sein Heimweh gestillt wird. Gib ihm zurück den Duft und lass es eingehen ins Meer des Lichts.

(6) Leite uns auf den rechten Weg

Es ist der aufstrebende Weg, der Weg, der zur Einheit führt; es ist das Zusammenführen von Willen, Liebe und Erkenntnis. „Leite uns auf den rechten Weg", wenn wir in schwierige Situationen kommen, denn die Welt lenkt einen ab, von Dingen, die wirklich wichtig sind. Denn oft verengt sich vor lauter Sorgen und Kummer die Brust und die Selbstgespräche beginnen.

(7) Den Weg derer, über denen Deine Gnade waltet

Der rechte Weg ist der Weg, auf dem die Gnade uns nach oben zieht; durch die Gnade können wir diesem Weg folgen; doch müssen wir unsere Herzen für diese Gnade öffnen und uns ihren Gesetzlichkeiten fügen. Allāh, Du Verwandler der Herzen, lass mein Herz immerwährend bleiben in Deiner Einheit.

nicht derer, über denen Dein Zorn waltet

Nicht derer, die sich der Gnade widersetzen und die das verbindende Band zerreißen. Indem sie unabhängig sein wollen von der Göttlichen Urquelle oder selbst Quelle sein wollen, verschließt sich allmählich die Empfänglichkeit des Herzens und das Göttliche lässt sie los.

noch derer, welche in die Irre gehen.

Das sind diejenigen, die zwar das Eine nicht verneinen, sich aber aus Schwäche in der Welt verlieren. Sie folgen ihrem Gemüt und liefern sich somit den irdischen Mächten aus, doch sind sie nicht verloren, wenn sie es nur wollen.

Ich sah meinen Herrn mit den Augen meines Herzens.
Ich sprach: Wer bist du? Er sagte: Du!
Bei Dir hat das Wo kein Wo.
Wo Du bist ist kein Wo.
Die Vorstellungskraft hat keine Vorstellungskraft von Dir,
So dass sie wüsste, wo Du bist.
Du bist der, der alles Wo umfasst
Bis hin zum Nichtwo! Wo also bist Du?
Mit meinem Entwerden, mit meinem Entwerden gibt es nur
La ´ilāha ´illā llāh, es gibt nichts außer Gott.
Es gibt nichts Existierendes außer Dir.
(Hallaj)

Die Formeln

Formeln zu wiederholen ist eine Möglichkeit, um sich selbst und das, was um uns herum geschieht, in die allumfassende Gegenwart Gottes bewusst einzubetten. Durch das daraus resultierende Gedenken an die allumfassende Einheit wird dem Leben eine geistig–spirituelle Richtung gegeben, die uns erlaubt, am Segen und der Gnade bewusst teilzunehmen. Es ist kein moralisches Wiederholen von Formeln, sondern ein Ausdruck der Reinigung des Herzens und der Einigung. Denn Harmonie entsteht, wenn in der Vielfalt die Einheit einfließt und wirkt. Formeln helfen uns, dieses Bewusstsein in unser Leben einzuflechten.

Die Formeln
subḥāna llāh سبحان الله „Ehre sei Gott“,
al–ḥamdu li–llāh الحمد الله „Gepriesen sei Gott“ und
allāhu ‘akbar الله أكبر „Gott ist größer“
werden – einem Hadith entsprechend – oft zusammen aufgesagt.

Durch das Ausrufen von „subḥāna llāh“ سبحان الله „Ehre sei Gott“, wirkt man einem der Göttlichen Majestät entgegenstehenden Fehlurteil bzw. einer Irrlehre entgegen bzw. entkräftet sie.

Ein Dieb stiehlt einer hilflosen alten Frau die Handtasche und rennt davon, er stolpert über einen Stein, fällt hin, wird erwischt und die Handtasche kommt zu ihrer rechtmäßigen Besitzerin zurück, subḥāna llāh!

Doch diese Formel wird auch bei Situationen und Dingen angewendet, die man nicht so offensichtlich nachvollziehen kann, deren Weisheit uns verborgen bleibt. Es ist eine Formel, die Gott betrifft und daher für uns Menschen in ihrer Allumfassenheit oft nicht erklärbar ist. Durch ihr Aussprechen trennen wir uns von den sichtbaren, eingeschränkten Dingen und Sichtweisen und betten uns in das Absolute, den Duft der Ewigkeit einatmend.

Die Formel „al–ḥamdu li–llāh“ الحمد الله „Gepriesen sei Gott“ ist das Erheben einer Tat von der Erde in den Himmel. Sie steht meist nach der Vollendung einer Handlung bzw. nach einer Erkenntnis. Sie ist in gewisser Weise das Pendant zu: „bismillāh ar–raḥmān ar–raḥīm“ بسم الله الرحمن الرحيم „Im Namen Allāh, Der unendlich Gütige, Der immer Barmherzige“.

Jede Handlung wird mit „bismillāh ar–raḥmān ar–raḥīm“, „Im Namen des Allbarmherzigen, Allgütigen, Schöpfer aus Liebe und Erretter aus Erbarmen“, eröffnet. Mit dieser Formel wird ein gütiger himmlischer Strahl auf jede Tat herabgerufen und gesegnet, im Wissen um die Einheit, im Wissen um die Göttliche Liebe und Gnade. Möge sie Widerhall finden in all meinen Taten. Jede Veränderung, jedes Eintreten in einen anderen Raum, jede Absicht wird mit der basmallah, wie diese Formel genannt wird, eröffnet.

Ich beginne mein Essen mit „bismillāh ar–raḥmān ar–raḥīm“ und beende es mit „al–ḥamdu li–llāh“. Mit dem al–ḥamd, dem Göttlichen Namen in dieser Formel, binde ich meine Handlungen und die Dinge an Gott. Ich erhebe sie und bette sie in die Einheit.

Die Formel „allāhu ‘akbar“ الله أكبر „Gott ist größer“, takbīr genannt, eröffnet das Gebet und bezeichnet den Wechsel der Stellung während des Gebetes. Der Komparativ des

Wortes kabīr „groß“, der oft für einen Superlativ gehalten wird, bringt in dieser Formel zum Ausdruck, dass Gott stets größer oder der Größte ʿakbar sein wird.

Im Alltag wird sie oft ausgerufen, wenn man überrascht oder überwältigt wird. Sie wird aber auch zur Anfeuerung und zur kollektiven Stärkung verwendet.

Eine weitere oft verwendete Formel ist „in šāʾa llāh“ إن شاء الله „Wenn Gott es will“. Mit ihr wird die Anlehnung, die Unwissenheit und Abhängigkeit vor Gott formuliert. Sie ist die befreiende Formel von jedweder Selbstgefälligkeit. Sie ist die Formel der Gelassenheit und des Vertrauens auf Gott, dass das, was richtig und gut ist, durch Ihn geschehen wird bzw. nicht eintreten wird – und dann ist es gut so. Allāh ist das Ziel, von Ihm kommt alles und zu Ihm kehrt alles zurück. Es gibt kein Dasein und keine Zukunft außer Ihm.

Im Alltag wird sie nach jeder Aussage, die die Zukunft betrifft ausgesprochen.

„Ich werde morgen in die Stadt fahren, in šāʾa llāh!“ „Wir werden in fünf Tagen die Prüfung schaffen, in šāʾa llāh!“

Die Formel „mā šāʾa llāh“ ما شاء الله „was Gott wollte (ist eingetreten)“ bezieht sich auf die Vergangenheit und die Gegenwart. Die Begebenheit oder der Beginn der Begebenheit ist vergangen, aber die Entfaltung, Wirkung oder unsere Feststellung davon, ist Gegenwart. Die Formel wird auch verwendet, wenn ein Mensch oder eine Sache bewundernswert sind und man dies lobend anerkennen möchte, ohne Neid oder Eifersucht aufkommen zu lassen, allein, wenn man sich durch die Formel daran erinnert, dass alles von Gott abhängt und zu Ihm zurückkehrt. Das hält das Herz frei, macht zufrieden und macht aus uns eine bzw. einen GenießerIn der Schönheiten.

Wenn man ein schönes Kind sieht, sagt man: „mā šāʾa llāh!“ Wenn jemand schön singt und man die Stimme loben möchte, wenn jemand von schneller Auffassung ist, wenn eine schöne Landschaft auftaucht sagt man: „mā šāʾa llāh!“

Alle Handlungen werden in fünf Arten eingeteilt:

das Unerlässliche farḍ فرض oder wāǧib واجب;
das Empfohlene mustaḥab مستحب;
das Erlaubte, dem freien Ermessen überlassene mubāḥ مباح;
das zu Meidende makrūh مكروه;
und das Verbotene ḥarām حرام.

Eines Tages war Nasruddin mit einem Geldbeutel unterwegs zum Eselsmarkt. Als er an einem Bekannten vorbeiging, fragte dieser: „Wo gehst Du hin, Nasruddin?“ „Ich bin unterwegs zum Markt, um einen Esel zu kaufen!“ „Sag stets in šā'a llāh, Nasruddin!“ „Wieso denn, es ist doch klar, ich habe das Geld für den Kauf eines Esels bei mir und der Markt ist vor mir!“ Mit diesen Worten ging Nasruddin weiter. Bevor er allerdings den Markt erreichte, wurde er von Dieben überfallen, auf den Kopf geschlagen und beraubt. Benommen und verwirrt machte er sich auf den Weg nach Hause und wieder ging er an dem Bekannten vorbei. „Was ist passiert, Nasruddin?“, fragte dieser.
„Ich war auf dem Weg zum Markt, in šā'a llāh und da wurde ich von Dieben überfallen, in šā'a llāh, die mich auf den Kopf schlugen, in šā'a llāh und mich meines Geldes beraubten, in šā'a llāh und jetzt bin ich auf dem Weg zurück nach Hause, in šā'a llāh!“

Die Göttlichen Namen

Vier Mal werden die Vollkommenen Heilenden Namen Allāhs im Koran erwähnt:

„Und Gottes allein sind die Namen der Vollkommenheit,
ruft Ihn denn mit diesen an."
(7:180)

„Gott – es gibt keine Gottheit außer Ihm,
Sein sind die Namen der Vollkommenheit."
(20:8)

Sag: „Ruft Allāh an, oder ruft den Allergnädigsten an: mit welchem Namen
ihr Ihn anruft, Er ist immer der Eine – denn Sein sind alle Namen
der Vollkommenheit."
(17:110)

„Er ist Allāh, der Schöpfer, der Erschaffer, der alle Formen und
Erscheinungen gestaltet! Sein allein sind die Namen
der Vollkommenheit. Alles, was in den Himmeln und auf Erden ist,
lobpreist Ihn, denn Er allein ist allmächtig, wahrhaft weise!"
(59:24)

Der Prophet Muhammad, Allāhs Friede und Heil sei mit ihm, sagte:

„Es gibt neunundneunzig Namen, die Allāh gehören; der sie erlernt, sie kostet,
versteht und aufzählen kann, wird eintreten ins Paradies und Seligkeit erlangen."

الله

Allāh

Die Ewige Realität, „Das, was Ist"
66 – 264 – 4.356

Allāh ist der allumfassende Name, er ist die Gegenwart aller Namen.

Der erste Schritt ist „Allāh" zu sagen und nichts anderes,
Der zweite ist Intimität, und der dritte ist zu brennen.
(Attar)

Allāh ist der Name des Absoluten Seins und alle anderen Göttlichen Namen sind in Ihm beinhaltet. Allāh ist die allbeinhaltende Göttliche Realität. Die verschiedenen Göttlichen Namen sind die Ausströmungen aus dem Einen Göttlichen Sein. Sie sind eins mit diesem Sein und die Träger dieses Einen in der Welt der Manifestationen.

Die essenzielle Bedeutung von Allāh ist ergriffene Liebesleidenschaft, und alle anderen Göttlichen Namen sind verschiedene Aspekte dieser Einen Liebe. Alle 99 Göttlichen Namen sind uns geschenkt, um uns zum Durchbruch zu unserer wahren Natur und zur Quelle, zum Ursprung allen Seins, zu verhelfen. So hat jeder Göttliche Name, allgemein gesprochen, zwei Ebenen, mit denen wir konfrontiert werden: Einerseits dienen sie dazu, das Göttliche zu umschreiben und uns Ihm näher zu bringen, andererseits verhelfen sie uns dazu, unserem wahren Selbst, unserer wahren Natur, näherzukommen.

Allāh sehnte sich danach, Sein Wesen in einem allumfassenden Wesen, der Welt, sichtbar zu machen. Aus Seinem Sein strömten die Göttlichen Namen in die Manifestationen und eine Geschichte der Sehnsucht begann. In unserem tiefen Sein ruht ein Göttlicher

Funken, in sich alle Göttlichen Namen einnehmend. Es ist der Ort des inneren Friedens und der Ergebung. Doch durch die Entsendung der Göttlichen Namen in die Welt der Manifestationen hat Allāh der Welt die Ruhe genommen. In der Suche nach dem Göttlichen dreht sich die Welt und zwischen den Polen von innerer Ruhe und äußerer Unruhe – äußerer Ruhe und innerer Unruhe ist der Mensch auf der Suche nach dem inneren Frieden. Eine Geschichte der Sehnsucht zwischen Schöpfer und Geschöpf.

Allāh ist jenseits von weiblich und männlich und nicht in Pluralform zu verwenden, und doch zeigt sich in der Gemeinsamkeit des Weiblichen und Männlichen die Göttliche Pracht.

Ibn Al–'Arabi erläutert:

„Wir selbst sind die Eigenschaften, mit denen wir Gott beschreiben.
Unsere Existenz ist lediglich eine Vergegenständlichung Seiner Existenz.
Gott ist notwendig für unser Sein, während wir erforderlich sind,
damit Er sich sichtbar macht für Sich."

Allāh ist der größte und herrlichste Name des Einen, des Herrn und Schöpfers aller Welten, Dem nichts und niemand gleichkommt, Der Seine Offenbarungen zu den Menschen entsandte, unter ihnen Noah, Abraham, Moses, Jesus und Muhammad – Friede sei mit ihnen allen.

Die verschiedenen Göttlichen Namen, die verschiedenen Eigenschaften entstehen durch unseren unterscheidenden Verstand und doch gibt es nur eine Wahrheit. So finden sich die Qualitäten des einen Namens in irgendeiner Form stets auch in den anderen wieder. Das muss so sein, denn die Wahrheit ist Eins. Diese Einheit hat im Äußeren die Qualität der Unterschiedlichkeit, dennoch besteht eine Gegenseitigkeit, eine Wechselbeziehung, eine Allgegenwart.

Die Vielfalt widerspricht nicht der Einzigkeit des Göttlichen Seins. Zum Verständnis führt Ibn Al–'Arabi das Feuer an. Das Feuer hat eine bestimmte Natur, dennoch sind seine Auswirkungen verschieden. Feuer verbrennt Holz und Papier zu Asche, bei Wasser wiederum wirkt es anders. Kupfer wird durch Feuer weiß, Gold wird durch Feuer flüssig. Obwohl das Feuer verschiedene Auswirkungen hat, verändert sich seine Natur, sein Wesen nicht.

Die verschiedenen Auswirkungen entstehen, je nachdem mit welchen Wesenheiten es zusammentrifft und je nach den verschiedenen Verfassungen der Dinge. So ist auch die Einzigkeit des Göttlichen zu verstehen und die Vielfalt seiner Erscheinungen.

Allāh – es gibt keine Gottheit außer Ihm, dem Immer–Lebendigen,
dem Durch–Sich–Selbst–Bestehenden Quell allen Seins.
Ihn ergreift weder Schlummer noch Schlaf. Sein ist alles, was in den Himmeln
und was auf der Erde ist. Wen gibt es, der bei Ihm Fürsprache einlegen könnte,
es sei denn mit Seiner Erlaubnis? Er weiß alles, was vor den Menschen offen
liegt, und alles, was vor ihnen verborgen ist, während sie nichts von Seinem
Wissen erlangen können, es sei denn das, was Er will. Weit reicht Sein Thron
über die Himmel und die Erde, und es fällt Ihm nicht schwer,
sie beide zu bewahren. Und Er ist der Hohe, der Erhabene.
(2:255)

In dem Namen Allāh sind die Aspekte der Transzendenz und der umhüllenden Ganzheit enthalten. Der Name Allāh strömt zugleich Gelassenheit, Erhabenheit und Mysterium aus.

Alle Göttlichen Namen sind verschiedene Ausblicke und Einblicke des Namen Allāh, der Einen Allmächtigen Allumfassenden Liebe. Alle Göttlichen Namen verschmelzen und vereinigen sich in diesem Namen.

Sprich: „Mein Gebet und meine Opferung und mein Leben und mein Tod gehören Allāh, dem Herrn der Welten. Er hat niemanden neben Sich. Und so ist es mir geboten worden, und ich bin der erste der Gottergebenen.“ Sprich: „Sollte ich einen anderen Herrn als Allāh suchen, wo Er doch der Herr aller Dinge ist?“
(6:162–164)

Ibn Al–'Arabi erklärt:

„Die in Ihm verborgenen Namen sehnten sich danach, sich zu manifestieren. So brachen sie infolge ihrer Sehnsucht, erkannt und geliebt zu werden, aus dem verborgenen und niemals zugänglichen Göttlichen Sein hervor, wie zu lange angehaltener Atem aus dem Körper bricht. Das ist es, was als nafas ar–rahmān, der Göttliche Hauch, bezeichnet wird, jener Hauch, der die ganze Schöpfung durchweht und die Göttlichen Worte wirken lässt. Die Namen trafen auf das Nichtsein, das sie, gleichsam wie Spiegelstücke, reflektierte, und so ist die Welt gewissermaßen eine Spiegelung der Göttlichen Namen. Sie existiert nur, solange ihr Gesicht, die Oberfläche des Spiegels, Gott zugewandt ist, sonst verschwindet sie, denn sie ist absolut von Gott abhängig. Gott aber bleibt unverändert von der Welt und ist ausschließlich durch die Spiegelung zu ahnen, und so erkennt Ihn jeder auf seine eigene Weise, je nach dem Namen, der sich in ihm am stärksten manifestiert".

Sich selbst hören, wenn man „Allāh" wiederholt, gibt die Kraft, sich aus der Illusion der Trennung, dieser fixen Idee, die uns so oft gefangen nimmt, zu lösen und den Duft der Essenz zu erfassen, die uns mit unserer eigenen Essenz verbindet und die Wunden der Separation und Isolation heilt. Der flüssige Strom der Einheit löst die Schranken der trotzigen Trennung und führt uns zu dem Kern, in dem die Ewigkeit in uns pulsiert, dort, wo wir gefüllt sind mit den Göttlichen Qualitäten. Nichts kann die Illusion der Trennung durch die Kraft der ekstatischen Liebe auflösen wie Allāh.

Jeder Göttliche Name kann mit Allāh verbunden werden und gemeinsam wiederholt werden. Auch Jesus verwendete das aramäische Wort „Alaha" für Gott.

Alles beginnt mit den in diesem und aus diesem Namen verborgenen Schätzen:

„Der vollkommen Erkennende erkennt Ihn in allen Manifestationen, in denen Er sich offenbart und in jeder Gestalt, in der Er hinabsteigt."

(Ibn Al–'Arabi)

„… und wenn die Reise zu Gott beendet ist,
beginnt die unendliche Reise in Gott …"

(Iqbal)

الرحمن

1

Ar–Raḥmān

Der Allbarmherzige, der Allerbarmer, der Segensreiche, der Mitfühlende
298 – 1.192 – 88.804

Ar–Raḥmān ist wie das Meer der unendlichen Güte und Schönheit, Ar–Raḥmān ist die Flut, überschäumend in seiner Gnade, allumfassend in seiner Natur. Es ist das Tor, durch das alle Göttlichen Namen durchfließen.

Die Gebetskette hat 99 Perlen – entsprechend den 99 Schönsten Namen Gottes, die mit den Namen Ar–Raḥmān, Ar–Raḥīm, der Allbarmherzige, der Allgnädige beginnen, also mit jenen beiden Namen der Gnade, mit denen jede Koransure, mit Ausnahme der neunten, anfängt und die auch zu Beginn jeder Handlung verwendet werden sollen.

Ar–Raḥmān beinhaltet Qualitäten der Liebe, der Großzügigkeit, der Barmherzigkeit und des Mitgefühls. Er symbolisiert die ewig fließende Qualität des Mitgefühls für alle Geschöpfe ohne Unterscheidung. Er beinhaltet die Göttliche Qualität der Segnung und der Freude über alle Geschöpfe ohne Unterschied.

Wenn man diesen Namen wiederholt, so hat man das Gefühl, von sanften Wolken der Barmherzigkeit umhüllt zu sein, und die Isolation, das Gefühl der Abgetrenntheit, die uns Menschen so oft begleitet, beginnt sich aufzulösen. Es ist ein Göttlicher Name, der Freude und Zufriedenheit bringt, der Hoffnung und Verbundenheit verbreitet und die Dämonen der Verzweiflung und des Zweifels vertreibt. Die Wiederholung dieses Göttlichen Namens (100 Mal im zweiten Drittel der Nacht) führt zu einer klaren Erinnerungsfähigkeit, zu einem wachen Bewusstsein und befreit von schwer zu ertragendem Kummer und von Kaltherzigkeit gegenüber sich selbst und anderen. Wenn man vom zweiten Drittel der Nacht spricht, so meint man etwa eine Stunde vor der Dämmerung fağr.

Wenn Allāh einen Menschen liebt, so ruft Er den Engel Gabriel herbei und sagt: „Ich liebe diesen Menschen, so liebe du ihn auch." Und so liebt ihn Gabriel. Dann ruft Gabriel zu den Wesen des Himmels: „Allāh liebt diesen Menschen, so liebet ihn auch." Und die Wesen des Himmels lieben ihn. Dann wird diesem Menschen die Schönheit dieser Erde geoffenbart. Allāh liebt alle Seine Geschöpfe – und da gibt es jene, die sich auf die Suche nach Ihm begeben, um das zu suchen, was nicht durch Suchen gefunden werden kann und doch nur der Suchende findet. Wenn die Suchende einen Schritt zu Gott hinmacht, kommt das Göttliche im laufenden Schritt ihr entgegen. Das ist die Bedeutung, wenn Allāh einen Menschen liebt …

Lass das Erbarmen und die Güte dein Herz berühren und deine Worte und Taten beeinflussen. Denn wer in Güte die Geschöpfe dieser Welt behandelt, sei es Stein, Pflanze, Tier oder Mensch, wird mit der Göttlichen Güte umhüllt und erlebt sie in sich und um sich.

So wiederhole nach jedem Gebet 10 Mal den Göttlichen Namen Ar–Raḥmān, sodass dein Herz sich mit jedem Schlag erweitert und du die Wunder um dich und das Schöne, das in dir selbst liegt, erkennst. Denn wer Güte in seinem Herzen verspürt, kennt keinen Zweifel und keine Sorge. Die Wiederholung dieses Göttlichen Namens bringt Freude und Zuversicht in das Herz und lässt die Illusion des Zweifels und der Verzweiflung dahin schmelzen.

Güte im Herzen bedeutet, eine Weichheit im Herzen zu tragen, die das Auge des Herzens öffnet und eine tiefe Verbundenheit mit allen Wesen und ein wahres Verständnis für alle Wesen dieser Welt erzeugt.

Es gibt im Körper einen Teil, wenn dieser heil ist, ist der ganze Körper heil und wenn er krank ist oder schwach, schwächt er den ganzen Körper. Ist es nicht das Herz, das dies verursacht? So lass dein Herz deine Führung werden und lass deinen Verstand sich mit dem Herzen verbinden, sodass du ganz wirst.

„Allāh, lass mich durch Deine Güte ganz werden, durch Deine Güte die innere Sonne erspüren, die ohne Bedingung auf alle gleich scheint. Diese innere Sonne, die wir oft in uns selbst verspüren, ist Teil unseres wahren Wesens."

Die Wurzel r–ḥ–m, aus der die Göttlichen Namen Ar–Raḥmān und Ar–Raḥīm bestehen, enthält auch die Bedeutungen Gebärmutter, Mutterleib, Verwandtschaft, Mitleid und Mitgefühl. Sie sind besonders heilsam für Beziehungen unter den Menschen und fördern die Liebe und das liebende Mitgefühl unter den Geschöpfen. Menschen, die das Gefühl haben, von Gott verlassen oder vergessen zu sein, finden durch die Wiederholung dieser Namen wieder die Öffnung, von der sie glaubten verschlossen zu sein.

Ar–Raḥmān drückt gemeinsam mit seinem Klangkodex und seiner Bedeutung die ewig seiende Qualität aus, die Qualität der Unendlichkeit und der Endlosigkeit. Es ist die zutiefst innewohnende, ewig seiende Qualität, ohne die nichts ist. Neben Allāh, aus dem alle Namen fließen und die die mannigfaltigen Aspekte des Einen betonen, ist Ar–Raḥmān das Tor bzw. die Mutter, durch die alle Göttlichen Namen erscheinen.

Der Vers „kataba ʻalā nafsihi r–raḥma" (6:12) „Allāh hat auf das Göttliche Herz, das Wort „raḥma" Güte, Gnade geschrieben", zeigt auf, dass alle Göttlichen Namen erst durch dieses Tor fließen, bevor sie in der Welt erscheinen.

Auch der Tod ist mit dieser Wurzel verbunden, im Wort marḥūm, „derjenige mit dem Gott Gnade und Erbarmen hat", und mit dem die/der Tote bezeichnet wird. Vor unserer Geburt sind wir alle in dieser raḥma und nach dem Tod sind wir in ihr. Wir reisen also als Menschen von einer Gebärmutter der Liebe in eine weitere Gebärmutter der Liebe, dazwischen sind wir in einer Welt, wo wir auf unsere Beine gestellt werden, um diesem Urwissen in unseren Handlungen Ausdruck zu geben. Vertraue und gehe deinen Weg!

Wahrlich schwanger zu sein heißt, die Güte im Herzen zu tragen und alle Geschöpfe zu den eigenen Kindern werden zu lassen.

Den Menschen bessern, ihn in seine Weisheit, sein Wissen, seine Ausgewogenheit und Harmonie zu bringen, heißt, ihn wieder mit dem Himmel zu verbinden, das zerrissene Band wieder neu zu knüpfen und ihm zu helfen, sich von der Beherrschung durch seine Begierden und von seiner Verhaftung in der Materie zu befreien und ihn wieder mit der Welt des Geistes und der frohgemuten Klarheit zu vereinen.

Wenn du diesen Göttlichen Namen wiederholst, dann lege immer wieder deine Hand auf deinen Bauch und atme ruhig in dein Herz hinein, sodass du deine innere Sonne erkennst und sie bedingungslos strahlen lassen kannst. Finde in dir das Licht des Ar–Raḥmān, indem du deinen freien Willen dahingehend verwendest, Gutes für dich und andere zu tun.

Das Wort raḥīm, „sehr barmherzig" ist die Steigerung von rāḥm, „barmherzig", und die noch weitere Steigerung ist raḥmān, das „Unendlich Gute".

Sowohl Ar–Raḥmān als auch Ar–Raḥīm sind beides Göttliche Namen, die unsere tiefsten Wunden, unser Gefühl der Mangelhaftigkeit und Unzulänglichkeit heilen. Sie verbinden uns mit dem Moment der Vorgeburt und schließen uns wieder an den ewigen Puls der gütigen Liebe an. Die Wiederholung dieser beiden Göttlichen Namen bringt nicht nur Stärkung und Kräftigung für die Gebärmutter, die weiblichen und männlichen Geschlechtsorgane, sondern bringt eine allgemeine Aktivierung aller Organe des Körpers mit sich.

„Der Weg des Sufismus liegt darin, aus dem Menschen ein Ganzes zu machen, indem er alle seine Aspekte zusammenfasst und ihn auf sein Zentrum zuführt."
(Roger Garaudy)

الرحيم

2

Ar–Raḥīm

Der Allmitfühlende, der Allgütige, der Barmherzige,
der Erweiser der Wohltaten, der Allgnädige
258 – 1.032 – 66.564

Barmherzigkeit beinhaltet Mitleid, Mitgefühl und die Fähigkeit zu verzeihen. Es gibt eine Form der Barmherzigkeit, die aufsteigt, bevor es eine Notwendigkeit dafür gibt, ein Mitgefühl, ewig fließend vom Göttlichen zu allen Geschöpfen hin, sie beschützend, behütend und sie führend zum Licht und zu einem höheren Leben.

Ar–Raḥīm ist die Ebbe, die den Menschen zu seinem Ursprung zurückführt. Es ist die Gnade, die uns Menschen befähigt, über unsere irdischen und menschlichen Grenzen hinauszuwachsen, um das Paradies der Einheit einzuatmen. Weisheit, Wissen, Ausgewogenheit sind Grundqualitäten unseres tiefen Seins.

Im Sufismus ist der Ozean ein Sinnbild für die Einheit und Ar–Raḥmān und Ar–Raḥīm sind darin wie Flut und Ebbe. Allāh hat uns durch die Offenbarungen seiner Gesandten immer wieder mächtige Flutwellen aus dem Meer der Unendlichkeit an die Ufer unserer endlichen Welt gesandt. Sufismus ist die Sehnsucht, sich in diese Welle zu werfen und sich von ihr zur Unendlichen Quelle, zum Ewigen Ursprung mitnehmen zu lassen. Für die meisten

Gläubigen ist nur das Wasser von Bedeutung, das in den Becken zurückblieb, und das die äußere Form der Religion darstellt, doch der sehnsuchtsvoll Suchende, der Sufi, brennt nach dem Ewigen Quell. Der Sufi will verstehen, will erkennen, will bedingungslos lieben. Ein Sufi verwendet die äußere Form, um die innere einende Weisheitslehre zu verstehen.

Wir Menschen tragen viel Schmerz, Einsamkeit und ein tiefes Verlangen, frei zu sein, in uns. Die meisten Menschen reagieren auf unangenehme Erfahrungen, indem sie ihre Gefühle blockieren. Unsere Gefühle sind die Verbindung zwischen Körper und Geist, sie zu blockieren, zur Erstarrung zu bringen, bedeutet, den natürlichen Energiefluss und damit unsere Entwicklung und Reifung zu verhindern.

Mit Ar–Raḥmān und Ar–Raḥīm können wir uns dem schmerzhaften Bereich nähern, die Hoffnung sanft erwecken und die Seele erinnern, wer sie ist und wo sie hingeht.

Die Göttliche Barmherzigkeit ist in allen Dingen und für alle Dinge. Mit jeder weiteren Falte des Vertrauens im unsichtbaren Göttlichen Umhang, den wir vom ersten Atemzug umgelegt bekommen, erkennen wir mehr und mehr die Göttliche Barmherzigkeit, die sich durch alle Geschöpfe manifestiert. Jede Begegnung, die Anwesenheit eines jeden Geschöpfes wird so zur Bereicherung, denn jede Existenz trägt in sich einen Teil der Göttlichen Barmherzigkeit. Wir sind in unserem Leben immer mit verschiedenen Situationen konfrontiert, jede davon dient dazu, ist eine Möglichkeit, tiefere Erkenntnis über uns zu bekommen.

Ein Mensch, der von diesem Namen gekostet hat, trägt eine Sanftheit, Feinheit und eine zärtliche Sinfonie im Herzen. In Ar–Raḥīm wird die innewohnende Barmherzigkeit stark betont.

Wenn man täglich – nach einem Gebet oder nach der Zeit der Meditation – 100 Mal die Göttlichen Namen Ar–Raḥmān und Ar–Raḥīm wiederholt, fördert diese Intimität die Fähigkeit zu helfen sowie die Toleranz, und löst vom Herzen die Blindheit des Urteilens. Diese beiden Göttlichen Namen variieren zwar in sich, sind aber nicht unterschiedlich, da sie sich beide im Ozean der Liebe finden. Sie sind der Schlüssel für das Gute und das Schloss für alles Schlechte. Jede Tat, die mit diesen beiden Namen begonnen wird, trägt den Göttlichen Segen mit sich.

Die Göttlichen Namen Raḥmān und Raḥīm sind beide von raḥma, „Barmherzigkeit und Erbarmen", abgeleitet. Raḥmān ist die verborgene, ewig- und allbestehende Barmherzigkeit und Raḥīm der äußere Ausdruck, die unbegrenzte äußere Manifestation dieser Eigenschaft.

Aus Ar–Raḥmān entsteht die Welt, Ar–Raḥmān ist die Realität der Liebe. Aus der unendlichen Güte und Zärtlichkeit entstehen alle Lebensvoraussetzungen auf Erden. Ar–Raḥīm ist die Gnade, die Rettung der Menschheit. Durch ihre Manifestation werden hier auf Erden die Samen der Liebe und Güte angelegt und die Wohltaten ausgeteilt. Der Mensch kann den Samen erfahren, ihn tief in die fruchtbare Erde des Herzens drücken, ihn mit dem Licht der liebevollen Achtsamkeit und mit dem Regen des Mitgefühls nähren und mit dem Vertrauen in Allāh zum Erblühen bringen. Deswegen sagen die Sufis: „Der Regen ist Allāhs Segen!" Er erinnert an den inneren Akt der Reifung und des Wachsens, an die eigene Rose im Herzen.

Durch die Wiederholung von Ar–Raḥmān und Ar–Raḥīm entsteht eine Annäherung, ein intimes bewusstes Treffen zwischen der Göttlichen Barmherzigkeit und unserer menschlichen Beschränktheit. Sich des eigenen Unvermögens bewusst zu sein ist nötig, um sich selbst zu einem Gefäß des Vertrauens zu verwandeln, welches die Barmherzigkeit empfängt. Der Tropfen beginnt die Schwingung des Ozeans anzunehmen. Ar– Raḥmān und Ar–Raḥīm sind diese Einung.

Der Name Raḥmān ist wie der weite, unendliche Himmel und Raḥīm wie ein wärmender Sonnenstrahl, der vom Himmel herab scheint, uns erfasst und belebt.

Daher beginne jede Tat mit:

بسم الله الرحمن الرحيم

bismillāh ar–raḥmān ar–raḥīm

Im Namen Allāh, Der unendlich Gütige, Der immer Barmherzige

Im Namen des Allbarmherzigen, Allgütigen, Schöpfer aus Liebe und Erretter aus Gnade und Erbarmen.

Mit dieser Formel rufst du dein Herz auf, jede Tat bewusst mit ihrer Wahrhaftigkeit zu umhüllen, jede Tat ausdrücklich in der Göttlichen Gnade zu verweben und das Göttliche Licht auf Erden durch deine Existenz zu verbreiten.

Die hingebungsvolle Wiederholung dieses Namens – mit leidenschaftlichem Herzen – wird vor Vergesslichkeit, Verwirrtheit und vor der Verhärtung des Herzens schützen. Durch die Wiederholung dieses Göttlichen Namens (100 Mal) im letzten Drittel der Nacht, erfährt man Mitgefühl und Verbundenheit von und mit allen Geschöpfen.

Bei Nebenhöhlenproblemen wiederhole 258 Mal Ar–Rahīm, indem du deine Hand über diesen Bereich legst.

Die Wiederholung dieses Göttlichen Namens verwandelt einen Feind in einen Freund und bringt Ruhe und Stille in den Körper und in die Seele.

Zeige Mitgefühl auf Erden, so zeigt dir der Himmel Sein Mitgefühl. Der schnellste Weg zur Verwandlung geschieht durch Dienen, und mit Dienen ist nicht das Aufopfern gemeint, sondern das Mitgefühl im Herzen wachsen zu lassen und die Barmherzigkeit des Herzens mit dem Verstand zu verbinden. Mit der Sonne des Geistes das Herz polieren.

„Oh ihr Menschen! Respektiert euren Herrn, Der euch aus einem einzigen Wesen erschuf und von selber Natur eine Gefährtin und von diesen beiden viele Männer und Frauen entstehen ließ. Und seid euch Gott bewusst, in Dessen Namen ihr einander (um eure Rechte) bittet, und seid euch der Gebärmutter (Verwandtschaftsbindungen) bewusst (die euch Leben schenkte). Siehe, Gott wacht über euch."
(4:1)

Die Zusammenstellung von Gott und Gebärmutter ist auch das Zusammenbringen von Unsichtbar und Sichtbar, von Jenseits und Diesseits.

Zwei Dinge sind wesentlich auf unserem spirituellen Weg, der stets Ausdruck hat im Sozialen, und daran soll sich der Mensch erinnern: an die Bezeugung der Absoluten Einheit allen Seins, und an die Gebärmütter, die uns hierher gebracht haben. Die Gebärmutter ist der Ort, wo etwas empfangen wird, sie ist der Ort, wo Nahrung und Schutz zusammen kommen, die zwei Grundqualitäten, die ein Wesen braucht, um ausgeglichen heranzuwachsen. Gebärmutter steht aber auch für einen inneren Zustand, der angenehm ist bzw. Trost gibt. Die Achtung der Gebärmutter, durch die wir geboren wurden, als der Logos der menschlichen Schöpfung in dieser Welt, welche uns an unseren gemeinsamen Ursprung erinnert und an die Verwandtschaftsbande der Menschheit, an die äußere Vielfalt allen Seins. Die Achtung der Gebärmutter bedeutet stets, den Schwachen und Unterdrückten beizustehen, für die Gerechtigkeit aufzustehen und die Unterdrücker zu bekämpfen. Es bedeutet auch Respekt und Hütung gegenüber der kosmischen Gebärmutter, unserer Natur. Denn die Natur ist und wird immer die Gefährtin des Glaubens sein.

Unser menschlicher Anteil an den Göttlichen Namen Ar–Raḥmān und Ar–Raḥīm ist, uns nicht von den Bedürfnissen der Schöpfung abzuwenden, weder vom weinenden Kind noch vom hungernden Nachbarn.

Gott gibt uns Auskunft über die Rechte und Pflichten, die wir füreinander haben sollen. Er zeigt uns auf die Ordnung, die Prioritäten, Proportionen und die Organisation dieser Rechte und Pflichten. Aus unserer Bewusstheit, aus dem Quell der liebenden Güte erfüllen wir diese Rechte und Pflichten.

All diese Worte, all diese Erläuterungen sollen uns helfen die „Ich"–Isolation, die Trennung vom „Wir", zu der wir aus den verschiedenen Arten von Ängsten immer wieder tendieren, aufzulösen. Mit dem Göttlichen Vertrauen den ersehnten und nötigen Schutz und die Ergiebigkeit zu erreichen, anstatt sich mit den aussichtslosen und vorgestellten Mauern des Ichs einzugrenzen.

Unsere Güte und Barmherzigkeit, unsere wärmende, nährende, schützende Liebe soll vor allem den Waisen und Verlassenen in dieser Welt, die doppelt beschützt werden müssen, gelten.

„Die Sufis besitzen Wege, wie man zu beten lernt; und zwar auf solche Art
und Weise, dass man im Herzen und aus dem Herzen betet – und nicht
nur Worte äußert oder gute Gedanken empfindet,
rechte Absichten formuliert oder Willensakte ausübt."
(Thomas Merton)

الملك

3

Al–Malik

Der Souverän, der Herrscher, der König
90 – 270 – 8.100

Der Souverän ist der König, der Herrscher über alle Geschöpfe. Dieser Göttliche Name drückt die Verbundenheit der Menschen mit dem Göttlichen aus. Er ist der Meister aller Geschöpfe und der wahre und ewige Herrscher. Er herrscht nicht nur über die Körper aller Geschöpfe, sondern auch über ihre Herzen und Seelen. Die Wiederholung dieses Namens (100 Mal) führt zu einer Qualität des Respekts sich selbst und anderen gegenüber wie auch der anderen uns gegenüber. Die Wiederholung dieses Namens ist die Anrufung der Göttlichen Großzügigkeit und Allmacht. Er legt Geduld und Dankbarkeit in das Herz des Anrufenden und gibt Zufriedenheit mit dem, was von Ihm kommt.

Tue dein Bestes und vertraue, wende dich von deiner „kleinen Ich–Welt“ in Vertrauen an die Ganzheit, an die Einheit. Tue dein Bestes und vertraue. Hetze nicht und bleibe in deiner Mitte, in deinem inneren Wesen, mit deinem Herzen verbunden. Das, was für dich bestimmt ist, kommt zu dir, und wenn es vorher die ganze Welt umkreisen muss.

Es ist ein Name, der uns erkennen lässt, dass wir frei sind von Besitz, und dieses Wissen um die Besitzlosigkeit ist die Quelle der Freude an allem, was wir haben. Es öffnet die Dankbarkeit für den tiefen Moment des Genusses der Schönheit, ohne die Schwere des Festhaltens. Dieser Göttliche Name erlaubt uns, die krampfhaft festhaltende Hand zu öffnen und in tiefer Sicherheit alles zu halten.

Sage:

ربي زدني علماً

rabbi zidnī ʻilman

Allāh schenke mir Wissen und erweitere mein Verstehen.

Die dreimalige Wiederholung des folgenden Gebetes über einem kranken Menschen führt zur Erleichterung und Heilung, wenn es für sie oder ihn bestimmt ist:

اللهم أنت الملك الحق الذي لا اله الا أنت يا الله يا سلام يا شافي يا شافي القلوب

Allāhumma anta l–malik ul–ḥaqqu llaḏī lā ilāha illā anta, yā allāhu,
yā salāmu, yā šāfī, yā šāfī l–qulūb.

Oh Allāh, Du bist der wahrliche König. Es gibt keinen außer Dir, oh Allāh, Du
Quelle des Friedens, Du Heiler, Du Balsam des Herzens.

Wenn man jemanden trifft, vor dem man sich fürchtet, dann verstummt man oft aus Angst. Durch die Wiederholung dieses Göttlichen Namens löst sich langsam die Zunge, die Worte fließen und ein warmes Licht breitet sich in der Brust aus. Wiederhole diesen Namen vor allem nachts und in der Stille; er gibt Geduld, Zufriedenheit und verbreitet das Gefühl der Dankbarkeit. Sein Königreich komme, teete malakutah, waren die Worte Jesu im Aramäischen.

Wenn du von diesem Namen getrunken hast, erkennst du, dass all dein Besitz, all dein Reichtum und deine hohe Position nicht dir gehören und Allāh allein wird dir genügen.

Auch für Menschen, die Angst haben, etwas zu besitzen oder das Gefühl haben, nicht berechtigt zu sein, etwas zu besitzen, aus Sorge, sich dadurch zu verzetteln oder aus dem Gefühl heraus, es nicht wert zu sein, hilft die Repetition dieses Namens.

Der Göttliche Name Al–Malik – sowie auch Maliku–l–Mulk (84) – kommen von der Wurzel m–l–k mit der Grundbedeutung „in den Händen halten, die Existenz einer Sache besitzen". Dies bedeutet, dass Allāh mit dem Namen Al–Malik die Essenz aller Dinge fest in den Händen hält und dass diese Essenz immer und für die Ewigkeit von Ihm umarmt ist. Diese majestätische Umarmung hat und wird immer bestehen.

Mit der Wiederholung von Al–Malik wird man sich dieses inneren Halts und zugleich einer der größten Befreiungen des Lebens bewusst, nämlich dass man Ihm gehört und zu Ihm immer zurückkehrt. Dieses Wissen erlaubt uns, frei von der Urangst der vereinsamenden Zurückweisung den Weg der Menschlichkeit zu gehen.

Sowohl der Name für Engel malāk als auch der Name für die unsichtbare Welt malakūt stammt von derselben Wurzel. So zeigen uns die verschiedenen Bedeutungen dieser Wurzel, dass auf allen Ebenen die Wesen und Welten in Seinen Händen liegen.

> „Oh Allāh, was immer Du als Teil an dieser Welt mir bestimmt hast, gib es denen, die Dich vergessen haben, und was immer Du mir von der nächsten Welt zukommen lassen willst, gib es denen, die Dich lieben. Du bist mir genug!"
> (Rabi'a Al–'Adawiyya)

القدوس

4

Al–Quddūs

Der Allheilige
170 – 680 – 28.900

Dieser Name trägt die Göttliche Eigenschaft der Reinheit und der Freiheit in sich. Er trägt die Qualität der Vollkommenheit und Heiligkeit in ihrer ewigen Form, jenseits aller Fehlbarkeit. Die Wiederholung dieses Namens verbreitet im Herzen das Gefühl der Ehrfurcht und das Wissen, dass alle Geschöpfe Ihn anbeten und preisen, wissentlich oder unwissentlich. Es ist ein Name, der Dankbarkeit hervorruft und die Erkenntnis um die Unfähigkeit, wahrlich angemessen zu danken, und dies wiederum, geliebtes Wesen, ist die Essenz der Dankbarkeit. Wenn man den Namen Yā Quddūs 100 Mal mit reinem Herzen täglich wiederholt, so befreit man sein Herz von Gedanken und Beschäftigungen, die Sorgen, Schmerz und Unruhe bereiten.

Den heiligen Raum in uns zu finden heißt, den Raum zu entwickeln, wo wir zu Hause sind, um das zu finden, was uns wirklich wichtig ist im Leben. Es bedeutet zu lernen, die Dinge, Eindrücke und Beobachtungen nicht nur nach dem äußeren Eindruck, der durch die Sinneswahrnehmungen entstanden ist, zu beurteilen.

Die Göttlichen Eigenschaften sind ewige Eigenschaften. Dies erkennend öffnet in uns den Gebetsraum, und unser Gebet zu Gott wird zum reinen Akt der Anbetung und Er für uns der ewige vollkommene Schutz.

Erlaube deinem Atem in den Rhythmus deines Herzens einzutreten. Spüre, wie dein Herz zu einem Spiegel wird, der das Göttliche Licht in dir und um dich herum reflektieren kann. Lass deine Seele alle deine inneren Stimmen an einen runden Tisch einladen, heiße sie willkommen im inneren Kreis der Einheit.

Der Göttliche Name Al–Quddūs trägt in sich die Qualität der Schönheit und der Majestät. Er gibt die Fähigkeit der Geduld, der Weisheit und der Dankbarkeit, und schützt vor der Schwäche der niedrigen Triebe. Al–Quddūs hat Einfluss auf all unsere Sinne, auf die Rückkehr aller Sinneswahrnehmungen an ihren ursprünglichen, heiligen Ort, dorthin, wo wahres Verstehen und Erkennen stattfindet und wo wir uns mit unserem tiefen Selbst verbinden, mit dem, was ewig und heilig in uns ist.

Al–Quddūs stammt von der Wurzel q–d–s. In ihr schwingen die Bedeutungen von heil sein, heilig, Reinheit, Paradies. Dieser Name gibt uns die Kraft, alles loszulassen und hinter uns zu lassen, sodass wir Schritt für Schritt, Erfahrung um Erfahrung, unserer Essenz immer näher kommen. Er gibt uns die Kraft, die Erfahrungen dieser Welt zu verinnerlichen, sie auf einer intimen Ebene zu erfassen und somit dem Göttlichem einen Schritt näher zu kommen. Der Ruf der leuchtenden reinen Seele ertönt immer stärker und das Ich gibt sich diesem Licht, diesem Ruf hin und anerkennt die Heiligkeit. Es ist der Weg zur Vereinigung von Himmel und Erde, Ewigkeit und Zeit. Al–Quddūs ist der Weg zurück nach Hause.

Wenn wir unter schlechter Nachrede leiden, befreit die Wiederholung dieses Göttlichen Namens davon, die Nachrede verstummt und deine wahre Absicht zeigt sich.

Wer diesen Namen erkennt und versteht, reinigt ihr Selbst von den niedrigen Trieben, den negativen Leidenschaften und eigennützigen Taten. Sie achtet darauf, dass ihr Lebensunterhalt nicht auf Ausbeutung oder Unterdrückung anderer baut, befreit ihr Herz von Neid, Gier und Heuchelei. Die Erde und ihre Geschöpfe werden in unserer Beziehung zu ihnen ebenbürtig und Grashalm und Stern am Firmament von gleicher Heiligkeit.

„Nimm nur Allāh in deinen Herzen auf und du bist ganz."

السلام

5

As–Salām

Die Quelle des Friedens und der Sicherheit, der Friede, das Heil
131 – 524 – 17.161

As–Salām ist die Qualität desjenigen, der sein Herz gereinigt hat von Hass, Neid, Verrat, Eifersucht, Zorn und Rache, der sein Herz in Sicherheit, eben salām, gebracht hat.

Die hundertmalige Wiederholung dieses Namens über einem kranken Menschen bringt Erleichterung, beginnend auf der Ebene des Herzens. In der Verbundenheit mit dem Göttlichen entsteht Sicherheit und Frieden. Er schützt und erlöst von gefährlichen Situationen.

Die arabische Wurzel s–l–m beinhaltet Bedeutungen wie Friede, Eintracht und Hingabe, aber auch heil sein, sich wohl befinden, vor Übel bewahren, aus der Gefahr retten und fehlerfrei sein. Von ihr wird z. B. auch سلّم sillam, die Leiter, abgeleitet, was darauf hinweist, dass dieses Wort auch das Werkzeug schenkt, höher zu steigen mit der Sicherheit und Festigkeit einer Leiter. Einer der Bedeutungen ist auch salm, der Biss der Schlange, und deutet auf die Fähigkeit dieses Göttlichen Namens, uns vor dem Gift, das manchmal in den Worten von Menschen mitschwingen kann, zu schützen.

Es ist ein Name, der auch einen gegenseitigen Gruß beinhaltet: „Mögen Frieden und Hingabe (im Herzen) und (die daraus resultierende) Sicherheit dich umhüllen." „Möge also As–Salām dir Nahrung und Schutz sein und dich vor allem Übel bewahren."

As–Salām gibt uns die Fähigkeit und die innere schöpferische Kraft, uns der Dinge, die wir ablegen wollen, wie schlechte Gewohnheiten, zu entledigen.

Das Wort salam bezeichnet inneren Frieden, Wohlsein und Sicherheit vor jeder Art von Übel, sowohl physisch als auch spirituell. Salām heißt, den Göttlichen Schutz zu spüren, wo immer man ist und mit welch immer Situation man konfrontiert wird. Es ist die Ergebung in die Göttlichen Gesetze, beleuchtet und aufgedeckt durch die prophetischen Offenbarungen. Für die meisten Menschen ist Islām die Bezeichnung der Religion der Muslime, doch der Koran meint damit alle prophetischen Offenbarungen. Begonnen hat der islām mit dem Propheten Adam, Allāhs Friede sei mit ihm, weitergeführt u.a. von Abraham, Moses, Jesus – Allāhs Friede sei mit ihnen – und endend mit dem Propheten Muhammad, Allāhs Segen und Friede seien mit ihm, als letztes Glied und Siegel dieser islamischen Offenbarungskette.

„Yā Salām, Oh Allāh, heile und gesunde meinen Körper, mein Denken und mein
Herz, und schenke mir Versöhnung, Frieden und Sicherheit, um Deine
unvergängliche Kraft und Liebe in all Deinen Offenbarungen zu sehen.
Mache mich frei von unsichtbaren und sichtbaren Fehlern, sodass ich
mich dem Strom Deiner ewigseienden Einheit überlassen kann."

Wenn ein Mensch, der Herr über sein Ego ist und in der Verbundenheit mit dem Göttlichen steht, den Namen Yā Salām 160 Mal für einen kranken Menschen wiederholt, so findet dessen Herz Heilung, so Gott will.

Das Gebet:

اللهم أنت السلام ومنك السلام واليك يعود السلام فأنا بالسلام

Allāhumma anta s–salām wa minka s–salām wa ´ilayka ya'udu s–salām
fā ana bi salām.
Oh Allāh, oh Gott, Du bist der Frieden und von Dir kommt der Frieden
und zu Dir kehrt der Frieden zurück. Lass mich in Frieden leben.

Stell dir das Leben als Karawane vor, die Vergangenheit vor dir und die Zukunft hinter dir. Wir folgen, denen, die noch vor uns sind und waren, und unsere Nachkommen folgen wiederum uns. Viele sind schon vorausgegangen und viele werden nachkommen. Alles bewegt sich: die Natur, die Menschen, der Raum und die Zeit. Alles bewegt sich in der Qualität, im Mysterium des Göttlichen Namens As–Salām. As–Salām, der Friede, ist nicht das Gegenteil von Krieg; dieser Name bezieht sich auf die kreative Kraft, die am Beginn aller Dinge stand und die immer noch existiert, in der Karawane der Gegenwart und der Zukunft. Wenn man mit diesem Namen gegrüßt wird, so wird Bezug genommen auf diese Qualität: Erinnere dich an die Zeit als noch niemand von uns existierte. Im großen Mysterium des Lebens, was machen da unsere Probleme, unsere Konflikte, unsere Meinungsverschiedenheiten wirklich aus? Friede, سلام salām! Es ist ein Name, der uns mit dem Vergangenen und mit dem Zukünftigen verbindet und uns aus dem engen Kreis des Selbst heraushebt, unseren Blick erweitert und unsere Herzen erleichtert.

Drei Dinge halte im Herzen: Wenn du einem Menschen nicht helfen kannst, dann achte darauf, dass du ihm nicht schadest, wenn du ihm nicht Freude bereiten kannst, dann achte darauf, dass du ihm nicht Schwere bringst, und wenn du ihn nicht loben kannst, dann achte darauf, dass deine Zunge nichts Schädliches über ihn sagt.

„Oh Allāh, schütze uns vor der Unachtsamkeit und vor der Zunge und den Taten
der Ungerechten und schenke uns Vertrauen."

Schenke As–Salām jedem deiner Gefühle, deiner Gedanken und allen Taten, die aufkommen. Schenke As–Salām jedem Menschen, dem du begegnest. Schenke As–Salām jedem, der dir je geholfen hat – Familie, Freunde, Lehrer. Schenke As–Salām allen Geschöpfen.

As–Salām trägt in sich die Qualitäten der Zukunft und der Vergangenheit, die sich im Moment treffen. Er schenkt die Kraft, das innere Gleichgewicht inmitten der Wirren dieser Welt zu halten, das, was die Sufis die Heiterkeit auf dem Weg zur Vollkommenheit nennen.

As–Salām ist die Hingabe des Selbst an seine wahre Natur. Wer sie kostet, dessen Herz ist frei von Not, Angst, Schwermut und Sorge, denn der Friede liebt den Frieden und gibt den Frieden demjenigen, der danach fragt. Wer sich auf Gott As–Salām verlässt, wird nie Furcht empfinden, denn Gottes Kraft in ihm wird ihn tragen, schützen und ihm Glaubensstärke schenken.

„Er ist Allāh, außer dem es keinen Gott gibt; Er kennt das Verborgene und das Sichtbare. Er ist der Erbarmer, der Barmherzige.
Er ist Allāh, außer dem es keinen Gott gibt; der König, der Heilige, der Friedensstifter, der Getreue, der Beschützer, der Mächtige, der Starke, der Hocherhabene. Preis sei Allāh, (der erhaben ist) ob dem, was sie Ihm beigesellen.
Er ist Allāh, der Schöpfer, der Erschaffer, der Bildner. Sein sind die Schönsten Namen. Ihn preiset, was in den Himmeln und auf Erden ist, denn Er ist der Mächtige, der Weise".
(59:22–24)

„Ein wahrer Mensch ist, wer sich unter die Leute mischt, mit ihnen verkehrt und Gott dabei auch nicht einen Augenblick vergisst!"
(Abu Sa'īd)

المؤمن
6
Al–Mu´min

Der Glaubende, der Sicherheit verleihende, der Beschützer,
der Sicherheit Gebende, der Sichermachende
136 – 544 – 18.496

Allāh Al–Mu´min ist der Schenker des Glaubens, der Sicherheit und des Schutzes.

Basierend auf der Wurzel ´a–m–n bedeutet dieser Name sowohl „in Sicherheit sein“, als auch „glauben“. Keines der erschaffenen Wesen kann Gott so erkennen, wie Er sich Selbst erkennt, daher bezeichnet Er, der Erhabene, Sich in dem Sinne als gläubig, Seine Eigenschaften und Seine Majestät vor den erschaffenen Wesen bezeugend.

Aus derselben Wortwurzel kommen auch die Bedeutungen: sicher, furchtlos sein, sich in Jemandes Schutz begeben, Einem etwas anvertrauen, treu, zuverlässig sein, einem Vertrauen schenken, sich friedlich und in Sicherheit fühlen, Ruhe, Gnade, Friede, vertrauenswürdig, an Gott glauben und Seine Gesetze annehmen, Sicherheit bieten, Gnade, Treue und Glaube, anvertrautes Gut.

Wenn ein Mensch, in dessen Herzen sich der Name Al–Mu´min manifestiert hat, diesen 70 Mal wiederholt, so ist dieser Mensch beschützt vor Schädlichen, und seine Zunge kann nicht lügen. Der Name Al–Mu´min schützt vor Bestrafung und stärkt die Ehrlichkeit. Er gibt jenen Sicherheit, die Zuflucht bei Ihm suchen. Er prägt in das Herz des Suchenden Glauben, Schutz, Erleichterung, Zuversicht sowie Selbstvertrauen. Al–Mu´min ist nicht blinder Glaube, ganz im Gegenteil, er schützt vor Engstirnigkeit im Glauben und lässt Mut in das Herz fließen. Denn ein gläubiger Mensch ist ein mutiger Mensch. Sie/er hat den Mut, Fehler und Schwächen zuzugeben und sich dafür zu entschuldigen, ein gläubiger Mensch sieht ihre/seine Ängste und Zweifel an und geht hindurch, ein gläubiger Mensch nimmt ihr/sein Schicksal an.

„Yā Mu´min, Oh Allāh, lasse in meinem Herzen die Einstellung und Sinnesrichtung Platz ergreifen, dass Du der Absolute bist, von Dem alles kommt und zu Dem alles zurückkehrt. Lasse mich eine Gläubige, ein Gläubiger mu'min sein, Deine Göttlichen Gesetze befolgend und Zuversicht, Herzensruhe und Frieden ‘amān in Dir finden!“

Mit amānat allāh, „bei deiner Treue und deinem Glauben an Gott“, wird oft ein Satz begonnen, wenn man sicher gehen möchte, die Wahrheit vom anderen zu erfahren.

Eine amāna ist auch ein Begriff, der alles bezeichnet, was einem anvertraut wird, sei es im physischen oder im moralischen Sinn. Es ist also eine Eigenschaft, die man von einem wahren Freund erwartet. Für gläubige Menschen bezieht sich die amāna auch auf die Wahrheiten, die ihnen durch die Göttliche Schrift mitgeteilt wurden und die sie als anvertrautes Gut in sich tragen und leben sollen. Es ist eine moralische Verantwortung, die sich in der Ausübung sozialer Gerechtigkeit und Menschlichkeit zeigt wie auch in der Einbettung in die Göttlichen Gesetze.

Mögen weder Angst noch Kummer dein Herz umhüllen. Mögest du deine Versprechen achtsam aussprechen. Al–Mu´min bedeutet Zuflucht nehmen in Allāh.

Al–Mu´min zeigt dem Herzen, dass hinter der strengen und auch der sanften Hand des Lebens immer die Sanfteste der sanften Hände ruht. Ein Mensch, der diese Qualität in sich trägt, hat die Fähigkeit, seine Mitmenschen vor Schwächen, Fehlern und vor der Sklaverei des niedrigen Ichs zu schützen.

Wer die Qualität Al–Mu´min in sich trägt, ist in jeglicher Lebenssituation jeder Art von Angst und Zweifel entkommen. Al–Mu´min hilft besonders, wenn man das Gefühl hat „verloren zu sein", ist aber auch gut zu wiederholen, wenn man zu sehr zur Gutgläubigkeit tendiert.

Wenn in dir das Gefühl aufkommt, dass du fähig bist, eine Sache anzugehen, wenn du siehst, dass du geben oder verweigern kannst, dass du Gutes oder Schlechtes machen kannst, dass du schaden oder aufbauen kannst, dann wende dich an Allāh, bitte um Unterstützung und hüte dich vor der eigenen Arroganz und der Illusion der Abgetrenntheit und Eigenständigkeit. Alles kommt von Ihm und doch gibt es immer einen Teil in uns, der sich abgetrennt fühlt, der Schutz braucht in seinem Zweifel. Öffne diese Trennungsblase mit den Schwingungen von Al–Mu´min. Alles kommt von Ihm und gleichzeitig sind wir die Manifestation des Göttlichen auf Erden und tragen die Freiheit der Entscheidung und die Verantwortung. Denn unsere Taten verändern das Antlitz des Seins. Möchtest du wahrlich handeln, dann trage zwei Dinge in deinem Herzen: Hingabe, tawakkul, und die klare Absicht, aus begangenen Fehlern zu lernen und sie nicht zu wiederholen (´ināba). Jeder Fehler, jede Schwäche, mögen sie noch so klein sein, können durch Absicht und Willen aufgelöst werden und jede Schandtat, jede Katastrophe, die man verursacht hat, kann durch ´astaġfiru llāh أستغفر الله „Ich bitte um Vergebung und Zuflucht in Dir" aufgelöst werden.

Al–Mu´min hilft dir, zu entscheiden, was richtig und unpassend ist in diesem Moment. Mit Al–Mu´min hat Allāh den Glauben imān, das größte und kostbarste Geschenk, gewährt. Es füllt das Herz mit wärmender Güte und erfüllt das Auge mit der Schönheit der Existenz. Wahrer Glaube macht weder radikal noch fanatisch. Er erlaubt uns, die grundlegenden, unveränderlichen, spirituellen Wahrheiten zu erkennen, die von jedem Gesandten Gottes verkündet worden sind. Glaube in Gott, in die Einheit, ist ein Strom, der mit jedem Fluss weiter und breiter wird, die Vielfalt erkennend auf dem Weg zum Meer der Einheit, wo er mündet.

Ein Mensch, der die Qualität Al–Mu´min in sich trägt, vor dem ist jedes Geschöpf sicher und auf seine Hilfe in spiritueller–geistiger und weltlicher Hinsicht kann man zählen.

Dieser Name fördert, Vertrauen in Allāh zu finden und alle Zweifel und Ängste aus dem Herzen zu entfernen. Er eignet sich in der Arbeit mit tiefen Verwundungen der Seele.

Er sprach: „Oh mein Volk, was meint ihr? Wenn ich einen deutlichen Beweis von meinem Herrn habe und Er mich mit einer schönen Versorgung von sich versorgt hat, und wenn ich euch nicht folgen will zu dem, was ich mir selbst verwehrt habe, will ich da etwas anderes als eure Besserung, soweit ich´s vermag? Und mein Gelingen ist allein bei Allāh. Auf Ihn vertraue ich, und zu Ihm kehre ich mich.“
(11:88)

„Wisse, mein Herz, dass Er das Universum in einem harmonischen Gleichgewicht erschaffen hat und dass wir Menschen darin zu besonderen Geschöpfen ernannt wurden.“

المهيمن

7

Al–Muhaymin

Der Wachsame, der Beschützer, der Garant, der unbeschränkt Bestimmende
145 – 725 – 21.025

Allāh ist der Beschützer aller Dinge. Diejenigen, die diesen Namen wiederholen, werden mit achtsamem Licht umhüllt. Al–Muhaymin ist ein Göttlicher Name, der durch seinen Klang und seine Bedeutung tief in uns eindringt und die Fundamente, die uns von unserem wahren Selbst trennen, erschüttert. Trotz dieser Kraft schwingt eine Leichtigkeit und Weichheit mit, die schützt und unser Herz gleichzeitig erweicht, sodass wir „wie Wolle in den Händen Gottes" werden. Al–Muhaymin bestimmt, was wahr und was falsch ist, und gibt uns die Fähigkeit, über unsere Taten, Worte und Gedanken achtsam zu wachen. Nichts erobert das Ich so stark wie liebevolle Achtsamkeit. Al–Muhaymin soll nicht unser Lebensgefühl einengen, sondern es im Gegenteil fördern, indem wir unser Bewusstsein über Recht und Unrecht vertiefen.

Al–Muhaymin ist mit den Göttlichen Namen Aš–Šahīd (50) und Ar–Raqīb (43) verbunden. Sie alle helfen uns, über unsere Gedanken, Worte, Gefühle und Werke zu wachen. Al–Muhaymin wacht über allem, beschützt alles und sieht alle Taten der Schöpfung. Er ist der Entscheider über die Lebensbestimmung und über die Lebensspanne sowie über das Wohlergehen aller Geschöpfe. Al–Muhaymin kennt das Verborgene und das Geheime, er weiß, was in den Herzen begraben ruht, er weiß, was ein Mensch zeigt und was er dahinter verbirgt, er sieht die Dinge und was sich hinter ihnen verbirgt.

Der Mensch, der diese Qualität in sich belebt und sein Wesen damit füllt, ist einer, der sich selbst klar und ohne Sentimentalität beobachten und sehen kann, und der die Ausgewogenheit des inneren und äußeren Ausdrucks im Auge behält. Er sieht die Existenz und die verborgenen Göttlichen Gesetze in allem. Er hat die Kraft, andere und sich selbst zu ihren Rechten zu führen und sie, wie sich selbst, vor schwächenden Taten zu schützen.

„Yā Muhaymin, mache mein Herz und mein Denken frei von Hintergedanken und verdeckten Erwartungen. Führe mich zur Ehrlichkeit und zeige mir den Weg der Richtigkeit und Wahrheit. Lass mich nicht aus Angst oder Unruhe jemandem Unrecht tun und bewahre mich unter Deinem majestätischen Schutz."

Wer diesen Göttlichen Namen 100 Mal nach jedem Gebet wiederholt, dessen Herz erfüllt sich mit dem Licht des tiefen Glaubens, welches die inneren Stimmen des Zweifels, der Ängste und der Betrübnis verstummen und die Vergesslichkeit verschwinden lässt. Verbinde dich im Erinnern, im ḏikr, mit Gott und Er wird dein Herz von Kummer und Besorgnis befreien und dein Auge mit der Fähigkeit erfüllen, das Unsichtbare und Verborgene zu sehen. Gott gab uns Menschen die Fähigkeit, nie zu verlieren, immer zu gewinnen, wenn wir wollen!

Bei rheumatischen Beschwerden wiederhole 145 Mal Al–Muhaymin und es wird sich, so Gott will, Erleichterung einstellen.

Der Göttliche Name Al–Muhaymin bezieht sich auf die Wurzel h–m–n mit den Bedeutungen: in die Seitentaschen oder den Beutel stecken, jemanden vor Angst und Sorge bewahren, jemanden zu beobachten, zu bezeugen; doch er kommt ursprünglich von derselben Wurzel wie Mu'min, also ʹa–m–n, wobei das ʹa zu einem h verwandelt wurde. So verbindet dieser Name insbesondere die Qualität des Glaubens mit der des Schutzes. Er hilft uns, innerlich loszulassen, das Bollwerk, das vom verängstigten, besorgten Ich mühsam aufgebaut und aufrecht gehalten wird, zu entspannen, um den Geschmack der wahren Sicherheit zu kosten. Um zu erfahren, dass das Universum ein sicherer Ort ist, in dem wir einen Platz haben, im tiefen Glauben des Herzens eingehüllt wie in einer „Göttlichen Seitentasche", bewahrt vor Sorge und Angst, das Herz mit Gott erfüllt.

Führe deinen Atem mit der Wiederholung dieses Namens zu all den Räumen in dir, die sich ungeschützt und unsicher fühlen. Möge der Göttliche Hauch in dir dich ausfüllen und erleichtern. Du kannst diesen Göttlichen Namen auch hinausbegleiten und andere Menschen damit umhüllen und stärken.

„Jene, die Glauben erlangt haben und ihren Glauben nicht durch Ungerechtigkeit verdunkeln, denen ist die Sicherheit, und sie sind geleitet".
(6:82)

„In unser aller Herzen lebt Allāh, auch in denen der Schuldigen, der Zornigen und der Leidenden."

العزيز
8
Al–'Azīz

Der Mächtige, der Ehrenwerte, der Kostbare
94 – 376 – 8.836

Dieser Göttliche Name beinhaltet das Wertvolle, das Majestätische, das Mächtige. Allāh herrscht über die Himmel und die Erde und über alles, was dazwischen ist. Wenn man diesen Namen täglich 40 Mal im zweiten Drittel der Nacht 40 Tage lang wiederholt, so kommt man in den Bereich, wo man unabhängig ist von den Bedürfnissen der anderen, frei von den eigenen Bedürfnissen, übergehend in die Qualität des Vertrauens, dass das, was ich brauche, zu mir kommt.

Die Spuren dieses Göttlichen Namens finden wir in uns, wenn wir lernen, das niedrige Ich in uns, das an ein „Ich hier und ihr da draußen“, an ein „Ich muss meine Bedürfnisse und mein Glück unabhängig von allem finden“, das an Eigenbefriedigung glaubt, zu verwandeln und die Illusion, alleine dazustehen, zu überwinden. Klarsicht, Ehrlichkeit und wahrhaftige Güte zu dir selbst und zu anderen lassen diese Qualität in dir wachsen.

Der ḏikr ذكر eines Namens muss auch von Taten, Gedanken und Emotionen getragen werden, sonst wird er ein Spiel der Selbsttäuschung und Selbstbeschäftigung. Um einen

Namen zu kosten, ihn zu verstehen und zu erfahren, ist es wichtig, ihn längere Zeit zu wiederholen. Langsam beginnt man den Widerhall dieses Namens in der eigenen Umgebung zu erfahren. Langsam beginnt unsere Essenz, in der alle Namen schlummernd existieren, uns liebevoll heranzurufen und mit diesem Ausdruck der Göttlichen Liebe, uns den Weg zur inneren Heimat aufzuzeigen. Je tiefer man sich mit der Bedeutung eines Namens auseinandersetzt, desto mehr durchdringt er unsere Qualitäten und Fähigkeiten.

Al–'Azīz lässt die Güte über die Schwäche, über „das noch nicht Gute" siegen, durch das Erkennen der Kostbarkeit dieser Qualität, getragen durch die Bescheidenheit gegenüber Allāh, Al–'Azīz. Wenn du Stärke und Kraft in beiden Welten wünschst, so gehorche Al–'Azīz. Denn Al–'Azīz ist die Quelle und der Ozean, in die sie fließen.

Die Göttlichen Namen 'Azīz und Mu'izz (24) stammen beide von der Wurzel '–z–z.

Al–'Azīz ist ein Name der zwei gegensätzliche Qualitäten vereint: Kraft und Stärke, sowie Sanftmut, Kostbarkeit und Milde. Die Kraft und Stärke, die in ihm pulsieren, geben der/dem Rezitierenden die Fähigkeit, ihre/seine Schwächen zu überwinden, indem sie/er die innewohnende Kostbarkeit, den Reichtum und die Würde erkennt, die Gott uns gegeben hat. Es ist durch das Erkennen dieser Ehre, dass wir fähig werden, unsere Würde zu leben und ihr Ausdruck in unserem Leben zu geben. Würde zeigt sich in der Großzügigkeit.

Al–'Azīz hat die Fähigkeit, uns vom Zustand der Kraftlosigkeit, der Schuld und Scham in ein tiefes Selbstwertgefühl zu führen. Die Wunde der Beschämung und der Erniedrigung kann geheilt werden. Er gibt uns unser innerstes Wertgefühl wieder und aus diesem wächst die innere Stärke. Zu erkennen, dass unser wahres Selbst, unsere Seele von unendlicher Kostbarkeit ist, erlaubt uns, uns von der Identifikation mit den Wunden des Ichs zu befreien. Gleichzeitig erlaubt er uns, unsere sanfte Natur damit zu verbinden. Denn wer weiß, dass sie/er kostbar ist, kann sanft sein. Eine Sanftheit, die auf innerer Stärke ruht. Das ist Al–'Azīz.

Allāhs Macht, dessen Ausdruck sich in Al–'Azīz manifestiert, ist immer mit der Gerechtigkeit und der gütigen Barmherzigkeit verbunden. Allāhs Al–'Azīz ist daher mit der Strafe, mit der Abrechnung verbunden, mit dem Zurechtweisen, damit wir Menschen immer wieder erwachen, unseren Kurs korrigieren, unser Bewusstsein erwecken und er ist mit der Sanftheit, mit dem liebevollen Halten und Stärken verbunden, weil die Quelle Ewige Liebe ist und nichts anderes.

Wer diesen Göttlichen Namen immer wieder wiederholt, dessen Kostbarkeit wird unter den Menschen erkannt und die Angst verschwindet aus seinem Herzen. Wer diesen Namen sieben Tage lang wiederholt, öffnet die Herzen der Mitmenschen für sich und ihr Blick auf sie/ihn wird mit Mitgefühl und Weichheit gefüllt sein.

„Yā 'Azīz, Du Kostbarer, Du Mächtiger, Du Liebling, Du Schwer Erreichbarer,
nimm mich auf und gib mir die Stärke und die Sanftheit, Dir in edler
Aufrichtigkeit zu dienen!"

Die Erde zeigt auf der materiellen Ebene unsere Individualität und unsere mannigfaltigen Manifestationen, unsere Beziehung und Verbindung zu allem um uns herum und zum Universum. Der Himmel zeigt das Licht in uns, die Energie in uns, die mit allem verbunden ist, die uns alle gleich macht, uns die Quelle erkennen lassend, aus der wir kommen und in die wir zurückfließen.

Die Sufis sagen: Materie + Energie = Wir. Spirituelle Übungen dienen nicht dazu, uns von der Erde zu entfernen, vom Hier und Jetzt, sondern uns einzubetten, einzufügen in das, was da ist; zu lernen, uns hinzugeben in Seine Süße.

Es gibt keinen Menschen auf dieser Erde ohne Wunden und Verletzungen. Wunden aus der Kindheit, Verletzungen aus unserem Erwachsenenleben, die manchmal so tief liegen, dass wir uns teilweise fürchten, sie anzusehen. Und doch sind sie es, die uns zur Menschlichkeit führen, die den Knoten unseres Verstandes lösen und unser Verstehen erweitern, die uns unser Herz erkennen lassen und unsere Hand zum Ausstrecken bringen.

Das Leben ist ein Ort der gesegneten Möglichkeiten der Verwandlung. So verwende die Enttäuschungen, um die Wolken der Täuschungen vorbeiziehen zu lassen und das Wahrhaftige mit deinem ganzen Sein zu sehen. Spüre die Kraft der Erde unter dir, die bis in deine Knochen fließt, atme tief in dich hinein und spüre deine Verbindung zu allem, was dich umgibt. Wo spüre ich die Kraft in mir, welche Qualitäten in mir manifestieren die Kraft, die in mir lebt?

„Nur die Liebe ist der Zucker, alles andere ist der Teller."
(Rumi)

الجبار

9

Al–Ğabbār

Der Einende, zurechtrückende Heiler, der Allgewaltige
206 – 824 – 42.436

Dieser Göttliche Name beinhaltet die Qualität der Korrektheit, der Verbesserung, der Regulierung, der Milderung, der Ausgleichung und der Linderung. Er ist auch der Beschwichtigende und der zum Herzen Führende. Al–Ğabbār ist der Wiederhersteller aus einem Zustand des Zerbrochenseins, der Krankheit oder des Missgeschicks. Er ist der Eine, der Unrecht bezwingt und Recht wiederherstellt. Er ist der Eine, der die Not und Bedürftigkeit Seiner Geschöpfe ausgleicht und wiedergutmacht.

Durch die aufrichtige Wiederholung dieses Namens schützt man sich davor, gegen seinen Willen in Dinge und Situationen gebracht zu werden, und man wird vor Gewalt, Härte und Unfreundlichkeit behütet.

Ein Gebet:

يا جابر كل كاسر ويا مسهل كل عسر

Yā ğābira kulli kāsirin wa yā musahilla kulli ʻasrin.
Oh Ğabbār, Du, welcher alles Zerbrochene zusammenbringst und Du,
Erleichterer aller Schwierigkeiten.

Wenn du diesen Göttlichen Namen wiederholst, dann bringe deine Aufmerksamkeit auf deine Schwächen, erkenne ihre Wichtigkeit und führe sie mit deinen Stärken zusammen. Oft sind es die Schwächen in uns, die uns stärken und uns auf den geraden Weg führen. Lade sie ein, sei ein höflicher Gastgeber, bedingungslos ohne Unterscheidung zwischen deinen Gästen, das ist Großmut und Großzügigkeit.

Im Zusammenführen deines Wesens kommt der Friede und der Verstand findet Stille. Wie oft gehen wir am Tag vom Zustand der Schönheit in den Zustand der Majestät, vom Zustand der Offenheit und Leichtigkeit in den Zustand der kraftvollen Strenge zu uns selbst? Al–Ǧabbār lässt die Herzen heilen, bringt die Gegensätze der Zersplitterung zusammen und löst vom Herzen die Schleier der Blindheit, die Schleier des Neids, der Arroganz, des Egoismus und der Heuchelei, so Gott will.

Wer den Namen Al–Ǧabbār wiederholt, achtet somit darauf, auf seinem Pfad nicht von der Illusion der Vorzüglichkeit oder Überheblichkeit vor anderen Menschen eingenommen zu werden, denn die Vorzüglichkeit ist nur Allāhs. Sie verwendet die Kraft dieses Namens, um nicht in die Falle des Zynismus und der Ironie gegenüber den Menschen zu fallen. Al–Ǧabbār hilft dir, nicht gewaltsam gegen andere zu handeln und dich nicht in deine eigene Meinung zu verlieben oder eingenommen zu sein von deinem Wissen und deinem Besitz oder dich besser zu fühlen, weil deine gesellschaftliche, finanzielle oder berufliche Position höher oder besser ist als die der anderen.

Dieser Göttliche Name kann heilen, wenn körperliche Brüche, Verletzungen oder Schwächen bei einem Menschen, seinen Kindern oder an seinem Besitz entstanden sind, unter der Bedingung, dass Geduld und Zuversicht sein Herz und Gemüt umhüllen und er sich bewusst ist, dass es nicht Strafe oder Schande bedeutet, schwach oder mittellos zu sein.

Zu Beginn steht die Bedingung oder Erkenntnis, dass der Anfang des Weges der Heilung immer das Annehmen und Ehren der gegebenen Situation bzw. Station ist. Mit anderen Worten, die Bescheidenheit im Herzen, um die Größe des Gebers sich ausweiten zu lassen.

Al–Ǧabbār ist die kreative Kraft des Einen, welche in den Adern der Schöpfung fließt. Al–Ǧabbār gibt uns die Kraft, die Schöpfung zu bewundern und uns von der Kraft dahinter einhüllen zu lassen. Das ist Heilung.

Die gegenständliche Welt setzt sich aus einzelnen, materiellen Gebilden zusammen, die uns ständig trennen: Wir sind voneinander durch verschiedene Erdteile und geographische Regionen getrennt, und scheinbar auch vom Göttlichen. Von dem Moment an, wenn wir morgens die Augen aufschlagen, unterscheidet sich jeder Gegenstand vom anderen: die Zahnbürste ist getrennt von der Zahnpasta, der Teller ist getrennt vom Essen, die Schuhe vom Fuß. In dieser Welt sind uns immer Grenzen deutlich: die Wände um uns herum, der Boden unter unseren Füßen.

Dieses Bewusstsein hat auch unsere menschlichen Beziehungen durchdrungen, in denen wir uns konsequenterweise als getrennt betrachten, uns an den Einschränkungen und Begrenzungen orientieren und uns von ihnen bestimmen lassen. Wenn wir aber unser Bewusstsein über die physischen Grenzen erheben, sehen wir, dass es eine andere Art zu leben gibt, dass die Welt, wie sie uns erscheint, eine Fata Morgana ist. Wenn die Menschheit die Geheimnisse der Einheit, die Ebene der Einheit erfährt, auf der alles Leben als ein miteinander verwobenes Ganzes wahrgenommen wird, wenn der Mensch seinen Geist für diese Erkenntnis öffnet, kann ein neues Zeitalter beginnen. In der Einheit erkennen wir unseren realen Platz in der Ganzheit des Lebens, und das gibt uns ein Gefühl der Zugehörigkeit und der wahren Individualität, die aus dieser Zugehörigkeit entspringt und aus der der Weg, in Harmonie mit uns und allem Leben zu leben, entspringt. Und dann, in dieser Ganzheit, ist das Göttliche, die Einheit, gegenwärtig.

Kinder leben ganz im „Jetzt“, bevor die „soziale“ Konditionierung sie von ihrem wahren Sein entfernt. Viele Kinder leben mit einer Nähe zu Gott, die die Erwachsenen nicht bzw. nicht mehr nachvollziehen können. Wenn die Kinder die Welt der Erwachsenen akzeptieren, geben sie meist die natürliche Verbundenheit mit dem Göttlichen auf und verschließen die Augen vor den Wundern der Welt. Doch das Eine Göttliche kann zu so Vielen werden und doch Eins bleiben, denn das Eine und das Viele spiegeln sich gegenseitig. Sei wieder Kind! Hat uns Jesus, Friede sei mit ihm, nicht dazu aufgefordert?

Setze dich hin und sammle dich in deinem Herzen und wiederhole Yā Ǧabbār. Dabei beugst du dich einatmend vor und ausatmend zurück, bis die Arme des Geliebten dich umhüllen.

Der Prophet Muhammad, Friede und Segen seien mit ihm, sagte:

„Nur derjenige hat Eintritt in das Paradies, der kein Staubkorn von Hochmut in seinem Herzen trägt.“ Da fragte jemand: „Oh, Prophet, wenn jemand auf sein Äußeres achtet, auf seine Kleidung achtet und auf sein Hab und Gut achtet, ist dies Hochmut?“ Er antwortete: „Nein, dies ist nicht Hochmut. Denn Allāh ist Schönheit und Er liebt die Schönheit. Hochmut ist, die Rechte der Menschen zu missachten und Menschen gering zu schätzen.“

Ein Mensch, der die Göttliche Qualität Al-Ǧabbār in sich aufleben lässt, lernt, die innere und äußere Welt zu verbinden und somit der Einheit zu dienen. Wenn das Innere und das Äußere sich in unserem Bewusstsein und in unserem Leben vereinen, kann etwas Neues lebendig werden. Es ist das Geheimnis um männlich und weiblich, innen und außen, oben und unten, Geist und Materie.

Die Schönheit und das Leid dieser Welt, dunyā دنيا werden bleiben, aber wir werden ihren Sinn und Zweck mit größerer Klarheit sehen.

Al-Ǧabbār kommt von der Wurzel ǧ-b-r und trägt die Bedeutungen von heilen, zusammenbringen, Einrichten von Knochenbrüchen, Bandage, Schiene, hohe Palme, gewaltig, stark, stolz, wieder reich machen, wieder erblühen nach der Dürre.

Die Grundbedeutung von Al-Ǧabbār ist Heilung und sein Klangmuster zeigt, dass die Qualität des Heilens, die in ihm pulsiert, ewig und ohne Unterbrechung geschieht. Er hat die Fähigkeit zu korrigieren und zu heilen, was immer Heilung braucht.

Wenn ein „Knocheneinrichter“ die Knochen eines gebrochenen Beines einrichten möchte, so wird Gewalt angewendet und dies ist mit großem Schmerz verbunden. Doch das Ziel ist nicht, Schmerz zu verursachen, sondern Heilung und Gesundung dorthin zu bringen, wo sie abhanden gekommen sind, wo sie nötig sind. Das ist Al–Ǧabbār, der Gewaltige, der Einende, der Heilende!

Die vielen Grundaspekte zeigen, dass Al–Ǧabbār auf den verschiedensten Ebenen wirkt und Getrenntes und Gegensätzliches wieder vereinen kann. Er wirkt auf der körperlichen, geistigen und seelischen Ebene und richtet den Menschen wieder auf wie ein starker Baum, er bringt Fruchtbarkeit und Leben, wo Schwäche, Mangel und Begrenztheit bestanden und integriert und vereint die Brechungen unseres Ichs, um „ganz“ zu werden. Er hilft beim Gefühl der Ohnmacht, wenn man überwältigt wird von den Geschehnissen auf dieser Welt und man sich unfähig fühlt, etwas zu verändern. Al–Ǧabbār verbindet Kraft und Zuversicht und stabilisiert die Fokussierung. Somit wirkt Er unterstützend und heilend auf uns und gibt uns die Kraft zu heilen.

‘ālam al–ǧabarūt, die Welt der Kraft oder die dritte Welt, nach ‘ālam an–nāsūt, die Welt der Menschen oder die materielle sichtbare Welt und ‘ālam al–malakūt, die Welt der Engel, stammt von derselben Wurzel wie der Name des Engels Gabriel ǧibrīl.

Oh, Ǧabbār, wer kann Dich erkennen und jemand anderen als Dich anrufen?
Oh, Ǧabbār, wer kann Dich erkennen und jemand anderen
als Dich um Hilfe bitten?
Oh, Ǧabbār, wer kann Dich erkennen und an jemand anderen
als an Dich sich wenden?

Der Göttliche Name Al–Ǧabbār wird körperlich vor allem zur Kräftigung des Immunsystems verwendet, indem man die Hand auf einen beliebigen Teil des Körpers auflegt und 180 Mal den Namen wiederholt.

Zur Stärkung und Heilung der Wirbelsäule, der Schilddrüse und der Arterien, vor allem bei Arterienverkalkung, wiederhole 206 Mal Al–Ǧabbār. Heilung geschieht, so Gott will.

Al–Ǧabbār stärkt durch Anhebung des Magnetismus im Körper. Der Magnetismus, die Lebenskraft, nimmt durch Krankheit ab. Es ist diese Kraft, die Körper und Seele zusammenhält. Ist der Magnetismus zu schwach, kann der Körper die Seele nicht mehr halten und man stirbt.

„Achte darauf, Zeit zu haben für Denjenigen, Der die Zeit erschaffen hat, bevor der Moment kommt, den Er dafür bestimmt hat, dass deine Zeit abgelaufen ist.“
(Abu Sa‘īd)

المتكبر

10

Al–Mutakabbir

Der Majestätische, der Hochmächtige, der Hocherhabene, der Stolze
662 – 3.310 – 438.244

Die Größe dieses Namens zeigt sich in allen Dingen und in allen Formen. Er beinhaltet die jenseitige Qualität, eine Qualität jenseits aller Schöpfung. Er beinhaltet in seiner Großartigkeit die Einmaligkeit und ruft eine Bescheidenheit und eine Demut auf der Ebene des Menschen gegenüber dem Göttlichen hervor. Dieser Name soll dich vor Arroganz gegenüber den Menschen beschützen und immer wieder das Ego–Nafs zurechtweisen, erkennen und sehen lassen, dass niemand über jemand anderem steht.

Eines Nachts fragte ein Sufi in seinem Traum: „Oh Allāh, wie komme ich Dir näher?" „Komme Mir näher mit dem, was nicht in Mir ist!" „Und was ist nicht in Dir?" „Armut und Bedürftigkeit".

Die innere Einstellung von Armut und Bedürftigkeit ist Freiheit und Verbundenheit. Armut zu leben heißt, zu erfahren, dass ich ein Teil der Ganzheit, des Universums, der Schöpfung bin und Alles von Dir kommt, Du Geliebter!

Jene, die diese Qualität in sich spüren wollen, werden sie finden, wenn sie hart an sich arbeiten, um die höchste Stufe ihres inneren Potenzials zu erreichen, ohne jemals vom Gefühl des Hochmuts eingenommen zu sein. Die Wiederholung dieses Namens verbrennt alle Sehnsüchte und alles Verlangen, die mit dieser Welt verbunden sind, und gibt die Kraft, alles zu meiden, zu ignorieren, was das Herz von der Verbindung mit Allāh ablenkt. Dieser Name führt in das Reich des Gehorsams und zeigt: Was das Herz tragen kann, kann es auch erfüllen. Dieser Name gibt die Kraft der Konzentration und lässt dich nichts beginnen, ohne es auch zu beenden.

Die Göttlichen Namen Al–Mutakabbir und Al–Kabīr (37) teilen dieselbe Wurzel k–b–r wie auch die Formel Allāhu akbar. Die aus dieser Wurzel entstehenden Bedeutungen sind groß, bedeutend, mächtig, wichtig, erhaben, Ruhm, Ansehen, Stolz.

Was immer wir erfahren und erleben, Allāh ist größer – das ist die Bedeutung von Al–Mutakabbir. Er eröffnet für uns diese Erfahrung in Raum und Zeit, uns tragend von einer Dimension in die andere. Al–Mutakabbir hilft uns auch, unsere eigenen Grenzen loszulassen und zu verlassen, um zu erfahren, dass Gott jenseits dieser Grenzen existiert, aber auch innerhalb dieser. Al–Mutakabbir hilft uns auch, die Grenzen der Kleinlichkeit und Engstirnigkeit, in denen wir uns manchmal verfangen bzw. verbeißen können, zu durchbrechen.

Eine Übung, die von ʻAbdulqādir Al Ǧīlānī stammt:

Lege deine Hand auf die Ebene deines Herzens, in die Mitte deiner Brust, dorthin, wo das fleischliche und feinstoffliche Herz sich treffen, und atme tief und ruhig mit dem Namen Al–Mutakabbir. Achte darauf, wie der Rhythmus und die Qualität sich mit der Zeit verändern. Begebe dich mehr und mehr in dein Herz. Nach einer Weile bringe in diesen Rhythmus jene Frage, die dich begleitet oder jene Entscheidung, die dir bevorsteht. Nimm alle Möglichkeiten und atme mit jeder eine Weile gemeinsam mit der Wiederholung des Göttlichen Namens Al–Mutakabbir. Wie fühlst du dich? Weiter, leichter oder unangenehm und eng? Achte auf die aufkommenden Veränderungen, ohne eine

Antwort zu erwarten. Lerne, aus dir heraus zu sehen. Lass zuletzt alle Möglichkeiten los und atme mit dem Namen. Wiederhole dies für eine Situation 2 bis 3 Mal.

Allāh ist Al–Mutakabbir. Diese Qualität zeigt Seine Vollkommenheit und Erhabenheit, während die Arroganz im Menschen eine Qualität der Schwäche, der Lüge, der Dummheit und Ignoranz ist. Mögest du davor beschützt sein.

Al–Mutakabbir öffnet das Tor zu den Teilen in dir, die darauf warten, erkannt und gelebt zu werden. Er erlaubt uns, in den Prozess des Wachsens einzutauchen. Arroganz, Anmaßung und Überheblichkeit sind Qualitäten, die uns Menschen immer wieder überkommen bzw. sich subtil in unseren Kopf und in unser Herz schleichen, sodass wir sie kaum erfassen können. Arroganz ist die Basis jeder Fähigkeit und Begabung. Sie ist das Tor, durch die unsere geschenkten Anlagen sich in uns individualisieren. Sie ist die Trennungskraft von der Einheit. Sie zu überwinden, über ihren Rücken steigend, ist die Rückkehr, die Erinnerung ḏikr, an die existentielle Einheit allen Seins. In diesem Sinne ist es wichtig, sich die Namenspaare Al–Mu'izz (24) „der Erhebende" und Al–Muḏil (25) „der Erniedrigende" näher anzusehen.

Al–Mutakabbir soll uns immer wieder daran erinnern, dass Eitelkeit, Hochmut und Arroganz die Tore sind, durch die die satanische Kraft uns verlockt und uns auf intellektueller, materieller, zwischenmenschlicher und politischer Ebene verführt und uns dadurch in einer Weise in die Welt verstrickt, die die Tore des Herzens verschließen. Denn Stolz verhindert, dass wir unseren wahren Wert erkennen. Achte darauf, dass du dein edles Betragen und deine Fürsorglichkeit nicht dazu verwendest, dich daran zu hindern, etwas bereuen zu müssen.

„Doch letztendlich ist es nur die Liebe, durch die wir zur Einheit des Seins gebracht werden."

الخالق

11

Al–H̲āliq

Der Schöpfer
731 – 2.924 – 534.361

Dies ist eine Göttliche Eigenschaft, die dich daran erinnern soll, dass die Himmel und die Erde, die Nacht und der Tag, das Leben und der Tod durch Ihn erschaffen wurden. Er ist Ausdruck der Absolutheit dieser Fähigkeit. Al–H̲āliq, das unendliche Potenzial der Möglichkeiten. Dieser Name ist der Stoff, aus dem dann mit Al–Bāri´ (12) ausgeschnitten wird und mit Al–Muṣawwir (13) gestaltet wird.

Es ist dieser schwarze Stoff, dieses schwarze Tintenfass, aus dem Allāh in ekstatischer Liebe zum verhüllten Schatz und zum Potenzial der Erkenntnisfähigkeit die Menschen für Sich und durch Sich erschaffen hat, und für die Menschen wiederum die ganze Schöpfung.

Die Wurzel von Al–H̲āliq lautet h̲–l–q und trägt folgende Bedeutungen in sich: aus dem Nichts schaffen, Neues ersinnen, ebenmäßig machen, wundervoll erschaffen, das Leder vor dem Zuschneiden ausmessen. Aus derselben Wurzel kommt auch halq, Schöpfung, alles Geschaffene, die Menschen, und auch das Wort huluq mit den Bedeutungen: angeborene Eigenschaften, Charakter, Anlage, besonders gutes Naturell, Humanität, Tapferkeit, Glaube, gute Charakteranlagen, Eigenheit und Zorn.

Wenn wir uns in Al–Ḫāliq vertiefen, erkennen wir den Urstoff, aus dem der Mensch erschaffen wurde: Güte und Humanität ist ihr/sein Kern, Tapferkeit und Glaube sind ihr/ihm gegeben, aus allen guten Charakteranlagen besteht ihr/sein Naturell, die Einmaligkeit und Einzigartigkeit, TrägerIn einer intimen Wahrheit. Aber auch Zorn ist da. Zorn ist die Öffnung, die gespeist werden kann, durch Arroganz, Selbstgefälligkeit, Trotz und Angst.

Der Göttliche Name Al–Ḫāliq ist nicht nur mit den beiden folgenden Namen Al–Bāri´ und Al–Muṣawwir verbunden, sondern auch mit Al–Qādir (69), der in sich die Kapazität und die Schicksalhaftigkeit vereint.

Al–Ḫāliq wird bei der Nachtmeditation wiederholt. Durch diese Wiederholung entsteht ein Engel, der einem zur Seite steht, einen beschützt und behütet bis zum Lebensende. Die Taten des Engels werden diesem Menschen gutgeschrieben.

Al–Ḫāliq ist die ohne sich an einer bestimmten Form orientierende, jedem Geschöpf seine eigene Gestalt gebende und diese in einer Harmonie zueinander gestaltende Kraft.

Al–Ḫāliq verleiht dem Nicht–existierenden Existenz. Er formt den Tuenden und die Tat. Ist es nicht unsere tiefste menschliche Sehnsucht, die Materie und den Geist zu integrieren, die Integration und das Ineinanderfließen der menschlichen Wesenstiefe mit dem alltäglichen Leben? Achte also bei allem, was du tust, dass du aufrichtig und entgegen deinem niedrigen, selbstsüchtigen Ich, dem nafs, handelst. Denn das nafs kennt nur sich selbst, es liebt die eigene falsche Befriedigung, es liebt den falschen Eigennutz, es liebt die Beschuldigung anderer, das Saugen an anderen, und es liebt die Selbsterniedrigung, Selbstverleumdung und Selbstbeschimpfung.

Jeder von uns wird von bösen Gedanken besucht, doch wenn wir auf diesen schwächlichen Gedanken bestehen, werden wir allmählich durch sie gekrönt werden. Es ist ein tägliches neues Bejahen, ein stündliches Hinwenden in die Göttliche Zuflucht, die uns davor schützt, Schiffbruch zu erleiden, uns zu verlieren im Meer des nafs, bis wir lernen, das Meer des nafs im Ozean der Liebe zu ertränken, sodass du der Tropfen wirst, in dem sich das ganze Universum reflektiert, das Sichtbare und das Unsichtbare.

Achte auf dich und auf dein tiefes Wesen, höre mit deinem tiefen, wahrlichen Ohr, sieh mit dem Auge, das nicht von den äußeren Formen geblendet und abgelenkt wird. Wäge jeden Gedanken, jedes Wort, jede Tat in deinem Herzen. Wann immer eine Frage, ein Gedanke aufkommt, bedenke sie, filtere sie in deinem Herzen, horche mit Ehrfurcht auf dein wahres Selbst, sodass du mit der Zeit immer mehr zu deinem wahren Selbst vordringen kannst und von dem oberflächlichen Ich in die Tiefe deines Seins kommst. Dorthin, wo keine Angst und keine Trauer herrschen, dorthin, wo du das Licht deiner unendlichen Existenz sehen und aus dieser Quelle trinken kannst.

„Und jene, die Meiner Rechtleitung folgen, brauchen keine Furcht zu haben,
noch sollen sie bekümmert sein."
(2:38)

Indem wir unsere Fähigkeiten zu Beziehungen und Treue in der menschlichen Umgebung vertiefen, vergrößert sich auch unsere Fähigkeit für eine Beziehung zu Gott. Wer Gott nahe sein möchte, soll Seine Geschöpfe achten und liebevoll mit ihnen umgehen. Denn Allāh liebt die, die Seine Geschöpfe lieben. Die Sehnsucht in der Brust ruft seit Anbeginn: „Lass mich in die Tiefen der Ewigkeit zurückfallen!" Erinnere dich, erinnere dich taḏakkar(ī) تذكري!

„Wo immer du hinblickst, erblickst du das Antlitz Gottes, alles vergeht bis auf dieses eine Antlitz". Wir werden durch die Liebe aufgelöst, um Liebe zu werden. Der Weg dorthin führt für den Mann durch die Selbsterkenntnis und für die Frau durch die Selbstliebe.

Der Göttliche Name Al–H̱āliq zeigt die Göttliche Qualität des Erschaffens. Er ist der Erschaffer der ganzen Schöpfung, Er schuf alles aus dem Nichts, Er gibt allen Geschöpfen ihre Zustände, ihre Fähigkeiten und ihre Besonderheiten. Alles ist in Vollkommenheit und

Göttlicher Weisheit erschaffen. Und alles folgt dem Weg, dem es folgen soll. Es gibt keine Zufälle im Universum. Allāh schuf die Schöpfung aus der tiefen Liebe und Er sagte:

كنت كنزاً مخفياً فأحببت ان أعرف فخلقت خلقا لي فبي عرفوني

kuntu kanzan maẖfiyan fa–´aḥbabbtu ´an 'u'raf fa–ẖalaqtu ẖalqan lī fa–biya 'arafūnī

„Ich war ein verborgener Schatz und Ich hegte einen Wunsch, der aus Liebe entsprang, erkannt zu werden, so schuf Ich die Schöpfung (Menschheit) für Mich, damit sie Mich durch Mich erkennen werden".

(hadith qudsī)

hadith qudsī (pl. aḥādīṯ qudsiyya) sind Überlieferungen, deren Inhalt der Prophet von Gott erhält, diese aber mit eigenen Worten ausdrückt. Sie sind außerkoranische Worte, die Gott zugeschrieben werden. Der Begriff hadith, „Mitteilung, Erzählung, Bericht", bezeichnet die Überlieferungen über den Propheten Mohammed: über seine Anweisungen, nachahmenswerte Handlungen, Billigungen und Handlungen Dritter, Empfehlungen sowie Verbote und religiös-moralische Warnungen, die im Koran als solche nicht enthalten sind.

Allāh hat alles für die Menschheit erschaffen und die Menschheit für Sich.

Der Kreis beginnt mit Liebe und Trennung und schließt mit Liebe und Vereinigung. Nicht nur die Entstehung der Welt ist in Liebe gegründet, sondern auch die Rückkehr zu Gott. Der Mittelpunkt dieses Kreises ist Gott, seinen Umfang bilden die vielfältigen Manifestationsorte, alle das Göttliche manifestierend, tağallī. Den Mittelpunkt des Umfangs, also aller Manifestationen, bildet der Mensch. Da der Mensch das einzige Wesen ist, in dem sich das Göttliche in vollkommener Form manifestieren kann. Daher wird der Mensch als Gottes StellvertreterIn bezeichnet.

Das Wort tağallī kommt von der Wurzel ğ–l–w und lässt sich folgendermaßen übersetzen: Enthüllung, Entschleierung, Manifestation, Offenbarung, Sichtbarwerdung, Erscheinung. In seiner umfassenden Bedeutung bezieht sich tağallī auf die Göttliche Enthüllung in der gesamten Welt. Auf der persönlichen individuellen Ebene bedeutet taǧallī die Selbstenthüllung Gottes im Herzen des Gläubigen.

Gott tritt aus dem Verborgenen, enthüllt sich in der Welt und zeigt sich durch die Göttlichen Namen. Durch ihre Sehnsucht, erkannt zu werden, wurde das allumfassende Wessen Welt erschaffen. In ihrem Sein sind die Göttlichen Namen eins mit dem Göttlichen Sein. Sie sind die Träger der Einen Liebe, durch die die Welt ins Dasein tritt. So ist die ganze Schöpfung ein Spiegel, in dem sich das Göttliche widerspiegelt. Die Liebe Gottes zeigt sich, indem Er sich ohne Unterlass in der Schöpfung manifestiert. Die erschaffene Welt ist der äußere Aspekt dessen, was in seinem inneren Aspekt Gott ist. Doch der Eine bleibt ewig unverändert, während sich die Vielfalt im ewigen Wechsel des Kommens und Vergehens bewegt. Doch Gegensätze sind da, um sich zu versöhnen, um sich letztendlich zu vereinen. Das Viele muss wieder Eins werden.

Ist nicht deswegen die treibende Kraft die Liebe? Es ist die Liebe, die Göttlichen Namen, die Unruhe in die Welt brachten, da die Welt ständig auf der Suche ist nach dieser Liebe, nach der Ruhe. Ein gegenseitiges „sich sehnen“ zwischen Schöpfer und Geschöpfen. Das Universum ist wie Eis und Gott ist das Wasser, aus dem das Eis besteht. Der Name „Eis“ ist den erstarrten Massen geliehen worden, doch ihr wahrer Name ist „Wasser“.

Jedes Wesen im Universum besitzt eine Quelle, ein Zentrum, einen Kern der Stabilität. Dieser Punkt befindet sich beim Menschen im Herzen, dem Zentrum der Liebe. Denn es ist die Liebe, die uns zu Gott zurückführt und die die Nabelschnur zu Ihm bildet. Dies ist der Grund, wieso der Sufismus sich so an das Herz wendet. Die Erkenntnis des Herzens ist die Wiedervereinigung – also den äußeren Dingen stets die innere Wirklichkeit zuzuordnen. Zu erkennen, dass die Dinge dieser Welt nicht als unabhängige Wirklichkeiten existieren sondern ganz und gar mit dem Kern des verborgenen Schatzes verbunden sind, dessen Schönheit zu enthüllen sie erschaffen sind.

Menschen, die mit Pflanzen zu tun haben, z. B. Bauern oder Gärtner, schützen, kräftigen und regen ihre Pflanzen durch die Wiederholung dieses Göttlichen Namens an.

Al–H̲āliq wird auch wiederholt, wenn jemand schon lange nicht gekommen ist bzw. fern ist und du ihn schon lange nicht gesehen hast. So wiederhole abends Ya Hāliq bis du einschläfst.

Die Göttliche Qualität Al–H̲āliq spiegelt sich in der Schönheit und Einzigartigkeit einer jeden Gestalt wider.

„Ein Schatz von Ewigkeit ruht in uns!“

البارئ
12
Al–Bāri´

Der Erschaffer der Harmonie, der Gestalter, der Erzeuger
213 – 852 – 45.369

Alle drei Göttlichen Namen Al–Ḫāliq (11) , Al–Bāri´ und Al–Muṣawwir (13) tragen in sich die Qualitäten des Schaffens, des Erschaffens und des Formens. Wie vorher bei Al–Ḫāliq erwähnt, bildet dieser den Urstoff, Al–Bāri´ das „Aufschneiden" des Stoffes in verschiedene Teile und Al–Muṣawwir das Formen in die jeweilige individuelle Gestalt. Alle drei Namen haben Bedeutungen, die sie verbinden und Bedeutungen, die sie unterscheiden.

Al–Bāri´ symbolisiert die Archetypen, die aus dem Meer der unendlichen Möglichkeiten hervortreten. Es entspricht der dritten Welt, dort, wo die Göttlichen Namen in ihrer Essenz existieren, bevor sie sich in den Dingen manifestieren. Diese dritte Welt wird ʻālam al– ǧabarūt, die Welt der Kräfte, genannt. Sie ist jene Ebene, wo die Weltseele, die Universelle Seele, sich durch Gottes kreative Energie in den verschiedenen Göttlichen Namen manifestiert, die Welt der Archetypen und der Substanzen, aus denen die weiteren Manifestationen ausfließen.

Somit hilft uns der Göttliche Name Al–Bāri´, auf unserem Weg alles zu beseitigen und aufzudecken, um die Essenz einer Sache zu erreichen bzw. zu enthüllen.

Al-Bāri´ trägt vor allem die Qualität und Bedeutung des Gebens in sich; jedem Geschöpf wird seinem Verhältnis, seiner Harmonie und seiner Beziehung zu anderen gemäß gegeben, sodass es angemessen in Verbindung zu Allem treten kann. Al-Bāri´ trennt die einzelnen Manifestationen aus dem einheitlichen Stoff. Durch ihn vollstreckt sich der Akt vom „Nicht-Sein" zum „Sein".

Lass die Harmonie, die in deiner Natur ruht, einen Ausdruck in deinem Leben bekommen. Du hast alle Fähigkeiten und die Freiheit von Ihm bekommen, zu wählen zwischen Harmonie und Disharmonie, nicht jenseits allein auf einem Berg, sondern unter den Geschöpfen. Sie alle dienen uns als Spiegelung, sie alle dienen uns als Erinnerung. Als Erinnerung an die Bedürftigkeit, das Mitgefühl, die Liebe, die Wahrhaftigkeit, die Schönheit, die Sehnsucht und die Trauer, die uns verbinden und die wir alle brauchen.

Die Wurzel b-r-‘, aus der Al-Bāri´ geformt ist, bringt folgende Bedeutungen hervor: erschaffen, frei sein von etwas, frei von Schuld sein, genesen, freisprechen, sich gegenseitig frei von Verbindlichkeit erklären, frei sein von Übel. Sie alle haben die Grundbedeutung von „frei werden von". Auf der spirituellen Ebene gibt dieser Name die Kraft, sich von den Tyranneien der niedrigen Triebe frei zu machen, um sich dem wahren Selbst zu nähern. Auf der körperlichen Ebene ist es die Freimachung von Krankheit.

Al-Bāri´ ist der Erschaffer der Harmonie. Der Grund für die Erschaffung des gesamten Universums ist Liebe. Allāh hat alle Dinge in ihren Proportionen erschaffen. Er ist der Schöpfer aller Formen. Er gibt jedem Seiner Geschöpfe ein eigenes Ansehen und eine individuelle Gestalt, sodass jede Gestalt sich von den anderen unterscheidet und doch ist Alles aus demselben Urstoff erschaffen.

Dieser Name wird bei Schwierigkeiten vor und während der Geburt verwendet. Wenn die Zeit dafür gekommen ist und Komplikationen auftreten, dann soll die werdende Mutter oder diejenigen um sie herum diesen Namen wiederholen.

Wenn Schwierigkeiten während der Schwangerschaft auftreten, vor allem während des letzten Monats, so soll die werdende Mutter von Sonnenaufgang bis Sonnenuntergang fasten, bei Sonnenuntergang ein Mahl zu sich nehmen und die folgenden drei Göttlichen Namen über einem Glas Wasser 21 Mal wiederholen:

Al–H̱āliq, Al–Bāri´ und Al–Muṣawwir.

Dann soll sie das Wasser trinken.

Zur Läuterung und Stärkung der Nebennieren und der Bauchspeicheldrüse wiederhole 213 Mal Al–Bāri´.

Menschen, die von einer langen Krankheit heimgesucht wurden und die „aufgegeben" worden sind, sollen diesen Göttlichen Namen wiederholen. Möge Allāh in Seiner Güte diese Krankheit von ihnen nehmen.

هو الله الخالق البارئ المصور له الأسماء الحسنى يُسبحُ له ما في السموات والأرض وهو العزيز الحكيم

huwa llāh al–ẖāliq al–bāri´ al–muṣawwir lahu l–asmā´ al–ḥusnā yusabbiḥu lahu
mā fī s–samawāti wa–l–arḍ wa huwa l–'azizu l–ḥakīm.

„Er ist Allāh, der Schöpfer, der Urheber, der Formgebende.
Sein sind die schönsten Namen.
Ihn preist, was in den Himmeln und auf Erden ist,
Er ist der Mächtige, der Weise".
(59:24)

المصور

13

Al–Muṣawwir

Der Bildende, der Bildner, der Formgebende, der Gestalter, der Heranbildende
336 – 1.344 – 112.896

Dieser Name gibt den Dingen eine definitive Form oder Farbe und ruft eine Fokussierung hervor, die direkt zum Ziel führt. Al–Muṣawwir ist der Göttliche Name, der allen Dingen ihre Form und Gestalt gibt. Jedes Geschöpf wird in seiner Einmaligkeit und Einzigartigkeit geformt. Und innerhalb jeder Gattung erscheint wieder die Einmaligkeit eines jeden. Dein Leben ist im Prozess der ständigen Formung, in einem lebenslangen Prozess formt die Göttliche Realität durch dich. So sieh nie herab auf andere, denn sowohl du als auch sie sind aus dem Göttlichen erschaffen.

Von den Göttlichen Namen Al–H̱āliq (11), Al–Bāri´(12), Al–Muṣawwir ist Al–Muṣawwir der am nächsten zur materiellen Manifestation stehende. Doch die vollkommene Sichtbarkeit entsteht erst durch Aḏh–Ḏhāhir (75). Die immerwährende Bewegung dorthin wird durch Al–Muṣawwir ausgedrückt.

Wenn eine Frau, die sich ein Kind wünscht und dies nicht bekommen kann, im tiefen Glauben, dass Gott der Alleinschaffende, der Allschaffende ist, sieben Tage lang fastet und zum Fastenbrechen bei Sonnenuntergang Yā H̱āliq, Yā Bāri´, Yā Muṣawwir 21 Mal über einem Glas Wasser wiederholt und dieses Wasser zum Fastenbrechen trinkt, dann wird das Kind kommen, wenn es bestimmt ist.

Aus der Wurzel ṣ–w–r entstehen folgende Bedeutungen: im Geiste vorgestellt, gemalt, geformt, Gattung, Abbildung, Form und Geist, Stoff und Idee, Bild. Diese Grundbedeutungen zeigen klar auf, dass dieser Göttliche Name eigentlich noch nicht die klare Manifestation sondern den Ewigfließenden Weg dorthin aufzeigt.

Al–H̱āliq, Al–Bāri´, Al–Muṣawwir zeigen den Fluss, die Liebe, von der Göttlichen Essenz hin zum Manifestierten, aber auch den Weg zurück, durch die Liebe der Manifestation zur Essenz.

Atme mit dem Göttlichen Namen Al–Muṣawwir und spüre, wie er deine kreativen Kräfte aufnimmt und formt, sodass sie im richtigen Moment erblühen können.

Viele Wissende wiederholen die Göttlichen Namen Al–H̱āliq, Al–Bāri´ und Al–Muṣawwir gemeinsam. Im Einzelnen rezitiert erkennt man, dass Al–H̱āliq der Former der Geschicke, Al–Bāri´ der Erschaffer der Harmonie und Al–Muṣawwir der Maler, der Erschaffer der Formen und Bilder ist.

Der Name Al–Muṣawwir hilft Künstlern, ihre schöpferische Kraft zum Erblühen zu bringen und ihre Werke zu meistern und führt sie auf den Weg des Erfolges.

Allāh, fülle unsere Herzen mit dem Verlangen, uns an Dich zu erinnern und befeuchte unsere Zunge mit der Danksagung.

„Und wahrlich, Wir erschufen den Menschen aus reinstem Ton, alsdann setzten Wir ihn als Samentropfen in eine sichere Stätte, alsdann schufen wir den Tropfen zu geronnenem Blut und schufen den Blutklumpen zu Fleisch und schufen das Fleisch zu Gebein und bekleideten das Gebein mit Fleisch; alsdann brachten Wir ihn hervor, eine andre Schöpfung, und gesegnet sei Allāh, der Beste der Schöpfer!“
(23:12–14)

„So mache uns zu Menschen, die der Schöpfung mit Achtsamkeit und Aufmerksamkeit begegnen und sie im Herzen zu Dir zurückführen!“

الغفار

14

Al–Ġaffār

Der Allvergebende, der Verzeiher, der stets Verzeihende
1.281 – 5.124 – 1.640.961

Al–Ġaffār ist derjenige, der da ist, um zu vergeben, wann immer etwas zu vergeben ist, der immer wieder in Seiner unendlichen Güte vergibt. Al–Ġaffār ist die Göttliche Vergebung, die stets und immer wieder vergibt, eine Vergebung, die aus der unendlichen Gnade und Liebe Gottes für die Menschen entspringt. Al–Ġaffār ist der Verhüller der Fehler, der schlechten Taten und der bösen Gedanken, und macht sie somit wirkungslos, damit die Menschen in Liebe und in Vertrauen miteinander sein können.

Jeder Mensch begeht Fehler. Es geht nicht darum, fehlerfrei zu sein, sondern darum, nicht auf Fehler zu bestehen. Fehler zu erkennen und zuzugeben, ist eine wahre und große Tugend. Sie ist ein Zeichen der Weisheit. Ein wahrer Freund ist jemand, der uns mit Güte und Barmherzigkeit auf unsere Fehler aufmerksam macht. Schäme dich nicht, einen Fehler zuzugeben oder dich zu entschuldigen. Schämen sollte sich nur derjenige, der auf seinen Fehlern beharrt. Die bitterste Situation ist, wenn jemand seine Fehler verteidigt und sie als Wahrheit darzustellen versucht. Das Verteidigen der eigenen Fehler ist ein Verteidigen der eigenen Lust und Laune. Tut ein Mensch dies ohne Absicht, dann ist es zu entschuldigen, tut er es aber im vollen Bewusstsein, dann ist es klug, sich von solch einem Menschen zu distanzieren, denn charakterliche Schwächen sind ansteckend.

Wer diesen Göttlichen Namen 33 Mal wiederholt, nachdem er einen Fehler erkannt hat, tritt ein in die Vergebung. Al–Ġaffār ist der Göttliche Name, der alle Fehler vergibt und alle Schwächen in dieser und jener Welt verhüllt. Wer immer einem anderen Menschen vergibt und dessen Fehler vor anderen zurückhält und nicht öffentlich macht, tritt auch in die Güte ein, dass seine Fehler verhüllt werden. Wenn ein Mensch mit Mitgefühl in seinem Herzen die Dinge und Geschehnisse sehen kann und Yā Ġaffār 100 Mal wiederholt, werden ihr/ihm auch ihre/seine Fehler vergeben. Wenn Wut oder Zorn in deinem Herzen aufkommen, dann wiederhole den Namen Yā Ġaffār und sie werden vergehen. Gesegnet seien jene, die das Schöne zeigen und das Hässliche verdecken. Allāh begnadigt stets die Fehler, wenn Er aufrichtig darum gebeten wird.

Oft fühlen wir uns verletzt und missverstanden durch die Ignoranz anderer. Wir versuchen, uns davor zu schützen, indem wir uns eine rauhere Haut zulegen oder indem wir klein beigeben und alles mit uns geschehen lassen oder indem wir besonders sensibel werden und auf alles besonders intensiv reagieren. Doch all dies macht uns zu Opfern und Opfertum ist das größte Hindernis für innere Harmonie und Frieden. Was ist dann die Lösung? Verstehe, dass es keine Lösung gibt und dass du gleichzeitig nur dein Herz entwickeln und öffnen kannst. Das Herz zu öffnen bedeutet, den Verstand und die Gefühle zu verbinden und das Licht des Lebens erleuchten zu lassen. Lerne und verstehe dies, indem du erkennst, dass die Dinge nicht immer so sind, wie du sie gerne hättest. Manchmal passieren Dinge, die du nicht willst und sie sind gut für dich – und manchmal passieren Dinge so, wie du willst und sie sind nicht gut für dich.

„Es mag wohl sein, dass ihr eine Sache hasst, indessen sie gut für euch ist, und
es mag wohl sein, dass ihre eine Sache liebt, indessen sie schlecht für euch ist:
und Gott weiß, während ihr nicht wisst."
(2:216)

Die Qualität des Vergebens ist eine Qualität, die alles wegbrennt, außer der Liebe. Liebe ist die kreativste und stärkste Macht des Universums. Sie ist so stark wie der Tod. Lass dein Herz kochen bis es weich wird. Verwende die Kraft der Wut und des Zornes positiv, und kläre damit den Spiegel deines Herzens bis er wieder klar wird und rein von den Wunden des Lebens. Sei ein/e KriegerIn auf dem Weg der Liebe und habe keine Angst, vor allem keine Angst vor dir selbst.

Widerspiegele eine Verletzung in deinem Herzen und stell dir vor, wie du den Abdruck dieses Schmerzes wegbrennst, sodass dieser Teil in dir, der durch den Schmerz oder die Verletzung abgetrennt wurde, sich wieder klar im Licht der Einheit sieht. Die Dinge im Licht der Einheit zu sehen, bedeutet, auch in den schwierigen und schweren Situationen den positiven Teil zu sehen, den Teil darin zu erkennen, der dir in deinem Selbstverstehen und –erkennen weiterhilft. Jedes Problem trägt auch eine Lösung in sich. Lerne zu lesen, lesen im weitesten Sinne. Nicht nur das Auge liest. Auch das Ohr, die Nase, die Zunge, der Atem, der Verstand, das Herz und die Seele, sie alle sind Werkzeuge, die lesen. Jedes liest auf seine Art.

Die Göttliche Namen Al–Ġaffār und Al–Ġafūr (34) stammen beide von derselben Wurzel ġ–f–r. Die verschiedenen Bedeutungen, die aus dieser Wurzel stammen, sind: viel verzeihend, bedecken, verhüllen, Schuld verzeihen, einander verzeihen.

Der wesentliche Unterschied zwischen Al–Ġaffār und Al–Ġafūr ist, dass Al–Ġaffār, auch wenn wir 1000 Mal unser Versprechen gebrochen haben, die Türe offen lässt und ewig und immer zur Rückkehr einlädt. Al–Ġafūr dringt in den tiefsten Ort unseres Herzens ein, dort, wo unser größtes Vergehen, unser größter Fehltritt liegt, Al–Ġafūr geht zu dem Schlimmsten, das uns je angetan wurde. Al–Ġafūr berührt diesen tiefen Ort. Diese Göttliche Vergebung erreicht das, was wir als unverzeihbar glaubten. Beide Namen haben die Grundqualität, die inneren Wunden heilend zu bedecken, die inneren Risse zu befeuchten, sie zu erweichen und mit dem Göttlichem Balsam wieder zu verschließen, sodass unser Lebenswasser wieder durch unser ganzes Sein fließen kann.

Einer der meistwiederholten Sätze bei den Sufis ist astaġfiru llāh! Diese Formel stammt aus derselben Wurzel wie die beiden oben erwähnten Namen. Sie kann in vielerlei Weise übersetzt und auch verwendet werden: Ich suche Zuflucht in Dir; ich bitte um Vergebung; ich suche Schutz bei Dir! Wenn ich eine Behauptung von mir gebe und mein Ich will sich in Selbstbewunderung aufblähen, dann schützt mich astaġfiru llāh davor; wenn ich jemandem Unrecht getan habe, dann hilft mir astaġfiru llāh, einen Schritt rückwärts in Demut zu machen; wenn ich mich in Unachtsamkeit und Oberflächlichkeit verstricke, dann holt mich astaġfiru llāh zu meiner Mitte zurück. Astaġfiru llāh ist der täglich reinigende Wind vor den Verschmutzungen unserer kleineren und größeren Fehltritte und Unaufmerksamkeiten, aber es ist auch ein Wind, der uns vor den Gefühlen der Vergeltung und der Rache befreit und uns so immer wieder die Möglichkeit gibt, wahrhaftig aus unserem tiefen Sein zu handeln. So wiederhole täglich 70 bis 100 Mal astaġfiru llāh und es möge der Göttliche Wind der Freiheit, der Reinheit und der Güte dich umspielen.

Mit deinem Atem und dem Wiederholen von Al–Ġaffār bringe dein Herz zum Kochen und erweiche das, was sich in dir verhärtet hat. Dies beschwichtigt, löst die Kränkung und lässt die Wunden heilen. Es bildet sich eine Schutzkruste, sodass die Heilung darunter beginnen kann. Ein Mensch, der die Qualität Al–Ġaffār in sich trägt, kann Fehler vergeben, ja er sieht Fehler nicht als Fehler. So lerne, dem zu verzeihen, der dich schlecht behandelt hat, den Freunden, den Eltern, den Großeltern, die dich missverstanden haben bzw. nicht erkannt haben. Zeige denen Güte, die Güte brauchen und achte auf dein Verhalten und Benehmen, lass sie von deiner Würde, deiner Großzügigkeit, deiner Treue und deiner Weisheit getragen werden.

Wenn starker Zorn aufkommt, so hilft es, Al–Ġaffār zu wiederholen, um sich selbst zu beschwichtigen und wieder in die Balance zu kommen.

„Und wahrlich, Ich bin verzeihend gegen den, der sich bekehrt und gläubig wird
und das Gute tut und sich leiten lässt".
(20:82)

Sei nachsichtig gegenüber den Fehlern der anderen, gehe nicht in die Schuldzuweisung, sondern verwandle durch Verständnis, Klarheit und wahre Hilfe.

„Und wer eine Missetat tut oder wider sich sündigt und dann Allāh um Verzeihung bittet, wird Allāh verzeihend und barmherzig finden“.
(4:110)

„Du, der Du meinen Tränen Aufmerksamkeit schenkst,
Du kennst meine verheimlichten Reuen.“

القهار
15
Al–Qahhār

Der Bezwinger, der Allmächtige
351 – 1.404 – 123.201

Dieser Name beinhaltet auch die Bedeutung von Dominanz. Kein Mensch kann vollkommen über einen anderen Menschen dominieren, nur Allāh hat vollkommene Kontrolle über unseren Körper, unsere Bewegungen und unsere Seele.

Die Qualitäten von Al–Qahhār und Al–Laṭīf (30) ruhen ineinander. Der eine widerspiegelt die Dunkelheit in einem und um einen, und der andere widerspiegelt das feine, helle Licht. So suche Zuflucht von Allāh Al–Qahhār in Allāh Al–Laṭīf. Die Wunder des Universums ruhen im Göttlichen Herzen, dort wo es keine Trennung gibt.

Wenn man den Namen Al–Qahhār 66 Mal wiederholt, so kann man damit negative Triebe und Bedürfnisse kontrollieren, spirituelle Zufriedenheit und inneren Frieden erlangen. Die Wiederholung dieses Namens schützt dich auch vor negativen Taten.

Die Wurzel q–h–r, aus der Al–Qahhār stammt, trägt in sich die Bedeutungen: unterwerfen, erobern, bändigen, überwinden, unwiderstehlich, zwingend, Überwältigung, Zwang, Sieger. Um die Bedeutung der Kraft und der Liebe zu verstehen, die mit Al–Qahhār verbunden ist, hilft ein Bild, das mit dieser Kraft verbunden ist: die Hitze des Feuers, das den Saft aus dem Fleisch rausholt. Al–Qahhār löst in uns den Prozess des Sehnens, die brennende Leidenschaft in uns, aus. Egal, was wir in unserem Leben tun, wie sehr wir beschäftigt sind, tief in unserem Herzen brennt immer das Verlangen nach Gott. Nichts kann diese tiefe Sehnsucht auslöschen. Es ist immer da. Al–Qahhār ist das Feuer der Liebe, dieses Feuer, das immer in uns besteht, egal wie schlimm es in der Welt aussieht. Es ist das Feuer, das uns mit unserem Licht verbindet.

Die Wiederholung von Al–Qahhār brennt die Identifikation mit dem verletzten Ich weg, mit der Scham, mit den Erniedrigungen, mit den Kränkungen, bis nur die Göttliche Flamme in uns übrig bleibt. Al–Qahhār ist die Überwindung aller äußeren Anhaftungen bis sich unser wahres Sein zeigt.

Jeder Göttliche Name findet einen anderen Widerhall und Geschmack im Herzen eines Rezitierenden und er hat einen bestimmten Einfluss, der je nach dessen Zustand differenziert aufgenommen wird. Je tiefer die Qualität ins Herz fließen kann, je offener das Herz ist, desto größer der Einfluss, desto süßer der Geschmack und desto einnehmender werden das Verständnis und die Erkenntnis eines Namens.

Al–Qahhār führt dich zu dem, was Er will – freiwillig oder unfreiwillig. Mit der Wiederholung dieses Göttlichen Namens lernst du deinen Zorn zu zügeln, deine niedrigen Gelüste zu meistern, die Feinde in dir zu überwinden und alle Sorgen zu vergessen außer einer – der Sorge um deine Nähe zu Ihm. Al–Qahhār brennt sich durch alles durch, was wir nicht mehr in unserem Leben brauchen. Spüre das Feuer und die reinigende Gewalt von Al–Qahhār und reinige und kläre dein Herz damit.

Wenn ein Mensch, der spürt, dass er von seinem niedrigen Ich beherrscht wird, mit offenem und hingebungsvollem Herzen Al–Qahhār wiederholt, so wird ihm die Kraft gegeben, Kontrolle darüber zu erlangen.

„Der Mensch ist sowohl Weg als auch Wegbeschreiter. Wenn der Wegbeschreiter den Weg kennenlernen möchte, muss er zuerst sich selbst kennen lernen."

الوهاب
16

Al–Wahhāb

Der Geber, der Spender aller Gnaden, der Schenkende
14 – 56 – 196

Al–Wahhāb ist der stetig und reichlich Gebende ohne Maß. Derjenige, der Seine Geschöpfe mit Gaben und Segnungen umgibt, ohne Gegenleistung zu erwarten, denn Er bedarf keiner Gegenleistung und in Ihm hat alles Beistand. Al–Wahhāb ist Geben ohne Erwartungen, ohne Gegenleistung, ein ungebundenes freies Geschenk.

Dies ist der Göttliche Name des ewig Schenkenden. Er ist die Gebende aller Möglichkeiten, ob sichtbar oder unsichtbar, ob in dieser Welt oder in der anderen. Es ist der Göttliche Name, der uns zeigt, dass wir nackt und besitzlos dastehen und dass alle Besitztümer ein Geschenk sind. Zu erkennen, dass die Bedürftigkeit nach Liebe, Mitgefühl, Verständnis und Nachsicht uns allen gemein ist, berührt das Herz und macht uns gleichzeitig arm und reich. Zwischen diesen beiden Qualitäten erwacht der Mensch.

Die siebenmalige Wiederholung dieses Namens nach der Morgenmeditation öffnet einen Raum und lässt Reichtum fließen. Wenn ein Mensch nicht genug zum Leben hat und das Gefühl hat, mehr zu brauchen, dann soll er drei bis sieben Nächte hintereinander 100 Mal nach einer Meditation diesen Namen wiederholen. Auch wenn ein Mensch mit

Feinden konfrontiert wird und durch sie in Bedrängnis kommt oder gefangen genommen wird, soll er diesen Namen, wie vorher erwähnt, wiederholen.

Verstehe diesen Namen, höre und erkenne Bitten und Bedürfnisse anderer und bleibe in deinen Bitten mit deinem tiefen Inneren verbunden. Bitte niemanden außer Ihn und verlasse dich auf niemanden außer auf Ihn, und durch Seine Schöpfung, durch das Leben selbst wird dir gegeben. Umhülle dich mit Dankbarkeit, sodass du die Segnungen erkennst. Der Unterschied zwischen jemanden, der die Segnungen erkennt, und jenem, der sie als solches nicht erkennt, ist der Friede im Herzen und das tiefe Schöpfen aus allen Gegebenheiten des Lebens.

Al–Wahhāb basiert auf der Wurzel w–h–b mit den daraus abgeleiteten Bedeutungen: schenken, gewähren, bewilligen, sich jemandem ganz hingeben, vergeben, zugeben, Gabe, eine Freigebigkeit übertreffen, zubereiten, Geschenk, Begabung, Talent, Spender, von Gott oder Natur geschenkt, natürliche Gabe, Segen. Es bedeutet auch, ein Geschenk zu akzeptieren, ohne die Verpflichtung zu verspüren, etwas entgelten zu müssen, so wie eine Regenwolke, die ohne Unterscheidung auf alles regnet.

Aus dieser Fülle gibt die Liebe, die sich in Al–Wahhāb zeigt, und daher ist es gut, diesen Namen zu wiederholen, wenn man Angst oder Sorge hat, nicht genug zu haben auf der spirituellen, sozialen, wie auch materiellen Ebene. Al–Wahhāb verändert unsere Sicht– und Denkweise und erlaubt uns, die Fülle zu erkennen.

Wer diesen Namen wiederholt, dem werden die Tore geöffnet. Oft öffnen sie sich auf unerwartete Weise bzw. öffnen sich Tore, deren Existenz man nicht einmal erahnte. Allāh ist der Allwissende, Er weiß daher wie und wann eine Gabe gegeben werden soll und wie und wann das Geschenkte passend ist. So frage Allāh, wenn du etwas brauchst und bitte Allāh, wenn du Hilfe benötigst. Denn wenn Al–Wahhāb dir gibt, kann dies niemand verhindern. Und wenn ein Schicksal für dich bestimmt ist, so wird diese Aufgabe, dieses Geschenk zu dir kommen, auch wenn sich alle dagegen stellen. So wende dich an Ihn in Zeiten der

Leichtigkeit, sodass Er sich dir zuwendet in Zeiten der Schwere. Und wisse, dass Geduld und Ausdauer dich zum tiefen Wesen der Dinge führen.

Ein Gebet ist stets ein Akt der Anbetung und der Liebe der Schöpferin durch Ihr Geschöpf. Es ist die Verbindung ṣila, das Austreten aus dem Strudel der zeitlichen Welt in den freien Raum der Ewigkeit und nicht ein Bitten um Beistand. Gebet ist eine Heimkehr, dorthin, wo die Beschränkungen des Egos keine Rolle mehr spielen.

Ein Mensch, der die Qualität Al–Wahhāb in sich trägt, dem hat Allāh die Kraft gegeben, zu schenken, ohne etwas zu erwarten, zu geben, unabhängig von der Antwort, die folgt oder auch nicht folgt.

„Unser Herr, lass unsere Herzen nicht mehr irregehen, nachdem Du
uns leitetest, und gib uns von Dir Barmherzigkeit!
Siehe, Du bist der Spender aller Gnaden (al–wahhāb). „
(3:8)

„Denn Toleranz ist Gewinn."

الرزاق

17

Ar–Razzāq

Der Fürsorgende, der Ernährer, der Gewährer, der Lebensunterhalter
308 – 1.232 – 94.864

Allāh in der Qualität Ar–Razzāq ist derjenige, der die Menschen mit allem versorgt und alle seine materiellen und spirituellen Bedürfnisse im Leben nährt.

Dankbarkeit zeigt sich, wenn man selbst zur Fürsorgenden und Ernährerin gegenüber den Hungernden und den Notleidenden wird. Es ist die Göttliche Eigenschaft, die in uns ruht und uns zu der Erkenntnis führt, dass wir beteiligt sind an der Bildung dieser Welt und ein Teil der sozialen Gerechtigkeit sind. Mögen wir vor der Hartherzigkeit beschützt sein.

Wenn du diesen Namen wiederholst, werden dir Beistand und Stütze gegeben. Jene, die diesen Namen am Arbeitsplatz aufhängen, werden erfolgreicher sein in ihren Taten. Wer an einem arbeitsfreien Tag zu Mittag Yā Razzāq 100 Mal wiederholt, erleichtert sich von Stress und Niedergeschlagenheit.

Ar–Razzāq ist der Allernährer, der Lebenserhalter. Die Nahrung des Körpers ist die stoffliche Nahrung und die Nahrung der Seele ist spirituelles Wissen, ma'rifa, معرفة . Manche werden reich durch das materielle Hab und Gut, durch generöse Versorgung und andere werden reich durch das Erkennen des Versorgers.

So bitte Allāh, dir tiefes Wissen zu schenken, dir eine weise Zunge zu geben und eine gütige, großzügige Hand. Denn wenn Allāh einen Menschen liebt, gibt Er ihm den Segen, von anderen Menschen gebraucht zu werden und legt in sein Herz die Liebe, um deren Bedürfnisse zu stillen.

Ein Sufi wurde einmal gefragt: „Wovon ernährst du dich?“ Und er antwortete: „Von dem Tag an, an dem ich meinen Schöpfer erkannt habe, fiel von mir der Zweifel ob meines Versorgers.“ So ignoriere nicht den Fluss des Segens um dich.

Die Wurzel r–z–q beinhaltet: schenken, bescheren von materiellen und geistigen Gütern, begabt sein, sich ernähren, erfolgreich sein, leben, Wohltat, Lebensunterhalt, Geschenk und Existenzgrundlage.

Der Begriff rizq, „Nahrung“, bezeichnet alles, was den Menschen gut und nützlich sein mag, sei es physischer Natur, also die allgemeinen Mittel der Versorgung, oder geistiger Natur, also Vernunft und Wissen, oder spiritueller Natur, also Glaube, Geduld und Güte. Es bezieht sich ausschließlich auf positive, nützliche Mittel der Versorgung und niemals auf Dinge, die physisch, moralisch oder sozial unwürdig oder verwerflich bzw. schädlich sind.

Al-Ghazali, einer der großen Sufimeister des 13. Jahrhunderts, betont in rizq, „Nahrung“, vor allem die geistige und seelische Nahrung, die er für den Menschen höher und wichtiger ansetzt als die materielle.

Am Ende der Tage wird Allāh sagen:

„Oh Kinder Adams, Ich bat euch um Nahrung und ihr habt Mich nicht ernährt.“
Und die Seelen werden antworten: „Oh Versorger aller Welten, wie können wir
Dich nähren?“ „Habt ihr nicht Meine Geschöpfe gesehen, die Hunger litten?
Wisst ihr nicht, dass, wenn ihr sie nährt, ihr Mich nährt
und dadurch Mich erkennen würdet?“

Lege deine Hand auf die Lunge und wiederhole Ar–Razzāq 308 Mal. Dies kräftigt die Lunge und schützt sie vor Erkrankungen. Dasselbe gilt für die Stärkung der Herzmuskulatur und des Magens.

Die Wiederholung dieses Namens schenkt dem Verstand Klarheit, verbessert und stärkt das Gedächtnis und flößt dem Herzen Vertrauen und Gelassenheit ein.

Atme mit dem Namen Yā Razzāq, zentriere dich in deinem Herzen und lass das entstehende Gefühl dich dahin führen, zu sehen, welche Nahrung du jetzt brauchst, sei es auf der körperlichen, emotionalen oder psychischen Ebene. Welche Stimme, welcher Teil in dir spürt Hunger? Welche Nahrung kann dein tiefes Selbst geben?

Tue dein Bestes, um dich und andere zu nähren und dann sage: Yā Razzāq Yā Allāh ist mein Ernährer, mein Versorger.

„Und es gibt kein lebendes Geschöpf auf Erden, das für seine Versorgung nicht von Gott abhängt; und Er kennt seine Zeitfrist (auf Erden) und ihre Ruhestatt (nach dem Tod): all dies ist in (Seiner) klaren Bestimmung niedergelegt.“.

(11:6)

Es gibt keinen Zweifel, dass Allāh alle Wesen versorgt und doch ist es unsere Aufgabe, die Erde zu bepflanzen, zu gießen und uns um unsere Versorgung zu kümmern. Denn dies ist unser Teil der Aufgabe, unser Teil der Einbettung in die Ganzheit und unser Teil der Anbetung, wissend um die Göttlichen Gesetze, um die heilende Ordnung.

„Oh Du, der Du alle Tore zu Deinen Gaben, seien es die Barmherzigkeit oder das tägliche Brot, offen hälst, mach uns reich durch die Zufriedenheit.“

الفتاح

18

Al–Fattāḥ

Der Öffnende, der Offenlegende, der Enthüllende, der Trennende
489 – 1.956 – 239.121

Allāh bietet den Menschen die Loslösung an durch den Weg des Friedens. Diese Göttliche Eigenschaft hat drei Bedeutungen: das Öffnen, der Beginn und der Erfolg. Im Moment des Todes öffnet sich die Wahrheit. Allāh öffnet die Tore zum Erfolg, sodass wir alle Probleme und Hindernisse, die uns begegnen, überwinden können. Er ist der Öffner der Herzen für die Wahrheit und Derjenige, der Wissen und Wahrhaftigkeit über unsere Zungen fließen lässt. Er ist Derjenige, der die Schleier hebt und uns die Fähigkeit gibt, das Wesentliche in allen Dingen zu sehen und der uns die Kraft gibt, wahrhaftig zu sein. Wer diesen Namen 60 Mal wiederholt, dessen Verstand und dessen Herz werden geläutert und der Weg wird sich öffnen.

Dieser Göttliche Name ist der Öffner von aussichtslosen Situationen und derjenige, der Schwierigkeiten erleichtert. Öffne dich für Seine Großzügigkeit und nimm Seine Erleichterungen wahr. Spüre Seine Güte und Gnade, durch die Er dir Lösungswege eröffnet. Denn Er ist der Offenlegende, der Öffnende aller Dinge, die sich verhärtet, verschlossen oder zusammengezogen haben.

Es gibt immer wieder Dinge und Situationen in unserem Leben, die sich verhärtet oder verknotet haben. Manche auf der materiellen Ebene, in der Arbeit, mit dem Einkommen, mit Freunden oder Familienmitgliedern. Und es gibt auch Dinge auf der Ebene des Herzens, die sich eingekapselt haben, wie Trauer, Sorge und Kummer oder solche auf der Ebene des Verstandes, wie ewiges Zweifeln oder beständige, sich im Kreis drehende Fragen, die keine Antwort finden.

Wenn sich dein Herz tief danach sehnt, sich von Illusionen, Egoismus, Zorn und Missmut zu befreien, dann wiederhole vor Sonnenaufgang nach deinen Gebeten, indem Du deine rechte Hand auf dein Herz legst, den Namen Yā Fattāḥ 70 Mal.

Al–Fattāḥ kann all dies öffnen. Keine Kraft kann diese Dinge dann noch verschlossen halten. Und wenn sie sich noch nicht öffnen, so trage keine Verzweiflung in dir, denn es ist stets das Gute für dich dahinter, auch wenn es für dich nicht so aussieht. Hinter der bittersten Medizin ist stets die sanfteste aller sanften Hände. Denke gut von Ihm, mach Platz im Herzen für das Vertrauen und du wirst das Gute sehen.

Welche Gnade immer Gott dem Menschen erweist, keiner kann sie zurückhalten; und was immer Er zurückhält, kann keiner hinfort freilassen: denn Er allein ist allmächtig, wahrhaft weise.

„Was Allāh auftut den Menschen aus Barmherzigkeit, das kann niemand zurückhalten, und was Er zurückhält, kann niemand nach Ihm entsenden. Denn Er ist der Mächtige, der Weise."
(35:2)

Allāh öffnet für manchen die Tore des Wissens, sodass dieser Mensch sein Wissen weitergeben kann. Manchem öffnet Er die Tore des materiellen Reichtums, sodass er den Bedürftigen und Armen geben kann. Und anderen schenkt Er Gesundheit und Kraft, sodass sie den Schwachen und Kranken Hilfe sein können. Anderen wiederum öffnet Er die Tore der Kinder, damit sie ihre Augen und ihr Herz an ihnen laben können.

So öffne du für die Menschen die Tore der Güte, der Hoffnung und des Mitgefühls, so gut du kannst, sodass Al–Fattāḥ für dich noch mehr öffnet als du für Seine Geschöpfe geöffnet hast. Achte darauf, nicht zu verletzen, denn Verletzungen schließen die Herzen der Menschen und die Güte muss draußen warten.

Die Qualität Al-Fattāḥ spiegelt sich in den Antlitzen der Menschen, die ihre Probleme oder ihr Leid überwunden haben, und vor Freude dies vor den anderen Menschen nicht mehr verbergen können.

Al-Fattāḥ stammt aus der Wurzel f-t-ḥ, aus ihr kommen folgende Bedeutungen: öffnen, aufmachen, aufdrehen, erobern, enthüllen, sich öffnen, erblühen, wahrnehmbar machen, wahrsagen, von Gott mit einer Erkenntnis inspiriert werden oder materiell beschenkt werden, Gott um Hilfe anrufen, Gott um Sieg anrufen, die Pforten öffnen, die Tür weit offen halten, einen Weg bzw. Kanal anlegen, Almosen, Spenden, Beginn, Öffnung, Eröffnung und Schlüssel. Von dieser Wurzel kommt auch das Wort Al-Fātiḥa, die Eröffnungssure des Korans.

Al-Fattāḥ ist der arabische Ausdruck für Erleuchtung. Eine kontinuierliche, ununterbrochene Erleuchtung. Gottes Licht ist selbst im dunkelsten Winkel verborgen. Lerne, mit diesem verborgenen Licht, mit der tiefsten Sehnsucht der Menschheit zu arbeiten. Das Licht unserer eigenen Hingabe führt uns dorthin, wo wir gebraucht werden, zeigt uns die verborgene Türe, die offen gelassen wurde. Al-Fattāḥ ist der Schlüssel, der das Herz für Allāh öffnet, um Ihn in uns zu finden. Al-Fattāḥ erlaubt uns, tiefer und tiefer in diese Öffnung einzudringen. Alles, was erblüht, die ganze Natur entfaltet sich, zeigt sich, enthüllt sich mit Al-Fattāḥ.

Respektiere das Recht des anderen, nicht wissen zu wollen, in Illusionen gefangen zu sein, dem Weg seiner eigenen Wünsche zu folgen. Selbständigkeit bedeutet auch die Freiheit, Fehler zu machen oder in die Irre zu gehen. Urteile nie, respektiere das Recht jedes Menschen, sein eigenes Schicksal zu bestimmen, sich wieder und wieder zu verlieren. Manchmal ist es dir erlaubt, den Weg aufzuzeigen, einem anderen eine helfende Hand zu reichen. Instinktiv öffnet sich dein Herz und du lässt es zu, benutzt zu werden. Doch sei sehr vorsichtig, dass du an diesen Taten nicht anhaftest und dann dein eigenes Ego damit befriedigst. Gib alles an den Ozean der Liebe zurück, von Ihm kommt alles und zu Ihm kehrt alles zurück. Bleibe weit und verbunden, damit die Liebe frei fließen kann und deine Hilfe nicht zum Übergriff auf andere wird.

Die Freiheit eines anderen einzuschränken, dem anderen das Recht abzusprechen, seinen eigenen Weg zu wählen, bedeutet, uns über Gott zu erheben, Der uns diese Freiheit der Wahl gab. Wenn das selbstgefällige Ego glaubt, dass es alles selbst erreicht, verlieren wir den Schutz und die Führung, die uns gegeben werden. Gefangen im Ego, sogar eines „spirituellen Egos", bleiben wir im Bereich der Illusion und Isolation. Indem du deinen eigenen Vorstellungen folgst, wie gut gemeint sie auch sein mögen, verhüllst du dich vor dem Licht, das dich führt und schützt. In der Identifikation mit dem Ego vertrauen wir nur uns selbst und stellen ermüdende Trennwände auf. Wenn wir unser Ego jedoch in wirklicher Dienerschaft hingeben, dann vertrauen wir Ihm, dem Urgrund allen Seins. Erst dann können wir voll und ganz am Leben teilnehmen, ohne zu riskieren, uns in unseren Illusionen und Luftschlössern zu verfangen.

Atme mit diesem Göttlichen Namen in das Herz, öffne das innere Auge und blicke auf die verschiedenen Situationen in deinem Leben, die nach mehr Öffnung verlangen.

Für Menschen, die von Ungeduld getrieben werden, oder solche, die, wenn sie nicht das bekommen, was sie als ihr Recht oder tiefen Wunsch sehen, zusammenbrechen und sich selbst als nicht würdig oder wertlos empfinden, für die ist Al–Fattāḥ diejenige Liebesqualität, die ihnen hilft. Wenn wir Schmerz und Enttäuschungen erfahren, tendiert das verletzte Ich dazu, sich abzukapseln und sich mit dieser Idee der Wertlosigkeit, „ein hoffnungsloser Fall" zu sein, zu identifizieren. Der tiefe Schmerz lässt Selbstmitleid entstehen. Um diesen tiefen Schmerz zu vermeiden, entwickelt das Ich Schutzmechanismen, die verschiedene Formen annehmen können, je nach Persönlichkeit. Das Ich identifiziert sich mit der schmerzhaften Erfahrung, mit dem Mangel und gibt dem Ausdruck – um die beiden Extreme aufzuzeigen – entweder in der Hoffnungslosigkeit oder in der Prahlerei, im hochtrabenden „geschwollenen“ Gehabe. Al–Fattāḥ anzurufen hilft, die Verbindung, die Öffnung herzustellen. Es hilft uns, aus dem Glauben, verlassen worden zu sein, aus dem Gefühl, für uns ist der „Mangel“ bestimmt, herauszufinden.

Bosheit ist uns eigen, Angst ist uns eigen, aber auch Güte ist uns eigen und Reinheit. Wir sind die Quelle aller Reinheit und Unreinheit. Etwas geschieht außen, achte, was du aus deinem Inneren, wo beides besteht, auftauchen lässt. Entscheide!

Nach der Wiederholung von Al–Fattāḥ ist es empfehlenswert, den Göttlichen Namen Al–Wakīl (52) zu wiederholen, der den Raum des Vertrauens erweitert.

Ein Mensch, der die Qualität Al–Fattāḥ im Herzen trägt, hat seine Mannigfaltigkeit in die einende Ganzheit gegossen. Er ist fähig, durch seine Weisheit und seine Erfahrungen sowohl seine eigenen materiellen und spirituellen Probleme, als auch die anderer zu lösen. Die Schlüssel für das tiefe Wissen um die Dinge werden ihm gegeben und die Fähigkeit zu öffnen, zu lösen und zu heilen.

Jesus, möge Frieden ihn umgeben, sprach auf Aramäisch „eth fatah!“, „Sei geöffnet!“, als er einem tauben Mann seine Hörfähigkeit wieder schenkte.

„Ya Fattāh, Du öffnest uns die verschlossenen Herzen,
Du öffnest die Wahrheit in unseren Seelen,
Du öffnest für uns die Tore der Güte,
Du öffnest für uns die Verstrickungen und erleichterst uns
das schwer zu Tragende,
Du öffnest für uns das Wissen und das innere Sehen,
Und öffnest für uns unsere Fähigkeiten und unser Potenzial,
So öffne, oh Allāh, für uns die Tore der Liebe und des Wissens um Dich.“

العليم
19
Al–'Alīm

Der Allwissende, der, dem die Weisheit absolut zugehört
150 – 600 – 22.500

Dieser Name symbolisiert die von jeher seiende Allwissenheit und das absolute Wissen Gottes.
Al–'Alīm und auch Al–'Ālim basieren beide auf Wissen, wobei Al–'Alīm die Steigerung ist, sowie Al–Qadīr, die Steigerung von Al–Qādir (69) ist.

Al–'Alīm weiß um die Geheimnisse, die im Herzen ruhen, und das, was die Zunge spricht, weiß um das Unsichtbare und Sichtbare. Wenn du diesen Göttlichen Namen 100 Mal nach dem Gebet wiederholst, wird dein Auge Dinge erblicken, die es bis dahin nicht erblickt oder bemerkt hat. Es ist das Öffnen des dritten Auges, des mystischen Auges.

Wenn du es dir zur Gewohnheit machst, diesen Namen täglich 150 Mal zu wiederholen, werden sich dein Verständnis um die Dinge um dich sowie dein Verstehen erweitern.

Wissen ('ilm علم) und Liebe ('išq عشق) sind die beiden Flügel, die die Kraft der Transformation des Selbst beflügeln.

Lass dich nicht von der Schönheit der Schleier betören und handle im Offensichtlichen und im Geheimen gleichermaßen wahrhaftig und ehrlich. Handle, wenn du alleine bist genauso, wie wenn du mit anderen bist. Hebe den Schleier zwischen der inneren und äußeren Welt. Die ganze Existenz ist ewig präsent im Wissen des Al–'Alīm. Das menschliche Wissen ist durch die existierenden Dinge entstanden und die Existenz selbst ist aus Allāhs unendlichem Wissen entstanden. Was ist das Leben eines Menschen verglichen mit der unendlichen Vergangenheit und der unendlichen Zukunft? Ein Augenblick! Was können wir sehen? Glücklich ist jene, die sieht, dass sie nicht sieht.

Ein Sufi kam in eine Stadt und wurde von einem zornigen, unfreundlichen Mann angesprochen: „Geh weg, niemand kennt dich hier!" „Das stimmt", antwortete der Sufi, „aber ich kenne mich, und es wäre viel schlimmer, wenn es umgekehrt wäre!"

Nur ein Mensch, der sein wahres Selbst kennt, kann die Schleier der Arroganz ablegen, denn wer sich selbst kennt, kennt seinen Herrn. Jeder Mensch, der sich auf den Weg nach Wissen aufmacht, ist auf dem Pfad zu Gott, und so sagt der Koran:

„Wo immer Du dich hinwendest, dort ist das Antlitz Gottes."
(2:115)

Ein Mensch, der die Qualität Al–'Alīm in sich trägt, ist jemand, dem Wissen gegeben worden ist, ohne etwas von irgendjemandem zu lernen, ohne Studium, ohne Nachdenken. Ein Wissen, das rein aus dem klaren Licht, aus dem wir gemacht worden sind, entstanden ist. Al–'Alīm ist die Verbundenheit von abstraktem und intuitivem Wissen, von Verstand und Herz. Es ist das Annähern und Abstimmen des eigenen Bewusstseins an das Bewusstsein des Einen Wissenden. Es ist ein Akt äußerster Konzentration auf ein einziges Ziel, auf einen einzigen Punkt, bis nichts anderes mehr existiert und die Herrschaft über das eigene Bewusstsein vollkommen erlangt ist, um es dem Göttlichen Bewusstsein anzugleichen.

Lass Al–'Alīm mit deinem Atem in dich hineinfallen, bis zu deinem Solarplexus, der Ebene des ersten höheren Bewusstseins und von dort lass Ihn in dein Herz und deinen Geist fließen.

Erwache zu einer anderen Qualität des Wissens, zu einem Wissen, das in Träumen, Eingebungen, Hinweisen oder Visionen zu dir kommt.

Keiner steht auf einer höheren Stufe als ein anderer, sei es im Bereich der weltlichen Erfolge oder der spirituellen Errungenschaften. Jeder Mensch ist in sich vollständig, unentbehrlich und wesentlich für die Ganzheit. Jeder einzelne Mensch ist entscheidend und bedeutungsvoll in der Förderung des Ganges dieser Welt. Kostbar ist das Wissen jeder einzelnen und daher ihre Teilnahme an unserem Leben lebensnotwendig. Zu erkennen, dass diese Ganzheit gegenwärtig ist, ist der erste Schritt. Wir müssen sie nicht erreichen, wir müssen das Geschenk lediglich annehmen.

Die einzige Voraussetzung ist, die Muster der Konditionierung, die uns an Leistung und Versagen, Lob und Tadel, Scham und Schuld binden, hinter uns zu lassen. Gestehe dir ein, dass du dieser Sichtweise überdrüssig bist, müde von den Forderungen des Erfolgs, erschöpft von den Kämpfen gegen das Versagen, die Ablehnungen und Ausbeutungen.

Gott braucht uns, um das Mysterium, das Er in Seiner Welt verborgen hat, lebendig werden zu lassen. Wir Menschen sind die Vermittler, wir sind die Spiegel und wir halten die Geheimnisse der Schöpfung in unseren Herzen.

Al–'Alīm ist das Bewusstsein und das Wissen um Seine Liebe. Die Liebe zieht uns immer zurück zur Einheit. In der Liebe gibt es nur die Einheit: die Rose und der Dorn sind eins.

Die menschliche Würde basiert auf Wissen und Erkenntnis. Doch der Verstand braucht die Qualität der Demut, um seine Grenzen zu erkennen und sich für die Notwendigkeit des Glaubens zu öffnen.

Der erste Schluck des Wissens den ein Wissenschaftler macht, macht ihn zum Atheisten. Doch am Grunde des Glases wartet immer Gott.

Unser eigenes Herz ist mit dem Herzen der Welt verbunden. Wir bewahren die Geheimnisse des Universums in unseren Herzen. Immer wieder, mit den auf– und absteigenden Atembewegungen der Welten, wird uns Zugang gewährt zu den verschiedenen Geheimnissen, zu mannigfaltigen, erneuerten Arten des Wissens.

Sie sprachen: „Preis Dir, wir haben nur Wissen von dem, was Du uns lehrtest,
siehe, Du bist der Wissende, der Weise."
(2:32)

Jeder und jedem von uns wird entsprechend unserer Natur und entsprechend der Arbeit, die wir leisten sollen, gegeben. Öffne dein Herz und das Wissen, die Kraft und Energie wird dir gegeben, die du für deine Arbeit brauchst, aber auch die Begeisterung, die Liebe und die Freiheit.

Hier eine Aufzeichnung einiger Begriffe, die sich aus derselben Wurzel '–l–m bilden und uns ein tieferes Verständnis des Wirkungsbereichs des Göttlichen Namens Al–'Alīm aufzeigen:

'alima:	Kenntnis haben, unterrichtet sein, erkennen, bemerken, wahrnehmen, erfahren, unterscheiden
'alm:	Wesen, Geschöpfe
'ilm:	Wissen, Erkenntnis, Kunst
'alam:	Zeichen, Wegweiser, Symbol
'ālam:	Welt, Weltall, Universum, „ein Zeichen für etwas"
'ālima:	Gelehrte, Sängerin
a'lam:	Wissender
allāhu a'lam:	Gott weiß es am besten

mu'allim:	Lehrer, Meister
ma'lama:	Enzyklopädie
ulamā':	eine Wasserquelle verdeckt unter einem Berg
ma'lam:	Fußspuren auf dem Weg, denen man folgen kann

Es heißt im Koran:

„Wir werden sie Unsere Wunder und Symbole in den Horizonten und in sich selbst sehen lassen, sodass es ihnen klar werden wird, dass dies fürwahr die Wahrheit ist."
(41:53)

Das arabische Wort 'ālam, Welt, sowie das Wort für Zeichen, 'alam, und das Wort Wissen, 'ilm, kommen alle von derselben Wurzel. Ihre etymologische Verbundenheit hilft uns, zu verstehen, dass die Dinge, die wir in der Welt wahrnehmen, Zeichen sind, also Erkenntnisquellen zum Erkennen eben dieser Dinge, aber auch die Existenz Desjenigen, der die Welt erschaffen hat, nämlich Gott. So wird das allumfassende Wesen Welt für die Erkennende zum Symbol Seiner Existenz.

Es ist die Vertiefung und Öffnung der Einsicht in die Wunder des Universums, die uns helfen, auch ein tieferes Verstehen unseres wahren Selbst zu erlangen. Erfahrung führt zu Verstehen, führt zur Erkenntnis und zu Wissen. Erkenntnis und Wissen wurzeln im Göttlichen und sind die Mittel zu seiner Erlangung.

Im Sufismus wird der Mensch als perfektes Ebenbild des Universums betrachtet. Was immer im Universum existiert, es existiert ebenfalls im Menschen. Zu lernen, in der Natur, im Universum, aber auch in uns, zu lesen, die Symbolik, die Zeichen zu erkennen, lässt uns verstehen, dass alles, was uns umgibt, eine Widerspiegelung einer Wirklichkeit höherer Ordnung auf einer niedrigeren Ebene ist. Aus dieser Erfahrung kommt die Erkenntnis, dass alles Lebendige heilig ist.

Der Kern des Sufismus ist es, den Menschen das Göttliche erfahren zu lassen, das wir im Herzen tragen, sie/ihn zu erleuchten und zum Heiligen zu führen. Die Welt der Erscheinungen in einen Ort zu verwandeln, der von der lebendigen Erfahrung des Göttlichen erfüllt ist.

„Betrachte die Welt als Ganzes in dir enthalten, denn die Welt ist ein Mensch
und der Mensch ist eine Welt."
(Shabistari)

القابض

20

Al–Qābiḍ

Der Zusammenziehende, der Abmessende, der Zupackende, der Zurückhaltende
903 – 3.612 – 815.409

الباسط

21

Al–Bāsiṭ

Der Entlastende, der Erleichternde, der Entfalter, der reichlich Zuteilende,
der Weitmachende, der Ausbreitende
72 – 288 – 5.184

Die beiden Göttlichen Namen Al–Qābiḍ und Al–Bāsiṭ sind miteinander verbunden wie das Schließen und Öffnen des Herzmuskels, wie die Nacht mit dem Tag, wie der Kummer mit der Freude.

Sie kommen von der Wurzel q–b–ḍ bzw. b–s–ṭ.

Aus q–b–ḍ entstehen folgende Bedeutungen: ergreifen, fassen, packen, die Hand schließen, die Finger fest zusammenpressen, festhalten, einen packen, zusammenziehen, bedrücken, deprimieren, sterben lassen, sich verschließen, in sich zurückziehen, Faust, jemandem in die Hände fallen, Niedergeschlagenheit, im Herzen bekümmert sein, die Flügel einziehen und sich herabstürzen.

Aus b–s–ṭ entstehen folgende Bedeutungen: ausbreiten, die Hand ausstrecken, die Hand öffnen, aufheitern, Scheu überwinden, kühn werden, eine Entschuldigung annehmen, frei sprechen, einen freudig empfangen, den Zwang ablegen, froh und heiter sein, tiefes Wissen, Größe und Fülle, reisen, umherschweifen, Kamelin mit ihrem Füllen auf die Weide entlassen.

Al–Qābiḍ ist der Haltende, der Drückende, der die Herzen packt, der die Schwere, die Depression, also Abgetrenntheit und Verzweiflung aufbringen kann. Es ist die Zeit der Tränen, der Suche, der Unlust, der Sinnlosigkeit und es ist auch die Zeit, die dich so nahe bringen kann an Allāh wie keine andere Zeit. Es ist wie das Zusammendrücken einer Tube Zahnpasta, wo der einzig erlösende Weg nach oben geht.

Viele Liebende sehnen sich trotz aller Verzweiflung nach diesem Zustand, denn mit all den Schwierigkeiten und dem Schweren, mit all dem Schmerz und der Abgetrenntheit von allen Menschen, gibt es nur mehr Ihn, an den sich das Herz dann wenden kann. Es ist die Süße im Schmerz. „Im Moment, wenn mich alle verlassen haben, bleibst nur Du!“

Qabḍ قبض ist, wenn die Seele zusammengepresst wird, als sei sie in einem Nadelöhr. Wenn dir die Zeit des qabḍ, der Bedrängnis, gegeben ist, so nutze sie. klage und schimpfe nicht, schlage dir nicht nur in Verzweiflung an die Brust, sondern verwende den Schlag auch als Anklopfen an die tiefen Schichten deines Herzens. Werde auch in Zeiten des Kummers eine Liebende.

Al-Qābiḍ zieht die Seelen im Moment des Todes zusammen und breitet sie im Moment der Einkehr in die Körper aus.

Qabḍ ist das Fasten, wenn die Triebe beginnen, um sich zu schlagen, sich eingeengt zu fühlen in ihrer freien Bewegung und Entscheidungsfreiheit. Der Fastenmonat Ramadan ist gewissermaßen das Diesseitige qabḍ قبض für das Jenseitige basṭ بسط .

Auch die ḫalwa (wörtlich Einsamkeit), die geistige Zurückgezogenheit, ist mit dem qabḍ zu vergleichen. In vielen Sufischulen wird der Rückzug in die Natur oder unter Aufsicht eines Lehrers in einem abgesonderten Raum praktiziert, um aus dem qabḍ in die Gnade des basṭ zu kommen. In der ḫalwa خلوة werden geistige Übungen, ǧalwa جلوة , ausgeübt. Ǧalwa bedeutet Klarheit, Entschleierung, Aufgehen des Menschen im Göttlichen, und alle Übungen dienen dazu, den Menschen darin zu unterstützen und ihn zum Erkennen und Erfahren des Göttlichen Glanzes zu leiten. Auch der ḏikr in der Gruppe, der fikr (stille Anrufung) und der Drehtanz sind Beispiele der ǧalwa.

Qabḍ erlaubt uns, zu unseren Tugenden vorzudringen, sich unserem Herzen zuzuwenden. Im basṭ zeigt sich dann die geistige Reife, doch oft tauchen die Schleier wieder auf, sobald der Druck des qabḍ nachgelassen hat.

Al-Bāsiṭ ist die Zeit der Leichtigkeit, der Zustand der Freude und des Erfolges, der die Herzen weit macht, die Zeit, in der das Herz in Freude, Übermut und Heiterkeit übergeht, die Zeit der Verbundenheit mit Allem, aber oft auch die Zeit der berauschten Vergesslichkeit um die Wahrheit hinter den Dingen, und eine Zeit der Überheblichkeit.

بسط الله basaṭa llāhu bedeutet, Allāh hat für einen Menschen die Tore geöffnet, sei es in Hinblick auf das Wissen, das gute Benehmen, die körperlichen Eigenschaften, die materiellen Güter oder die Kinder.

Auch Teppich, bisāṭ بساط , kommt von dieser Wurzel. Wir Menschen können nicht die ganzen Ketten, nicht alle Fäden, die gemeinsam den Teppich formen, erfassen, aber wir haben sehr wohl die Fähigkeit, uns mit allen verbunden zu fühlen, uns in die Lüfte zu erheben, zum „fliegenden Teppich", bisāṭ ur–rīḥ (wörtl.: Teppich des Windes bzw. der Seele), zu werden und die Freiheit der Verbundenheit einzuatmen.

Genieße das Schöne auf dieser Erde und sei dankbar. Ausdehnung, basṭ بسط , führt oft zu einem allumfassenden heiligen Bewusstsein, in dem der Mensch empfindet, dass er weit, groß, herrlich ist, dass er alles enthält, was es gibt, jubelnd ob Seiner allumfassenden Liebe.

Wer Al–Bāsiṭ tief im Herzen wiederholt, dessen Herz wird belebt, und die Sorgen und der Kummer fallen ab und jeder, der dich sieht, schließt dich in sein Herz.

„Er ist der Haltende und Er ist der Loslassende
und alles kehrt zu Ihm zurück."
(2:245)

Derjenige, der die Qualität des Al–Qābiḍ in sich trägt, ist jemand, der fähig ist, sich vor schlechtem Einfluss zu verschließen, und auch anderen Menschen dabei zu helfen. Der Göttliche Name Al–Qābiḍ wird vor allem dann verwendet, wenn man in seinem Umfeld tyrannisiert und gemobbt wird. Wiederhole den Namen 903 Mal und du wirst davor beschützt. Der Mensch, der dies ausgeführt hat, geht weg oder du bzw. die Gegebenheiten verändern sich.

Manchen Menschen ist mehr Gunst, mehr Wohlwollen, mehr Schönheit, mehr Charme, mehr Wissen, sind mehr Kinder gegeben. Die Tiefe dieser Verschiedenheit, die gottgewollte Ungleichheit unter den Menschen, aber auch unter den Ländern und Wesen dient dazu, die großzügigen Tore des Teilens, der Toleranz, des Austausches und der Kommunikation zu öffnen. Sie soll den Menschen die Möglichkeit des Wachsens und des Ausgleichs geben. Wenn dies jedoch nicht geschieht, wenn wir uns nicht dazu überwinden können und in unserem Egoismus verhaftet bleiben, so ist dies die Disharmonie, zu der der Mensch die Freiheit hat.

Ein Mensch, der die Qualität von Al–Bāsiṭ in sich trägt, ist ein Mensch, der Freude in die Herzen anderer bringen kann, der großzügig geben kann und innerlich großzügig zu sich selbst sein kann. Wenn du es dir zur Gewohnheit machst, diesen Göttlichen Namen zu wiederholen, so wachsen in deinem Herzen Frieden und die Einsicht, dass alles von Allāh kommt und zu Ihm zurückgeht, dass es nichts zu verurteilen gibt und dass das Starke aus dem Schwachen wächst. Die Wiederholung dieses Namens vermindert Stress, und die Liebe und der Respekt der Mitmenschen steigen.

Die Wiederholung von Al–Bāsiṭ bringt Freude, wo Traurigkeit war, und Zuversicht, wo Zweifel war. Al–Bāsiṭ hilft gegen hohen Blutdruck, wenn er 1481 Mal wiederholt wird.

Diese beiden Namen werden normalerweise zusammen wiederholt, doch wenn du die tiefe Bedeutung von Al–Qābiḍ in dir tragen kannst, ohne dabei bekümmert oder beunruhigt zu sein, dann kannst du diesen Namen allein rezitieren. Halte dir dabei vor Augen, dass Al–Qābiḍ die Bedeutung des Zusammenziehens und Zurückhaltens des Schlechten und der Gefahren von dir beinhaltet. Dann siehst du das Gerechte und die Gnade in Al–Qābiḍ und die Güte und das Geschenk in Al–Bāsiṭ.

Wenn wir die beiden Göttlichen Namen Al–Qābiḍ und Al–Bāsiṭ gemeinsam wiederholen, beginnt das Herz zu erkennen, dass das Göttliche, Allāh, sowohl im Zusammenziehen, wie auch im Ausweiten wirkt. Langsam lernt das Herz den Gleichmut in allen Zuständen und Situationen zu berühren und in einen Zustand der Gelassenheit zu kommen, der auf einem immer festeren Boden des Glaubens wächst. Der Glaube an die Güte, Gnade und Weisheit Allāhs. Es liegt nicht in unserer Hand, ob uns das „Zupackende“ oder das „Erleichternde“ gegeben wird, doch wie wir es tragen, was wir aus den Zuständen machen, das ist unser Teil. Wenn Mut und Zuversicht in Beidem sein kann, wenn Gleichmut und Gelassenheit sich in Beidem ausweiten, dann beginnt sich die Brust, das Herz, ekstatisch auszudehnen und wir erfassen die Göttliche Weite Al–Wāsi‘ (45)!

„Und wenn Allāh Seine Diener im Überfluss versorgte, so würden sie
übermütig werden auf Erden. Jedoch sendet Er in Maßen hinab, was Er will.
Siehe, Er kennt und schaut Seine Diener.“
(42:27)

الخافض

22

Al–Ḫāfiḍ

Der Erniedriger, der Erniedrigende, der Mäßigende
1.481 – 5.924 – 2.193.361

الرافع

23

Ar–Rāfi‘

Der Emporhebende, der Erhebende, der Auszeichnende
351 – 1.404 – 123.201

Wenn etwas die Eigenschaft „niedrig“ in sich trägt, so führt dies dazu, dass man den Kopf zur Brust hinunterführt, um es zu sehen. Eine körperliche Bewegung, die in sich die Demut und die Hinwendung nach innen beinhaltet.

Al-Ḫāfiḍ und Ar-Rāfi‘ stammen von den Wurzeln ḫ-f-ḍ und r-f-‘ mit den jeweilig aus ihnen stammenden Bedeutungen. Die Gegenseitigkeit und Ergänzung dieser beiden Göttlichen Namen zeigt sich, wenn man sich die Bedeutungen, die aus der Grundwurzel entstehen, ansieht:

ḫ-f-ḍ: ruhiges, bequemes Leben, Behaglichkeit, Erniedrigung, hinabsenken, hinunterlassen, tiefer stellen, demütigen, gemäßigter Gang, leise sein.

r-f-‘: erheben, die Stimme erheben, beseitigen, verschwinden, zu schnellerem Gang treiben, feiner und dünner machen, stolz werden, Ansehen besitzen.

Die Qualität des Erhebens ist eine Qualität, die von innen kommt, sie öffnet das Gesicht, es wird weit und weich und somit auch das Gesichtsfeld.

Die eine Eigenschaft beruht auf Unwissen, und wenn Unwissen erkannt wird, führt das zu Demut und dann zu einer inneren Erhebung; die andere Eigenschaft beruht auf Wissen, welches Demut als schützenden Mantel trägt. Unsere spirituellen und materiellen Taten führen zur Erhebung oder Erniedrigung. Geradlinigkeit ist im Leben nicht gegeben. Zwischen den beiden Ufern namens „Erhebung“ und „Erniedrigung“ fließt der Strom des Lebens. Dies stimmt für alle ergänzenden Gegenpole: männlich – weiblich, Armut – Reichtum, Freude – Trauer. In jedem liegt die Wirkung des anderen.

Die Göttliche Eigenschaft Ar-Rāfi‘ spiegelt sich bei dem Armen, der von der Armut befreit wird, dem Kranken, der die Genesung erlebt, dem Unwissenden, der mit Wissen bereichert wird, dem Verlorengegangenen, der die Rechtleitung spürt.

In diesen Bewegungen wirst du bewegt und der Wahrheit, deiner Wahrheit, näher gebracht. Das gemeinsame Rezitieren von Al-Ḫāfiḍ und Ar-Rāfi‘, das Kosten der Realität, die in ihnen pulsiert und sich durch diese beiden Namen für dich zeigt, erlaubt dem isoliertem Ich, langsam loszulassen und den Weg frei zu machen zur friedvollen Freiheit, jenseits aller äußeren Bewegungen.

Allāh erhebt, erhöht die Wahrheit und erniedrigt die Falschheit. Die Erhebung liegt in der Einfachheit und die Erniedrigung in der Arroganz.

Gott erhöht zuzeiten den Besitz und die Möglichkeiten des Menschen, auch um ihn zu befähigen, sich dessen würdig zu zeigen. Nächstenliebe und Mitgefühl mit der Welt sind dann Ausdruck dieses Reichtums.

Ein Mensch, der die Qualität von Al–H̱āfiḍ in sich trägt, schützt sich und andere vor Erniedrigung. Erniedrigung, die durch Lügen, Ungerechtigkeiten gegenüber anderen, schlechtes Reden hinter dem Rücken anderer und doppelzüngiges Gehabe entsteht. Ein solcher Mensch trägt in sich einen Schutz vor Egoismus, vor Kaltherzigkeit, und setzt sich für soziale Gerechtigkeit ein. Wiederholt man diesen Göttlichen Namen 889 Mal, so ist man vor seinen Feinden geschützt. Die Erniedrigung kommt für jene, die von ihrem Ego geritten und zu Betrug und Lügen gelenkt werden, die sich ständig in Streitigkeiten verstricken und Fallen für andere stellen.

Al–H̱āfiḍ ist auch der, der alles niederbringt, was oben stand, jener, der die Stolzen und Hochmütigen erniedrigt, die Despoten herabstürzt und die Unterdrücker bedrückt und betrübt.

Wiederhole diesen Göttlichen Namen, um in dir die Teile einzuladen, die sich erniedrigt fühlen, die wenig Platz haben, und blicke mit dem Auge deines Herzens auf die äußeren Umstände in deinem Leben, die dies hervorbringen. Gib allen einen Platz und eine ebenbürtige Stimme. Und nimm dir Zeit zuzuhören.

Der Göttliche Name Ar–Rāfi‘ führt zu einem höheren Bewusstseinszustand. Er gibt den Schwachen und den Unterdrückten Erhöhung. Die Wiederholung dieses Namens, 100 Mal, führt zu einer Erhebung – in Macht oder Position –, die dazu dienen soll, anderen zu helfen.

Allāh erhöht jene, deren Zunge sanft ist, die lieber geben als nehmen, deren Herzen sich nicht von Stolz und Arroganz verhärten lassen, die die Fehler anderer verbergen, statt sie bloßzustellen, die aufbauend statt zerstörend wirken, die stark, freundlich und gütig sind.

Zentriere dich in deinem Herzen und wiederhole diesen Göttlichen Namen, während du sanft deinen Atem in den Bauch führst. Spüre, welcher Teil in dir sich erhöht und geehrt fühlt. Wiederhole Yā Rāfi‘ und verbinde dich mit der Ganzheit. Möge die Erhöhung in dir dich beflügeln und dich auf dem Weg der Liebe stärken.

„Frage nicht nur, sondern hinterfrage auch deine Fragen.“

المعز

24

Al–Mu‘izz

Der Ehre Schenkende, der Ehrende, der Herrschaft Gebende

117 – 351 – 13.689

المذل

25

Al–Mu$\underline{d}$il

Der Demütigende

770 – 2.310 – 592.900

Die Bedeutung der Göttlichen Namen Al-Mu'izz, der Ehrende, und Al-Mu<u>d</u>il, der Demütigende, kann man erfassen, wenn man erkennt, dass nur Allāh, das Absolute, uns zur Ehre oder Demütigung führt.

Al-Mu'izz und Al-Mu<u>d</u>il sind Zustände, durch die wir manchmal mehrmals am Tag in Form von hohem oder niedrigem Selbstbewusstsein gehen, doch ihre absolute Realität ruht im Einen.

Ehre und Demütigung, Lob und Tadel sind Erfahrungen und Situationen, die wir immer wieder im Leben durchleben. Sie sind Erfahrungen, die in Bezug zu unseren Mitmenschen stehen. Wie sehen mich die anderen, wie werde ich behandelt?

Al-Mu<u>d</u>il stammt von der Wurzel <u>d</u>-l-y aus der Bedeutungen entstehen wie: niedrig bzw. gering sein, verachten, sich erniedrigen, unterwürfig, missachtet, folgsam, fügsam, Nachgiebigkeit, Selbsterniedrigung, Überwindung, Behebung von Schwierigkeiten, dunkler Herkunft. Diese verschiedenen Nuancen und Bedeutungen geben uns einen Einblick in die Bereiche, die Al-Mu<u>d</u>il berührt.

Al-Mu<u>d</u>il führt einen Menschen zu den tiefsten Orten, dorthin, wo sich das Ego als wertlos empfindet und sich mit dieser Selbsterniedrigung identifiziert. Al-Mu<u>d</u>il führt uns genau zur tiefsten Stelle, lässt uns auf die Knie fallen, das Haupt tief senken. Er bringt uns dorthin, wo wir uns wertlos, schwach und von der Menschheit zurückgewiesen fühlen. Al-Mu<u>d</u>il reißt die Begrenzungen der Pfütze, die wir glauben zu sein, auf und lässt das Pfützenwasser vom Wasser des Ozeans berührt werden. Aufgesogen von der Liebe des Ozeans, befreit sich der Mensch von den menschlichen limitierten Vorstellungen von demütigend und ehrend, von hoch und tief. Ein tieferer Halt entsteht und vor allem das Verständnis, dass die äußeren Gegebenheiten, ob man als tief oder hoch wahrgenommen wird, in ihrer tiefen Bedeutung nur verschiedene Arten, von Allāh gehalten zu werden, sind.

Al-Mu'izz ist nicht das Gegenteil von Al-Mu<u>d</u>il, sondern wirkt ergänzend. Al-Mu'izz aktiviert und verbindet dich mit der Kraft, die aufkommt, wenn du dein wahres Selbst erfährst, deine ewige unsterbliche Seele. In der gemeinsamen Wiederholung dieser Göttlichen

Namen können wir die dunklen Schleier der eigenen Verachtung aufreißen, aber auch die dunklen Schleier, wie wir von der Welt und den Menschen gesehen werden. Die gemeinsame Wiederholung von Al–Mu'izz und Al–Muḏil ist wie das Aufeinandertreffen der menschlichen Unausgewogenheit mit dem innewohnenden Göttlichen Gleichgewicht, beides ruht im urewigen Ozean Göttlicher Liebe. Im Zusammenbringen der beiden Qualitäten Al–Mu'izz und Al–Muḏil beginnt die Heilung.

Al–Mu'izz ist Derjenige, Der Ehre schenkt; so sollen die, die Ehre wollen, auf diesem Weg gehen, bis sie zur Quelle vordringen, denn sie ist von Ihm zu Ihm führend.

Al–Mu'izz kommt wie Al–'Azīz (8) von derselben Wurzel '–z–z, die sowohl Kraft, als auch Sanftheit beinhaltet.

Das Geschenk der Göttlichen Ehre bringt Weisheit und Freude und ist fern von der Aufblähung des Ich–Selbst. Die Ehre entsteht aus dem Wissen, dass alles von Ihm stammt, die Ehre kommt im Dienen. Manche Menschen dienen, indem sie malen, manche, indem sie ihr Geld mit ärmeren Menschen teilen, manche dienen durch ihre Gebete und manche durch die Pflege ihres Gartens. Ehre bedeutet, mit Güte im Herzen zu dienen und seinen Platz zu erkennen und einzunehmen. Ehre beruht auf dem Wissen, dass wir alle verschiedene Gefäße sind, gefüllt mit demselben Wasser, deren Wände am Ende der Tage zerbrechen werden, damit es wieder in den unendlichen Ozean übergehen kann. Ehre bedeutet auch, im größten Streit den anderen zu grüßen, in dem Wissen, dass das Unendliche in ihr, in ihm, ruht. Das Wissen um sich selbst führt zu Allāh. Die Ehre, die wir uns manchmal selbst zuschreiben oder die andere uns entgegen bringen, kann oft zu einer Verzerrung und Arroganz führen, oft gefolgt von Demütigung oder dem lodernden Feuer der Gier.

Die Wiederholung des Göttlichen Namens Al–Mu'izz kann und soll verwendet werden, wenn man sich seines Ego–Ichs und der Notwendigkeit, es zu beherrschen, bewusst ist. Es ist ein Anrufen um Seine Hilfe, sei es durch äußere Umstände oder Gewährung innerer Stärke.

Der Göttliche Name Al–Muḏil kann 40 Mal wiederholt werden, wenn man von jemandem tyrannisiert wird, der seine mächtige Position ausnützt. Nach der 40–maligen Wiederholung werden die rituelle Waschung und das Gebet ausgeführt und dann wird um die Abwendung dieser Tyrannei gebeten.

DIE RITUELLE WASCHUNG (arabisch Wuḍū´):
Sprechen der Basmala vor Beginn des Wuḍū´

1. Dreimaliges Waschen der Hände
2. Dreimaliges Ausspülen des Mundes (arabisch maḍmaḍa)
3. Dreimaliges Ausspülen der Nase (arabisch istinšāq)
4. Dreimaliges Waschen des Gesichtes
5. Dreimaliges Waschen des rechten Armes bis zum Ellbogen
6. Dreimaliges Waschen des linken Armes bis zum Ellbogen
7. Bestreichen des Kopfes (arabisch masḥ)
8. Bestreichen der Ohren
9. Dreimaliges Waschen des rechten Fußes bis zu den Knöcheln
10. Dreimaliges Waschen des linken Fußes bis zu den Knöcheln
11. Sprechen der Šahāda nach dem Wuḍū´.

Isoliere nicht das Kleine vom Großen, das Leichte vom Schweren, das Reiche vom Armen in dir. Durch das eine lernst du das andere kennen und wirst ganz. Oft kommt Weisheit von einer Seite in uns, die wir nicht schätzen oder akzeptieren. Manchmal zeigt uns eine solche Stimme, dass wir vielleicht etwas tun, was wir eigentlich gar nicht wollen und das nur, weil es von uns verlangt wird oder weil wir glauben, es erfüllen zu müssen, um akzeptiert, geliebt oder dazu gehörig zu sein. Dies kann zu innerer Schwäche und dem Gefühl, innerlich gespalten zu sein, führen. Der Geschmack, einen Teil der Qualität von Al–Muḏil in sich zu tragen, kommt auf.

„Preis sei deinem Herrn, dem Herrn der Macht (al–'izza) ob dem,
was sie aussagen! Und Frieden auf die Gesandten.
Und das Lob sei Allāh, dem Herrn der Welten!"
(37:180–182)

Muss nicht ein Baum seine Wurzeln tief in die Erde führen, bevor er majestätisch in den Himmel ragen kann? Ebenso müssen wir die Tiefen unseres Selbst anerkennen und erschließen, ehe wir uns in die Höhen unseres wahren Seins erheben können.

„Wir sind ewig von dem umgeben, was unserer Entwicklung dient."

السميع

26

As–Samī‘

Der Hörende, der Allhörende, der Erhörende
180 – 720 – 32.400

As–Samī‘ ist Göttliches Hören. Es bedeutet, dass Allāh alle Töne, ob still oder laut, separat oder gemeinsam, grenzenlos hört. Er hört alle Gebete, Töne, Bewegungen der Schöpfung ohne Unterlass.

Nimm dir Zeit und horche auf die Stimmen der Göttlichen Einheit um dich herum. In jeder Stimme, in jedem Ton und in jeder Stille liegt ein Klang, ein Tropfen der Einheit, und in diesem Klang ruht das unendliche Orchester, der Ozean aller Göttlichen Qualitäten und Namen. Alle Göttlichen Namen und Eigenschaften gehen auf Allāh zurück.

Wenn du diesen Namen 100 Mal mit offenem Herzen an einem Donnerstag wiederholst, zwischen spätem Nachmittag und Sonnenuntergang, und in dieser Zeit mit niemandem sprichst, werden deine Sehnsüchte erhört. So rufe Ihn an in Zeiten der Leichtigkeit und der Schwere.

„Nichts ist gleich Ihm, und Er ist der Hörende und der Schauende.“
(42:11)

11 mal werden im Koran As–Samī', „der Hörende", und Al–Baṣīr (27), „der Schauende", gemeinsam wiederholt und immer wird das Hören vor das Sehen gestellt. Es ist das Hören, das die unsichtbaren Welten für uns eröffnet, es ist das Hören, das uns mit dem unsichtbaren Jenseits verbindet, und es ist das Hören, das die Sehnsüchte der Seele nach der Heimat entfacht. Keine Sinnesfähigkeit öffnet für uns den Weg zur Seele und dem Unsichtbarem wie das Hören. Sowohl As–Samī' als auch Al–Baṣīr sind Göttliche Qualitäten, die uns auf dem Weg zur inneren Weisheit und äußeren Ausgewogenheit unterstützen. Daher werden sie auch oft gemeinsam wiederholt.

Wer As–Samī' nach den Gebeten oft wiederholt, deren Bittsagungen werden erhört und ihr Wort wird unter den Menschen gehört und befolgt.

Im Gebet sagt man: sami'a llāhu liman ḥamidāhu سمع الله لمن حمده , Allāh erhört die Preisung des Preisenden, im Sinne von „Er akzeptiert sie", denn wer erhört, akzeptiert.

As–Samī' stammt von der Wurzel s–m–' und aus ihr fließen folgende Bedeutungen: hörend, gehorchend, guter Ruf, Ton, mündlich, anhören.

Jeder spirituelle Weg soll dazu führen, das Bewusstsein um alle Geschöpfe in uns zu tragen, die vor uns in der Karawane des Lebens reisten, die mit uns reisen und die nach uns kommen werden. Es soll dazu führen, dass wir in unserem Bewusstsein, in unserer Sichtweise, in unserer Vision, das ganze Universum einschließen. Empfange das Ganze des Lebens, damit du frei wirst von der begrenzten Welt deines eigenen Verstehens. Höre ...

As–Samī' schenkt uns, Allāhs Zeichen und Symbole in allem, was uns umgibt, zu hören. Jeder Ton, jeder Rhythmus wird heilig und heilend.

Wir Menschen sind fähig, ohne Ohren zu hören, ohne Augen zu sehen, ohne Zunge zu sprechen, wenn wir die Essenz der Dinge in unserem Herzen erfassen. So ist es vor allem mit dem Hören; die Töne erfassen wir mit unserem Herzen, wenn das Herz zum Ohr wird.

Ein Mensch, der fähig ist zuzuhören, sein Herz für den anderen zu öffnen, ist ein Mensch von hoher Reife. Denn nichts berührt einen anderen Menschen so sehr, wie das Gefühl, gehört zu werden.

Symbolisch ist das Hören mit der Kehle verbunden und die Kehle wiederum mit der Wahrhaftigkeit. Die Kehle ist die Brücke zwischen Verstand und Herz. Sie ist der Ort, wo sich das Meer spaltet, wenn wir uns für die Göttliche Wahrheit öffnen und den Weg frei machen für die Vereinigung. So führe dich, öffne dich für den Weg zu deinem wahren Selbst, so wie Moses, Friede sei mit ihm, sein Volk in die Freiheit geführt hat.

Bei Problemen und Schmerzen des Ohres wiederhole, indem du deine Hand auf das Ohr legst, 180 Mal Yā Samīʻ. So Gott will, kommt die Heilung.

Zentriere dich in deinem Herzen und wiederhole Yā Samīʻ. Nimm alle Töne auf, ohne dich auf einen zu konzentrieren. Höre immer mehr nach innen. Wo liegt die Quelle deines Hörens?

Der Prophet Muhammad, Frieden und Segen seien mit ihm, sagte:

> „Ich suche Zuflucht bei Dir vor einem Herzen, das keine Demut kennt, vor einer Bitte, die nicht erhörenswürdig ist, vor einem Ich, das keine Sättigung kennt und vor Wissen, das keinen Nutzen in sich trägt. Schütze uns vor diesen vieren“.

البصير

27

Al–Baṣīr

Der Allsehende, der alles sieht, der Bescheid weiß
302 – 1.208 – 91.204

Diese Göttliche Eigenschaft beinhaltet die Fähigkeit des Sehens. Al–Baṣīr bedeutet, alles als Ganzes zu sehen und gleichzeitig jedes Einzelne im Detail. Al–Baṣīr bedeutet, das Sichtbare und das Unsichtbare, das Manifestierte und Nichtmanifestierte zu sehen.

Er ist der Allsehende. Er sieht auch die Bewegungen einer schwarzen Ameise auf einem schwarzen Stein in einer schwarzen Nacht. Achte auf deine Gedanken und umhülle dich mit Vertrauen. Wiederhole diesen Namen 100 Mal zwischen zwei Meditationen oder nach dem Gebet und dein inneres Auge, das Auge deines Herzens, wird sich öffnen und dein Ansehen unter den Menschen wird klar sichtbar sein. Al–Baṣīr ist der Sehende im Äußeren wie im Inneren. So sieh das Göttliche in allem und alles in Allāh.

Al–Baṣīr dient zur geistigen Entwicklung, um die Vision des Lichtes zu entwickeln, für Inspirationen, für Hellsehen. Es ist die innere Sicht, die die äußere ergänzt. Das Sehen des Herzens ist eine innere Wahrnehmung, ohne Vermittlung der Sinne. Dieses innere Sehen kann alles öffnen, einschließlich des menschlichen Herzens.

Immer mehr Kulturen konzentrieren sich in ihrer Ausdrucksweise fast nur mehr auf den Sehsinn. Wir werden von allen Seiten von den verschiedensten Bildern eingenommen, ja fast überwältigt und überflutet. Viele Wege empfehlen die Abwendung, doch der Weg der Sufis sagt: „Verschließe nicht die Augen, lass Allāh deine Augen verwenden.“ Ist das, was du siehst, ein Spiegel deines Inneren, deines Lebens? Kannst du die „Anderen“ als einen Teil deiner selbst sehen? Kannst du mit der Güte, die in deinem Herzen ruht, diesen Anblick tragen? Wie viel Mitgefühl strahlt in dir? Lass die Güte und Nachsicht, die du dir von Allāh durch Seine Geschöpfe erwünschst, auch von dir ausstrahlen.

Alle Tugenden des Menschen sind mit Wissen und Bewusstsein verbunden.

Es sagte der Prophet Muhammad, Allāhs Segen und Friede seien mit ihm:

„Handle und diene Allāh, als ob du Ihn sähest, denn wenn du Ihn auch nicht siehst, Er sieht dich wahrlich“.

Zentriere dich in deinem Herzen und wiederhole Yā Baṣīr. Führe die Kraft zu deinen Augen und durch sie nach außen. Entspanne deine Stirn, deinen Kiefer und deine Augen und lass sie Fenster deiner Seele werden, durch die Er sieht.

Fülle deine Augen nicht mit den Schatten der Verwirrung und der Sorgen. Fülle sie mit Licht. Beruhige andere mit deinem Blick und möge Frieden in dein Herz einkehren.

Aus der Wurzel b–ṣ–r kommt Al–Baṣīr, aber auch das Wort baṣīra بصيرة. Es ist ein Sehen mit dem Auge des Herzens, das nicht an der äußeren Form hängen bleibt und klar die Dualität durchdringen kann – auf die Einheit zu, auf das Licht das dahinter bzw. in ihr ruht, auf das Innere eines Menschen. Dieses Auge, das die Sufis ‘ayn al–qalb, „das Auge des Herzens“, nennen und das nichts anderes ist als das vom Herzen gehaltene dritte Auge, ist der Ort der Erkenntnis, wo Ursprung und Ziel der wahrgenommenen Vielfalt sich vereinen, wo intuitive und rationale Intelligenz sich verbinden.

Darum singen die Sufis:

„Öffne das Auge deines Herzens. damit du den Geist sehen wirst, damit du sehen wirst, was nicht gesehen werden kann."

Möge uns Allāh mit dieser Sicht beschenken.

Weitere Bedeutungen, die aus der Wurzel b–ṣ–r kommen, sind: wahrnehmen, ein Geheimnis lüften bzw. durchschauen, die Augen öffnen, zerlegen und von den Knochen lösen, erkennbar sein, aufmerksam beobachten, Erkenntnis, Haut, dicker und rauer Stein, Scharfblick, Nachdenken, Glanz.

Verwende deine Augen, um die Zeichen um dich herum zu erkennen, übe deinen Blick dahingehend, das Göttliche in dir, widerspiegelt im Äußeren, zu sehen.

Bei Problemen, Schmerzen und Schwächen der Augen wiederhole, indem du deine Hand auf die Augen legst, 302 Mal Al–Baṣīr. So Gott will, kommt die Heilung.

Jesus, Friede sei mit ihm, wurde einmal gefragt:

„Kann irgendjemand von uns so sein wie du?" Und er antwortete: „Jener, der nur das sagt, was Gott ihn sagen lässt, jener, der, wenn er still ist, nur still ist, weil er innerlich sich an Gott erinnert, und jener, der, wenn er Dinge sieht, weiß, dass das, was er sieht, nicht Gott ist, sondern von Gott und der aus dem, was er sieht, lernt und daraus Erfahrung und Weisheit zieht, jener ist wie ich."

„Ein sanftes Herz erkennt man an der Sanftheit der Augen.
Und was ist ein sanftes Auge? Ein Auge, das von der Flüssigkeit,
vom Wasser der Güte, umgeben ist."

الحكم

28

Al–Ḥakam

Der Richter
68 – 204 – 4.624

Der Göttliche Name Al–Ḥakam, der Richter, und der Göttliche Name Al–Ḥakīm (46), der Weise, formen sich beide aus der Wurzel ḥ–k–m. Denn es gibt kein Richten ohne Wissen und es gibt kein Richten ohne Weisheit. Weisheit ist heilendes Wissen. Denn nur Wissen, das heilend wirkt, kann weise genannt werden. Andererseits kann Richten nur angenommen werden, wenn es gerecht ist. Der Göttliche Name Al–Ḥakam schenkt Einsicht in die Absicht hinter der Weisheit.

Jede Tat, jeder Gedanke beeinflussen das Leben, das Leben hier und das künftige. Ein Mensch, der Glück hat, kann die Früchte seiner Taten gleich hier erkennen oder zumindest einige davon; hier, in diesem Traum, denn ist das Leben nicht wie ein Traum, aus dem wir mit dem Tod erwachen?

Manchen Menschen wird in ihren Träumen eine Vorahnung gegeben, was ihnen in der Zukunft begegnen wird, damit sie ihren Geist und ihre Auffassung erweitern bzw. das Übersehene berücksichtigen und integrieren können. Die Göttlichen Namen sind für uns wie Lichter auf dem Weg zu dieser erweiternden geistigen Haltung.

Sure Yūsuf, سورة يوسف, Josef (12:67)

„Das Richten (darüber, was geschehen soll), liegt bei keinem außer Gott. Auf Ihn habe ich mein Vertrauen gesetzt: denn alle, die (auf Seine Existenz) vertrauen, sollen ihr Vertrauen auf Ihn allein setzen."

Al–Ḥakam ist der Träger der Gerechtigkeit und der Wahrheit. Er ist der Richtende, das Gericht und das Urteil. Alle Bewegungen des Universums basieren auf einer Ursache. Wenn dieser Göttliche Name wiederholt wird, erfüllt sich das Herz mit Zuversicht, dass es eine Ordnung gibt und dass alles einen Sinn hat, der zu einer allumfassenden Ordnung führt. Und dass es eine gerechte Kraft gibt, jenseits der Auffassung des Verstandes, in den Tiefen des Herzens erspür– und erkennbar. So erkennt der Mensch, dass die Dinge, die auf ihn zukommen, nicht da sind, um ihn seiner Fehler zu bezichtigen und dass das, was ihm an Fehlern widerfährt, keine Strafe ist.

Das Wissen um eine gerechte Kraft erwärmt unser Herz, lässt es strahlen und nimmt die Kälte der Sorge und Angst. Doch wo gibt es Gerechtigkeit, wenn der eine arm ist und der andere reich, wo ist die Gerechtigkeit, wenn Kinder traumatisiert und gequält werden und alte Menschen in der Bitterkeit der Einsamkeit vergehen?

Wir sind hier, geboren mit dem Samen, der Sehnsucht und der Kraft, gerecht zu handeln, gerecht zu richten, wenn die Situation es verlangt. Die Wiederholung des Göttlichen Namens Al–Ḥakam hilft uns, uns an diese ewig existierende Kraft anzuknüpfen und sie in der Welt sichtbar zu machen. Uns für sie zu öffnen, heißt, unseren Teil, unsere Verantwortung auf diesem Planeten zu übernehmen, um eine schönere Welt zu hinterlassen. Die Gleichgültigkeit, die Gier und die Angst sind unsere größten Hindernisse auf unserem Weg zu einer menschenwürdigen Welt.

Oft müssen Kinder die Bürde ihrer Eltern oder Großeltern tragen und alte Mütter die Schwächen kommender Generationen. Oft entfaltet sich die Güte eines Menschen nur dann, wenn er arm ist, und andere wiederum bleiben nur menschlich, wenn sie reich sind.

Die Dinge, die eintreten, die einem Menschen passieren und zustoßen, sind nicht da, um uns zu beschuldigen oder des Irrtums zu bezichtigen. Alles geschieht aus einer tiefen liebenden Fürsorge. So wisse, wenn du „hungerst“, wenn du den Stürmen des Lebens ausgesetzt wirst, dass alles lediglich dazu dient, dein Herz und dein Bewusstsein zu öffnen, dir die Möglichkeit gebend durch die Angst durchzugehen und frei zu werden.

So liebe und liebe immer wieder. Denn sogar in deiner Vergesslichkeit tut dein Herz nichts anderes als eben das. Denn Tag und Nacht flüstert dein Herz: „Ich will lieben.“ Die vielen individuellen „Ichs“, die vielen verschiedenen Einstellungen und Gefühle in uns finden ihr Zuhause im Göttlichen Herzen, im einzigen wahren Ich, im wahren Sein. Alle Propheten haben ihre Worte, ihre Aufforderungen und Handlungen an dieses Sein gewendet.

Ein Mensch, der diese Qualitäten in sich trägt, hat ein klares Bewusstsein, gepaart mit einem tiefen Wissen, einem gütigen Herzen und einem Verstand, so scharf wie ein Schwert. Seine Taten stehen nie unter dem Einfluss von Ärger, Aggression, Rache oder Eigeninteresse. Ein solcher Mensch weiß, dass das Göttliche Richten nicht gleichzusetzen ist mit der menschlichen Vorstellung von Gerechtigkeit. Doch das Mysterium kann nur von einem Menschen erfasst werden, der in Offenheit sowohl das Gute als auch das Schwere aus Allāhs Urteil annehmen kann.

Der Göttliche Name Al–Ḥakam beinhaltet das vollkommene Wissen um das, was war, das, was sein wird und jenes, das ist. Es gibt kein Richten aus Nichtwissen. Es drückt den vollkommenen Willen aus, denn ohne Willen kein Richten, es enthält die Qualität der Verwirklichung, denn kein Richten ohne die Fähigkeit der Ausführung und sie enthält die Qualität der Gerechtigkeit, da kein Richten akzeptierbar ist, wenn es nicht gerecht ist. Deswegen tragen korrupte, habgierige und veruntreuende Richter außerordentlich zur Zerstörung der Werte einer Gesellschaft bei.

„Als nun Moses das volle Alter erreichte und geistig reif geworden war, erteilten Wir ihm die Fähigkeit, zwischen Recht und Unrecht zu urteilen (ḥukm) wie auch Wissen (‘ilm), so belohnen wir jene, die Gutes tun.“
(28:14)

Die Art von Wissen, die hier gemeint ist und die in Weisheit und Urteilskraft ihren Ausdruck findet, ist die göttliche Segnung durch das Geschenk eines spirituellen Bewusstseins, verbunden mit rationalem Denken. Beides zeigt sich im Vorhaben des Richtens, also in der Fähigkeit zwischen Recht und Unrecht zu unterscheiden.

Al–Ḥakam schenkt Urteilskraft und lehrt Ausgewogenheit. Er hilft uns, über uns selbst klar, würdevoll und ausgewogen zu richten, indem wir nicht zulassen, gierig zu sein, wenn wir großzügig sein können, nicht gemein, wenn wir nachsichtig sein können, nicht unfreundlich, wenn wir respektvoll sein können.

Die Wiederholung des Göttlichen Namens Yā Ḥakam in der Nacht bis man mit diesem Namen auf den Lippen einschläft, füllt das Herz mit Göttlichen Geheimnissen und Mysterien.

„Uns Menschen gilt das höchste Lob als auch der tiefste Tadel."

„Essentiell sind wir alle gleich, rangmäßig, in unserer menschlichen Individualität, aber verschieden."

العدل

29

Al–'Adl

Der Gerechte
104 – 312 – 10.816

Bismillah ar–rahman ar–rahim
Im Namen des Gütigsten, des Allbarmherzigen

Er ist es, der uns den Koran lehrte, Er erschuf den Menschen, Er war es, der ihn denken und sprechen lehrte, die Sonne und der Mond folgen ihren berechneten Bahnen, und die Bäume verneigen sich in Verehrung und das Firmament hat Er hoch erhoben und Er errichtete das Gleichgewicht, auf dass wir diese Harmonie nicht verletzten. So lege großen Wert auf die Gerechtigkeit und habe nie Mangel an Gleichgewicht.
(55:1–9)

Al–'Adl trägt in sich das Gesicht der Liebe, die ausbalanciert und Harmonie bringt. In der Gerechtigkeit finden Gegensätze zusammen und beginnen, sich als Ergänzung zu verstehen. Al–'Adl bringt Balance im Gegenständlichen und Äußeren, wie auch im Selbstbezogenen und Inneren. Der Göttliche Name Al–'Adl verbindet für den Menschen Gnade und Erkenntnis.

Aus der Wurzel '–d–l, aus der sich Al–'Adl ableitet, kommen auch folgende Bedeutungen: Gerechtigkeit üben, wägen, Ausgleich treffen, zurückkehren, das Bespringen unterlassen (Hengst), sich enthalten, ins rechte Verhältnis setzen, gleich schwer machen, dick werden, zwei Dinge verstehen, proportioniert sein, das Gleichgewicht oder die Mitte halten zwischen zwei Zuständen, gesund, mit einem auf demselben Tier reiten, als sein Gegengewicht, gleich machen.

Auf der physischen Ebene zeigen die Wörter aus dieser Sprachwurzel den Aspekt der Selbstbeherrschung, „das Bespringen unterlassen (Hengst)". Wer gerecht sein möchte, muss lernen, in ihrer/seiner Mitte zu sein, braucht die Fähigkeit der Abwägung und des Ausgleichs. Die Wurzel '–d–l trägt so viele Bedeutungen der Balance in sich, dass der Göttliche Name Al–'Adl oft bei gegensätzlichen Göttlichen Paarnamen als balancierender dritter Name verwendet wird. Al–'Adl ist dann einerseits das Züngelchen an der Waage und andererseits die versöhnende, weil einsichtige, gerechte Kraft.

Gerechtigkeit ist ein natürliches Anliegen des Menschen, das ihm oft abhanden kommt im Tumult des Lebens. Im tiefen Inneren sind wir jedoch immer bereit und offen für die Gerechtigkeit, die Aufrichtigkeit und Fairness.

Wir Menschen sind uns unserer Unvollkommenheit bewusst, wir können sie erkennen und weil wir dies können, sind wir folglich verantwortlich. Gleichzeitig tragen wir in uns eine innewohnende Göttliche Vollkommenheit. Die periphere Unausgewogenheit mit dem innewohnenden Göttlichen Gleichgewicht zu vereinen und zu leben, entspricht: „Mein Wille und Dein Wille werden eins". Die Sufis sagen: „Das Herz ist der Ort der Göttlichen Anziehung und der Sitz der Gerechtigkeit."

Der Mensch ist von Gott auserwählt und trägt die Verantwortung dafür, dass das Göttliche Gut, die Schöpfung, ihre Bestimmung erfüllt. Damit der Mensch diese Aufgabe bewältigen kann, ist ihm die gesamte Schöpfung gegeben worden.

Dein Erhalter sagte zu den Engeln: „Seht, ich bin dabei, auf Erden einen einzusetzen, der sie erben wird.“
(2:30).

Da der Mensch Bewahrer der Schöpfung ist, ist er weder ausschließlich Engel noch Teufel. Seine Überlegenheit erwächst vielmehr aus der Vereinigung dieser beiden Pole. Mit seinen beiden Polen ist der Mensch vollkommen; seine gute und schlechte Seite machen ihn erhaben und schön. Die Welt ist nicht Gott und doch gibt es nichts außer Gott „lā ilāha illā llāh“. Im Hinblick auf das Absolute ist alles Unausgewogenheit. Die Leiden dieser Welt zeugen von den Geheimnissen dieser Entfernung und Trennung, sie existieren, weil die Welt nicht Gott ist. Das Absolute Gute, die Absolute Liebe ist allein Allāh.

Die Welt bewegt sich gemäß einem großen Plan, der kosmischen Ordnung folgend. Die innewohnende ewigbestehende Gerechtigkeit erfährt der Mensch immer wieder, um die Verbindung zwischen den Ursachen und Wirkungen seines menschlichen Handelns zu erfahren.

Sure An–Nahl, سورة النحل, Die Bienen (16:90)

„Siehe, Gott gebietet Gerechtigkeit (al–‘adl) und das Tun des Guten (al–iḥsān) und Großzügigkeit gegenüber den Mitmenschen.“

Der Prophet Muhammad, Gott segne ihn und gebe ihm Heil, sagte:

„Die Handlungen bemessen sich nur nach den Intentionen, und jedermann kommt nur das zu, was seiner Intention entspricht.“

Wahrhafte Aufrichtigkeit in den Intentionen bedeutet, die wahrhaftigen Göttlichen Gesetzlichkeiten mit der Aufrichtigkeit des Herzens auszuführen.

Es ist unser Erkenntnisvermögen, das mit seinem Wesen Gott wahrnimmt, weil es selbst Göttlicher Natur ist. Je näher wir unserem wahren Selbst kommen, desto mehr verstehen wir die Bedeutung der „Zufälligkeiten" und erkennen den Sinn und das Ziel der Welt und des Menschen. Der Gotterkennende al–'ārif erwacht aus dem Traum, wie der Prophet sagte: „Meine Augen schliefen, aber mein Herz schlief niemals."

Die gerechte Seele an–nafs al–muṭma'inna ist die Seele, die in Ruhe und Zufriedenheit in sich, im Göttlichen, ruht.

Sure An–Nisā', سورة النساء, Die Frauen (4:58)

„Und immer, wenn ihr zwischen Leuten richtet, achtet,
mit Gerechtigkeit zu richten".

Zu wissen, dass nur Allāh vollkommen gerecht ist, spornt im Äußeren an, die Gerechtigkeit auf Erden zu bringen, ihr in Handlungen, Worten und inneren Intentionen Ausdruck zu geben, für soziale Gerechtigkeit einzutreten, gegen Unterdrückung zu sein. Im Inneren aber ist es die Einbettung in den Ozean der Gerechtigkeit Gottes, wahrlich alles Ihm überlassend.

Allāh hat uns Menschen miteinander verbunden. Er hat uns durch die Familienbande, durch unsere Verantwortung für die Armen und Waisen, durch die gegenseitigen Rechte und Pflichten der Freunde und Nachbarn und durch die moralisch–spirituelle Pflicht, alle Lebewesen mit Liebe und Mitgefühl zu behandeln, miteinander vernetzt. So soll sich der Mensch der Einheit des Zwecks bewusst bleiben und seinen Weg beschreiten.

Al–'Adl hilft einem Menschen, wenn er in seinen Taten und Worten gerecht ist und trotzdem von anderen nicht so gesehen wird. So schreibe diesen Namen auf ein Stück Brot, esse es an einem Freitagabend und die Menschen werden die Wahrheit sehen, in šā'a llāh إن شاء الله, wenn Allāh will.

Wer diesen Namen geistig mit sich trägt und ihn oft wiederholt, dem wird inspirierte Gerechtigkeit zuteil und er ist geschützt vor Unrecht.

Jeder wird gemäß seinem Schicksal und danach, wie er damit umgegangen ist, beurteilt. Denn jedes Schicksal ist einmalig, intim in seiner Individualität.

Lerne, dir selbst gegenüber gerecht zu sein, weder sollst du dich mit Schuldgefühlen tyrannisieren noch verweichlicht und unklar sein. Denn gerecht zu sein, ist eine tiefe Ehre, die einen Menschen von innen nährt.

Der Prophet Muhammad, Gott segne ihn und gebe ihm Heil, sagte:

„Keiner von euch ist gläubig, solange er nicht für seinen Mitmenschen wünscht, was er für sich selbst wünscht."

So übe Dankbarkeit, šukr شكر, denn sie nimmt die Last der Unzufriedenheit vom Herzen. Übe Vertrauen in Gott, tawakkul توكل, denn es gibt deiner Seele Richtung und hilft dir im Balanceakt zwischen den Zeiten der Anstrengung und der Selbstbeherrschung und den Zeiten des Loslassens und der Nachsicht. Übe Zufriedenheit, riḍā´ رضاء, denn sie gibt deiner Seele Frieden.

„Doch vergiss auf deinem Weg nicht, was für den einen Gift ist, ist für die andere Medizin."

اللطيف

30

Al–Laṭīf

Der Feinstoffliche, der Ungreifbare, der Zärtliche, der Sanft–alles–Durchdringende
129 – 516 – 16.641

Dieser Name beinhaltet viele Namen. Er beinhaltet das Feinstoffliche, Subtile, das so fein ist, dass es nicht durch das Auge erkannt werden kann, so fein, dass es alle Schwingungen und die zartesten Mysterien erfasst. Es ist so sanft, dass es die gesegnetsten Geschenke in sich trägt. Al–Laṭīf beinhaltet die Sanftheit gegenüber allen Geschöpfen, die Erleichterung, die Fürsorge und die bedingungslosen Geschenke. Seine zarte Güte wirkt aus dem Hintergrund. So sei sanft mit den Geschöpfen, und wenn du sie rufst, so rufe sie mit Sanftmut und Zartheit im Herzen.

Wenn ein Mensch in Armut und Hilflosigkeit fällt, so hilft die hundertmalige Wiederholung dieses Namens, Sanftmut und Erfüllung zu erreichen. Oft wird dieser Name mit der Weiblichkeit verbunden und doch heißt Frau sein, stark zu sein, stärker als ein Mann. Denn es ist die Frau, die den Mann auf ihre Herzhöhe hebt, ihre Seele eilt der Seele des Mannes voraus. Das Blickfeld einer Frau ist weit und nuanciert und ihr Handeln wirkt oft im tragenden Hintergrund. Sie umschließt die Welt, während der Mann sie durchdringt.

Al–Laṭīf kommt von der Wurzel l–ṭ–f, von der auch das Wort laṭīfa (laṭā'if), die spirituellen magnetischen Zentren im Körper, kommt. Aus dieser Wurzel formen sich Bedeutungen wie: Güte, Freundlichkeit, Schutz, Beistand, Wohltat, Großmut, Geschenk, aus Güte aufgezogen, klein, fein, subtil, delikat machen, sänftigen, Hitze sänftigend, liebkosen, leicht und geschickt behandeln, nähern. Ein Mensch, der mit dem Attribut laṭīf umschrieben wird, ist jemand, der zwar eine Machtposition innehat, aber mit Höflichkeit und Sanftmut die Wesen um sich herum behandelt.

Al–Laṭīf ist eine Liebeskraft, die erweicht, die hilft, das Grobe loszulassen und sich dem Delikaten, Feinen in sich zuzuwenden, nicht aus Schwäche, sondern um sich seinem wahren Wesen zu nähern.

So vertraue dir selbst, denn wer sich selbst vertraut, vertraut Allāh.

Al–Laṭīf ist ein mächtiger Name, dessen Verwendung schnelle Antwort bringt. In ihm vibriert die feine Allgegenwart des Seins. Al–Laṭīf, Er allein ist unergründlich.

Sure Al–'An'ām سورة الأنعام, Das Vieh (6:103)

> „Keine menschliche Sicht kann Ihn umschließen, wohingegen Er alle menschliche Sicht umschließt: denn Er allein ist unergründlich (al–laṭīf) und allgewahr (al–ḫabīr)."

Al–Laṭīf wird bei schweren Krankheiten wiederholt oder wenn Menschen in Gefangenschaft leben, in großer Bedrängnis, Qual oder Schmerz, körperlich und seelisch. Er wird bei Krebserkrankungen eingesetzt und dann jeweils 129 Mal wiederholt.

Die heilende Wirkung von Al–Laṭīf wird im Alltag verwendet, wenn man einen Aufprall mildern möchte, wie z. B. den Aufprall zweier Autos oder den Fall eines Kindes; er wird auch bei einem seelischen Aufprall rezitiert, z. B. bei einer schlechten Nachricht, die man kaum ertragen kann oder einem körperlichen Schmerz, der kaum zum Aushalten ist. Al–

Laṭīf ist eine heilende mystische Liebe des Schutzes und Beistandes. Al–Laṭīf erleichtert, verfeinert und verringert die Konsequenzen, so Gott will.

Die subtile Liebeskraft von Al–Laṭīf kommt vom Herzen und erobert den Verstand. Unser Verstand wird feiner im Verstehen, besinnlicher, und dies hat dann auch Einfluss auf unsere Handlungen.

Al–Laṭīf begleitet den Rezitierenden in die subtilen, feinstofflichen Sphären des Wissens. Daher wird Al–Laṭīf oft mit Al–H̲abīr (31), „der Kundige, der Wissende", verbunden. Sieben Mal wird Al–Laṭīf im Koran erwähnt, davon fünf Mal in Kombination mit Al–H̲abīr. In der Kombination dieser beiden Göttlichen Namen erfährt die/der Rezitierende die Begleitung in das verborgene mystische Wissen.

Al–Laṭīf nimmt den Kummer schnell vom Herzen und hat einen intensiven Einfluss auf das Herz. Wer diesen Namen ständig wiederholt, der bekommt Sanftmut in allen seinen Angelegenheiten. Wer Ihn durch diesen Namen erinnert und anruft, soll nicht alles, das in seinem Herzen aufkommt, mitteilen und ein Zuhörender anstatt ein Redner werden. Es ist ein Name, der nur selten von einem Lehrer zum Erinnern weitergegeben wird, weil so viele Geheimnisse in ihm liegen.

Alle Dinge im Leben verdienen nichts außer Liebe. Wir Menschen sind Göttliches Leben. Denn, weise zu werden, was ist es anderes, als den Spiegel des Herzens blank zu reiben, sodass wir darin unser eigenes Göttliches Antlitz erkennen können? Denn Allāh, ohne Dich bin ich nichts. Der Fluss der zeitlosen Gegenwart ist in dem Gefäß, das du bist, aufbewahrt. Das Mysterium bleibt eine aktive Kraft im Universum, so wirf dich bedingungslos in das Licht des Lebens und vertraue.

Al–Laṭīf verfeinert die Schleier unseres Egos nafs, die über unserem Herzen liegen, so sehr, dass das Göttliche Licht in uns durchscheint.

Ein Mensch, der diese Qualität in sich trägt, hat ein inneres Auge, das offen ist für die innere Schönheit der Dinge. Dieser Mensch ist sanft in seinen Taten und Worten. Seine Bemühungen sind wie der sanfte Regen: wo immer er hinfällt, erblüht Schönheit. Al–Laṭīf ist das Auge des Herzens.

Allāh ist Laṭīf und bedeutet: Er hat sich vor allen Geschöpfen verschleiert durch Sein überklares Erscheinen und durch Sein Licht das ganze Universum eingehüllt. Denn alles in den Himmeln und auf Erden ist von Seinem Licht überströmt und durchdrungen.

„Aus der Ferne siehst du nur Mein Licht.
Komm näher und wisse: Ich bin du!"
(Rumi)

„Das ganze Universum ist schön durch Gott und Gott liebt die Schönheit."

الخبير

31

Al–H̲abīr

Der Bewusste, der Scharfsinnige, der Kundige, der Wissende
812 – 3.248 – 65.9344

Diese Göttliche Eigenschaft beinhaltet das Erkennen und Sehen aller Dinge und Zustände. Wenn man eine schlechte oder schwächende Gewohnheit ablegen möchte, so hilft die kontinuierliche Wiederholung (so oft wie möglich) dieses Namens.

Al–H̲abīr symbolisiert Sein Wissen um die Details aller Dinge. Sei achtsam in deinen Gedanken, Worten und Taten.

Die Wurzel, aus der dieser Name entsteht, h̲–b–r, bringt auch diese Bedeutungen hervor: Wissen, Kunde, Kenntnis, durch Erfahrung erworbene Kenntnis, experimentell, gut verstehen, Erkundigungen einziehen, sich zu unterrichten suchen, prüfen, auf die Probe stellen, Neuigkeit, Versuchsraum, Nachricht, Lotusbaum, Feld mit Lotusbäumen, weicher, lockerer Boden, große Reisetasche für Proviant, reichlich milchende Kamele, Holzpflock.

Wenn wir uns die verschiedenen Bedeutungen ansehen, die ihren Samen in dieser Wurzel haben, so bekommen wir ein tieferes Verständnis dafür, was Al–H̲abīr alles bewirkt und wie sein Einflussbereich wirkt. Wer sich auf die Suche nach Wissen und Erkenntnis seiner

Selbst, des Lebens und Gott machen möchte, muss bereit sein, loszuziehen in die Tiefen des Seins, bereit sein, die Dinge zu erfahren, zu experimentieren, um die innere Essenz zu verstehen. Erkenntnis bekommt man nicht vom Ufer aus, wer Erkenntnis will, muss in das Meer hinaus, an die äußersten Grenzen, dort wo der Lotusbaum erscheint, der am meist entfernteste Baum des Paradieses und daher Symbol der langen Reise. Weich und locker möge der eigene Boden werden, und die Grenzen des Unterbewusstseins so wie die des Oberbewusstseins sich öffnen auf dem Weg zur Ganzheit. Weich und locker möge der Boden werden, uns befähigen, durch die äußeren Formen und Schleier hindurch schreitend, in die unsichtbaren Welten eindringend, die Früchte des inneren Wissens hervorbringend. Möge die Milch des Wissens unsere ganze innere Gestalt nähren und nährend vereinen. Mit dem ḏikr des Herzens schlägst du den Pflock des Wissens um das Mysterium der Existenz in den Boden deiner Existenz.

Die meisten Begriffe, die diesem Göttlichen Namen zugrunde liegen, werden im arabisch sprechenden Raum im Alltag verwendet und bewegen sich darin in Form von Nomen, Verben und Adjektiven. Der alltägliche Wortschatz dient als Medium, durch das sich das Göttliche immer wieder zeigen will.

Eine der Eigenheiten dieses Namens ist, ihn zu verwenden, wenn man über eine gewisse Sache Bescheid wissen möchte. So soll man diesen Namen vor dem Schlafengehen wiederholen, bis in den Schlaf hinein. Dann kann durch Träume oder im Alltagsgeschehen Klarheit über eine Angelegenheit kommen, wenn Allāh will.

Jeder Name gibt dem Wiederholenden Einsicht entsprechend der Intensität der Wiederholung.

Der Verstand ist das Licht des Herzens und dieses Licht wird vom Öl eines gesegneten Baumes angezündet. Dieser Baum wiederum hat seine Wurzeln im Herzen und seine Äste steigen hinauf bis in den Himmel.

Ein Mensch, der diese Qualität, Al–Ḫabīr, in sich trägt, hat ein tiefes Verständnis für die Dinge. Er versteht nicht nur die Konsequenzen der Dinge, sondern auch ihre grundlegende Natur. Wenn jemand mit schlechten oder schwachen Eigenschaften behaftet ist und sie gerne ablegen möchte, so ist es gut, so oft wie möglich, den Göttlichen Namen Al–Ḫabīr zu wiederholen. Wenn ein Mensch sich Sorgen macht über die Konsequenzen seiner Taten, so soll er diesen Namen wiederholen und die Resultate seiner Taten werden ihm im Traum gezeigt.

„Yā Allāh – Yā Ḥakīm – Yā ʻAdl – Yā Laṭīf – Yā Ḫabīr."
„Oh Allāh, Du Weiser, Du Gerechter, Du Ungreifbarer, Du Allwissender."

الحليم

32

Al–Ḥalīm

Der Milde, der Nachsichtige, der Geduldige
88 – 352 – 7.744

Dieser Name bedeutet Toleranz, Geduld, Nachsicht, Freundlichkeit, Güte und Weisheit. Al–Ḥalīm ist sanfte, gütige Liebe. Es ist eine physische und emotional nährende Liebe. Es ist eine Liebe, die sich überall manifestiert, es ist die Natur der Liebe und findet sich in Allem, was uns umgibt. Al–Ḥalīm bringt eine Sanftmut mit sich, die allen Zorn und alle Ungeduld beschwichtigt. Er hat einen öffnenden beschwichtigenden Zauber wie die Natur, die uns umgibt, und erfüllt das Herz mit Stille, einer Stille, die man sakīna, „eine Ruhe, die entsteht, wenn man sich der Gegenwart Gottes bewusst wird", nennt.

„Er ist es, der von droben inneren Frieden auf die Herzen der Gläubigen erteilt hat, auf dass – angesichts dessen, dass Gottes alle Kräfte der Himmel und der Erde sind, und dass Gott allwissend, wahrhaft weise ist – sie noch fester in ihrem Glauben werden mögen."
(48:4)

Al–Ḥalīm kommt von der Wurzel ḥ–l–m und in ihm schwingen folgende Bedeutungen: träumen, Träume haben, Traumerscheinung, Einsicht, Verstand, Vernunft, sanftmütig, verständig sein, gnädig, geduldig, Schüchternheit, die Läuse und Würmchen wegnehmen, Zecke, Milbe, Brustwarze, mannbar werden, sanftmütige Kinder haben, in das verständige Alter treten, Milde, Vollreife.

Al–Ḥalīm lässt uns von Gott träumen und nährt uns mit Visionen und Träumen der Gnade. Al–Ḥalīm ist universell, allumfassend wie die Gebärmutter für den Fötus. Al–Ḥalīm schenkt uns Stille in Momenten, in denen wir von Wut und Zorn überkommen werden, und hilft uns, uns von den Klauen der Rache zu befreien, die das Ego oft gleich ausfährt. Eine Wut, die vor allem aus dem Gefühl kommt, nicht verstanden zu werden, missverstanden bzw. verlassen bzw. erniedrigt worden zu sein. In Al–Ḥalīm schwingt die Liebe, die verzeihen kann, weil sie Einfühlungsvermögen, Verständnis und Nachsicht aufkommen lässt. Al–Ḥalīm führt dich jenseits des Schmerzes, jenseits des Stolzes, jenseits des Grams, jenseits der Enttäuschungen, dorthin, wo der sanfte, geduldige Geliebte auf dich wartet.

Wenn du in einer Beziehung mehr Zuneigung und Nachsicht möchtest, so schreibe diesen Namen auf einen Apfel und iss ihn. Al–Ḥalīm beinhaltet Geduld für einen Menschen, ohne ihn jedoch zu ignorieren.

Der Göttliche Name Al–Ḥalīm verschleiert die Schwächen, verzögert die Strafen und die Konsequenzen. Trage in dir diese Göttliche Qualität gegenüber denjenigen, die in deinen Augen richtig handeln und ebenso auch gegenüber denjenigen, die in deinen Augen falsch handeln. Habe Geduld und Nachsicht mit den Menschen und behandle sie mit Respekt.

„Wenn sie sich zu Mir wenden, dann bin Ich ihr Geliebter, und wenn sie sich
nicht zu Mir wenden, dann bin Ich ihr Heiler, Aufwühlungen sendend,
um sie von ihren Irrungen zu klären."
(hadith qudsī)

Ein Mensch, der psychischen Belastungen ausgesetzt ist, der sich mit Strenge und Sorge umhüllt hat, löst diesen Bann durch die Wiederholung dieses Göttlichen Namens. Betrachte die Erde: sie trägt alles, das Schöne, das Leichte, wie auch das Schwere und das Hässliche, und trotzdem sprießen aus ihr Blumen und Düfte. Das ist die Göttliche Qualität des Al–Ḥalīm.

Al–Ḥalīm hilft, die in uns lebenden Tugenden zu erwecken und schützt vor Erschütterungen, wenn Zeiten der Schwere uns umgeben. Er öffnet die inneren Schranken und gibt Raum für die milde Vernunft, die Weisheit des Herzens, die Einsicht und die Geduld.

Ein Mensch, der die Qualität Al–Ḥalīm in sich trägt, hat die Qualitäten der Sanftheit und der Vergebung inne. Auch wenn er die Kraft hätte, zu strafen oder Rache zu nehmen, wird er trotzdem vergeben und die Unhöflichen freundlich behandeln. Und er wird dadurch immer siegreich sein, denn er ist fähig, den Raum der Hoffnung, der Liebe und des Vertrauens zu halten.

Wenn du starke Wut in dir verspürst und diese Wut sich nach außen zeigen oder gegen einen Menschen wenden möchte, so wiederhole Yā Ḥalīm 88 Mal und die Wut wird relativiert.

Wenn der Name Yā Ḥalīm auf einem Stück Papier aufgeschrieben wird, dieses Papier in Wasser aufgelöst wird und damit die Felder oder der Garten gegossen wird, dann wird die Erde mehr an Pflanzen und Früchten tragen und Schädlinge werden ferngehalten, wenn Allāh es will.

„Diese Welt ist eine Rohrflöte, auf der Er Seine Melodie spielt.“

العظيم

33

Al–'Adhīm

Der Großartige, der Erhabene
1.020 – 4.080 – 1.040.400

Dieser Name steht über allem. Er ist Der, Der für immer sein wird. Er ist der Beschützer und Erhalter und gibt Kraft und Ehre, wie immer Er mag.

Al–'Adhīm ist jener, dessen Großartigkeit keinen Anfang hat und dessen Majestät kein Ende. So sei zufrieden mit dem, was Er dir gegeben hat und entfalte deine Flügel.

Die Wurzel ist '–dh–m und folgende Bedeutungen entstehen aus ihr: groß, gewaltig, mächtig sein, verherrlicht, erhaben, prächtig, stolz sein, arrogant, wichtig sein, schwerwiegend, Knochen, knochig, der größte Teil, tiefen Eindruck machen, Majestät, Erhabenheit, großes Unglück, von edler und vornehmer Herkunft.

Die Wiederholung von Al–'Adhīm gibt uns ein tiefes inneres Gefühl, gesegnet zu sein, eine tiefe innere Zufriedenheit, ein Gespür für die erhabene Göttliche All–Präsenz. Und dieses Gefühl reicht bis tief in die Knochen, bis zu unserem Fundament. Wer Al–'Adhīm bis in die Knochen spürt, kann Großes erreichen. Al–'Adhīm verherrlicht innerlich und lässt die Göttliche Größe erkennen.

Gleichzeitig ist Al–'Ad̲hīm ein Schutz, eine Antidosis gegen die eigene Arroganz und den falschen Stolz, die zu innerer und äußerer Gewalt führen können. Al–'Ad̲hīm gibt uns eine Stabilität in unserem „knochigen" Fundament, eine stabile Verankerung, die uns erlaubt, innerlich mit Gott zu sein und außen in den Tätigkeiten des Lebens einzutauchen.

Durch die Wiederholung dieses Namens kommt eine Seite unseres Seins zum Erklingen, die in uns nährende Demut und unter den Menschen Anerkennung und Achtung hervorbringt.

Jene, die gelernt hat und lehrt, was sie weiß, und die ihrem Wissen entsprechend handelt, wird 'Abd–ul–'Ad̲hīm عبد العظيم (Dienerin des Großartigen) genannt.

Eines der größten Hindernisse im Leben ist, etwas zu bereuen. „Wenn ich nur…", „Hätte ich nur…" Jene Sicht des Lebens kann einen Menschen sehr schwächen und jeder weitere Schritt im Leben wird dadurch schwächer und unsicherer, weil sich Selbstmitleid daraus nährt. So höre tief in dich hinein und aus dir wird der Satz kommen: „Vergiss die Vergangenheit und schreite voran!" Innerlich müssen wir frei sein von den bereuenden Taten der Vergangenheit, doch äußerlich muss die Erinnerung bleiben, sodass wir den daraus gezogenen Konsequenzen Ausdruck geben.

Wenn du den Namen Yā 'Ad̲hīm wiederholst, so konzentriere dich dabei mit deinem Atem auf dein Herz, und vom Herz lass den Namen sich ausweiten in den Solarplexus und bis zum dritten Auge, sodass alle Zentren in dir, die dir Kraft geben, sich von deinem Yā 'Ad̲hīm–Atem nähren können und du mit beiden Händen aus dem Leben schöpfen kannst.

Al–'Ad̲hīm und Al–Ḥalīm (32) sind beide Göttliche Namen, die zur Stärkung der Knochen verwendet werden.

Al–'Adhīm ist einer der majestätischen Göttlichen Namen. Seine Majestät zeigt sich darin, dass Er keinen Anfang und kein Ende hat, dass Ihn alle Geschöpfe preisen, wissend oder unwissend, dass alle Kraft von Ihm kommt und dass es kein Leben und keinen Tod ohne Ihn gibt. Seine Majestät zeigt sich auch in Seiner unendlichen Güte und in Seiner Barmherzigkeit ihnen gegenüber, die größer ist als die eigene Barmherzigkeit für sich selbst.

Wenn du eine Tat ausführen möchtest, so lege sie zuerst in dein Herz und frage dich, ob diese Tat wahrhaftig ist. Tue dies immer, auch wenn du dir Rat von außen geholt hast, lege diesen Rat in dein Herz, bevor du ihn befolgst. Denn das Herz ist das Organ Gottes.

„Werde mit jeder Stunde gütiger, denn jede Stunde bringt dich näher deiner Abreise."

الغفور

34

Al–Ġafūr

Der Allvergebende
1.286 – 5.144 – 1.653.796

Dieser Name beinhaltet die Vergebung aller Schwächen und Fehler. In diesem Namen ruht das Mitgefühl. Wenn wir in Situationen von Leid und Prüfung kommen, so ist es nicht als Bestrafung zu sehen sondern als Weg.

Al–Ġafūr und Al–Ġaffār (14) entstehen beide aus der Wurzel ġ–f–r, aus der Bedeutungen herausströmen wie: viel verzeihend, bedecken, verhüllen, Schuld verzeihen, einander verzeihen.

Der wesentliche Unterschied zwischen Al–Ġaffār und Al–Ġafūr ist, dass Al–Ġafūr in den tiefsten Ort unseres Herzens eindringt, dort wo unser größtes Vergehen, unser größter Fehltritt daliegt. Al–Ġafūr geht zum schlimmsten, das uns je angetan wurde. Al–Ġafūr berührt diesen tiefen Ort. Diese Göttliche Vergebung erreicht das, was wir als unverzeihlich, als unentschuldbar glaubten. Al–Ġafūr ist derjenige, der eine gegebene Situation in einem konkreten Fall vergibt. Er hebt die Schleier der Scham und bettet uns in die tröstende Liebe, die unsere Unvollkommenheit mit unserer Vollkommenheit verbindet und so Heilung in unser System bringt.

Jene, die unter Kopfschmerzen aller Art leiden oder unter Fieber sollen diesen Namen immerfort wiederholen und sowohl Schmerz als auch Fieber werden sich auflösen, so Gott will.

Wenn du dich schuldig fühlst und dein Herz dadurch schwer wird, dann wiederhole den Namen Yā Ġafūr 100 Mal nach einer Meditation oder nach einem Gebet und deine Fehler mögen dir vergeben werden, wenn Allāh es wünscht. Denn Al-Ġafūr ist derjenige, der einen Schleier über die Fehler und Schwächen der Menschen legt.

Jemandem Unrecht zuzufügen oder selbst übel behandelt zu werden, erzeugt in uns einen ähnlichen Zustand der Dunkelheit. Die Finsternis der Trennung umhüllt dann unser Herz. Je tiefer und schwerwiegender wir verletzt wurden oder auch verletzt haben, desto schwieriger ist es, aus dem Teufelskreis herauszukommen. Unser ganzes Denken ist davon besetzt und wir schaffen es nicht, einen anderen, erweiterten Blickwinkel zu bekommen, uns auf eine lichtvollere Ebene zu erheben.

Al-Ġafūr tilgt diesen Schatten und holt uns aus seiner Verstrickung heraus, hilft uns, sie mit Licht zu transformieren. Die Folgen werden nicht rückgängig, doch die Sichtweise ändert sich, da das Bewusstsein nicht im Bann dieses Schattens steht. Die Göttlich geschenkte Intuition kann eine Verwandlung einleiten und die Kreativität unseren Geist neu erfassen.

Trage die Qualität der Vergebung in deinem Herzen, denn so wie du vergibst, wird dir vergeben. In jedem Stadium unseres Lebens werden wir mit verschiedenen Herausforderungen oder Problemen konfrontiert. Wir werden so oft und immer wieder mit demselben Problem konfrontiert, bis aus uns die Lösung wächst und wir einen Hinweis bekommen für das nächste Stadium. So bette dich ein in dem Gedanken, dass hinter der härtesten Hand des Moments die sanfteste Hand der Unendlichkeit ruht, dass hinter der bitteren Medizin die süße Hand der Heilung steht.

Die Fähigkeit zu vergeben öffnet Tore auf dem Weg zur Einheit. Heilung ist immer Einheit. Jede Krankheit des Herzens kommt aus dem Gefühl der Trennung. Heilen bedeutet, die Illusion der Trennung aufzulösen. Die Natur der Vergebung und der Liebe ist eine Bewegung der Einigung, die der Sünde ist eine Bewegung, die zur Trennung führt.

Jede Tat, die Trennung bewirkt, die irreführt und von der Wahrheit abtrennt, indem sie Leid verursacht und das Ego aufbläht und somit die Seele vom Göttlichen Licht trennt, trägt die Qualität der Sünde in sich. Im Sufismus wird die Abwesenheit oder der sogenannte „Halbschlaf“ als die Basis aller Sünden angesehen.

Ein Heiler, eine Heilerin ist jemand, der/die einen anderen Menschen begleitet und unterstützt auf dem Weg, die Illusionen der Trennung aufzugeben.

Jedes Wesen ist in seiner Essenz vollkommen und der Weg hier auf dieser Erde, ja das ganze Universum, dient dazu, dir auf deinem Weg, auf deinem einmaligen Weg zu deiner Vollendung, zum Erkennen deiner Vollendung zu verhelfen. Nichts, was dir passiert, kommt aus der Qualität der Strafe, außer du selbst empfindest es so und trägst es als solches in deinem Herzen. Doch dieses Empfinden führt zu einem Schleier, einem weiteren Schleier der Illusion. Sei die Tochter, der Sohn des Momentes und sei bereit, in jedem Augenblick für die Illusion der Trennung zu sterben, um in der Verbundenheit, in der Einheit aller Dinge wieder aufzuleben.

Die Qualität der Vergebung ist wie ein sanfter, umhüllender Umhang, der dein Herz vor der Verhärtung und vor dem Abgetrenntsein schützt.

Die Qualität Al–Ġafūr in dir zu tragen, bedeutet, das Auge des Herzens zu öffnen und über den jetzigen Moment hinaus die größere Vernetzung aller Geschehnisse zu erkennen. Ich kann mein Haupt wieder heben, weil ich Raum für Vergebung gemacht habe, weil ich wieder Schritt für Schritt in die Verbindung gehen kann und dann einmal die Würde und Kraft verspüre, auch zu lieben.

Um Verzeihung zu bitten, sich „zu erniedrigen“ vor einem anderen Menschen, ist die berührendste Geste des Wachstums.

„Halte mich, oh Allāh, denn ich bin bereit, mich mit Al–Ġafūr in die Tiefe meines Seins zu werfen!“

Al–Ġafūr bedeutet, sich vor den eigenen Schwächen zu verbeugen, zu verneigen und mit der inneren Vergebung ein Spiegel für die äußere Vergebung zu werden.

„Das Herz ist ein Gefäß des Wissens, eine Quelle, die sensibel auf alle Taten des Körpers reagiert. Lasse dein Herz sich nicht durch Unachtsamkeit und Gleichgültigkeit verhärten.“

الشكور

35

Aš–Šakūr

Der Dankbare, der Empfängliche, der Verständnisvolle
526 – 2.104 – 276.676

Allāh ist der Empfängliche für alle unsere guten Taten und Seine Belohnungen sind in ihrer Größe immer jenseits unserer Vorstellungen. Ein Mensch, der nicht dankbar gegenüber den Menschen ist, kann auch Gott gegenüber nicht dankbar sein. Denn deine Dankbarkeit Ihm gegenüber zeigt sich in deinem Benehmen gegenüber Seiner Schöpfung. Aš–Šakūr ist derjenige, der die paar guten Taten eines Menschen großzügig belohnt und würdigt, auch wenn es sonst niemand getan hat.

Aš–Šakūr kommt von der Wurzel š–k–r, aus der folgende Bedeutungen ausfließen: einem Dank sagen, dankenswert, sehr dankbar, Dankbarkeit, jemanden loben, preisen, belohnen, Sprossen treiben (Baum), viel Milch haben, wasserreich sein (Wolke), reichlich regnen, reich und freigebig sein, fett sein, von einem nur Gutes sagen, Süße, Zucker, Beischlaf, Göttliche Belohnung, Rückkehr der Kamele von der Frühlingsweide. Diese vielen verschiedenen Bedeutungen und Symbole zeigen die wundervollen Geschenke und Zustände, die in diesem Namen mitschwingen.

Aš–Šakūr gehört vom Klangkodex zu jenen Namen, deren Einfluss bis in die tiefsten Tiefen vordringt. Er hat die Fähigkeit, die Verbindung mit unserem wahren Sein zu öffnen, dort, wo die dankbare Liebe uns den Tanz der Lebensfreude wieder aufnehmen lässt und unsere Augen von der Sicht des Mangels, zum Erkennen des Reichtums umgewandelt werden.

Aš–Šakūr macht reich, nicht weil man dadurch mehr hat, sondern weil man das, was man hat, anders erkennt und sich die Schleier der Selbstverständlichkeit heben. Aš–Šakūr verbindet und macht freigebig. Aš–Šakūr bringt auch Demut in ein allzu überhebliches, selbstgefälliges, abgestumpftes Herz. Diese Demut verbindet uns mit der Schöpfung und dem All–Gebenden. Aš–Šakūr ist die Antidosis zum Gefühl der Getrenntheit, der Einsamkeit und der Armut.

So kräftige dich, deinen physischen und feinstofflichen Körper durch diesen Namen, und stütze dich durch ihn in den Anstrengungen des Lebens.

Genieße den Reichtum, den dir Allāh geschenkt hat, denn wer seinen Reichtum nicht genießt und zeigt, besitzt auch keinen. Wenn du Allāh gegenüber Dankbarkeit zeigen möchtest, so zeige Dankbarkeit gegenüber den Geschöpfen. Wenn du diesen Namen in deinem Herzen verspürst, dann verfolge dieses Göttliche Licht in dir, das dir gegeben worden ist, bis zu seiner Quelle.

„Oh Allāh, hilf mir, Dich immer, mit jedem Atemzug, im Herzen zu tragen und bei
Dir zu sein, hilf mir, Dir in jedem Moment dankbar zu sein und hilf mir,
Dir in Allem zu dienen!"

Yā Šakūr ist ein transformierender Name, denn Dankbarkeit verändert die Dinge. Dankbarkeit bedeutet auch für alle Qualitäten, die du in dir trägst, wach zu sein, dich vor allen Qualitäten zu verneigen, so wie du dich vor Gästen verneigst. Höre sie an, höre ihre Stimmen, ihre Weisheit, lade sie ein, sich an das Bankett zu setzen, denn durch Anerkennung, durch die Qualität der Dankbarkeit verändern sich die Dinge und der Mensch kommt seiner Vollendung näher.

Dankbarkeit zeigt sich in den ganz kleinen und in den ganz großen Dingen. Wenn jemand zum Beispiel zu essen beginnt, und vergessen hat, die Göttliche Formel bismillāh ar–raḥmān ar–raḥīm بسم الله الرحمن الرحيم oder den Segen über das Essen auszusprechen, so braucht er nicht in Unsicherheit verfallen, sondern kann nachholend bismillāh awwaluhu wa āḫiruhu بسم الله أوله وآخره sagen. Die Verbundenheit mit der Einheit trägt immer die Qualität der unendlichen Güte in sich, so verlasse deine geformte Hölle und deinen geformten Himmel, und lebe tief verankert im Augenblick. Denn im „Jetzt!“ und nur im „Jetzt!“ können wir Gott erkennen.

Die Dankbarkeit der Erde zeigt sich, wenn sie uns einen Überschuss an Pflanzen gibt, die Dankbarkeit der Tiere zeigt sich, wenn sie uns mehr geben, als wir ihnen und die Dankbarkeit der Pflanzen zeigt sich, wenn sie uns trotz wenig Wasser und schwachen Boden reichlich beschenken, die Dankbarkeit des Menschen zeigt sich durch seine Zunge und seine Taten.

Im Koran kommt es öfters zur Zusammenführung der Göttlichen Namen: Ṣabbār (wie Aṣ–Ṣabūr (99) von der Wurzel ṣ–b–r) und Šakūr, sowie Ġafūr und Šakūr.

Die Wiederholung der beiden Göttlichen Namen Yā Ġafūr (34), Yā Šakūr berühren in ihrer Kombination tief das Herz, und Verhärtungen im Herzen gegenüber Menschen, Situationen oder Menschengruppen erweichen sich.

Yā Ṣabbār und Yā Šakūr erweitern den Geist mit einer aktiven Kontinuität und einer eindringenden Kraft, die dem Verstand erlaubt, Räume in sich zu entdecken, in denen die Winde der weitenden Größe, der geduldigen Erhabenheit und der dankbaren Verbundenheit wehen.

Zeige deine Dankbarkeit, indem du deine seelischen und geistigen Gaben nutzt. So bewahrst du dich vor den Gefahren des Neides, der Selbstsucht, der Trägheit und der Gleichgültigkeit, denn Spiritualität ist ein anderes Wort für Dankbarkeit. Dankbarkeit bringt die materielle und die feinstoffliche Welt zusammen, vereint Himmel und Erde und macht die Welt zu einem Ort des Wundervollen.

„Freier Wille ist die Bemühung, Gott für Seine Wohltat zu danken."
(Rumi)

العلى

36

Al–'Alīy

Der Erhabene, der Hohe
110 – 330 – 12.100

Diese Göttliche Eigenschaft bedeutet das Hervorragende, das Großartige, das Erhabene, das Höchste. Jener, dessen Glaube schwach ist und der diesen Namen immer wieder 33 Mal wiederholt, dessen Glaube wird erstarken und er wird seinen Weg finden. Du kannst diesen Namen auf ein Papier geschrieben mit dir tragen, sodass du immer wieder daran erinnert wirst, ihn in Zeiten der Schwäche zu wiederholen. Sei wachsam, sanft und mild auf deinem Weg.

'–l–w ist die Wurzel, aus der Al–'Alīy entsteht, aber auch der Göttliche Name Al–Muta'ālī (78). Folgende Nomen, Verben und Adjektive kommen von derselben Wurzel: hoch sein, sich erheben, steigen, Brust heben, höher sein, übersteigen, überragen, überwinden, bedecken, umhüllen, sich erhaben dünken, den Thron besteigen, hohes Amt antreten, meistern, Höhe, Größe, Erhabenheit, himmlisch, höchster Gipfel, laut, stark, erstklassig, ausgezeichnet.

Al–'Alīy ist eine Aufforderung: „Komm, erhebe dich zu Mir! Erhebe dich, lebe nicht unter deinem Niveau!"

Al–'Alīy zeigt uns, dass Gott immer noch Erhabener ist, als wir uns je vorstellen können. Al–'Alīy zeigt uns das transzendent Göttliche, und indem wir diesen Namen wiederholen, öffnet sich in uns die Vision für das Höchste, wir werden geöffnet, erhoben für die erhabenen Welten in uns und um uns herum.

Ein Mensch, der diesen Namen mit sich trägt und ihn immer wieder wiederholt, dem hilft der Name, wenn er arm ist, reicher zu werden, wenn er unruhig ist, Ruhe zu finden, wenn er unten ist, hochzukommen, und wenn er einsam ist, seine Heimat zu finden.

Ein Mensch, der die erhabene Wahrheit erkennt und in Demut dem Göttlichen, der Einheit gegenüber denkt, spricht und handelt, der wird erhaben sein unter den Geschöpfen. Die höchsten unter den Menschen sind jene, die erkennen, dass sie zu den niedrigen gehören. Denn sie sind bereit zu wachsen, zu dienen, zu verstehen und zu erkennen.

Wenn du das nafs نفس transformieren kannst, wenn du über das egozentrische, sich isolierende Ich hinauswächst, dann wirst du sehen, dass du in allem das Höchste bist, denn das Universum wurde für den Menschen geformt und nicht umgekehrt.

Manchmal steht zwischen dem Hohen und dem Tiefen in einem Selbst eine süße Dattel oder ein sanftes Wort, ein Streicheln der Wange. Tiefer Glaube manifestiert sich in freundlichem und gutem Benehmen, und die größten Tiefen kann der Mensch durch seine mit dem Herzen verbundene Zunge erlangen.

Im Körper des Menschen ist ein Organ – wenn es Heilung erfährt, dann ist der ganze Körper geheilt und wenn es Krankheit erfährt, ist der ganze Körper krank. Ist es nicht das Herz?

In einem Menschen, der diese Göttliche Qualität in sich trägt, ruht das Geschenk der Bescheidenheit und der Großzügigkeit. Aus diesem Geschenk heraus unterstützt er und hilft allen Wesen, die ihn umgeben, und so wird er als die Höchste, der Höchste erkannt.

Allen Suchenden, die diesen Göttlichen Namen in tiefster Hingabe wiederholen, wird der Weg klar und schnell geöffnet und sie können in einer Stunde erreichen, was normalerweise einen Monat oder mehr verlangt. Ein Mensch, der den Namen mit tiefer Hingabe wiederholt (ḏikr), ist wie ein Vogel, für den sich Zeit und Raum öffnen, ist wie ein Phoenix in den Flammen der Liebe. Nichts bleibt zurück als die Liebe.

Wenn die Lust aufkommt, in dieser Welt das Schöne zu tragen, so wähle immer den mittleren Weg, den mittleren Weg zwischen dem Feinsten, das du siehst und das deine Haut umschmeichelt, und dem Rausten, das deiner Haut unangenehm ist. Achte in deinem Leben immer auf den mittleren Weg.

Wenn du diesen Göttlichen Namen wiederholst, so umhülle dich mit dem Göttlichen Potenzial, mit der Göttlichen Kraft, die dieser Namen trägt. Spüre, wie alle Qualitäten, die in dir sind, in ihrer höchsten Form in dir liegen und vermeide trotzdem die Identifizierung mit dem egozentrischen Ich. Wiederhole Al–'Alīy vor allem in schwierigen und gefährlichen Situationen. Menschen, deren Erwartungen immer wieder nicht erfüllt werden oder die mit immer wiederkehrenden Gefühlen konfrontiert werden, dass sie betrogen oder ausgenutzt werden, hilft das Rezitieren von Al–'Alīy. Das Gefühl oder die Sichtweise, immer wieder enttäuscht oder betrogen zu werden, kommt von einem Ego, das sich zu hoch gestellt hat, dessen Dominanz so groß und streng geworden ist, dass es sich selbst auf den Thron gesetzt hat, einen Thron, der nur Gott gehört. Einen Thron, von dem aus es alles kommentiert und meist herablassend verurteilt.

Al–'Alīy kann das Ego wieder zurechtrücken. Al–'Alīy ist die erhabene, erhöhende Liebe, die das Göttliche auf den Thron des Herzens setzt und somit das Ego von den Qualen der Eifersucht und Arroganz befreit. Al–'Alīy hilft aber auch, wenn das Selbstwertgefühl so tief ist, dass es an Selbsterniedrigung grenzt. Al–'Alīy schenkt uns eine Neuorientierung durch eine himmlische, umhüllende, beschützende und erhebende Liebe.

„Oh Allāh, öffne in mir die hohen Tore der Treue!“

الكبير

37

Al–Kabīr

Der Größte
232 – 928 – 53.824

Dieser Name beinhaltet Größe, Stolz und Würde. Er ist der Schöpfer und Erhalter aller Wesen in allen Welten, in allen Himmeln und auf der Erde und auf allen Plätzen, die zwischen dem Himmel und der Erde sind. Al–Kabīr ist die unendliche Ausdehnung in Raum und Zeit. Er ist die unendliche, omnipotente Präsenz in Allem, nichts ist ausgeschlossen aus Al–Kabīr. Er nimmt die Anwesenheit und die Abwesenheit ein und hält sie im unendlichen, uferlosen Ozean der großen Liebe. Verbinde nichts Böses, nichts Fehlerhaftes und nichts Schlechtes mit Allāh.

Al–Kabīr kommt, wie der Göttliche Name Al–Mutakabbir (10), von der Wurzel k–b–r, aus der folgende Bedeutungen fließen: groß sein oder werden, wachsen, berühmt werden, Bedeutung erlangen, wichtig werden, ausdehnen, erweitern, preisen, rühmen, Achtung, verschmähen, lästig werden, peinlich, untragbar erscheinen, hochmütig, verächtlich behandeln, streiten, wetteifern, widersprechen, widersetzen, verleugnen, unüberwindlich scheinen, Stolz, Hochmut, Macht, hohes Alter, großes Verbrechen, Eigensinn, Halsstarrigkeit.

Die allumfassende Größe von Al–Kabīr nimmt auch die Gegensätze ein und wird daher als Auflösung der Hochmütigkeit, des Wetteiferns, der Aufblähung und des übertriebenen Eigensinns des Egos verwendet, vor allem, wenn es aus dem Grundgefühl des Mangels und der Wertlosigkeit entstanden ist.

Al–Kabīr hilft, sich von der Identifikation des Ichs mit diesem Grundgefühl zu befreien. Die Grenzen aufzulösen, die Trennung zu überkommen, ist die Liebeskraft von Al–Kabīr. Um die Göttliche Größe und Grenzenlosigkeit zu erfahren, müssen wir unsere Grenzen loslassen, um das Göttliche jenseits und innerhalb dieser Grenzen zu erfahren.

Wenn du diesen Namen täglich 100 Mal wiederholst, wachsen der Respekt und die Würde dir gegenüber. Wenn du deine Arbeit verloren hast und Schulden hast, die du nicht zahlen kannst, dann faste 7 Tage von Sonnenaufgang bis Sonnenuntergang, ohne dass in dieser Zeit irgendetwas deine Lippen berührt. Und wenn du mit Sonnenuntergang dein Fasten brichst, dann wiederhole 1.000 Mal:

يا كبير أنت الذي لا تهدي العقول لوصف عظمتك

Yā kabīru anta lladī la tahdī l–'uqūla li waṣfi ´adhamatuka.

Oh, Du Größter, Du bist derjenige dessen Großartigkeit mit dem Verstand nicht zu erfassen ist.

Wenn Allāh es für dich bestimmt hat, so wirst du eine Arbeit finden und deine Schulden begleichen können. Wenn du den Namen Yā Kabīr 232 Mal über einem Essen wiederholst und dieses Essen einem Paar vorsetzt, das eine Beziehungskrise durchlebt, dann hilfst du beiden damit, ihre Probleme zu lösen.

Oft werden die Namen: Yā 'Alīy (36), Yā Kabīr gemeinsam wiederholt. In der Verbindung beider Namen liegt ein tiefer Einfluss auf die Sinne und den Verstand.

Die Aufgabe des Verstandes ist es, Gedanken zu formen und Vergleiche herzustellen. Lerne, nicht zu vergleichen, denn der Vergleich ist ein Schleier, der dich davon abhält, die Einmaligkeit eines Wesens, eines Menschen, einer Situation oder eines Problems zu erkennen. Vergleich und Urteil sind Schleier für das Auge des Herzens. Wiederhole den Göttlichen Namen Yā Kabīr und lasse die Transformation beginnen. Es geht um die Transformation deiner dir gegebenen Qualitäten, nicht um Entwicklung, denn alle deine einmalig zusammengebrachten Fähigkeiten, dein ganzes Potenzial ist bereits in dir vorhanden.

Die Transformation geschieht mit dir und für dich und trotzdem hängt sie von deiner Arbeit ab. Transformation bedeutet, sich seiner Seele zuzuwenden und sich vom Griff des Egos zu befreien. Es ist Transformation, die Verwandlung von der Identifikation mit der Triebseele, dem Ego, das den Mittelpunkt unseres Seins bildet und uns zur Verbindung unserer Wahrnehmungen und Sinne mit unserem tiefen Sein führt, zum Kosten der Größe, die in uns existiert. Es ist der noble Weg zu unserer wahren Würde, die uns vor dem Niedrigen in uns beschützt.

Das Geheimnis dieses Namens liegt auch darin, uns erkennen zu lassen, dass die kleinste unserer Taten mit den größten verbunden ist, und dass sie immer ein Teil eines Größeren ist. Der Göttliche Name Kabīr wird im Satz „Allāhu akbar“ الله أكبر wiederholt, um dem Wiederholenden zu zeigen, dass die Einheit die einzige Kraft ist, die besteht, und dass sie größer ist als die erschaffene Welt und gleichzeitig in allem enthalten. Die Welt ist nicht Allāh und doch gibt es nichts außer Allāh!

Das Herz ist ein Gefäß des Wissens, eine Quelle, die sensibel auf die Taten des Körpers reagiert. Dies bedeutet, dass jede nicht gute bzw. negative Tat, Irritationen im Herzen auslöst, die zu Schleiern führen, welche die Menschlichkeit in einem selbst immer mehr abschirmen. So liegt in jeder negativen Tat, die man ausführt, schon die Strafe. Jedes ausgeführte Verbrechen ist zunächst ein Verbrechen gegen das eigene Herz, welches den Menschen im Weiteren als Ganzen beeinflusst. So achte auf die Nahrung, die du deinem Herzen zuführst, denn Unachtsamkeit lässt das Herz verhungern und beraubt es seiner spirituellen Wahrnehmung. Man geht ein in das Reich des unbewussten Lebens und verliert damit auch die Verbindung zum Leben nach dem Tod. Yā Kabīr schützt dich vor dieser Unachtsamkeit und hilft dir in der Verfeinerung des Herzens, zur Realisierung des Friedens, sowie die Verbundenheit mit dem Großen, dem Ewigen in dir zu öffnen.

„Drei Dinge lassen die Größe in einem Menschen wachsen:
wenn ihm gegeben wird, ist er dankbar; wenn ihm Schaden zugefügt wird,
verzeiht er und wenn er Wut verspürt, lässt er die Sanftheit über sie ergehen,
bevor er sie nach außen zeigt."
(Abu Sa'īd)

الحفيظ

38

Al–Ḥafīḏh

Der Erhalter, der Beschützer, der Behüter
998 – 3.992 – 996.004

Dieser Name ist ein Attribut Allāhs, welches die Bedeutung der Erhaltung, des Beschützens und des Behütens in sich trägt. Allāh beauftragte die Engel, uns vor Schlechtem zu schützen. Jene, die diesen Namen jeden Tag 16 Mal wiederholen, werden vor Unheil geschützt, so Gott will.

Die Āyat al–kursī (2:225) wird als der mächtigste Beschützervers des Korans bezeichnet und Al–Ḥafīḏh ist derjenige, der alles beschützt, auch wenn es nur die Größe eines Atoms hat. Nichts wird übersehen. Er verändert sich nicht und nichts beeinflusst Ihn. So erinnere dich Allāhs in Zeiten der Leichtigkeit und in Zeiten der Schwere und Er wird dich mit Seinem Schutz umhüllen.

Al–Ḥafīḏh ist **der** Göttliche Name des Schutzes. Es ist ein allumfassender Schutz, der ausdrückt, dass Alles vom Göttlichen Schutz umhüllt und durchdrungen ist.

Al–Ḥafīḏh stammt von der Wurzel ḥ–f–ḏh und aus ihr kommen folgende Bedeutungen: bewahren, einen vor etwas bewahren, beschützen, behüten, beachten, anvertrauen, vorsichtig und wachsam sein, beobachten, überwachen, auswendig wissen bzw. auswendig lernen und Gedächtniskraft, Memorieren, ein Geheimnis bewahren, Wachsamkeit, Schutz, Verband, Verteidigung, Vorsicht, Vorsichtsmaßnahme, Bewahrung vor Unglück, Behütung, etwas in Obhut nehmen, Beobachtung, Zurückhaltung üben, jemand die Treue halten, Brieftasche, ärgern, kränken, Zorn, Groll.

Al–Ḥafīḏh ist vor allem wichtig, wenn man das Gefühl hat, nicht genug Schutz zu haben bzw. nie genug bekommen zu haben. Es ist ein Gefühl, aus dem innere Unsicherheit und Angst wachsen und das je nach Persönlichkeit in zornigen oder aggressiven Akten seinen Ausdruck haben kann oder in Unterwürfigkeit und Selbstverleugnung mündet. Al–Ḥafīḏh führt uns wieder zu einer inneren Aufrichtung, die uns zu unserer Wahrhaftigkeit bringt. Die Empörung, nicht den Schutz bekommen zu haben, den man gebraucht hätte, kann durchgangen werden. Von dem Gefühl, allein zu sein und selbst alles auf sich nehmen zu müssen, von diesem Bann, selbst alles schaffen zu müssen, kann man endlich erlöst werden: „Das Universum ist ein guter Ort und ich habe meinen behüteten Platz darin!" Al–Ḥafīḏh bringt wieder gesunden, aufrichtigen, rechtschaffenen Mut. Die Existenzangst und die Lebenspanik werden aufgelöst, denn Al–Ḥafīḏh erreicht das Fundament unseres Seins und verbindet uns mit dem ewigen Schutz durch Liebe.

Verwende diesen Namen, um dich vor den Wegen des egozentrischen, verletzten Ichs zu schützen, verwende diesen Namen, um dich vor negativen Gedanken und Taten zu beschützen, und verwende diesen Namen, um auch anderen zu helfen und sie zu schützen. Es ist ein Name, dessen Schutz im Inneren und Äußeren wirkt, bis du erkennst, dass es wahrlich kein Inneres und Äußeres gibt, und du ganz in die Qualität des Al–Ḥafīḏh eintauchst.

Ein Mensch, der diese Qualität in sich trägt, strahlt einen Schutz aus auf alle Wesen, die in seine Nähe kommen. Mit Schutz meint man auch den Schutz vor negativen Gefühlen im Herzen, vor negativen Gedanken im Verstand, frei von Urteil. Es ist ein Schutz, der dich in die Wahrheit führt, die du in dir trägst. Wenn es den Namen Al–Ḥafīḏh nicht gäbe, so würde der Starke den Schwachen erdrücken und die Kräfte der Dualität würden unvermittelt aufeinander prallen. Wenn man diesen Göttlichen Namen wiederholt, so schützt man seine Sinne und sein Herz vor den Wallungen des Zornes und der Wut, vor den Kräften der niedrigen Triebe, vor den Illusionen des nafs نفس und vor der eigenen Arroganz.

Wenn dein Gedächtnis oder deine Fähigkeit, Erlerntes bzw. Wissen zu behalten, schwach ist, so hilft dir die Wiederholung des Göttlichen Namen Yā Ḥafīḏh. Er fördert die Aufnahmefähigkeit und stärkt das Gedächtnis. Bewahre den Göttlichen Namen Al–Ḥafīḏh in deinem Herzen, um dir immer vor Augen zu halten, dass der Göttliche Schutz allanwesend ist, denn Allāh wirkt durch den Menschen und durch Seine Geschöpfe. Möge dieser Name dich daran erinnern und dir die Kraft geben, dort zu schützen und zu verteidigen, wo dein Schutz und deine Verteidigung verlangt werden.

Wer Al–Ḥafīḏh auf seinen Reisen und mit seinem Herzen wiederholt, ist auf seinen Wegen beschützt und kommt wieder heil nach Hause. Es ist ein Name dessen Wirkung schnell kommt und die Furcht aus dem Herzen und Gedanken entfernt.

Al–Ḥafīḏh wird auch verwendet, wenn man die Schönheit eines Menschen sieht, seine besondere Begabung, seine besonderen Fähigkeiten oder seinen gegebenen Besitz, diese anerkennt und sich vor allem vor Neid und Gier bewahren möchte.

Konzentriere dich mit deinem Atem auf dein Herz, und schenke jeder Qualität, jedem Gefühl einen Hauch dieser Göttlichen Qualität. Jede Schwäche kann deine Tugend sein, wenn du sie erkennst; denn der Mensch ist der Brennpunkt, wahrlich nur ein Punkt, der erlösende Punkt, das unendlich Große und das unendlich Kleine. Spüre, wie ein Kreis des Schutzes um dich und durch dich entsteht. Die moralische Bedeutung von Tugend ist nicht die Abwesenheit eines unrechten Begehrens, sondern der innere Sieg darüber.

„Wir sind das Wunder, ein menschliches Wesen zu sein und das Wunder,
ein Göttliches Wesen zu sein."

المقيت

39

Al–Muqīt

Der Erhalter, der Bewahrer
550 – 2.200 – 302.500

Allāh ist der liebende Erhalter und Beschützer. Wenn du einem übelgelaunten Menschen helfen willst, so wiederhole diesen Namen 33 Mal über einem Glas Wasser und gib es ihm zu trinken, und die üble Laune wird sich auflösen. Al–Muqīt ist jener, der Macht hat über alles, der Former von Schicksal, und derjenige, der Beistand gibt in allen spirituellen Situationen. So strebe nach dem Guten in all deinen Vorkehrungen, denn Er ist der Erhalter.

Al–Muqīt kommt von der Wurzel q–w–t und trägt in sich die Bedeutungen: ernähren, erhalten, unterhalten, leben, essen, als Nahrung zu sich nehmen, Ernährung, einen nähren, erhalten und für seinen Unterhalt sorgen, stärken, mächtig, kräftigen, einer Sache gewachsen sein, Lebensunterhalt, Aufseher.

Der Göttliche Name Al–Muqīt gibt jedem Geschöpf seine Kraft, er gibt jedem Körper seine Nahrung und jedem Herzen sein Wissen, seine Vision und Intuition. Al–Muqīt ist die Nahrung des Herzens. Er gibt das tiefe wärmende Wissen, dass Nahrung gegeben wird, wenn der Mensch darum bittet, wenn der Mensch es braucht. Al–Muqīt ist eine nährende Liebe, öffnet und entspannt die Zirbeldrüse und macht uns fähig, uns mit der ewig nährenden Quelle zu verbinden. Dermenigen, der diesen großzügigen Namen wiederholt, schenkt Allāh die Kraft, die Hungernden zu nähren, die Nackten zu umhüllen und die Einsamen an der Hand zu nehmen.

Al–Muqīt hilft Menschen, die von ihrer Unlust gefangen gehalten werden, sich von ihr zu lösen.

Ein Mensch, der die Qualität des Göttlichen Namen Al–Muqīt in sich trägt, wird mit einem Bewusstsein beschenkt, das ihn die Bedürfnisse anderer erkennen lässt. Er bekommt die Kraft, diese Bedürfnisse zu stillen, in der richtigen Art und zur rechten Zeit.

Wenn jemand eine schwierige oder gefährliche Reise unternehmen möchte, so soll er Yā Muqīt 7 Mal über einer Flasche Wasser wiederholen und den Namen 7 Mal auf die Flasche schreiben. Solange er während seiner Reise von dieser Flasche trinkt, wird er die Kraft finden, die Schwierigkeiten und die Gefahren, denen er begegnen wird, zu tragen. Glaubst du an dich, so glaubst du an Ihn.

Der Unterschied zwischen Al–Muqīt und Ar–Razzāq (17) liegt darin, dass Al–Muqīt der Erzeuger der Nahrung ist. Er ist für alles, was der Körper braucht – körperlich und seelisch – zuständig. Die Nahrung des Körpers ist Essen, die Nahrung des Herzens ist Erkenntnis, während Ar–Razzāq nicht nur die Nahrung, sondern darüber hinaus alles einschließt, was zum Lebensunterhalt notwendig ist.

Die intensive Wiederholung des Göttlichen Namens Al–Muqīt erlaubt einem, die Zustände des Hungers zu überwinden, man spürt den Schmerz des Hungers nicht mehr.

„Lass deine Liebe zur Welt ein Weg zu Gott sein."

الحسيب

40

Al–Ḥasīb

Der genau Berechnende, der Rechenschaft Verlangende, der Geschätzte
80 – 320 – 6.400

Alle Taten eines Menschen bleiben erhalten, und sei das Gute so klein wie ein Atom und das Schlechte so klein wie ein Senfkorn. Nichts geht verloren und nichts wird übersehen.

Al–Ḥasīb kommt von der Wurzel ḥ–s–b, aus der folgende Bedeutungen fließen: zusammenrechnen, genügen, meinen, vermuten, glauben, opfern, denken, zufrieden sein, missbilligen, verwerfen, einen für dies oder jenes halten, darauf hoffen, besondere Wertschätzung genießen, von edler Abstammung sein, Stammbaum, Achtung, Religion, Reichtum, Herz, Seele, Meinung, Genüge, vorsichtige Erwägung, Kostenaufstellung, Donnerschlag und Blitz, Unglück, einem geben, dass er genug hat, einem ein Kissen unterschieben, sich aufs Kissen legen, untersuchen, die Rechnung begleichen, Schlussabrechnung, nachdenken, Schützling, verlangen, dass man Rechnung ablegt, zufrieden stellen, Rechnung, Anteil, Erwägung, den Umständen gemäß, Gebrauch der Buchstaben nach ihrem Zahlenwert, Jüngstes Gericht, Schätzung.

Al–Ḥasīb ist die Göttliche Liebe, die uns sehen lässt, was wahrhaftig für unsere Entwicklung, unsere Transformation notwendig ist. Unsere Worte, Taten und auch Gedanken ehrlich abzuwägen, gibt uns die Möglichkeit, uns zu sammeln, gibt uns die Möglichkeit für einen Neubeginn. Allāh verlangt Rechenschaft von uns, Er verlangt von uns Menschen Wachsamkeit und Feingefühl, denn Aufmerksamkeit und Einfühlsamkeit bringen Respekt gegenüber uns selbst und gegenüber allem, was uns umgibt und machen uns somit von edler Abstammung. Achtsamkeit entsteht, wenn ich mir die Zeit, die Stille nehme, um zu kontemplieren und zu reflektieren:

aš–šukru nahāran wa–ḏ–ḏikru laylan

Sei untertags oder lebe am Tag in der Qualität der Dankbarkeit und nachts in der Qualität der Kontemplation und des inneren Lernens.

Aus der Nacht formt sich der Tag, aus der Dunkelheit der Nacht – aus dem inneren, introvertiertem Zeitabschnitt, entfaltet sich die Helligkeit, das Sichtbare, deine Taten und dein Umgang mit allem, was dich umgibt und auf dich zukommt.

Doch Reflektion und Kontemplation bedeuten nicht, sich am Ende des Tages hinzusetzen und sich zu fragen: „Was habe ich heute Falsches getan, wie kann ich meine Fehler verbessern?" So mit sich umzugehen, zermürbt, macht wütend und kann sogar zu Selbstverachtung führen. Das Ego wird damit nur aufgebläht, es setzt sich dann auf den Richterthron und verteilt Kränkungen und Erniedrigungen.

Al–Ḥasīb öffnet uns für den Reichtum der Seele, jenen Göttlichen Funken, jenen Schatz an Allwissenheit, der seit Ewigkeit in unserem Herzen ruht und der uns mit dem Urgrund allen Seins verbindet.

Mit diesem Wissen beginnt der Weg: Wenn ich erkenne, dass ich nicht richtig gehandelt habe, dann kehre ich mit „astaġfiru llāh: Ich bitte um Vergebung und suche Zuflucht in Dir", zu Allāh zurück: „Oh einende Liebe, aus der ich mich aus Achtlosigkeit entfernt habe, nimm mich auf, kläre und reinige mich!"

Wenn ich sehe, dass ich Gutes tat, dann trinke ich mit „al–ḥamdu li–llāh: Gepriesen seist Du" von der Großen Quelle: „Gepriesen seist Du; denn ich weiß, dass alles aus dieser Einen Liebesquelle kommt!" Und wenn ich nicht weiß, ob meine Tat richtig oder falsch war, dann lässt mich „subḥāna llāh: Geehrt und gelobt seist Du“, im Meer der Lobpreisung alles loslassen und Dir übergeben, um die Ufer der Klarheit zu finden.

„Wer immer sich einer guten Sache anschließt, wird einen Anteil an ihren Segnungen haben, und wer immer sich einer üblen Sache anschließt, wird verantwortlich sein für seinen Anteil an ihr: denn Gott wacht fürwahr über alles.“
(4:85)

Wenn du Angst hast, bestohlen zu werden oder Angst hast vor der Eifersucht anderer oder Angst hast, verletzt zu werden durch andere bzw. Angst, ungerecht behandelt zu werden, so beginne an einem Donnerstag, diesen Namen 70 Mal am Tag und 70 Mal in der Nacht 7 Tage lang zu wiederholen. Beim 71. Mal wiederhole:

الله الحسيب

Allāhu l-ḥasīb

„Allāh ist der Rechenschaft Verlangende!“

Dies wird dich von deinen Ängsten befreien, wenn Allāh will.

Wenn du diesen Namen auf eine Flasche schreibst und den Inhalt einem Baby mit Bauchkrämpfen zu trinken gibst, dann wird sein Weinen aufhören. Wende dein Angesicht zu Allāh und vertraue dich Ihm an.

Al-Ḥasīb erfordert Selbstbeobachtung und ist daher mit den Göttlichen Namen Al-Muḥṣī (57) „der Kennende“ und Ar-Raqīb (43) „der Wachende“ verbunden. Al-Muḥṣī sprengt die Grenzen unseres Ichs, indem er aufzeigt, wie beschränkt die menschliche Kenntnis ist im Vergleich zu Allāhs Allwissenheit. Er hilft uns, über die selbstbeobachtete Begrenzung hinaus in den allwissenden Ozean einzutauchen und nicht in der Ängstlichkeit des Ichs zu verbleiben. Ar-Raqīb wiederum gibt uns die Kraft der liebevollen Wachsamkeit und Ruhe, die wahre Konzentration und Selbstbeobachtung braucht.

Es gibt nichts Überflüssiges auf Erden und es gibt auch keinen Mangel. Überfluss und Mangel gibt es nur, wenn der Überfluss den Mangel nicht ausfüllt. Überfluss in einem, weist auf den Mangel im anderen hin. Nimm nichts weg, füge nichts hinzu, sondern leite das „Zuviel" zum „Zuwenig", leite alles zu seinem rechten Platz. Der Mangel zeigt auf das Zuviel, das Zuviel zeigt den Mangel auf. Leite im Namen der Ganzheit das eine dem anderen zu, und alles wird gut. Alles im Leben hat einen Sinn, doch die Ordnung der Dinge liegt in unserer Hand.

Es kam einmal ein Schüler zu seinem geliebten Lehrer und sprach: „Meister, ich habe hier einen Sack Nüsse, würdest du den an die Schüler verteilen?" Der Lehrer nahm den Sack und fragte: „Soll ich es nach Allāhs Gesetzlichkeit verteilen oder nach der menschlichen?" „Nach Allāhs", antwortete der Schüler. Der Lehrer nahm die Nüsse aus dem Sack und gab manchen zwei Nüsse, anderen fünf und wieder anderen zehn. Der Schüler blickte den Lehrer erstaunt an und dieser sagte lächelnd: „Soll ich sie nach den menschlichen Gesetzlichkeiten aufteilen?" Der Schüler nickte, die Nüsse wurden eingesammelt und jeder Schüler bekam dieselbe Anzahl an Nüssen.

Ein Mensch, der die Qualität Al-Ḥasīb in sich trägt, achtet darauf, dass sein Leben, sein Besitz, sein Wissen, seine Begabungen gut verwendet und ausgeschöpft werden. Er achtet darauf, dass das Gegebene fürwahr gelebt wird. Wahrlich zu leben bedeutet, auf seinen Körper zu achten, ihn zu bewohnen und aus dem Bewusstsein um diesen Körper und aller Dinge, die er in sich trägt, diesen Planeten auch gern zu bewohnen und an Seinem Sein teilhaftig zu sein.

Wenn man den Göttlichen Namen Al-Ḥasīb wiederholt und mit sich im Herzen trägt steigt die innere Achtung und wird im Äußeren von den Menschen reflektiert. Er verhilft dem Menschen, das Edle, Korrekte und Vornehme in sich zu leben.

Dass der Göttliche Name Al-Ḥasīb an vierzigster Stelle auftritt, ist nicht von Zufall. Die Zahl Vierzig ist eine besondere Zahl, die in vielen traditionellen Kulturen berücksichtigt wird.

Sie ist die Zahl der Vorbereitung und der Verwandlung. Es gibt ein arabisches Sprichwort, das besagt: „Wer einer Gruppe von Menschen 40 Tage beiwohnt, wird ein Teil von ihr", wird also wie sie, übernimmt ihre Sichtweise und Gewohnheiten! Den Menschen trennen symbolisch 40 Stufen von Gott. Deshalb ist der vierzigtägige Rückzug halwa eine wichtige Übung, in der sich ein/e Suchende/r meditativ Gott annähert. Al-Ghazalis „Wiederbelebung der Wissenschaften von der Religion" sind auch in 40 Kapitel eingeteilt, die den Gläubigen durch Instruktionen auf die Begegnung mit Gott, auf den Tod und die mystische Liebe vorbereiten sollen.

Es kam einmal ein Beduine zum Propheten Muhammad, Allāhs Friede und Segen seien mit ihm, und fragte: „Wer wird am Tag der Auferstehung von den Menschen Rechenschaft verlangen?" Der Prophet antwortete: „Allāh, erhaben sei Er!" Und der Beduine fragte: „Er selbst?" Die Antwort des Propheten war: „Ja". Da lachte der Beduine und der Prophet, Allāhs Segen und Heil seien mit ihm, fragte: „Was bringt dich zum Lachen?" Und er antwortete: „Wenn der Großzügige Rechenschaft verlangt, so ist Er verzeihend, und wenn Er urteilt, dann ist Er vergebend."

الجليل

41

Al–Ğalīl

Der Glorreiche, der Majestätische, der Prachtvolle, der Verehrungswürdige
73 – 292 – 5.329

Dieser Name ist ein Ausdruck für die Majestät und Herrlichkeit des Göttlichen. Al–Ğalīl ist die alldurchdringende, absolute Göttliche Kraft, die sich in jedem und allem ohne Ausnahme manifestiert. Erkenne, dass die Majestät und die Vollkommenheit nur dem Schöpfer gehören und sei daher sanften Herzens zur Schöpfung.

Die Wurzel ğ–l–l, aus der Al–Ğalīl, aber auch Al–Ğalāl (D̲ū l–Ğalāli wa–l–Ikrām (85)), entstehen, trägt folgende Bedeutungen: gewaltig, groß, erhaben sein, unzählbar sein, ehren, bedeutsam, glorreich, schwerwiegend, hochstellen, bedecken, mit einer Decke zudecken, umhüllen, umkleiden, auswandern, dick, allgemein und umfassend sein, das ganze Land mit Regen treffen, Hauptteil oder das Ganze, Majorität, große Tat, Gewand, Decke, Schleier, Bekleidung, Erhabenheit, Majestät, Ehrerbietung, Rose, stark und schwach sein, das Beste erhalten, das Große und das Kleine, das Schwere und das Leichte, das Alte und das Junge.

Allāhs Manifestation tağallī in den Dingen ist von solch vorrangiger Helligkeit und Glanz, dass sie sowohl verhüllend als auch enthüllend ist. Das Offensichtlichste ist im Sichtbaren verhüllt. Al-Ǧalīl ist der Rosenduft, der dich den Rosengarten entdecken lässt. Die Göttlichen Zeichen sind in Form der Göttlichen Namen vor ewigen Zeiten in unser Herz geprägt und alles, was uns umgibt, schwingt in einem Göttlichen Namen. Alles ruft und preist und singt das Göttliche Lied. Neige dein Ohr zu deinem Herzen und lasse dir die Spuren zu den Geheimnissen zeigen.

Nicht nur der Klangkodex dieses Namens deutet auf seine omnipotente, alles durchdringende Kraft, sondern auch die verschiedenen Bedeutungen der Grundwurzel dieses Namens deuten auf seine kollektive Präsenz. Mit der Liebeskraft von Al-Ǧalīl wird der Tropfen wieder an den Ozean erinnert und eingebunden.

Gott manifestiert sich nicht durch Sein Wesen, dieses bleibt transzendent, sondern durch Seine Namen und Attribute. Wenn die Eine Wesenheit „Wasser“ ist, so sind die Göttlichen Namen die Ozeane, Meere, Flüsse, Bäche, Wasserfälle – und doch bleibt die Wesenheit „Wasser“ etwas anderes. Die Wesenheit ist Eins, die Göttlichen Namen bilden eine begriffliche Vielfalt. Gott ist jenseits aller geschöpflichen Qualitäten, trotzdem ist die Schöpfung, da sie Manifestation Seiner Namen ist, nichts anderes als Gott.

Allāh an sich ist und bleibt für immer unsichtbar und verborgen. In dieser Hinsicht bleibt Er vollkommen transzendent: „Ich war ein verborgener Schatz.“ Der zweite Zustand: „und Ich hegte einen Wunsch, der aus Liebe entsprang, erkannt zu werden, so schuf Ich die Schöpfung“, zeigt Seine Immanenz. Die Welt wird der Ort der Manifestationen von Gottes Schönsten Namen ´asmā´u llāh al-ḥusnā und dadurch Gottes Manifestationen, weil in Gott die Göttlichen Namen mit Seinem Wesen eins sind.

Al-Ǧalīl zeigt die Göttliche manifestierte Kraft, wie sie aufkommt und sich auszuweiten beginnt. Die Wiederholung dieses Göttlichen Namens entfernt die Angst, die Sorge und die Schwäche aus dem Herzen und verbreitet das Gefühl der Nähe des Göttlichen.

Eine wahre Freundin, ein wahrer Freund stellen den Freund nicht bloß, doch wir Menschen haben immer wieder einen starken Drang, uns auszudrücken und hören uns dann manchmal Dinge sagen, die wir lieber nicht hätten sagen sollen. Menschen, deren Zunge bisweilen schneller ist als ihre Überlegungen, ist mit der Wiederholung von Al–Ǧalīl geholfen.

Die Wiederholung dieses Namens lässt die Engel dich umgeben und ihre Gebete für dich erklingen und dich mit Licht umhüllen. Er lässt tiefe Freude und Freiheit im Herzen aufkommen sowie eine tief berührende Ehrfurcht vor dem Göttlichen. Wenn zu viel Sorglosigkeit aufkommt, bringt er Ehrfurcht, und wenn zu viel Furcht besteht, gibt er Zuversicht und Vertrauen.

Wiederhole diesen Namen der Majestät nach jedem Gebet:

اللهم أنت السلام ومنك السلام وإليك يعود السلام

تباركت ربنا وتعاليت يا ذا الجلال وألاكرام

Allāhumma anta s–salām wa minka s–salām wa ilayka ya'udu s–salām
tabārakta rabbanā wa–ta 'ālayta yā ḏā l–ǧalāli wa–l–ikrām
Oh Allāh, Du bist der Frieden und von Dir kommt der Frieden und zu Dir kehrt
der Frieden zurück. Gesegnet bist Du, oh Majestätischer, oh Glorreicher.

Es gibt Göttliche Qualitäten wie Al–'Aḏhim (33), Al–Qawīy (53), Al–Ġanīy (88), die sich unter Al–Ǧalīl versammeln, also unter der Qualität Majestät, und es gibt Göttliche Qualitäten wie Ar– Raḥmān (1), Al–Laṭīf (30), Al–Karīm (42), die sich unter Al–Ǧamīl, also unter der Qualität der Schönheit versammeln. Zwischen der Schönheit und der Majestät, zwischen der Zuversicht und der Furcht bewegt sich das Herz heimwärts.

Nach der Rezitation der 99 Göttlichen Namen spricht man vereinend „ǧalla ǧalāluhu wa taqaddasat asmā´uhu", „Seine Majestät sei verkündet und Seine Namen geheiligt" aus.

„ǧalla ǧalāluhu", „Seine Majestät sei verkündet" wird bei Krebs verwendet, indem man ihn 202 Mal wiederholt, dadurch wird der Elektromagnetismus im Körper intensivst erhöht und das Immunsystem gestärkt.

Der Göttliche Name Al–Ğalīl wird auch bei Haarproblemen verwendet wie z. B. bei Schuppen oder Haarausfall.

Ein Mensch, der diese Qualität in sich trägt, ist gerecht in seinen Taten und ehrlich und aufrichtig in seinen Versprechungen.

Es gibt Phasen und Situationen im Leben, in denen wir nach außen hin nichts beitragen können, nichts verändern können. In solchen Zeiten ist es wesentlich, die inneren Qualitäten der Kraft, der Zuversicht, des Vertrauens und der Hingabe zu entwickeln. Der Göttliche Name Al–Ğalīl lehrt dich, diese Qualitäten in dir zu entwickeln, sodass die Welle anwachsen kann, um, wenn sie gebraucht wird, ausfließen lassen zu können.

„Oh Prachtvoller, Yā Ğalīl,
hülle meine Sehnsucht mit der Kraft Deiner Gegenwart ein!“

الكريم

42

Al–Karīm

Der Großherzige, der Großzügige, der Edelmütige, der Wohltätige
270 – 1.080 – 72.900

Dieser Name beinhaltet die großzügigste Eigenschaft Allāhs. Eine Großzügigkeit, die alles erreicht, ohne Ausnahme. In diesem Namen pulsiert all das Geben, das notwendig ist, um Leben zu erhalten. Dieser Name trägt in sich die Barmherzigkeit und Güte, die zwischen Allāh und der Schöpfung besteht. Al–Karīm sind die ewig fließenden Geschenke Allāhs an die Schöpfung.

Al–Karīm und Al–Ikrām (D̲ū l–Ǧalāli wa–l–Ikrām (85)) kommen von der Wurzel k–r–m. Folgende Bedeutungen entstehen aus dieser Wurzel: edel, großherzig, freigebig, wohltätig sein, wertvoll und kostbar sein, ehren, verehren, hochedel, hochherzig, mit Edelmut behandeln, höflich entgegenkommen, gastfreundlich behandeln, beschenken, nobel sein, aus Güte freundlich, Freundlichkeit, Großmut, großmütiger Weise, vornehmer Charakter, Wunder, Wundertat, Edelstein, Garten, Wein, Traube.

Die Gaben und Geschenke Al–Karīms sind sowohl materieller, als auch spiritueller Natur. Die Wiederholung von Yā Razzāq (17), Yā Karīm bezieht sich auf die materiellen Geschenke, während Yā Ġanīy (88), Yā Karīm sich auf spirituelle Gaben beziehen. Wenn wir von einem Menschen sagen: „karrama llāhu waǧhahū“, „Allāh hat ihm Ehre erwiesen!“, so hat Allāh das Herz dieses Menschen erleuchtet. Die Zeichen dieses Wissens, dieser Ehrung, zeigen sich in ihrem Antlitz.

Wenn du diesen Namen 270 Mal wiederholst, so wachsen die Wertschätzung und die Achtung für dich, sowohl deine zu dir als auch die der Menschen zu dir. Denn Allāhs Güte zu dir übersteigt deine Güte dir gegenüber. So wende dich zu Ihm mit all deinen Sinnen und widerspiegle Seine Großzügigkeit und Großherzigkeit.

Wer Al–Karīm wiederholt und im Herzen trägt, der wird ihr Lebensunterhalt mühelos entgegenkommen und Überfluss im Inneren und Äußeren wird ihr begegnen, mit Gottes Gnade.

„Oh Mensch, was hat dich von deinem großzügigen Erhalter weggelockt (und zur Undankbarkeit verführt), Der dich erschaffen hat und dich geformt hat in Übereinstimmung mit dem, was du sein sollst, und deine Natur in rechten Proportionen gebildet hat, und dich zusammengesetzt hat, in welcher Form Er (dich haben) wollte.“

(82:6–8)

Was für die Pflanze Wachstum ist, was für das Tier Bewegung ist, ist für den Menschen das Geben. Weinen und Wehklagen kann jedes Tier, lächeln kann nur der Mensch. Lächle nicht nur, wenn du gute Laune hast. Lächle ein schöpferisches Lächeln, denn die Engel wohnen im Lächeln. Zwischen dem Tier und jenseits des Tieres ist ein tiefer Abgrund, das Lächeln ist die Brücke. Ein aus der Tiefe der Seele entsprungenes Lächeln ist ein Mysterium. Lächeln ist Großzügigkeit.

Lächeln, Sprache und Schöpfung sind Zeichen des Menschen. Zeige deine Großzügigkeit in ihnen. Fragen und Bitten sind Zeichen des Mangels, doch ohne Mangel ist kein Platz zum Geben, und doch ist Bitten ein Zeichen der Kühnheit, angesichts Gottes Großzügigkeit, doch Er sieht darüber hinweg und nimmt es an. Zeige deine Großherzigkeit!

Gottes Großzügigkeit und Güte ist grenzenlos: die dir gegebene Feinheit ist Großzügigkeit, die Geduld ist Großzügigkeit, die Inspiration ist Großzügigkeit, die Vernunft ist Großzügigkeit, die Großzügigkeit selbst ist Großzügigkeit. Wende dich den „vornehmen Charaktereigenschaften", „makārim ul-aḫlāq" in dir zu. Die Qualität Großherzigkeit ist etwas, was wir Menschen dringend brauchen.

Er hat uns die ganze Welt gegeben und die Freiheit, damit umzugehen, wie wir es wollen. Der Prophet, Friede und Heil seien mit ihm, sagte:

> „Allāh, erhaben ist Er, trägt den Namen Al-Karīm, der Großzügige, der Edelmütige, Er liebt die edelmütigen großzügigen Charaktereigenschaften und verabscheut die niedrigen."

Im Herzen sind der Beginn, das Ende und die Freude. Das grausamste Wesen ist der Mensch und doch sind Mann und Frau die Wiege der ewigen Freude und Harmonie. Ungereinigte, ungenutzte Kraft kann verwüsten, vergiften und zerstören. Zeige deine Großzügigkeit, deine Großherzigkeit, indem du den Weg der eigenen Verwandlung eingehst, indem du das Feuer der Liebe in deinem Herzen entfachst und lernst, durch dieses Feuer alles in dir zu transformieren. Lerne, in Vertrauen zu brennen. Das Böse ist das Werdende, das „nicht mehr Gute". Es kann in das „noch nicht Gute" umgewandelt werden. Zeige, lebe deine Großherzigkeit für dich und damit für alle Geschöpfe dieses Planeten, denn der Mensch ist der Brennpunkt, der Mittelpunkt der Schöpfung.

Dankbar für die Hilfe und Unterstützung unserer Mitmenschen zu sein und diesen Dank auszusprechen und zu zeigen ist ein kostbares Gut, denn oft werden wir hochmütig und vergessen, vor allem dann, wenn wir reichlich empfangen haben. Erinnere dich an die Unterstützungen und Geschenke deiner Mitmenschen und vergiss, was du gegeben hat, denn das Ego liebt es, seine guten Taten strahlend in Erinnerung zu halten und die der anderen zu verwässern.

Arroganz und Undankbarkeit veranlassen die Menschen um dich herum, sich zurückzuziehen, Allāh hingegen ist und bleibt großzügig. Al–Karīm hilft uns, die Überheblichkeit des Egos zu überwinden.

Ein Mensch, der die Qualität Al–Karīm in sich trägt, lernt, die in ihm ruhenden Qualitäten und Erwartungen zu sehen. Ein Mensch, der die Qualität Al–Karīm in sich trägt, gibt, wenn er gefragt wird, ist da, wenn er aufgesucht wird, und hält sein Versprechen, wenn er verspricht. Er kümmert sich um die Angelegenheiten der Schwachen und Armen, wissend: wer jemandem in der Not hilft, dem wird in seiner Not geholfen. Ein Mensch, in dessen Herz der Samen von Al–Karīm erblüht ist, gibt, ohne Gegenleistung zu erwarten, ohne auf die Reaktion der anderen zu achten. In seinem großzügigen, wärmenden Herzen sind die Trauben der Erkenntnis gereift und geben den Wein des Paradieses:

„wa–laqad karramnā banī ādama“
Nun haben Wir fürwahr den Kindern Adams Würde verliehen.“
(17:70)

Allāh hat den Menschen ausgezeichnet und allen anderen Lebewesen gegenüber höhergestellt, indem Er ihm/ihr die Fähigkeit zur logischen Begriffsbestimmung geschenkt hat.

Die schenkende Großherzigkeit hat ihren innewohnenden Halt in der Würde, eine Würde, die weiß, dass Alles von Ihm kommt und zu Ihm zurückkehrt. So ist Großherzigkeit Liebe zur Schönheit im weitesten Sinne, und Allāh ist Schönheit.

Menschen, die das Gefühl haben, sehr viele negative Taten in ihrem Leben ausgeübt zu haben, sollen diesen Göttlichen Namen wiederholen. Mögen ihre Taten dadurch vergeben und ihre Schwächen verschleiert werden, denn Allāh ist der Großzügigste.

Drei Triebe im Menschen sind am schwierigsten zu transformieren. Sie liegen im Bauch, in den Genitalien und in der Zunge. Diese Triebe können durch adab أدب also durch

Höflichkeit, Ehrgefühl, Anstand, Bildung, Belesenheit, Geduld, Mitgefühl und Güte transformiert werden oder durch ihre Gegenspieler Schamlosigkeit und Arroganz gestärkt werden.

Adab ist das Schiff der Liebe und des Wissens, das durch den Wind der Höflichkeit geführt wird. Der Ort für adab ist das Herz, und wenn das Herz frei ist, sind auch die Körperteile frei, denn sie folgen der Inspiration des Herzens. So verwende im ḏikr den Göttlichen Namen Yā Karīm, damit deine Zunge die Übersetzerin deines Herzens wird.

Zeige auch deine Großzügigkeit in deinen Gedanken, denn Energie geht dorthin, wo die Gedanken hingehen, und ein Gedanke folgt dem anderen. Es geht nicht um die Frage der Schuld oder Unschuld. Jede Frau und jeder Mann haben einen Weg auf dieser Welt und jeder von uns erfüllt seinen Teil. Wir sind nicht da, um zu urteilen oder zu verurteilen, wir können abwägen, abschätzen, feststellen, doch vor allem sind wir hier, um uns gegenseitig die Hand zu reichen. Das Herz braucht Aufmerksamkeit und Zuwendung. Es lebt von der Liebe und Liebe ist gelebte Zuwendung.

„Ein höfliches Wort ist wie das Pflanzen eines Baumes. Möge dein Leben ein Wald sein, der dir und anderen Schutz und Schatten spendet.“

الرقيب
43
Ar–Raqīb

Der Wachsame, der Wachende, der genaue Beobachter, der Überwacher
312 – 1.248 – 97.344

Diese Göttliche Eigenschaft beinhaltet die Göttliche Wachsamkeit gegenüber der Schöpfung, ihr Sicherheit und Schutz spendend. Ar–Raqīb wacht über die Zustände der Menschen, über ihre Worte und Taten. Alles ist offenbar, so sei achtsam in deinen Bewegungen und in deiner Stille.

Ar–Raqīb kommt von der Wurzel r–q–b mit den daraus entstehenden Bedeutungen: beobachten, aufmerksam betrachten, überwachen, ausspionieren, beaufsichtigen, kontrollieren, warten, abwarten, wachen, Rücksicht nehmen, respektieren, fürchten, sich in acht nehmen, Beobachtung, Kontrolle, Wachsamkeit, Erwartung, Aufmerksamkeit, Hals, Rückenmark, Späher, Spion, Raum, Umgebung.

Murāqaba, eine von den Sufis verwendete Kontemplation– und Atemtechnik, kommt von derselben Wurzel wie Ar–Raqīb.

Ar–Raqīb ist eine Beobachtung wie die einer Mutter gegenüber ihrem Kind, nicht urteilend, dennoch feststellend und daraufhin gefühlvoll bessernd. Selbstbeobachtung hat nichts mit Erniedrigung und Beschimpfung zu tun, es hat nichts mit Selbstmitleid oder mit Selbstüberschätzung oder Größenwahn zu tun. All dies sind verschiedene Gesichter, die das Ego annimmt, um uns an der tieferen Entwicklung zu hindern, um uns von der Verbindung zu unserem wahren Selbst abzulenken. „Ich sage, wo es lang geht! Ich bin dein Herrscher, ich bedenke und beurteile dein Befinden und deine Taten“ ruft das Ego. Die Weise, wie wir uns betrachten, beeinflusst die Weise, wie wir Gott betrachten und umgekehrt. Selbstbetrachtung ist immer auch ein Sammeln in der einzigen und ursprünglichen Seele, in der Selbstheit und in der Einheit.

Jene, die Ar–Raqīb 7 Mal über sich, ihre Familien oder ihr Eigentum aussprechen, stellen sich nochmals bewusst unter den Schutz Allāhs. Wiederhole diesen Namen so oft wie möglich, wenn du alleine oder mit anderen bist, einen Monat lang oder länger und das Auge deines Herzens wird beginnen, Dinge zu sehen, die anderen verborgen sind. Die Wiederholung dieses Namens gibt dem Menschen auch die Fähigkeit, die Sprache der Tiere, der Pflanzen und der leblosen Dinge zu verstehen, wenn es für sie/ihn von Allāh bestimmt ist.

Ein Mensch, der die Qualität Ar–Raqīb in sich trägt, ist sich der Einheit mit dem Göttlichen mehr bewusst als des Bewusstseins seiner selbst. Dieses Bewusstsein der Einheit drückt sich in seinen Gedanken, seinen Worten und Taten aus. Die Sehnsucht, einen Raum für die Schönheit, für das Licht zu öffnen, wächst aus diesem Bewusstsein. So schaffe einen Raum, damit die Schönheit eintreten kann und wisse, dass die Energie den Gedanken folgt und ein Gedanke gleiche Gedanken anzieht.

Wenn du etwas verloren hast, so wiederhole diesen Namen und er wird dir helfen, das Verlorene wiederzufinden. Wenn jemand Angst hat, von einem Fluch oder Zauber behaftet zu sein, so soll er diesen Namen eine Woche lang 312 Mal am Tag wiederholen und der Einfluss des Fluches oder des Zaubers wird vergehen, so Gott will.

Dieser majestätische Name vergrößert die eigene Wachheit gegenüber sich selbst und intensiviert das Bewusstsein und die Bescheidenheit im Herzen. Dieser Göttliche Name findet am besten Ausdruck in den Worten des Propheten, Allāhs Segen und Frieden seien mit ihm:

„Ehre Allāh in dir und in allem, als ob du Ihn siehst, denn auch, wenn du Ihn nicht siehst, so sieht Er dich wahrlich."

Er sieht deine Wahrheit und den Weg, den du eingeschlagen hast, um deine Vollendung zu bewirken.

Ein Lehrer liebte einen Schüler mehr als alle seine anderen, sodass der Neid unter den anderen sich ausbreitete. Der Lehrer wollte den Schülern zeigen, warum er diesen einen mehr liebte und rief sie alle zu sich: „Jeder von euch soll hinausgehen, einen Vogel fangen und ihn an einem Ort töten, wo ihn niemand sehen kann." Alle Schüler gingen hinaus, fingen einen Vogel, töteten ihn und kamen zurück. Nur dieser eine Schüler kam mit dem lebendigen Vogel zurück. Der Lehrer fragte ihn: „Warum hast du ihn nicht getötet, so wie ich es dir befohlen hatte?" Und der Schüler antwortete: „Jedes Mal wenn ich mir vornahm, ihn zu töten und einen Platz suchte, wo mich niemand sehen konnte, widerhallte es in meinem Herzen: Allāh kann dich sehen." Mit diesen Worten erkannten die Schüler, warum die Liebe des Lehrers vor allem diesem Schüler galt.

Faste einen Tag und wiederhole diesen Göttlichen Namen 4440 Mal. Das wird dir helfen, in all deinem Tun und Lassen, in deinen verschiedenen Zuständen und in deinem Benehmen wachsam zu bleiben, beschützt und bewacht zu sein. Er hilft dir, die Selbstbetrachtung auszubilden und damit in deiner Entwicklung voranzuschreiten.

Nähre dich am Göttlichen Namen Ar-Raqīb. Möge er dir ein weiches, waches Herz schenken und einen scharfen Blick!

Der Prophet Muhammad, Allāhs Segen und Frieden seien mit ihm, sagte:

> „Mit jedem Sonnenaufgang und dem Beginn eines neuen Tages übe dich im Verteilen von Almosen: Einen Streit zwischen zwei Menschen zu schlichten, ist ein Almosen, jemanden beim Tragen seiner Lasten zu helfen, ist ein Almosen, ein gütiges Wort ist ein Almosen, jeder Schritt, den du machst, um das Gebet zu verrichten, ist ein Almosen und jede Gefahr, die du vom Weg entfernst, ist ein Almosen."

المجيب
44

Al–Muǧīb

Der Erhörende, der Antwortende, der Erwidernde, der Empfangende
55 – 220 – 3.025

Diese Göttliche Eigenschaft bedeutet, der Eine, der die Gebete erhört und erfüllt. Wenn du dich an Ihn wendest, bedeutet es, dass du an Ihn glaubst und hoffst, erhört zu werden. So wiederhole diesen Göttlichen Namen 55 Mal mit offenem Herzen, und deine Gebete werden erhört.

Al–Muǧīb kommt von der Wurzel ǧ–w–b mit den Bedeutungen: durchqueren, durchziehen, durchwandern, antworten, erwidern, entsprechen, beantworten, einer Bitte nachkommen, Folge leisten, im Einklang sein, einander antworten, widerhallen, miteinander harmonieren, tönen, sich in Resonanz befinden mit, Öffnung, Erwiderung, Antwort, das Gebet erhören, Zwischenraum, der Bejahende, günstige Antwort gebende, Reise, Reisender, Forscher, Nachkommen, Erfüllung, ihrer Bitte entsprechend, Gleichklang.

Der große Meister Al–Ghazali erklärt den Namen Al–Muǧīb folgendermaßen:

„Derjenige, der sich beeilt, die Bitten Seiner Geschöpfe zu erhören, noch bevor sie geformt worden sind.“

Al–Muǧīb bedeutet nicht nur zu bitten, er bedeutet vor allem auch die Fähigkeit, aufmerksam zu werden und zuzuhören. Denn zu Allāh zu beten heißt, dem Göttlichen Licht in die dunklen, verwirrten Sphären unseres Ichs Einlass zu gewähren, sodass Helligkeit uns umgibt und wir erkennen, worum wir eigentlich bitten. Damit beginnen wir also, die Antworten, die stets da sind, zu sehen. Es ist der Akt des Bittens und Betens, der uns zu dem macht, was wir werden müssen, der uns für das Göttliche öffnet. Das Hören und das Antworten müssen in Resonanz stehen. Indem wir den Raum zwischen dem isolierten Ich und dem Göttlichen durchschreiten, was wir Menschen nur durch die Öffnung unseres Herzens erreichen, treffen sich Bitte und Antwort. Nicht zu wissen, wann, wo und wie die Antwort kommt, schützt uns vor unserer eigenen beschränkten Vorstellung. Doch im Herzen zu wissen, dass sie kommt, macht uns zu Liebenden.

Al–Muǧīb empfängt Bitten und Fragen, so wende dich an Ihn, denn Er erhört alle Rufe. Er kennt alle Bedürfnisse des unendlichen Universums und der ganzen Schöpfung, und sorgt dafür in Seiner allumfassenden Liebe und Ordnung, denn Er weiß um die Ursachen und Folgen jeder noch so unbedeutenden Handlung.

Man kann den Namen Al–Muǧīb nach jedem Göttlichen Namen wiederholen, wenn man die Qualitäten in sich nachklingen lassen möchte und um ihre Resonanz bittet.

Wer diesen Göttlichen Namen im Herzen trägt und wiederholt, den beschenkt Allāh in seinem materiellen Sein, den beschenkt Allāh in seinem menschlichen Verhalten und Tun und in seinem Wissen. Wenn ein Mensch eine Enge im Herzen verspürt, so hilft die Wiederholung dieses Namens, seine Brust zu erweitern und in innerer Zuversicht zu verweilen.

Wiederholt man diesen Namen 137 Mal, so steht die siebenmalige Wiederholung, um sich von der Enge in der Brust zu befreien, die dreißigmalige Wiederholung zur Erkennung der Kraft, die in allen Namen ruht, und die hundertmalige Wiederholung, um den Rezitierenden mit der Qualität dieses Namens zu umhüllen und seine Kraft und Energie zu manifestieren.

Die eigene Unwissenheit im Angesicht des Göttlichen einzugestehen, ist ein großer Schritt. Zu wissen, dass man nicht weiß, ist der Anfang wirklichen Wissens.

Ein Mensch, der die Qualität Al–Muǧīb in sich trägt, gehorcht dem Klang und der Stimme der Wahrheit, der Stimme seines tiefen Selbst, und so wie er dieser Stimme gehorcht und sie akzeptiert, so akzeptiert Allāh seine Stimme. Die Wiederholung dieses Namens hilft dir, dich vor schlechter Nachrede und Tratsch zu schützen.

Trage in deinem Herzen das Wissen, dass deine Bitten erhört werden und dass dies zum richtigen Zeitpunkt und in der für dich richtigen Art geschieht. Habe Vertrauen, Geduld und Ausdauer, denn nichts kann geschehen, wenn der rechte Zeitpunkt für dich noch nicht da ist. Und wisse auch, dass, wenn du den Göttlichen Namen Al–Muǧīb wiederholst, du auch für die Wesen auf dieser Welt eine Erfüllende, eine Antwortende sein sollst, denn Allāh liebt diejenigen, die Seine Geschöpfe lieben. Er liebt jene, die vergeben, und jene, die andere lieben. Und Er liebt jene, die Seine Geschöpfe mit zärtlicher Liebe behandeln. Al–Muǧīb ist einer der Göttlichen Namen, die einen schnellen Einfluss haben.

Sure Al–Baqara, **سورة البقرة** , Die Kuh (Sure 2:186)

„Und wenn Meine Diener dich nach Mir fragen – siehe, Ich bin nahe; Ich erhöre den Ruf dessen, der ruft, wann immer er zu Mir ruft: so sollen sie denn auf Mich hören und an Mich glauben, auf dass sie dem rechten Weg folgen mögen."

„Oh Allāh, mein Ego nafs hat meine Seele unterdrückt und ungerecht behandelt,
und sie vom Licht und den Geheimnissen abgeschirmt, so verhelfe meiner
Seele zum Sieg über meine egozentrische,
eigennützige Triebseele nafs."

„Oh Allāh, verzeih mir meine Nachlässigkeit und Unachtsamkeit und schenke mir Licht durch Deinen Namen Al–Muǧīb, sodass ich in der Dankbarkeit und in Deinem ständigen Erinnern weile und Deinen Willen lebe, Du bist zu allem fähig."

„Ein gutes Wort ist wie ein wundervoller Baum!"

الواسع
45

Al–Wāsi‘

Der Allumfassende, der Unendliche, der Allerreichende
137 – 548 – 18.769

Seine Fülle umfasst alle Wesen und Dinge. Dieser Göttliche Name manifestiert die Größe, die Macht und die Freigiebigkeit, und zeigt die grenzenlose Großzügigkeit und allumfassende Präsenz Gottes.

Die Wurzel w–s–‘, von der Al–Wāsi‘ stammt, bringt folgende Nomen, Verben und Adjektive sowie Bedeutungen hervor: weit, geräumig, ausgedehnt sein, wohlhabend sein, zu fassen vermögen, aufnehmen, Raum bieten, umfassen, erweitern, fähig sein, in sich schließen, groß genug sein, ausreichen, genügen, weiter und geräumiger machen, in der Macht stehen, vermögend, großzügig und freigebig sein, reich machen, Platz machen, jemandem reichlich Wohltaten erweisen, Weite, weiter Raum, Platz, Geräumigkeit, Inhalt, Aufnahmefähigkeit, Kapazität, Fähigkeit, Fülle, Überfluss, Reichtum, Langmut, Kraft, Fassungskraft, Expansion, Lebensraum.

Al–Wāsi‘ ist derjenige, der alles aufnehmen kann und allem Raum bietet. Er erweitert die Enge – ob auf persönlicher, finanzieller oder beruflicher Ebene – und verschafft durch Seine offene Freigiebigkeit Räume für neue Möglichkeiten und Wege.

Jene, die unter ihrer Verantwortung und der Schwere ihrer Arbeit leidet, findet Kraft und Erleichterung, wenn sie immer wieder diesen Namen wiederholt. Krankheiten mit den Namen Eifersucht und Rache können durch die Wiederholung dieses Namens geheilt werden. Zustände der Depression können durch die 137–malige Wiederholung erleichtert und aufgelöst werden. Dieser Name reflektiert auch die Güte und Barmherzigkeit, die über allen Dingen weilen und alles umgeben. Wisse dies und wisse, dass du beschützt bist und dass für dich und alle Wesen gesorgt wird. Öffne dein Herz, vertraue und gib deinem Herzen die Ehre, die allumfassende Weisheit zu erkennen.

Die Göttliche Qualität Al–Wāsi' in sich wachsen zu lassen, bedeutet die Fähigkeit zu entwickeln, alles, was auf einen zukommt, egal in welcher Form, zu halten und zu umarmen. Wir haben als Menschen immer die Wahl, bei allem, was auf uns zukommt, bei allen Schwierigkeiten und Problemen, uns entweder auszudehnen oder daran zu brechen. Wir stehen immer zwischen Bedürftigkeit und Fähigkeit. So erkenne die Bedürftigkeit, damit die Fähigkeit in dir wachsen kann und sieh, dass eine Situation, die auf dich zukommt, dazu da ist, dich zu lehren, dich innerlich auszudehnen, um neue Fähigkeiten zu erschließen und zu beleben.

Sich auszudehnen, jeden Tag, den wir in diesem Leben haben, dafür zu verwenden, das ängstliche Herz, die scharfe Ratio zu erweitern, ist eine große, schöne, lebendige Aufgabe. „Welch Schönheit trage ich in mir!" Die Augen füllen sich mit den Wassern der Gnade und der Atem erreicht die Grenzen unserer Brust. Das bedeutet, wahres Wissen zu kosten, das ist Glückseligkeit.

So oft erscheint die Göttliche Qualität Al–Wāsi' im Koran in Verbindung mit Al–'Alīm (19) „Der Allwissende". Lerne, jeden Tag ein wenig länger in der Glückseligkeit der Weite und Fülle zu verweilen und dich im Raum des reichen Wissens einführen zu lassen.

Sure Al–Baqara, سورة البقرة, Die Kuh (2:115)

„Und Gottes ist der Osten und der Westen: wohin immer ihr euch wendet, dort ist Gottes Antlitz. Siehe Allāh ist unendlich (wāsi'), allwissend ('alīm)."

Die Wiederholung der beiden Namen Yā Wāsi', Yā 'Alīm erweitert dein Herz und deine Fähigkeit, zu wissen, denn Liebe braucht auch Wissen, wahrhaftiges Wissen. Wiederhole diese Göttlichen Namen ohne Erwartungen, denn Erwartungen hindern uns daran, im gegenwärtigen Augenblick zu leben, und wir können nur im gegenwärtigen Augenblick, im ewigen Jetzt, lernen.

Die Göttliche Qualität Al–Wāsi', das Allumfassende, soll dir die Kraft geben, über deine Zweifel hinauszuwachsen und deine Zweifel in eine Quelle der Kraft zu verwandeln. Denn Zweifel ist Energie, eine Energie, die es zu transformieren gilt. Dies zu tun ist eine Würde, die dir auf dem Weg der Göttlichen Ausdehnung, der bedingungslosen Liebe, helfen soll. Al–Wāsi' hilft uns, schlechte beschränkende Gewohnheiten aufzugeben.

Trage an einem Tag, auf ein Stück Papier geschrieben, diesen Namen mit dir, wiederhole ihn in deinem Herzen und gib ihm Ausdruck in deinem Verhalten, und du wirst sehen, wie die Göttliche Großzügigkeit in dir wächst, und die Quellen der Weisheit in deinem Herzen, auf deiner Zunge, in deinen Taten zu sprudeln beginnen.

Die Kombination von Yā Wāsi', Yā Raḥīm (2) hilft bei Ängsten, die mit Nähe verbunden sind, bei Ängsten, Beziehungen einzugehen oder bei Ängsten, die mit Loslassen und Hingabe zu tun haben, aus Angst, die eigene Identität zu verlieren. Yā Wāsi' hilft, die Balance zu finden zwischen ausgrenzender Abgrenzung von anderen und dem sich Selbstvergessen in einer Beziehung, weil die Identifikation mit dem Anderen zu stark ausgeprägt ist. Yā Wāsi' hilft uns auch, die Balance zu entdecken zwischen der Flexibilität, die das Leben mit seinen ständigen Bewegungen von uns erwartet, und dem Glauben an die Kontinuität, die uns fähig macht, uns aufbauend am Leben zu beteiligen.

Man sagt Allāh ist wāsi'u r–raḥma, reich an Erbarmen, und wāsi'u l–'adl, reich an Gerechtigkeit. Möge durch das Wiederholen von Yā Wāsi' der Göttliche Wind der Gnade und Gerechtigkeit unser Herz aufrichten und ausrichten.

Menschen, die eine schwere Bürde an Verantwortung oder Arbeit zu tragen haben und dabei das Gefühl haben, davon erdrückt zu werden, können sich durch die Wiederholung dieses Göttlichen Namens helfen. Yā Wāsi' ist ein Name, der vor allem in Zeiten der Schwere und Depression zur Heilung verhilft, so Gott will, denn es ist immer das Gefühl der Trennung, das die Krankheiten der Seele verursacht. Depression ist der Zustand, in dem uns die Umwelt und die Menschen nicht mehr nähren und berühren können und wir nicht mehr fähig sind, sie zu berühren und uns mit ihnen zu verbinden und damit das Gefühl haben, unseren Platz auf Erden verloren zu haben. Yā Wāsi' öffnet wieder die sanften Tore der Verbundenheit, der Weite und der Freude. So wiederhole Ihn mit sanften Lippen und massiere deine Brust mit dem Reichtum dieses Namens und verzeih dir und den anderen und kehre zurück.

Der Göttliche Name Al–Wāsi' trägt in sich die unendliche Güte und die Qualität des Verzeihens. Er gibt die Fähigkeit, die Arme auszubreiten auch in Zeiten der Enge und auch gegenüber jenen, die diese Schwere und Enge gebracht haben. Al–Wāsi' hilft auf der physischen Ebene, wenn uns Enge überkommt und sie in der Steifheit des Rückens, in der Verkrampfung der Gebärmutter oder im flachen Atmen Ausdruck erhält.

„Oh Allāh, erweitere und vergrößere meine edlen Qualitäten und mein Wissen um Dich, und dehne mein Licht und meine Fähigkeiten aus, um Deine Manifestationen zu erkennen."

الحكيم

46

Al–Ḥakīm

Der Allweise
78 – 312 – 6.084

Ein weiser Mensch ist jener, der mit den Dingen so umgeht, dass er ihnen entsprechend handelt. Seine Worte und Taten stehen im Einklang, unbeeindruckt von den gerade bestehenden Tendenzen, frei von den eigenen Trieben und Launen. Dieser Göttliche Name manifestiert das Wissen um die wahrhaftigen und wahren Taten.

Der Göttliche Name Al–Ḥakīm entspringt, wie Al–Ḥakam (28), „der Richter", der Wurzel ḥ–k–m mit folgenden Bedeutungen: kontrollieren, beherrschen, weise, Weiser, Philosoph, Arzt, Weisheit, Klugheit, Lebensweisheit.

Al–Ḥakīm ist die Quelle aller Weisheit. Weisheit bedeutet, im Geiste die Einheit zu realisieren, die Einheit und Liebe zu Allāh, die Liebe zur ganzen Menschheit, um im Äußeren die verschiedenen Rollen annehmen zu können, die das Leben von uns verlangt. Die Rolle einer Freundin, eines Freundes, die Rolle einer Tochter oder eines Sohnes, die Rolle einer Mutter, eines Vaters, die Rolle einer Nachbarin oder eines Nachbars, die Rolle einer Lehrerin oder eines Lehrers, die Rolle einer Dienerin oder eines Dieners. Weise zu sein bedeutet, die Liebe und Einheit im Geiste und im Herzen zu tragen, alle Menschen mit ihrer

Sprache anzusprechen, alle Aufgaben und Funktionen spielen zu können und innerlich mit der Wahrheit verbunden sein.

„Und wem immer Weisheit gewährt wurde, dem ist fürwahr Reichtum in Fülle gewährt worden.“
(2:269)

Al-Ḥakīm wird im Koran 48 Mal mit Al-‘Azīz (8) und 39 Mal mit Al-‘Alīm (19) gepaart. Die Verbindung Al-‘Alīm – Al-Ḥakīm zeigt Wissen in Verbindung mit Weisheit auf, hier wird das intellektuelle, reflektierende Wissen mit der Weisheit verbunden. Al- ‘Azīz – Al-Ḥakīm ist die Verbindung der Kraft und der Kapazität mit der Weisheit. Es ist das Ausüben der Weisheit, es ist die Kapazität, diese Weisheit praktisch zu erreichen. Es ist die Weisheit, die Ausdruck hat in unserem Alltag, in unseren täglichen Handlungen, in unserem Benehmen. Weisheit ist ein Akt der Schönheit, ein Akt des Feingefühls. Es ist jene Wahrheit, die Frieden schafft, die heilt, tröstet und Harmonie bringt. Weisheit ist das Kultivieren der Feinheit in unseren Gedanken, Worten und Taten, also in unserer Wahrnehmung und im Ausdruck. Es bedeutet, unser Bewusstsein aus den Fängen der Negativität und Übellaunigkeit zu befreien.

Wir werden als Menschenkinder mit einem freien Willen in ein Universum geboren, das Seinen Gesetzlichkeiten folgt. Der freie Willen will alle unsere Wünsche erfüllen, allen unseren Launen Folge leisten. Doch das Leben mit all seinen Konstellationen, Einflüssen und Gegebenheiten konfrontiert diesen Willen immer wieder und stellt ihn auf die Probe. Sich über diese entgegenwirkenden Einflüsse zu erheben, durch sie hindurchzugehen, eine Täuschung und Enttäuschung nach der anderen abzulegen, ist die Aufgabe, die der Seele auf Erden gegeben wurde. Jede Gerechtigkeit und Ungerechtigkeit wird dann am Ende in die Ganzheit hineinfließen und vollkommen sein.

Der Sufismus legt großen Wert auf das Lächeln, denn Lächeln erweicht und weitet das Herz. Das Lächeln ist ein Ausdruck der Verbundenheit mit der Seele, es ist ein Akt des

Willens und des Geistes, auf die lichte Seite des Lebens blicken zu wollen. Es ist die Entscheidung, den Weg der Liebe zu gehen. Es ist der Weg des Herzens, das weiß, dass hinter all den äußeren Erscheinungen Allāh steht, Der gerecht und vollkommen ist. Zu lächeln bedeutet, seinen Fokus auf das eigene Herz und das Herz des anderen zu lenken, weil Feinheit und Freundlichkeit am Ende die Herzen einnehmen. Das bedeutet nicht, dass wir nicht in manchen Situationen scharf und klar sein müssen, es bedeutet nur, dass wir immer mit dem, was wir als Bestes erkennen, handeln. Die innere Entscheidung ist immer für das Licht. Die menschliche Natur zu verstehen und ihr mit Taktgefühl entgegenzukommen, heißt, sich selbst und andere Menschen in die höheren Sphären unseres Seins zu erheben. Es bedeutet, Übellaunigkeit, Depression, Verzweiflung und Traurigkeit zu überwinden und das Glück und die Privilegien in und um uns zu erfahren. Es ist der Weg vom verletzten Ich, von der Begrenztheit, sich als Pfütze zu sehen, sich zu weiten, um sich als Fluss zu erkennen auf dem Weg zur Vollkommenheit des Ozeans der Liebe. Das ist der „heilige Kampf", ǧihād, von dem alle Propheten sprechen Dieser Kampf wird mit der Willenskraft und dem Glauben an die allumfassende Göttliche Liebeskraft gefochten. Es ist der heilende Kampf gegen die Launen, Tendenzen und Neigungen des verletzten Ichs, das uns glauben lassen möchte, dass wir allein sind, das unseren Blick für die Mängel in uns und in anderen schärft und uns überzeugen möchte, dass die Lösung darin liegt, sich nur für die eigenen Interessen und vielleicht noch für den engsten Umkreis einzusetzen.

Ein weiser Mensch ist ein Mensch, der die Dinge zur richtigen Zeit zum richtigen Ort führt, dessen Worte und Taten im Einklang sind mit den Schwingungen Seiner Wahrheit. Er ist auch ein Mensch, der seine Triebe und den Hang zum Eigennutz beherrschen kann und der nicht von den Winden der Launen bewegt wird.

Jene, die diesen Namen immer wieder wiederholt, wird frei sein von Schwierigkeiten in ihrer Arbeit und in ihren Aufgaben. Al-Ḥakīm ist der Allweise, der das Gute Anerkennende, das sich in Seiner Schöpfung realisiert. Er ist der Allwissende um die Weisheit, die Er vorherbestimmt hat. Er bestimmt alles in Seinem Sinn. So wisse, dass alles Seine Weisheit und Bestimmung in sich trägt.

Wer diesen Namen mit sich trägt und wiederholt, der schenkt Allāh Weisheit, der schenkt Er eine wahrhaftige Zunge und die Feinheiten des tiefen Wissens. Wisse, dass jeder Name der Wiederholenden, entsprechend ihrer in ihr lebenden Kraft und der Wahrheit, die sie in sich trägt, Weisheit gibt. Er öffnet die Tore der Inspiration und lässt die Wiederholende die feinen Zeichen und Anhaltspunkte um sie herum erkennen.

Der Göttliche Name Al–Ḥakīm gehört zu den majestätischen Namen und trägt in sich das Wissen und die Weisheit um die Einheit. Zentriere dich in deinem Herzen und lasse deinen Atem sanft und natürlich ein– und ausfließen. Dann lasse dein Bewusstsein von deinem Herzen hinaufsteigen, bis zu dem Punkt zwischen deinen Augenbrauen. Und dann lasse dein Bewusstsein von deinem Herzen bis zum Solarplexus gehen. Verbinde diese beiden Zentren mit deinem Herzen und wiederhole entweder in Stille oder mit lauter Stimme den Göttlichen Namen Yā Hakīm. Langsam wird sich ein Rhythmus entwickeln, lasse dich von diesem tragen.

„Ḥakīm(a)", die/der Weise, ist auch eine Anrede für eine Ärztin bzw. einen Arzt oder eine Gelehrte bzw. einen Gelehrten, also eines Menschen, der Wissen, Erfahrung und Urteilsvermögen hat und diese zum Wohle der Ganzwerdung und Heilung eines Menschen bzw. der Welt einsetzen kann.

Möge dieser Name dir die Geheimnisse um den Grund der Schöpfung zeigen und mögen dein Benehmen und deine Taten dich in die Schwingungen dieses Wissens einbetten. Möge dieser Name dir die Kraft geben in Zeiten, in denen du das Gefühl hast, dass du trotz größter Bemühung keinen Erfolg oder keine Lösung findest, möge er in dir neue Räume öffnen.

Sure Al–Baqara, سورة البقرة, Die Kuh (2:269)

„Und wem immer Weisheit gewährt wurde, dem ist fürwahr Reichtum in Fülle gewährt worden. Aber keiner behält dies im Gedächtnis außer jenen, die mit Einsicht versehen sind."

Weisheit ist ein Gut des ganzheitlichen Menschen, es umfasst das Unbewusste wie auch das angeeignete Wissen und strebt die Ausgeglichenheit an inmitten der Wirrnisse des Marktplatzes der Welt. Ein Mensch, der diese Qualität in sich trägt, ist ein Wegführer, der in Zeiten der Zweifel, der Unschlüssigkeit und der Verwirrung, den rechten Weg zeigt und die Herzen erneut mit Hoffnung füllt.

Sure Al–Baqara,**سورة البقرة**, Die Kuh (2:32)

„Sie erwiderten: Grenzenlos bist Du in Deinem Ruhm! Kein Wissen haben wir außer dem, das Du uns gelehrt hast. Wahrlich, Du allein bist Allwissend, wahrhaft Weise."

Trage an einem Tag auf einem Stück Papier geschrieben diesen Namen mit dir, wiederhole ihn in deinem Herzen und gib ihm Ausdruck in deinem Verhalten, und du wirst sehen, wie die Göttliche Weisheit in dir wächst, und die Quellen des wahren Wissens in deinem Herzen, auf deiner Zunge, in deinen Taten zu sprudeln beginnen.

„Der Alltag ist ein höchst kostbarer Ort, um uns in Weisheit zu üben."

الودود
47
Al–Wadūd

Der bedingungslos Liebende, der unendlich Liebevolle
20 – 80 – 400

Wenn du diesen Namen wiederholst, so fühlst du dich umhüllt von Süße, Güte und Barmherzigkeit. Al–Wadūd ist die intime Göttliche Liebe im Herzen. Du spürst, wie dein Herz sich zum Göttlichen wendet, alles hinter sich lassend an Hab und Gut, an Kindern, an Verwandten und Beziehungen. Die Sehnsucht nach der Göttlichen Nähe wächst, der Weg zu Ihm öffnet sich durch zarte Fäden, die aus deinem Herzen wachsen:

إياك نعبد و إياك نستعين
… iyāka na'budu wa iyāka nast'īn.
… zu Dir beten wir und Dich bitten wir um Hilfe.

Ein Mensch, der die Qualität Al–Wadūd trägt, ist jemand, der dich liebt durch seine Worte und Taten, ausgedrückt durch seine Treue, absichtslos und rein, liebevoll und wahrhaftig.

Al–Wadūd kommt von der Wurzel w–d–d und aus dieser Wurzel kommen die Bedeutungen: lieben, gerne haben, mögen, wünschen, liebevoll zugetan sein, gewogen, freundlich, Freundschaft schließen, Liebe oder Freundlichkeit zeigen, gutes Verhältnis, sich um jemandes Gunst oder Freundschaft bemühen, anziehen, sich lieben, zueinander stehen, Liebe, Zuneigung, Begehren, Liebender, Geliebter, Zeltpflock, Pflock.

Mit Al–Wadūd ist das Zelt unserer Existenz in dieser Welt mit dem Pflock der Göttlichen Liebe gehalten. Wer den Weg von Al–Wadūd beschreitet, bringt Freundlichkeit, Harmonie und Liebe unter die Menschen.

„Wahrlich jene, die Glauben erlangen und aufrichtig gute Taten tun,
wird der Allergnädigste mit Liebe (wudd) versehen."
(19:96)

Seine Liebe wird ihnen erteilt und sie werden mit der Fähigkeit versehen, die Schöpfung zu lieben, wie auch durch ihre Mitmenschen geliebt zu werden.

Al–Wadūd kommt im Koran einmal in Verbindung mit Ar–Raḥīm (2), das ewig währende Mitgefühl, vor, und einmal in Verbindung mit Al–Ġafūr (34), der Tiefvergebende. Al–Wadūd ist bis in die Tiefen des Herzens liebend, und daher zeigt er sich immer im Mitgefühl. Er zeigt sich aber auch in Verbindung mit der Vergebung, denn Liebe vergibt. Wer vergeben kann, dessen Herz öffnet sich für die Verbindung und durch die Verbundenheit erhebt sich die Liebe und heilt das verletzte Herz.

Al–Wadūd zieht dich sanft und lieblich in Seine Nähe und erfüllt dein Herz mit Seinem Licht, dir den Raum öffnend, um Sein Diener zu sein, bis du ein/e Wissende/r wirst um die bedingungslose Liebe. Al–Wadūd wird von manchen als der größte Name bezeichnet.

„Mein Diener nähert sich Mir durch die Taten, die Ich liebe und die Ich in sein Wesen gelegt habe, und er kommt immerfort näher zu Mir, indem er aus eigenem Gutes tut, bis Ich ihn liebe. Und wenn Ich ihn liebe, werde Ich mit seinen Ohren hören, mit seinen Augen sehen, mit seiner Hand zugreifen, mit seinen Füßen gehen und wenn er bittet, dann werden alle seine Bitten erfüllt."
(hadith qudsī)

Wenn es einen Streit oder eine Auseinandersetzung zwischen zwei Menschen gibt und einer von ihnen wiederholt 1.000 Mal diesen Namen über einer Speise und gibt sie dem anderen, dann wird sich der Streit auflösen. „Wenn du geliebt werden möchtest von Gott, so nähere dich denen, die dich verlassen haben, gib denen, die geizig zu dir sind und verzeih jenen, die dir Leid antun."

Der Prophet Muhammad, Allāhs Segen und Friede seien mit ihm, sagte:

> „Wenn jemand einen anderen Menschen mit Liebe ansieht, so ist dies besser für ihn, als ein ganzes Jahr in der Moschee zu beten."

So liebe, was Allāh liebt.

Es gibt viele Menschen, die Hilfe brauchen, die Unterstützung und Liebe brauchen, die wissen müssen, dass sie geliebt werden, denn nichts ist heilsamer für einen Menschen als dieses Wissen. Akzeptiere die Tatsache, dass du helfen kannst!

Der Göttliche Name Al–Wadūd ist wie ein anziehender Magnet. Wer diesen Namen oft wiederholt, wird von allen Wesen geliebt und Allāh schickt Liebe für ihn in die Herzen Seiner Geschöpfe.

Wer diesen Göttlichen Namen auf ein Stück Papier schreibt und mit sich trägt, dem legt Allāh Liebe in sein Herz und Liebe in die Herzen um ihn. Ein Mensch, der diesen Namen wiederholt, beginnt das Gute für alle Geschöpfe zu wünschen und spürt Nachsicht und Verständnis für sie. Der Name Al–Wadūd öffnet den Raum zwischen dem Liebenden und dem Geliebten. Die einzige Art, Liebe zu verstehen, ist durch das Lieben. Die einzige Art, Freunde zu verstehe, ist durch einen Freund. Der Göttliche Name Al–Wadūd gibt dir die Kraft und die Klarheit, die Liebe zu stärken, sodass du weiter lieben kannst.

Lege deine Hände auf dein Herz, zentriere dich in diesem, wiederhole den Göttlichen Namen Yā Wadūd und während du ihn wiederholst, führe einmal deine Hände zu deinen

Bauch und dann zu deiner Stirn. Spüre, wie die Qualität von Yā Wadūd alle Teile in dir berührt, wie die bedingungslose Göttliche Liebe einen Kanal in dir öffnet und wie Allāh in dir wächst.

Erlaube dir, geliebt zu werden, sodass das Feuer der Liebe alles in dir verwandeln kann. Es geht um die Transformation des Ichs, nicht um dessen Entwicklung. Transformation geschieht mit uns und für uns. Sie ist mit unserer Arbeit verbunden, mit dem, was wir in die Welt tragen, denn alles, was wir tun, hat Folgen für uns, für andere Menschen und für unseren Planeten, denn alles hängt mit allem zusammen.

Nimm eine bequeme Position ein, sitzend oder liegend, und bringe deine wahrnehmende Aufmerksamkeit auf deinen Atem. Spüre, wie deine Brust, dein Bauch sich heben und senken und beginne langsam, Liebe auszuatmen. Lass diese Atmung über deinen Körper fließen, über dein Sein, deine Stärken und Schwächen, deine Erfahrungen und Erlebnisse, deine Wälder und Meere und spüre die Kraft, deren Quelle in deinem Herzen ruht. Das Ziel des Heilens ist immer die Einheit. In dieser Einheit ist das Gefühl der Trennung, die alle Krankheiten verursacht, ganz verschwunden. Das ist das Ziel des Heilens – und der Weg dorthin ist die Liebe. Der einzige Krieg, der den Namen „heiliger Krieg" verdient, ist der innere Krieg gegen die eigenen Dämonen und uns erniedrigenden Teile in uns, denn es ist der einzige Krieg, der zur Heilung führt.

Bedingungslos zu lieben bedeutet, den Mut zu haben, die Ausdauer zu haben, sich so zu sehen, wie man ist, in dem tiefen Wissen, dass alles in seiner Wesenheit in Vollendung ist. Den Weg der Liebe zu gehen, bedeutet, den Weg zu sich selbst zu beginnen.

Die Wege zu Allāh sind so zahlreich wie die Geschöpfe, doch ist der kürzeste und einfachste Weg der, anderen zu dienen, andere nicht zu stören und andere glücklich zu machen.

Sei ein Spiegel, in dem sich das Leben widerspiegeln kann. Lasse das Leben dich sehen und dich durchdringen. Lasse die Eindrücke der Welt zu dir kommen und werde aktiv empfänglich. Dann bist du nicht mehr der zentrale Mittelpunkt, sondern du wirst viele Mittelpunkte. Denn wer für das Leben empfänglich wird, dessen Herz füllt sich mit Frieden.

Jemand fragte einen Weisen: „Was soll ich tun? Meine Zunge bereitet mir Schwierigkeiten und ich kann sie nicht im Zaume halten, wenn ich unter Leuten bin. Ich verurteile ihre Taten und widerspreche ihnen ständig. Was soll ich also tun?“ Der Weise antwortete: „Wenn du dich nicht beherrschen kannst, dann meide die Leute und lebe alleine, denn jene, die mit anderen zusammenleben wollen, sollten nicht eckig sein, sondern rund, um sich allen zuzuwenden.“

Vollendung heißt, die Liebe zu kennen. Trage in deinem Herzen Geduld und Menschenfreundlichkeit und mache dich zum Haus der Güte, in dem dein Herz der Gebetsraum ist. Achte auf deine Gedanken, deine Worte, deine Taten und verankere dich immer im Augenblick durch deinen Atem, sodass du fähig wirst, in jedem Augenblick zu sterben, denn wenn Gott kommen soll, muss das nafs gehen.

Achte auf die Zeichen in dir!

Zeichen der Überzufriedenheit mit sich selbst sind:
Sensibel zu sein für die eigenen Rechte, jedoch gleichgültig gegenüber den Rechten der anderen; die eigenen Fehler zu ignorieren, als ob keine da wären und sich mit denen der anderen zu beschäftigen und gegenüber sich selbst sehr milde und nachsichtig zu sein.

Zeichen der Unzufriedenheit mit sich selbst sind:
Sich immer zu kontrollieren, sich immer selbst zu beschuldigen, immer argwöhnisch zu sein gegenüber den eigenen Motiven und Absichten.

Übe Ausgewogenheit, sodass du harmonisch wachsen kannst!

„Sind die Schlüsse, zu denen wir mittels Inspiration und Eingebung gelangen, mit den Ergebnissen gleichzusetzen, zu denen wir durch logisches Denken gelangen? Ja und nein. Zwischen ja und nein verlässt die Seele den Körper, wird der Kopf vom Rumpf getrennt.“
(Ibn Al–‘Arabi)

Gott trug den Menschen die Rezitation Seiner Namen auf, auf dass sie vollkommene Glückseligkeit erlangen, denn die größte Freude ist es, im Garten des Herzens die Rosen der Gotteserkenntnis zu pflücken und den Melodien der Göttlichen Liebe zu lauschen. Denn wer sich in der Erinnerung des Göttlichen übt, betritt den Göttlichen Raum und von da an kennt er weder Angst noch Sorgen.

„So liebe und werde rund! Stell dich deiner Angst und deinen Zweifeln und gehe durch sie hindurch, dann erfährst du die Göttliche Liebe.“

المجيد

48

Al–Mağīd

Der Glorreiche, der Großartige, der Ruhmreiche, der Huldvolle
57 – 228 – 3.249

Dieser Göttliche Name manifestiert sich in Würde, in Edelmut, Ehrwürdigkeit, Großzügigkeit und Heiligkeit. Jene, die diesen Namen in ihrem Leben wiederholt, wird ein würdevolles Leben führen. Menschen beten aus drei verschiedenen Gründen: Es gibt jene, die aus Angst vor der Strafe und aus dem Bestreben nach Belohnung zu Ihm beten. Und es gibt jene, die beten um des Betens willen mit den Worten: Wenn das Schwere kommt, so kommt es aus Deiner allwissenden Gerechtigkeit und wenn das Gute kommt, so kommt es aus Deiner allwissenden Güte. Und dann gibt es jene, die beten, weil sie mit dem Auge ihres Herzens die Göttliche Wahrheit in Seiner Majestät, in Seiner Schönheit und in Seiner Vollkommenheit gesehen haben. Deren Herzen sind im Ozean der Liebe ertrunken, ihr Streben aufgelöst in der Göttlichen Zufriedenheit. Alle drei erkennen die Bedeutung des Göttlichen Namens Al–Mağīd, sehen einen Teil Seines Geheimnisses und erkennen Spuren dieses Namens in ihren Gefühlen, in ihrem Benehmen und in ihrem Verhalten.

Vier Mal kommt der Göttliche Name Al–Mağīd im Koran vor. Seine Wurzel m–ğ–d beinhaltet folgende Bedeutungen: ruhmreich, ruhmvoll, preisen, verherrlichen, erneuert, gerühmt, gepriesen, gelobt werden, sich rühmen, lobenswert, ausgezeichnet, Ruhm,

Herrlichkeit, Adel, Ehre, Würde, Lobpreisung, auf reiche Weide kommen und vollkommen satt werden, in die Wolken heben. Auch der Göttliche Name Al–Māǧid (65) kommt von dieser Wurzel.

Der Koran wird maǧīd genannt: kitabun maǧīd, „ein Glorreiches Buch". Al–Maǧīd ist das Staunen vor den Wundern, es ist diese überwältigende Lebenskraft, die wie ein Strom unser ganzes Sein durchdringt und uns staunen lässt vor den Göttlichen Mysterien. Das Herz erfährt Stille und Verblüfftheit, Nüchternheit und Ekstase, Entgeisterung und Begeisterung gleichzeitig, und genau diese emotionale Widersprüchlichkeit weitet das Herz, macht es flexibel und weit und offen für Glück! Al–Maǧīd ist die blitzartige Aufhellung des Geistes und das anschließende sich verlieren in der Bewunderung.

Al–Maǧīd ist das Staunen über die unfassliche, glorreiche, Göttliche Kraft. Dasselbe Staunen, das im Herzen Sarahs, Abrahams Frau, aufbrach, als sie die Kunde bekam, dass sie als über 90–jährige Frau ein Kind erwarten wird:

> Und seine Frau (nahebei) stehend, lachte (vor Glückseligkeit), woraufhin Wir ihr
> die frohe Kunde von (der Geburt von) Isaak gaben, und nach Isaak von
> (seinem Sohn) Jakob. Sie sagte: „Oh, wehe mir! Soll ich ein Kind gebären,
> nun da ich eine alte Frau bin und dieser mein Ehemann ein alter Mann ist?
> Wahrlich, das wäre fürwahr eine seltsame Sache!" (Die Boten) antworteten:
> „Wunderst du dich über Gottes Bestimmung? Die Gnade Gottes und Seine
> Segnungen seien auf euch, oh Leute dieses Hauses! Wahrlich,
> immer preiswürdig, glorreich erhaben ist Er, ḥamīdun maǧīd!"
> (11:71–73)

Al–Maǧīd bringt Gaben und Geschenke in unser Leben, die uns erstaunen lassen, uns verblüffen und verwirren und einen Gluckser der Glückseligkeit aus unserem Herzen hervorspringen lässt. Wer Al–Maǧīd erfährt, fließt in die tiefe Dankbarkeit der Lobpreisung Al–Ḥamīd (56).

Am Ende des rituellen Gebetes schließen wir mit den Worten: „innaka ḥamīdun maǧīd“: „Du bist es, auf den alles Löbliche zurückfließt, Du bist es, der die glorreiche unvergängliche Lebensenergie durch alles fließen lässt.“

Wenn ein Mensch den 13., 14. und 15. Tag des Monats von Sonnenaufgang bis Sonnenuntergang fastet und mit dem Fastenbrechen 100 Mal den Namen Yā Maǧīd wiederholt, so kann dies bei Herzbeschwerden und bei Depression helfen.

Ein Mensch, der die Qualität Al–Maǧīd in sich trägt, trägt die Großzügigkeit und Großherzigkeit, trägt die Wohltat anderen gegenüber, trägt die mutigen Taten in sich und trägt einen von ihm ausgehenden Segen. Diese Qualität zeigt sich auch im Einstehen für soziale Gerechtigkeit und in der raschen Tat.

Wer diesen Göttlichen Namen jeden Tag vor Sonnenaufgang 171 Mal wiederholt, beginnt die Wunder in diesem Leben, die Allāh erschaffen hat, zu sehen. Seine Brust weitet sich, sein Menschsein stärkt sich und Allāh stärkt ihn im Dienste für die Menschen und für diesen Planeten. Wer in den Menschen Schwächen sieht und diese Schwächen tragen kann, wer ihre Bedürfnisse erkennt und sie im Herzen tragen kann, dem wird Allāh helfen, seine eigenen Schwächen und Bedürfnisse zu tragen und in Kraft zu verwandeln, um seine tiefe Wahrheit und Fähigkeit aufzudecken. So verbringe Zeit in Meditation und im Gebet, damit du geerdet und wach durch dein Leben gehen kannst und frei bist von Täuschungen und Illusionen.

Al–Maǧīd hilft Menschen, die in der materiellen Welt festgefangen oder hängengeblieben sind und denen die Freude und das Staunen abhanden gekommen sind. Die Wunder dieser Welt, die Wunder des Universums zu fühlen, hilft, aus dem Gefängnis der Getrenntheit auszubrechen, gelockt durch den Ruf der Schönheit, durch die Liebesrufe und die Wunder, die uns Allāh geschenkt hat.

Wer die Göttlichen Namen wiederholt und sie aus ihrem Herzen herauswachsen lässt, deren Herz wird wachsen, deren Zuneigung und Liebe wird sich ausbreiten und sie wird lernen, aus Liebe zu Allāh Güte und Liebe für Seine Schöpfung zu entwickeln. Das Geheimnis der Schöpfung liegt in dem Wissen um die Qualitäten Allāhs. Alles ist darin gegründet und alles Leben fließt aus dieser einen Quelle. Aus diesem einen Ursprung kommen buchstäblich alle Muster an Farbe, Klang und Form hervor. Sei vollständig wach für die Muster des Lebens, für die Formen und Gestalten, die sich offenbaren, die alle aus den vollkommensten Göttlichen Namen herausfließen. Alle Muster in der Natur und im Leben fließen aus den Göttlichen Archetypen, denen wir dienen sollen.

Die Schönheit dieser Welt liegt in der Verschiedenheit, in den Gegensätzen, in den Unterschieden, und in der Weise, wie Mann und Frau die Gegensätze in Einklang bringen. Die Welt braucht die kreative Spannung der Gegensätze. Darin liegen die Wunder der Vielfalt. Denn ohne die Trennung von der Einheit gäbe es keine Schöpfung. Innerhalb der Gegensätze und der Vielfalt wird die Einheit erkannt. Wenn wir dankbar sind, erfüllt Licht unsere Herzen, und plötzlich können wir die Welt sehen, wie sie wirklich ist – das Wunder, das sie wirklich ist. Anerkenne, was diese Erde dir gibt, sei dankbar für all das, was dich umgibt, für die sichtbaren und unsichtbaren Königreiche. Anerkennung und Dankbarkeit helfen dir, Gegensätze und Unterschiede zusammenzubringen, und in deinem Herzen öffnet sich ein Raum, der dir zeigt, was du zu tun hast. Erinnere dich! Erinnere dich, dass wir alle aus derselben Quelle fließen. Wir kennen uns alle jenseits der Form, jenseits der Zeit und des Raumes. Nichts ist dir fremd. Erinnere dich!

Wer diesen Namen im Herzen trägt, dessen geistige Fähigkeiten und Wahrnehmungen vertiefen sich und dessen Selbstkontrolle erweitert sich und wer vom Zustand dieses Namens ergriffen wird, dessen Wort wird nicht widersprochen. Wer sich in Bedrängnis oder in Beschwerlichkeit fühlt, wird durch die Wiederholung dieses Namens erleichtert und seine Seele wird mit geistigem Wissen belebt.

„Wirkliche Unabhängigkeit bedeutet, unabhängig von der Vergangenheit zu sein.“

الباعث

49

Al–Bā'iṯ

Der Erweckende, der Veranlasser, der Auslöser
573 – 2.292 – 328.329

Dieser Göttliche Name trägt in sich die Fragen „Wie hast du dein Leben genutzt? Wie hast du deine Jugend verbracht? Wie hast du dein Geld verdient? Wie und wo hast du es ausgegeben?"

Al–Bā'iṯ kommt von der Wurzel b–'–ṯ, aus ihr fließen Formen mit den Bedeutungen: schicken, senden, aussenden, wachrufen, die Kamele loslassen und antreiben, aus dem Schlaf wecken, wachsam, die Toten erwecken, von den Toten auferstanden, gesendet, Duft ausströmen, einem auf der Ferse folgen, wach und munter sein, ausgehen, sich ausbreiten, Tag der Auferstehung, Sendung, Mission, Gesandter, Wiederbelebung, Beweggrund, Ursache, Reiz, Kausalität, Faktor.

Der Göttliche Name Al–Bā'iṯ erweckt den Wunsch, sich von der Kontrolle seiner Triebe zu befreien und sich von seiner Unlust und seinen Launen, soweit es einem Menschen möglich ist, abzuwenden. Dieser Göttliche Name gibt einem die Durchhaltekraft aus der Hingabe ans Göttliche und durch die ernsthafte Beschäftigung, sich auf das Schiff des Wissens und der Sehnsucht zu begeben, auf die Suche nach dem Ewigen in sich selbst.

Al–Bā'iṯ hilft, sich von seinen Blockaden zu befreien. Er trägt in sich die Kraft, sich frei zu lösen, sich wachzurufen, um die nächste Stufe zur Vollkommenheit, zur Einheit zu erklimmen. Er ermöglicht, den Halbschlaf abzuschütteln und dem Duft des Lebendigen zu folgen. So wie der Körper täglich die abgestorbenen Zellen abstößt und neue bildet, so soll der Mensch sich täglich in der Wachsamkeit üben. Al–Bā'iṯ öffnet den Weg und hilft uns auf dem Weg zu unserer Menschlichkeit.

Jeder Mensch trägt eine Qualität, eine Tugend, die besonders in ihr oder ihm ausgeprägt ist, also auf einem höheren Niveau, einer höheren Feinheit steht als andere. Bei manchen ist es die Freude, bei anderen die Anpassungsfähigkeit oder das Unterscheidungsvermögen, wieder andere tragen die Qualität der Beziehungsfähigkeit oder die Anmut, die Kindlichkeit, die Kreativität oder den Mut. Um diese Haupttugend zu entdecken oder wieder zu beleben, hilft der Göttliche Name Al–Bā'iṯ. Die positive Grundtugend zu kennen, hilft uns, andere Tugenden und Qualitäten, die wir gerne weiter entwickeln und ausprägen wollen, durch diese anzuregen und auch auf ihre Höhe zu bringen. Es ist, wie eine Hauptblume zu haben und diese mit weiteren Blumen zu umgeben, bis wir einen Strauß aus edlen Blumen haben.

Wenn man diesen Namen jede Nacht vor dem Einschlafen 100 Mal wiederholt, so beginnt man, das Göttliche Licht im Herzen zu manifestieren. Wenn ein Mensch unschuldig beschuldigt wird und den Namen Yā Bā'iṯ 7070 Mal wiederholt, so kann ihn dies retten, so Gott will.

Ein Mensch, der diese Qualität in sich trägt, hat den Satz „Stirb, bevor du stirbst" gelebt und ist fähig, durch sein Wissen gestorbene Herzen zu erwecken, jene Herzen, die aus Unwissenheit gestorben sind. Al–Bā'iṯ ist der Erwecker der Göttlichen Qualitäten und der Erwecker am Tag der Auferstehung. So handle dementsprechend.

Al–Bā'iṯ gibt uns die Zuversicht zu warten, bis der Zeitpunkt reif ist und Allāh uns aussendet, eine Sache anzugehen. Er gibt uns die Kraft, wach und munter zu sein und trotzdem nicht dem Drängen und Wünschen des besorgten Ichs nachzugeben.

Die spirituelle Auferstehung wird durch die Läuterung des Herzens und des Verstandes erlangt. Im Koran wird Leben ḥayāt حياة mit Wissen ʻilm علم, und Tod mawt موت mit Unwissenheit ǧahl جهل verglichen. So fliehe vor der Unwissenheit, als ob du vor einer großen Gefahr fliehst, und steige heraus aus dem Grab der Unwissenheit und der Dunkelheit mit den größten Tugenden des Menschen: Lebendigkeit, Wissen, Bewusstsein, Wille und kreative Kraft. Suche nach den Quellen, die dich zur Kenntnis führen und dich die Wahrheit entdecken lassen.

Wenn du diesen Göttlichen Namen wiederholst, so lenke seine Qualität auf alle Beziehungen, Projekte und Vorhaben in deinem Leben und sehe sie an durch das Auge dieser Qualität. Alle diese Beziehungen, alle diese äußeren Taten haben eine beschränkte Lebensspanne und alle, wenn sie vergehen, gehen zurück in das Eine Herz. Sehe die Dinge in ihrem größeren Kontext, umspanne mit deinem Geist die Welt und sehe deine Taten, deine Beziehungen in dieser allumspannenden Qualität. Vergiss nicht, dass wir Menschen – trotz allem – die Hoffnung der Welt sind. Wir sind hier, um die Liebe kennenzulernen, um Wissende der Liebe zu werden und dieser Liebe im Alltagsleben Ausdruck zu geben.

„Alles dreht sich um Wandlung, so verwandle deine Welt in einen außergewöhnlichen Ort, der vom Erlebnis des Göttlichen erfüllt ist."

الشهيد

50

Aš–Šahīd

Der Zeuge, der Wahrnehmende, der Beobachtende
319 – 1.276 – 101.761

Allāh wirkt im Göttlichen Namen Aš–Šahīd als Zeuge für Seine Existenz. Es ist dieses Zeugnis, das unser Gewissen und unsere Achtsamkeit nährt und in die höheren Sphären unseres Seins erhebt. Allāh begegnet uns in unseren Gedanken, in unseren Gefühlen, in unserem Körper, in unseren Träumen und in allem, was uns umgibt. Alles bezeugt Seine Existenz.

Aš–Šahīd macht uns zur Zeugin, macht uns die Göttliche Präsenz bewusst und verwandelt so unser ganzes Sein zum Symbol. Alles wird zum Symbol, zum Zeichen Seiner Schönheit, und zeigt uns die Pracht unseres wahren Ichs. Wir brauchen nicht viel Wissen über uns, um zur Selbsterkenntnis, zur Bezeugung unserer Wahrheit, zu gelangen. Wir müssen uns nur einlassen, mit unserem wahren Selbst verschmelzen, zum Kern vordringen, innen eins werden. Frage dich, welche Spuren du in diese Welt einzeichnen möchtest, welche Botschaft du leben möchtest, und du wirst mit deinem wahren Bild in Berührung kommen, jenem Bild, das Allāh in dir erschaffen hat.

Das, was in deinem Herzen gegenwärtig ist, ist dein šahīd, deine Zeugin. Spüre in dir deinen ewigliebenden Kern und das Abwesende wird dadurch anwesend. Dich selbst zu lieben ist Vordringen zu deiner Wahrheit. Denn Liebe zu dir, zu deinem Wesen, macht die ferne Schönheit Gottes anwesend und dein Herz wird es bezeugen.

„In jedem Ding ist für Ihn ein šahīd, ein Zeuge, der beweist, dass Er einer ist.“
(Sarraq)

Sure Al–Baqara, سورة البقرة, Die Kuh (2:143)

„Und so haben wir euch zu einer in der Mitte stehenden Gemeinschaft gemacht, damit ihr Zeugen über die Menschen seiet …“

Aš–Šahīd kommt von der Wurzel š–h–d, aus der auch folgende Bedeutungen entstehen: Zeuge sein, zugegen, anwesend sein, beiwohnen, sehen, zeugen, beobachten, besichtigen, durch Eid bekräftigen, mit eigenen Augen sehen, sich durch den Anblick überzeugen, jemandes Gegenwart wünschen, Gegenwart, Beobachter, Honig, Honigwabe, Märtyrer, Zeugnis, Grabstätte eines Heiligen, Anblick, Versammlung, Zuschauer, Sichtbares, Sehenswürdigkeit, Vision.

Aš–Šahīd fordert uns auf, das Göttliche zu bezeugen, unsere Sinne, unser Denken, unser Herz zu verwenden, um durch die Mannigfaltigkeit, durch die äußere Welt hindurchzublicken zur verborgenen, unsichtbaren Welt der Einheit. Er fordert uns auf, die Fallen des äußeren Wissens zu durchschreiten und zur Erkenntnis zu gelangen. Zeugnis über die Heiligkeit abzugeben, heißt, die äußeren Sinne mit dem Herzen, mit den inneren Sinnen zu verbinden.

Der Begriff šahāda, „alles, was von den Sinnen und dem Geist wahrgenommen werden kann (sinnlich oder begrifflich)“, wird oft als genaues Gegenteil von al–ġayb, „das, was jenseits der Reichweite der Wahrnehmung eines erschaffenen Wesens ist“, verwendet. Nur Allāh ist der Eine, der alles weiß.

Eine mündliche Überlieferung des Propheten Muhammad, Allāhs Segen und Frieden seien über ihm, sagt: „Das Beste ist das Mittlere.“ Es wird damit der mittlere Weg angedeutet, der sich sozusagen zwischen der Autorität Moses und der Milde Jesus, Allāhs Frieden sei mit ihnen, bewegt. Es ist ein ausgewogener Weg zwischen ǧalāl جلال (Majestät) und ǧamāl جمال (Schönheit), zwischen ḏhāhir ظاهر (das Äußere) und bāṭin باطن (das Innere), zwischen šarī'a شريعة (Gebot) und 'išq عشق (Liebe), zwischen ṣalāt صلوة (Gebet) und ḏikr ذكر (Erinnerung), zwischen islām إسلام (Hingabe) und īmān إمان (fester Glaube, Gewissheit).

Dies ist der Weg der Tugend: iḥsān إحسان. Iḥsān ist Schönheit. Es bedeutet, die Worte und Handlungen, die wir in unserem Leben verbreiten, in der uns bestmöglichen Art und Weise zu tun. Es ist das Streben nach Schönheit und Vollkommenheit, und das Bemühen, diesem in allem Ausdruck zu geben, aus Liebe, aus Liebe zu Allāh und zu Seiner Schöpfung. Es gibt Iḥsān, weil es in uns etwas gibt, das nach der Ganzheit, nach der Unendlichkeit verlangt.

Auch die šahāda, die Glaubensbezeugung, kommt von derselben Wurzel:

لا الله إلا الله محمد رسول الله

lā ilāha illā llāh – muhammadun rasulu llāh
„Es gibt keine Wirklichkeit außer Gott allein und Muhammad (der Vollkommene) ist der Gesandte Gottes."

Die erste šahāda ist in zwei Teile aufgeteilt:

Der erste, „lā ilāha illā llāh", sagt, dass allein Gott ist; und dass alle Dinge von Ihm abhängen. Es gibt keine absolute Gewissheit außerhalb des Absoluten; alles Manifeste, alles Relative ist an das Absolute gebunden. Die Welt ist mit Gott verbunden, das Relative mit dem Absoluten, durch das Doppelband von Ursache und Zweck, Ursprung und Ziel. Die Welt ist nicht Gott und doch besteht nichts außerhalb Gottes. Es gibt eine Unterscheidung zwischen Wirklichem und Unwirklichem – lā ilāha – und doch ist die Verbundenheit der Welt mit Gott – illā llāh – gegeben, denn nichts kann getrennt von Allāh betrachtet werden.

Der zweite Teil der šahāda, „muhammadun rasulu llāh", spiegelt die Vollkommenheit des Daseins im Propheten im Ausdruck sowie in der Art und Weise.
Der erste Teil ist Auslöschung fanā´ فناء und der zweite Fortbestehen baqā´بقاء .

Aš–Šahīd verdrängt die Vergesslichkeit aus unseren Gedanken und unserem Herzen und ruft mit der Zunge der Sehnsucht Seine Existenz in allen Dingen, sichtbar und unsichtbar, anwesend und verborgen. Aš–Šahīd ist das Lied des Glaubens an die Existenz Gottes und zeigt uns die Spuren zurück zum Geburtsland, Zeit und Ewigkeit vereinend.

Der Göttliche Name Aš–Šahīd deutet auf die Allgegenwart des Göttlichen und auf das Sehen, Wahrnehmen und Beachten aller Dinge in diesem Wissen. Wenn ein Mensch gefangen ist von einer schlechten Gewohnheit oder falschem Tun gegenüber anderen, so soll er öfters, jeweils 21 Mal, diesen Göttlichen Namen wiederholen.

Dieselbe Wiederholung – wobei man einen Zeigefinger auf den Kopf des Kindes legt – hilft, das zuhörende Ohr eines Kindes zu öffnen. Die Wiederholung dieses Namens bringt Licht in das Herz, bringt Verstehen und Wissen. Sie bringt die Qualität des Beobachtens und der Bezeugung des Göttlichen, sowohl innerlich als auch äußerlich. Dieses tiefe Wissen um Sein Wachen schützt vor beschämenden und niedrigen Gedanken, Worten und Taten. Es gibt die Kraft, Allāh – die existentielle, ewige Realität – in allen Dingen zu sehen und in der ewigen Präsenz des Göttlichen zu ruhen. Es öffnet das Auge des Herzens und führt das Sehen zu dem Erkennen, dass alles miteinander verbunden ist. Aš–Šahīd ist die ewige Präsenz, das ewig Seiende, das ewig Bewahrende.

Wenn du das Gefühl hast, dass dir Dinge vorgeworfen werden, dass du für etwas beschuldigt wirst, womit du nichts zu tun hast, dann wiederhole Yā Allāh, Yā Šahīd 319 Mal in der Nacht und du wirst davor beschützt werden. Wenn du in Bedrängnis kommst, wenn du in Schwierigkeiten bist, so wende dich in deiner Klage an Allāh. Er ist der Sehende, der Allwissende.

Du magst dich fragen, was der Unterschied zwischen den Göttlichen Namen Al–'Alīm (19), Al–Ḫabīr (31) und Aš–Šahīd ist. Alle drei Göttlichen Namen sind miteinander verbunden, jeder trägt die anderen in sich und doch verspürst du bei jedem etwas, das du bei den anderen nicht gespürt hast. Du sagst, „Allāh hat Wissen über meinen Zustand" (Al–'Alīm), „Er ist der Bewanderte meines Geheimnisses und meiner Absichten" (Al–Ḫabīr), und „Er ist der Wahrnehmende meiner Wörter" (Aš–Šahīd).

Al–Ghazali erklärt:

„Wenn wir das absolute Wissen meinen, so sagen wir Al–'Alīm. Und wenn wir dem die dahinterliegenden Dinge und das Verborgene hinzufügen, so ist es Al–Ḫabīr. Und wenn wir dem die offensichtlichen Dinge hinzufügen, so ist es Aš–Šahīd. Verstehe: Wenn man zwei verbindet, so trennen sie sich, und wenn man sie trennt, so verbinden sie sich."

Sure Āl–'Imrān, سورة آل عمران, Das Haus 'Imrān (3:18)

„Bezeugt hat Allāh und haben auch die Engel und die Wissenden, dass es keinen Gott gibt außer Ihm, dem Wahrer der Gerechtigkeit. Es gibt keinen Gott außer Ihm, dem Erhabenen, dem wahrhaftig Weisen."

Diese Sure zeigt mit den Worten „bezeugt hat Allāh", dass Er durch die Natur Seiner Schöpfung die Göttliche Kraft des ihr innewohnenden bewussten Planes bezeugt.

Der Diener dieser Qualität ist ein Bezeuger der Wahrheit, ein Bezeuger der Allgegenwärtigkeit Gottes in allen Dingen.

„Was immer du in dieser Welt machst, kann Ausdruck von dem sein, wer du bist, aber es definiert dich nicht. Wenn du deine Essenz bist und lebst, ist es egal, was du tust, denn alles wird an dieser Essenz orientiert sein."

الحق

51

Al–Ḥaqq

Die wahre Realität, der Wirkliche, der Wahre
108 – 216 – 11.664

Al–Ḥaqq beinhaltet die tiefe Hingabe zu Gott, zur Natur und zu allen Dingen, die dich umgeben. Dieser Name wird vor allem in der Zurückgezogenheit von der Ablenkung durch Äußeres wiederholt. Das, was hinter der Realität steht, ist die Realität Al–Ḥaqq. Er ist der Eine, dem alle Göttlichen Eigenschaften zugeschrieben werden können. Er ist der Anfang, der keinen Beginn hat und das Ende ohne Ende. Allāh ist Al–Ḥaqq, in Seiner Essenz, Seinen Qualitäten und Taten, manifestiert durch das Licht Seiner Majestät und Seiner Schönheit in allen Geschöpfen. Er ist die Wahrhaftigkeit, aus der alles seine Wahrheit schöpft.

لا إله إلا الله الملك الحق المبين
lā ilāha illa llāh al–malik, al–ḥaqq, al–mubīn
Es gibt keinen Gott außer Gott, den Souveränen, den wahrhaftig Realen

Wenn du dies 100 Mal wiederholst, jeden Tag, so wirst du Lebensstütze und Beistand bekommen, wo du es nicht erwartest. Wenn du einen Verlust beklagst, so wiederhole diesen Namen, und du wirst es wieder finden.

Al–Ḥaqq kommt von der Grundwurzel ḥ–q–q, aus der folgende Bedeutungen strömen: wahr sein, recht und richtig sein, unvermeidlich sein, ohne Zweifel eintreten, nötig sein, passend, angemessen, wahr machen, verwirklichen, realisieren, zustehen, einen Anspruch darauf haben, Wahrheit, Richtigkeit, Eigentum, Anspruch, würdig, geeignet, eine Pflicht erfüllen, die Mitte des Weges einhalten, zu einem kommen, sich der Wahrheit einer Sache versichern, durch Gründe beweisen, Beweis, Gerechtigkeit.

Al–Ḥaqq ist die Realität, die Wahrheit, absolut in Seiner Immanenz und Transzendenz. Al–Ḥaqq ist wie das weiße Licht: wenn man eine Linse davor aufstellt, bricht sich das Licht und man sieht Leben, Liebe, Wissen, Ekstase, Freude ... usw. Wir erkennen sie je nach unserer inneren Reife.

„Yā Ḥaqq, umhülle uns mit dem Licht der Wahrheit, sodass wir die Realität
hinter der Realität erkennen und uns von den äußeren Bildern und
Erscheinungen nicht ablenken lassen. Lass unsere Absichten von der
Quelle der Wahrheit getränkt sein, gib unserer Zunge die Liebe zur Wahrheit
und mache unsere Sinne zu Instrumenten der Wahrhaftigkeit."

Die Göttliche Wahrheit befreit, indem sie dem Geist sein übernatürliches und natürliches Motiv und damit seine Reinheit zurückgibt, indem sie daran erinnert, dass allein das Absolute ist.

Wenn der Mensch Wille ist, ist Gott Liebe; wenn der Mensch Erkenntnisvermögen ist, ist Gott Wahrheit.

Der Göttliche Name Al–Ḥaqq ist einer der Namen mit der schnellsten Wirkung und Antwort, wenn dein Herz ihn in Hingabe wiederholt. Halte in deinem Leben einen Raum offen, in den du dich zurückziehen kannst und dein Angesicht Ihm bedingungslos zuwenden kannst.

„Nichts erfreut Mich mehr als der Augenblick, da sich Mein Diener Mir in Anbetung nähert, wie Ich es ihm auferlegt habe; Mein Diener lässt nicht ab, sich Mir mit Hingabe zu nähern, bis Ich ihn liebe: und wenn Ich ihn liebe, bin Ich das Ohr, womit er hört, und das Auge, womit er sieht, und die Hand, womit er greift, und der Fuß, womit er geht, und wenn er Mich um etwas bitten würde, würde Ich ihm wahrlich geben, und wenn er Mich um Zuflucht bitten würde, würde Ich ihm wahrlich diese gewähren."
(hadith qudsī)

وما تقرب إلي عبدي بشيء أحبّ إليّ مما افترضته عليه؛ ولا يزال عبدي يتقرّب إلي بالنوافل حتى أحبه، فإذا أحببته كُنت سمعه الذي يسمع به، وبصره الذي يبصر به، ويده التي يبطش بها، ورجله التي يمشي بها، ولئن سألني لأعطينه، ولئن استعاذني لأعيذنه

Wa–mā taqarraba ilayya ʻabdi bi–šay'in ʻaḥabba ilayya mimmā f–taraḏtuhu ʻalayhi, wa–lā yazālu ʻabdi yataqarrabu ilayya bin–nawāfili ḥatta ´uḥibbuhu, fa–idā ´aḥbabbtuhu kuntu samʻahu llaḏi yasmaʻu bihi, wa–basarahu llaḏi yubṣiru bihi, wa–yadahu llatī yabṭišu bihā, wa–rigluhu llatī yamšī bihā, wa–la'in sa'alanī la–'uʻṭiyannahu wa–la'in istaʻāḏanī la–´uʻiḏannahu.

Diese heilige Überlieferung wird im Sufismus mehr als jede andere zitiert. Sie symbolisiert das ganze Bestreben eines Sufis.

Für die Sufis ist die Wahrheit ein Synonym für Gott. Sie allein ist Wirklichkeit, sie allein beständig. Ḥaqq, die Wahrheit, ist das Gegenteil von bāṭil, Trug. Alles von Ihm ist Wahrheit und alles, was zu Ihm zurückkehrt, ist Wahrheit.

In der Aufzählung der Göttlichen Namen kommt Aš–Šahīd (50) „der Zeuge" gleich vor Al–Ḥaqq „die Wirklichkeit, die Wahrheit", da allein Gottes Zeugnis über Sich selbst wahrhaft gültig ist.

Hallaj, der berühmte Mystiker formulierte folgendermaßen:

„Wer bezeugt, dass Gott der Eine ist, stellt einen anderen neben Ihn,
nämlich sich selbst als Zeuge."

Nicht der Mensch muss Zeuge sein, sondern das Göttliche in ihm. „anā l–ḥaqq!" „Ich bin die Wahrheit!" ist Hallaj`s ekstatisch–nüchterner Ausruf, der ihn sein Leben kostete.

Es ist der Ausdruck seiner unmittelbaren Berührung mit dem Erkannten und die Verschmelzung mit der Einzigen Realität, eine Wesensverschmelzung, basierend auf dem Göttlichen in uns.

„Es ist die Sehnsucht des Göttlichen nach sich Selbst,
das uns auf den Weg bringt.
Oh Allāh, gib mir Wissen von Dir, um Dich, zu Dir!"

الوكيل
52
Al–Wakīl

Der Beschützer, der Bevollmächtigte, der nie verlässt, der Sachverwalter
66 – 264 – 4.356

Dieser Name öffnet einen Raum im Herzen, der nie vergeht, denn hier ruhen die Gewissheit und die Stille.

„Yā Wakīl, mein Fürsorger, mein Beschützer. Du bist es, dem ich alle meine
Angelegenheiten überlasse, Du bist es, dem ich alles anvertraue,
Du bist es, dem ich ausnahmslos vertraue!“

Alle Atome drehen sich im Kreise durch die Hand Allāhs und die Unendlichkeit kehrt ein in das Endliche und die Ewigkeit berührt die Zeit.

Dieser Name breitet sein Licht über den Schatten des Verstandes, gibt ihm die Kraft der Rechtschaffenheit und hält ihn zurück von dort, wo er nicht hingehört. Er verbietet ihm sanft das ewig Im–Kreise–Denken über die Sorgen der Vergangenheit und die Wünsche der Zukunft.

Al–Wakīl kommt von der Wurzel w–k–l mit den daraus fließenden Bedeutungen: anvertrauen, übertragen, beauftragen, betrauen, bevollmächtigen, mit der Aufsicht oder Fürsorge beauftragen, in einem Vertrauensverhältnis stehen, Vertrauen schenken, verantwortlich sein, einander vertrauen, Bevollmächtigter, Verteidiger, Indifferenz, Zutrauen.

Al–Wakīl verwandelt die Stürme der Sorgen, der Trauer und der Bedrücktheit in einen Wind der Zuversicht. Er bewirkt, dass sich die Geister der Illusionen und ihre Einflüsterungen vor der Gelassenheit des Herzens verbeugen und öffnet damit einen Raum, Lösungen zu finden und somit Ruhe vor der Mühe des ewigen Denkens zu erlangen.

„Wenn du über eine Handlungsweise entschieden hast, setze dein Vertrauen (tawakkal) auf Gott: denn wahrlich, Gott liebt jene, die ihr Vertrauen auf Ihn setzen."
(3:159)

Denn Al–Wakīl bedeutet, sich bedenkenlos dem Göttlichen zu überlassen, im Herzen wissend, dass Er vertrauenswürdig ist und dass Er es ist, der am besten weiß. Al–Wakīl heißt, die Vollmacht Allāhs bewusst zuzugeben und ihr zuzustimmen. Es bedeutet aber nicht, ja, jetzt habe ich verstanden, dass in Allāhs Hände alle Macht ist, sondern es ist die bewusste Anrufung um die Hilfe Allāhs.

„Und auf Allāh setzt euer Vertrauen, wenn ihr Gläubige seid!"
(5:23)

Al–Wakīl ist derjenige, dem man uneingeschränkt Vertrauen schenken kann. Er gibt die Fähigkeit, offen und flexibel all die Dinge und Möglichkeiten, die auf einen zukommen, ohne Unruhe und Unlust anzunehmen, weil ich um die weise, fürsorgliche und schützende Kraft Allāhs weiß. Und dieses Wissen, diese Zuversicht macht Platz im Herzen für Transformation. Er gibt die Kraft, die abgrenzenden Qualitäten des verletzten Ichs aufzugeben und sich mehr und mehr mit den Göttlichen Qualitäten zu färben. Er gibt die Kraft, das

Leben in seiner Schwere und Leichtigkeit zu akzeptieren und befähigt, Verzweiflung in Zuversicht zu verwandeln. So wisse, dass alles zwischen Himmel und Erde in Seinen Händen ruht. Von einem Standpunkt aus gesehen sind wir handlungsfähig und verantwortlich, von einem anderen Standpunkt aus betrachtet ist Er der Handelnde und Wollende. Es gibt keine Negation, aber wenn man nur einem Aspekt verhaftet bleibt, verliert man den anderen. Und doch besteht nur Er.

Ein Mensch in der Qualität der vertrauenden Hingabe, tawakkul, ist jemand, der etwas, das auf ihn zukommt, nicht aus seinem Fehler wachsen sieht, und der auch den Fehler nicht als Strafe sieht. So vertraue auf Allāh und tue, was zu tun ist, um das Gute, die Güte und das Mitgefühl wachsen und gedeihen zu lassen, und das Schlechte und Ungerechte abzuweisen. Jene, die Ängste in sich tragen, wie die Angst zu ertrinken, die Angst verbrannt zu werden und ähnliche Ängste, sollen diesen Namen immer wieder in Abständen, jeweils 66 Mal, wiederholen. Wisse, dass Allāh immer das Bessere für dich wählt, auch wenn es deinem Ich nicht immer so erscheint, denn Sein Mitgefühl und Seine Gnade dir gegenüber sind grenzenlos, jenseits deines Vorstellungsvermögens.

Wenn du in einer Situation bist, die schwer für dich ist und aus der du keinen Ausweg siehst, so wiederhole:

حسبيا الله و نعم الوكيل

ḥasbiyā llāh wa ni‘ma l–wakīl

Ganz vertraue ich Dir und Du bist mein wahrlich Vertrauter.

Möge dich dieser Satz aber auch in Zeiten der Leichtigkeit begleiten, denn er rückt das Leben in die Ausgewogenheit und bringt eine süße, befreiende Freude.

Wenn ein Problem in deinem Leben erscheint, dann richte deine Aufmerksamkeit mit der Energie deiner Hingabe, deiner Liebe, deiner Sehnsucht nach Allāh auf dieses Problem. Tauche das Thema, die Situation, in die du geworfen wurdest, in diese Energie und belasse es dort. Das ist tawakkul, Vertrauen! Hebe dein Haupt und tränke deine Augen, fülle deine Brust mit dem Göttlichen Licht, bevor du wieder hinunterblickst auf die Fakten, die dich umgeben.

Wenn du wahrlich auf Gott vertraust, kümmert Er sich um dich, wie Er sich um die Vögel in den Lüften, wie Er sich um die Käfer in den Wiesen, wie Er sich um die Fische in den Tiefen der Meere kümmert, die ganz im Tun und frei von Sorge sind.

Es ist ein Göttlicher Name, der besonders mit dem Propheten Muhammad, Gott segne ihn und schenke ihm Frieden, verbunden ist.

Ein Beduine kam auf seinem Kamel reitend zu einer Zusammenkunft mit dem Propheten, Allāhs Segen und Friede seien mit ihm. Er sprang ab und rannte hinein, denn er war spät dran. Gemeinsam betete man und der Beduine beteiligte sich inbrünstig und vertieft an allen Gebeten. Leichten Herzens ging er wieder hinaus, sein Kamel suchend. Doch es war verschwunden. Entsetzt und verwirrt rannte er zum Propheten, Allāhs Segen und Friede seien mit ihm. „Ich betete mit ganzem Herzen und vollem Vertrauen zu Gott und als ich hinaus kam war mein Kamel verschwunden! Ist das die Belohnung meines Vertrauens?" Der Prophet, Allāhs Segen und Friede seien mit ihm, lächelte und antwortete: „Erst binde dein Kamel an, und dann vertrau auf Allāh!"

Der Göttliche Name Al–Wakīl befreit den Geist von dem Trugbild, von Gott vergessen worden zu sein, von der Annahme des verletzten, gekränkten Herzens, nicht wert zu sein in Gottes Gnade und Liebe gehalten zu werden. Er befreit von dem großen Schmerz, übersehen bzw. nicht gesehen zu werden.

Dieser Göttliche Name beinhaltet die Qualität des Dienens und Dienen bedeutet immer, ein Beschützer des Lebens zu sein. Sei dir bewusst, dass alles mit allem zusammenhängt. Das Ziel des Dienens, das Ziel des Heilens ist immer die Einheit. Jemandem wirklich zu helfen, bedeutet, ihn/sie darin zu unterstützen, das Gefühl der Trennung, die Illusion der

Trennung aufzulösen, um sich auf den Weg zu machen, seine/ihre Vollendung zu entschleiern und aufzudecken. Wer seine Vollendung erfährt, dessen/deren Illusion der Trennung stirbt.

Die drei Qualitäten, die uns auf dem Weg des Dienens am meisten im Wege stehen können, sind Geiz, Zorn und Rache. Verbinde deine Sinne mit deinem Herzen. Je intensiver deine Sinne und somit deine Taten und dein Dienen mit dem Herzen verbunden sind, um so stärker wird das Feuer, das dort brennt, all das vernichten, was dir dabei im Wege steht, dich ganz zu machen.

„Blicke mit dem Auge deines Herzens auf dein Leben, erkenne, dass du gesegnet bist, und vertraue dich immer mehr Ihm an, denn das Leben ist ein Evolutionsprozess des Vertrauens. Denn was ist Vertrauen anderes als die Hingabe an die im Seelengrund wohnende Liebe Allāhs?“

القوى
53
Al–Qawīy

Der Mächtige, der Starke, der Heftige, der Energiereiche
116 – 348 – 13.456

Wenn man diesen Göttlichen Namen wiederholt, so spürt man die Kleinheit des Universums gegenüber dem Göttlichen. Es erhebt sich das Gefühl aus der Tiefe des Herzens, dass die Geschöpfe nur durch den Schöpfer ihr Sein und ihre Kraft bekommen, und mit der längeren Wiederholung dieses Namens entsteht das Gefühl, dass man durch und in Gott Kraft hat, sodass man sich in und durch Ihn bewegt und dass es außer für Ihn keinen Platz im Herzen gibt.

Al–Qawīy kommt von der Wurzel q–w–y und aus ihr fließen auch folgende Bedeutungen: stark, kräftig, mächtig sein, Macht gewinnen, etwas vermögen, überlegen sein, ermuntern, heftig, gewaltig, fest, Mut fassen, Stärke, Kraft, Gewalt, Fähigkeit, Wirkungsvermögen, Energie und Leistung (physisch, geistig und physikalisch), Streitmacht, Stärkung, Ermutigung, Stärkungsmittel. Aus derselben Wurzel kommen auch Bedeutungen wie: verlassen sein, ausgehungert, schwach sein, versagt bleiben, zurückgehalten werden, arm sein, leer und verlassen sein.

Jeder Göttliche Name ist in seiner Qualität alleinnehmend und kann somit als „Gegendosis“ bzw. als Auslöser verwendet werden. Er beinhaltet immer beide Gegensätze und trägt somit zur Ganzwerdung bei.

Al–Qawīy ist eine interne Kraft, eine Energie, die sammelt, aber sich nicht notwendigerweise nach außen zeigen muss. Al–Qawīy hilft uns, nicht impulsiv auf Geschehnisse zu reagieren, und gibt uns die Stärke, zu widerstehen. Durch Al–Qawīy werden wir der Göttlichen Festigkeit, der heftigen Fähigkeit, Macht und Stärke bewusst. Er erlaubt uns, Ihm unser arm-sein, unser leer- und verlassen-sein darzubringen und Liebe und Trost zu finden, Mut zu fassen.

Die Kraft quwwa und die Macht qudra (vergleiche Al–Qādir (69)) sind beides Qualitäten, die die Schöpfungseigenschaften Gottes beschreiben.

Manche der Göttlichen Namen basieren auf der Göttlichen Güte wie Al–Laṭīf (30) und Ar–Ra'ūf (83), und manche auf der Kraft wie Al–Qahhār (15) und Al–Ǧabbār (9). Der Mensch bewegt sich in und steht immer wieder tief unter dem Einfluss von beiden, denn er ist der Schwache, der die Stärke Gottes braucht.

Erwählt wurde diese Göttliche Eigenschaft, um den Menschen zu zeigen, dass sie ihre materielle, geistige und seelische Kraft aus dem Göttlichen bekommen. So halte dich an diesen Namen auf all diesen Ebenen und handle nach dem Besten in dir. Wiederhole diesen Namen 116 Mal täglich, wenn du Schwäche und Müdigkeit beim Ausüben deiner Meditationen und Gebete verspürst, und du wirst wieder Kraft und Freude daran finden.

Um die Thymusdrüse zu kräftigen, wiederhole diese Göttliche Qualität 116 Mal. Er wird auch zur Kräftigung der Muskeln verwendet und gegen Muskelschwund.

Sure Aḏ–Ḏāriyāt, سورة الذاريات, Die staubverstreuenden Winde (51:58)

„Denn wahrlich, Gott Selbst ist der Bereiter aller Versorgung,
der Herr aller Macht, der Ewige!“

Die Allmacht Gottes zu spüren, macht einen Menschen bescheiden. Es ist diese Tür der Bescheidenheit, durch die die Macht Gottes einfließt. Bescheidenheit bringt das vorzügliche Benehmen mit sich, macht die Zunge treffend und passend in ihren Worten und stärkt die Qualität der Treue.

Gottes Allmacht und Schöpfungsphantasie zeigt sich in den zartesten Geschöpfen und in den mächtigsten.

Menschen, die in Streit oder Feindschaft miteinander leben, können sich durch die Wiederholung dieses Namens vor Leid und Schaden schützen, wenn Allāh es will. Dieser Göttliche Name zeigt die Kraft, die Intensität, die Stärke, die Heftigkeit in allem.

Dieser Name gibt dir auch die Kraft, Lasten innerer und äußerer Natur gut zu tragen, und es ist auch ein Name, der die Seele stärkt. Es ist ein Name, der dem Wiederholenden die Kraft gibt, seinen Zorn und die negativen Einflüsse zu besiegen. Wiederhole diesen Namen und lass die Göttliche Kraft und Stärke sich in dir ausbreiten.

„Oh Allāh, kräftige meine Liebe und Treue zu Dir!“

المتين
54
Al–Matīn

Der Solide, der Beständige, der Feste, der Unerschütterliche, der Bestimmte
500 – 2.000 – 250.000

Wie der Göttliche Name Al–Qawīy (53) beinhaltet auch dieser Name Kraft, Intensität und Stärke, doch dazu kommt noch explizit das Fernbleiben von Schwäche und Veränderung. Al–Matīn ist die Vollkommenheit Seiner grenzenlosen Macht und gewissermaßen eine Steigerung der Göttlichen Qualität Al–Qawīy.

Al–Matīn kommt von der Wurzel m–t–n, aus der auch folgende Bedeutungen entstehen: fest, stark, solide sein, fest oder stark machen, stärken, Mitte der Straße, Festigkeit, Solidität, Rücken der Tiere, auch im übertragenen Sinn, Willensstärke, Widerstandsfähigkeit, Unerschütterlichkeit, Charakterfestigkeit, Straffheit des Stils, Hauptachse, Hauptteil, Oberfläche, Deck des Schiffes.

Dieser Göttliche Name zeigt auch eine Bestimmtheit und Heftigkeit in der Unterscheidung zwischen der Wahrhaftigkeit und der Entfernung von der Wahrhaftigkeit. Er beinhaltet die Qualität des scharfen, klaren, heftigen und doch mitfühlenden Schwertes. Für die Sufis weist er hin auf die Notwendigkeit einer unerschütterlichen Haltung gegenüber den ewigen Verlockungen der materiellen bzw. sichtbaren Welt.

Eine solche Haltung stärkt auf dem spirituellen Weg und hilft in der Einhaltung des gewählten Weges. Die Qualität Al–Matīn gibt Stabilität, Festigkeit und Kontrolle im Denken und Handeln und hilft, die Mühen und Schwächen auf dem Weg des Lichtes zu überwinden. Er gibt uns Festigkeit und Kraft für die Überwindung der Triebseele nafs, für das Überwinden unserer Gier und unseres Ehrgeizes. Al–Matīn gibt uns die Kraft weiterzumachen, wenn Ablenkung und Schwäche aufkommen. Wenn wir eine Übung aufgeben wollen, so gibt uns Al–Matīn die Willensstärke und Festigkeit, um unseren Weg weiterzugehen.

Er hilft auch bei Zweifel oder Instabilität im Inneren wie auch in unserem Umfeld. Al–Matīn hilft uns, unsere inneren Kräfte anzurufen und zu aktivieren. Al–Matīn hilft aber auch, wenn wir zu starr werden, wenn uns die Flexibilität abhanden gekommen ist. So wirkt Al–Matīn in beide Richtungen.

Wenn du mit Schwierigkeiten konfrontiert wirst, dann wiederhole diesen Namen und diese Schwierigkeiten werden sich auflösen, so Gott will.

Verbinde den Göttlichen Namen Al–Matīn mit dem Göttlichen Namen Al–Qawīy (53): Yā Qawīy, Yā Matīn, und Festigkeit und Stabilität, verbunden mit Zuversicht, werden sich in deinem Herzen ausbreiten. Das Wesentliche beim Wiederholen eines Namens ist die Absicht, die in der Wiederholung liegt und das positive Denken, also der Glaube, dass immer das, was richtig und wesentlich für mich ist, auf mich zukommen wird. Dann liegt auch in der Schwere, dann kann auch im Kummer der Kern der Freude liegen.

Der Göttliche Name Al–Matīn gibt dir in schweren Zeiten Kraft und ist wesentlich, wenn du das Gefühl oder die Angst hast, dass dich die Kraft verlässt. Sein Einfluss ist besonders stark, wenn du ihn wie oben erwähnt mit Al–Qawīy verbindest. Wenn du zum Beispiel etwas Schweres heben möchtest und spürst, dass du nicht genügend Kraft dafür hast oder Unterstützung brauchst, dann verwende Yā Qawīy, Yā Matīn, um deinen Körper in dieser Tat zu unterstützen.

„Verbinde dich stets mit der Einheit, bitte um das Salz in deiner Nahrung,
bitte um einen neuen Riemen für deine Sandalen, wenn er abreißt,
bitte um den Segen für deine Werke, bitte um alles,
was du brauchst, und bette dich ein in die Einheit.“

الولى

55

Al–Walīy

Der beschützende Freund, der Nahestehende
46 – 138 – 2.116

Jeder Göttliche Name hinterlässt im Herzen eine andere Art der Süße, der Erwartung, und einen anderen Einfluss. Jeder Göttliche Name zeigt eine andere Färbung der Einen existenziellen Liebe. Die Konfrontation mit dem Ich–Selbst kann nur erfolgen durch die Erinnerung an das All–Selbst, durch den ḏikr der Seele, des Herzens und der Zunge. So kann Ruhe in das Herz fließen und die Schleier können gehoben werden.

Wieso tragen wir Menschen Berge von Sorgen, Trauer und Leid auf unseren Schultern, wenn doch alles zu uns kommen wird, was für uns bestimmt ist, vom Anfang bis zum Ende unseres Lebens? Mit deinem Kommen auf diese Erde ist für dich gesorgt, und auch wenn du den Wind reiten würdest und vor deinem für dich bestimmten Lebensinhalt fliehst, so würde diese Lebensberufung auch den Wind reiten, dir folgen und dich auffinden.

Al–Walīy und Al–Wālī (77) kommen beide von der Grundwurzel w–l–y, aus der folgende Bedeutungen entspringen: nahe, benachbart, nahe stehend, zuwenden, Helfer, beistehen, Wohltäter, Freund, Nahestehender, Verwandter, Patron, Schutzherr, Vormund, Heiliger, Herr,

Herrin, Eigentümer, Besitzer, Machthaber, Freundschaft, Wohlwollen, Treue, Loyalität, Schutzverhältnis. Al–Walīy betont im Vergleich zu Al–Wālī vor allem die intime Nähe zu Allāh.

Warum wird der Mensch wütend und ist gekränkt, wenn manche seiner Bitten und Wünsche nicht erfüllt werden? Allāh ist barmherziger zu dir, als du zu dir selbst. Wenn in deinen Wünschen Gutes für dich liegt, so werden sie erfüllt, denn Er weiß, was gut für dich ist und was dir schadet.

Der Göttliche Name Al–Walīy, der beschützende Freund, beinhaltet eine allgemeine und eine besondere Qualität. Er ist der beschützende Freund aller Geschöpfe durch Seine Fürsorge, durch Seine Barmherzigkeit und Seine Aufmerksamkeit. Er ist der intime Freund des Menschen, der in Hingabe zu Ihm lebt. Die Freundschaft, die zwischen den Menschen entsteht, die gemeinsam auf dem Pfad sind zu Gott und in Gott, zeigt sich in der Liebe zueinander, in ihrer gegenseitigen Unterstützung, in ihrem Mitgefühl, ihrer Güte und in ihrem Wissen um die eigene Schwäche. Jeder ist für den anderen ein Spiegel, in dem die Großherzigkeit und Wärme des Herzens geübt wird und wachsen kann. Dieser Göttliche Name manifestiert in sich die Qualitäten der intimen Liebe, der Nähe und des Schutzes.

„Gott ist denen nahe (walīy), die Glauben haben,
Er nimmt sie heraus aus tiefer Finsternis ins Licht."
(2:257)

Wenn du mit Hingabe in einer Donnerstagnacht 1.000 Mal diesen Namen wiederholst, lösen sich alle materiellen und spirituellen Barrieren auf. Wenn es in einer Beziehung zu Streit kommt, so behalte diesen Namen während des Streites im Herzen, und der Streit löst sich auf. Dieser Name sieht und beschützt das Edle in dir und hilft dir, dies zu stärken. Er inspiriert das Herz und heilt es von den Sorgen, der Trauer, der Schwere und dem Schein der Einsamkeit, denn Er ist die Barmherzigkeit und Liebe, die Quelle, aus der die Schöpfung immer wieder entsteht.

„Wir sind euch nahe ('awliyā'akum) im Leben dieser Welt
und im kommenden Leben."
(41:31)

Die Überlegenheit eines Menschen kommt nicht von dem, was er sagt oder tut, sie kommt viel mehr von der Haltung seines Herzens. Wer die Göttliche Qualität Al–Walīy in seinem Herzen trägt, ist ein Mensch, der ein Ohr hat für die Sorgen seiner Mitmenschen, der seine Augen offen hält für ihre Rechte, der seine Kraft dafür einsetzt, sie zu unterstützen, und ihnen hilft, sich für das Leben zu öffnen. Denn wer sich nicht um die Sorgen anderer Menschen kümmert, ist nicht von ihnen.

Wer diesen Namen mit sich trägt und wiederholt, wird langsam in die Qualität der Göttlichen Stellvertretung geführt und erkennt seinen Platz auf diesem Planeten. Er setzt sich ein für das spirituelle Wachstum anderer Menschen und regt den Göttlichen Funken in ihnen an. Al–Walīy steht für die Liebe und den Schutz, die Gott denen gewährt, die Ihn reinen Herzens und mit ungeteilter Hingabe verehren. Sie benötigen nichts anderes als Gottes Nähe.

Walīy (pl. ´awliyā´) wird meist mit „Heiliger" übersetzt, im Arabischen bedeutet dieser Name „Freund Gottes". Es ist ein Mensch, der die Manifestation der Göttlichen Namen: Al–´Awwal (73) – Al–´Āẖir (74) bzw. Aḏh–Ḏhāhir (75) – Al–Bāṭin (76) geworden ist. Ein Mensch, der den Anfang und das Ende, das Sichtbare mit dem Unsichtbaren vereint hat und so zur verbindenden „Landzunge" wird zwischen Gott und der Welt. Er wird mit der Göttlichen Gnade gesegnet und besitzt dadurch ein größeres Mitgefühl mit anderen Menschen.

Ein walīy ist jemand, der kontinuierlich im Zustand der Verbundenheit mit Allāh ist, er wird von Ihm geführt und beschützt. Er steht ständig vor Gott. Ein Walīy weiß nichts mehr von sich, der Drache „Ego", nafs, ist eingeschlafen. Seine Aufmerksamkeit, sein ganzes Sein ist auf Allāh gerichtet und er steht im Dienst Seiner Schöpfung. Der Walīy ist ein Mensch, der in den Stand der Nähe zu Gott aufgenommen worden ist. Er lebt und ist im

Einklang mit Gottes Geboten und führt alle, die in seiner Obhut sind, mit Güte und Gerechtigkeit zu Ihm. Er ist der Helfer, der Wohltäter, der Freund, der Heilige, denn Gottes Wille und sein Wille sind eins. Es ist ein Mensch, der leer gemacht wurde und der das Göttliche Licht ohne Trübung reflektiert.

Allāh hat uns die Fähigkeit geschenkt, Ihn zu erkennen und Er hat uns die Ehre verliehen, Ihn zu lieben. Der Tribut für dieses Erkenntnisvermögen ist das Mitgefühl für Seine Schöpfung.

„Bewusstsein bedeutet, die Essenz der Essenz aller Dinge zu erkennen,
die Natur aller Dinge. In dem Moment, in dem sie erkannt wird,
beginnt sie zu wachsen und nährt das Licht in dir
und um dich herum."

الحميد

56

Al–Ḥamīd

Der Gelobte, der Lobwürdige, der Meistgepriesene, der Wohltuende
62 – 248 – 3.844

Sich seiner Bedürftigkeit bewusst zu sein, ist die Quelle der Dankbarkeit für die Wahrheit. Die Sure al–fātiḥa الفاتحة, „Die Öffnende", ist die Sure des Lobes und der Dankbarkeit.

Die Wiederholung dieses Göttlichen Namens bringt Liebe und Respekt. Wenn du diesen Namen 99 Mal nach dem Morgengebet wiederholst, so wird dein Tag gesegnet sein. Wenn du diesen Namen 66 Mal nach dem Morgengebet und 66 Mal nach dem Abendgebet wiederholst, so wird deinen Worten und Taten Schönheit geschenkt. Wenn du diesen Namenfünf Mal täglich 100 Mal nach den Gebeten wiederholst, so entstehen Liebe und Verbundenheit zwischen dir und allen Wesen der Schöpfung.

Al–Ḥamīd entsteht aus der Wurzel ḥ–m–d, aus der folgende Bedeutungen ausfließen: loben, preisen, sehr preisen, lobenswert, gut finden, gutartig (Krankheit), Lob, Preis, Gott preisen, Güte, Gnade.

Allāh lobpreisen, also Ihm danken, heißt nicht, den Segen sehen, sondern Den, Der den Segen gegeben hat. Denn Lobpreisen ist Erkennen. Allāh verlangt von uns, zu erkennen, verlangt von uns, zu wissen, bevor wir etwas tun. Al–Ḥamīd ist umfassender als Aš–Šakūr (35), denn Al–Ḥamīd drückt die allgemeine Dankbarkeit aus für alles, was von Allāh kommt, während Aš–Šakūr eine positive spezifisch auf eine Sache bezogene Dankbarkeit ist. Mit Aš–Šakūr dringen wir mit einer uns berührenden Dank auslösenden Gegebenheit in unser Herz. Al–Ḥamīd wiederum umfasst uns in unserem ganzen Sein, wissend, dass alles lobenswert, richtig und gut ist, auch wenn der äußere Schein, wenn das Ich es nicht als solches erfassen kann und die Tendenz hat, Dinge in gut und übel aufzuspalten.

Der Name des Propheten Muhammad, Allāhs Segen und Friede seien mit ihm, kommt von derselben Wurzel und bedeutet „der Hochgepriesene".

Wenn du den Namen Al–Ḥamīd auf eine Flasche schreibst, diese mit Wasser füllst und sie einem Kranken zum Trinken gibst, so verhilfst du ihm zu einer schnellen Heilung, so Gott will.

Al–Ḥamīd ist der All–Lobenswerte. So preise Ihn für alles, was existiert. Dieser Name beinhaltet die Qualität des Subjektes und des Objektes und deutet auf die Verbundenheit des Göttlichen und des Menschlichen hin. Der Mensch lobt und empfängt Lob, wenn er Dankbarkeit zeigt für die Fülle und Güte, die ihn umhüllen. So lasse dich zum Weg des Gepriesenen leiten. Finde deine Aufgabe in dieser Welt, erfülle sie bestmöglich und bitte Allāh um Hilfe. Öffne im Gebet deine Hände, sodass der Segen hineinfallen kann und du ihn auffangen kannst. Und sei offen. Das ist alles, was du tun sollst. Denn, wenn das Herz erwacht ist, ist es immer im Zustand des Gebets und das Gebet des Herzens ist ein Bewusstseinszustand, der Ihn immer preist.

Die eigene Unwissenheit im Angesicht des Göttlichen einzugestehen, ist ein großer und schwieriger Schritt. Es ist ein Schritt der Auflösung. Es ist das tiefe Erkennen, dass alle Dinge, alle Wesen im Leben miteinander verbunden sind. Du bist dann nicht mehr Mittelpunkt, sondern wirst zu einem wesentlichen Faden im Teppich des Lebens. Zu wissen, dass man nicht weiß, ist der Anfang wirklichen Wissens und wahres Wissen führt immer zur Liebe. Und ist Liebe nicht Toleranz, Mitgefühl, Freude, Geduld, Hilfsbereitschaft und Höflichkeit?

Lob ist das Gegenteil von Tadel und Mißbilligung ḏamm ذم. Lob ist eine Form der Dankbarkeit, doch Lob besteht mit oder ohne Hilfe, mit oder ohne Wohltat.

Wer den Göttlichen Namen Al–Ḥamīd im Herzen trägt, der wird ein erhabener Zustand geschenkt und deren Selbst wird mit Erkenntnis und tiefen Geheimnissen genährt. In diesem Namen liegt ein Geheimnis zur Aufhebung von Verborgenem, von Schätzen und zum Verständnis der tiefen Bedeutung von Symbolen. Al–Ḥamīd hilft dem Ich, sich vom Beschweren, vom Nörgeln und der Unzufriedenheit zu befreien. Er hilft uns, unser Denken und unsere Wahrnehmung nicht auf die Fehler und Mängel zu richten und uns daran festzusaugen, sodass wir immer blinder werden für die Reichtümer, die uns gegeben wurden. Wer den Blick auf die Dunkelheit richtet, verdunkelt langsam die Sinne, die Zunge und die Gedanken. Daraus entsteht langsam die große Armut, namens Selbstmitleid. „Ich wurde nicht gesehen, also will ich nicht sehen!“ ist oft der Grund, wieso das verletzte Ich die Dankbarkeit nicht zulässt. Öffne dein Herz mit Aš–Šakūr, sodass du die Unzufriedenheit überwinden kannst, und Al–Ḥamīd dein Herz, dein Denken, deine Zunge und deine ausführenden Gliedmaßen erobern kann.

Wenn du den Göttlichen Namen Al–Ḥamīd mit Al–Walīy (55) verbindest (Yā Walīy, Yā Ḥamīd) und so oft du möchtest wiederholst, dann wirst du vor allem in Zeiten der Schwere und der Not die Göttliche Kraft in dir spüren und dein Angesicht Ihm zuwenden.

Der große Sufimeister Suhrawardi wiederholte den Göttlichen Namen Al–Ḥamīd folgendermaßen:

يا حامد الأفعال ذا المني على جمع خلقه بلطفه

yā ḥāmid al–´af'āl ḏā l–mannī 'alā ǧam'i ḫalqihi bi–luṭfih

Oh Segnender aller Taten, Du umgibst alle Geschöpfe mit Deiner Süße.

Wer diesen Satz immer wieder wiederholt, dem wendet sich die Welt in Güte zu.

„Alles, was erschaffen ist, lobpreist Dich, denn Deine Schöpfung an sich
ist schon höchstes Gotteslob!"

المحصى

57

Al–Muḥṣī

Der Wissende, der Kennende, der Zählende, der Aufzeichnende
148 – 592 – 21.904

Allāh erschuf die Vielfalt. Er gab jedem Geschöpf seinen Platz und seine Weisheit. Der Göttliche Name Al–Muḥṣī zeigt, dass kein Gedanke, kein Wort und keine Tat, die du tust, verloren gehen.

Dieser Göttliche Name bezieht sich auf das Sichtbare und das Unsichtbare:

Wisse, dass jede gute Tat zehnfach auf dich zurückwirkt und jede schlechte Tat nur einmal auf dich zurückwirkt. In jedem Gedanken, in jedem Gefühl, in jeder körperlichen Erfahrung liegt die Möglichkeit der Selbsterkenntnis. Sie geben uns Einsichten in unsere Sehnsüchte, auf unsere Kraft und unsere Wunden. Sei klar in dir selbst, lass alles zu und halte es Allāh hin, wende dein Angesicht zu Ihm. Wir können uns selbst erkennen, wenn wir uns lieben, denn Liebe lässt uns tiefer in uns eindringen und erkennen, wer wir wahrlich sind. Durch Selbstbegegnung kann es zur Gottbegegnung kommen.

Al-Muḥṣī kommt von der Wurzel ḥ-ṣ-y, aus der folgende Bedeutungen entstehen: zählen, aufzählen, anrechnen, vermerken, speichern, aufbewahren, Steinchen, Kiesel, Statistik, Aufzählung, Schätzung, Buchhalter.

„Und solltet ihr versuchen, Gottes Segnungen zu zählen,
ihr könntet sie nie berechnen."
(14:34)

Al-Muḥṣī ist der genau allumfassende Wissende, der schätzt, abwägt und genau bewertet. Er hat die Fähigkeit, alles zu erkennen und im Detail zu wissen, in der äußeren Welt wie auch in uns selbst. Er hält anschließend die Ergebnisse fest, weiß sie, versteht sie und beherrscht sie. Nichts geht verloren bei Allāh.

Wenn deine Worte oder Taten Schaden oder Leid ausgelöst haben, so gebe deiner Reue Ausdruck, indem du eine gute Tat folgen lässt. Möge Allāh die vorherige für dich auflösen!

Möge jeder Tag mit Gedanken und Taten gefüllt sein, die dich näher zur Einheit bringen. Mögen die Vielfalt eines jeden Tages, die Gegensätze und die Verschiedenheiten, denen du begegnest, dich immer an die Einheit, die dahinter ruht, erinnern, und möge jeder Tag in deinem Leben ein weiterer sein, der dich näher zur Quelle bringt.

Al-Muḥṣī hilft uns, ehrlich „buchzuhalten" mit unserem Leben, mit uns selbst, offen aufzuführen, Steinchen für Steinchen aufzählend, abzuwägen und dabei niemals den Ozean des Mitgefühls, der uns erhält und trägt, zu vergessen:

„Denn, solltet ihr versuchen, Gottes Segnungen zu zählen,
ihr könntet sie niemals berechnen!
Siehe, Gott ist fürwahr der Allvergebende, der Gnadenschenkende."
(16:18)

Reich sind wir beschenkt und zu einem komplexen Meisterwerk geformt.

Al–Muḥṣī gibt uns die Fähigkeit, auch unsere Absichten hinter unseren Taten anzusehen und gehört somit zu den Göttlichen Namen, die vor allem unser Wissen und unsere Erkenntnis fördern. Er fördert die Aufrichtigkeit und Ehrlichkeit im Abwägen und Aufzählen. Die Gegebenheiten und Tatsachen verändern sich nicht durch diese Aufzählung, doch man sieht sich klarer, erkennt, woran man ist und wie man vorgehen möchte. Dies stimmt im materiellen wie auch im spirituellen Sinn.

Im Kern unseres Seins, in unserer Seele, sind wir vollkommenen frei von den Ketten dieser Welt. Gehe den Dingen um dich herum und vor allem in dir stets auf den Grund. Achte und durchleuchte deine Lebensweise, deine Handlungsweise. Lasse in der Meditation, im Gebet, deinen Verstand immer wieder in dein Herz sinken. Habe keine Angst vor der Leere. Begib dich auf die Reise zu deinem Zentrum und enthülle dein wahres Wesen, jenes Gesicht, das du hattest, bevor du geboren wurdest.

„Der Weg, der zu Allāh führt, liegt in deinem Inneren."

المبدئ

58

Al–Mubdi´

Der Urheber, der Schöpfer, der Begründer, der Hervorbringer, der Beginner
56 – 224 – 3.136

Als nichts war, war nur Er (mā siwā llāh ما سوى الله). Der Göttliche Name Al–Mubdi´ inspiriert den Menschen, über die Schöpfung und den Schöpfer nachzudenken, zu kontemplieren. Denn eine Stunde des tiefen bei Sich seins, in Stille und Einkehr, ist fruchtbarer und nährender als alles andere, was ein Mensch machen kann.

Al–Mubdi´ kommt von der Wurzel b–d–´, aus der folgende Bedeutungen entstehen: beginnen, anfangen, den Anfang machen, einsetzen, entstehen, auftauchen, einleiten, eröffnen, neu, zuerst hervorbringen, Beginn, Anfang, seit Anbeginn, Ausgangspunkt, Grundlage, Prinzip, Erfindung, Grundzüge, Elemente, ursprünglich, vorbereitend, anfangs, zuerst.

Al–Mubdi´ ist der Beginn, das Sammeln. Es ist wie das Aufkommen einer Idee, das Sammeln der Gedanken um diese Idee herum, und die Bewegung, um diese Idee niederzuschreiben, den Stift auf das Papier anzusetzen und mit dem ersten Buchstaben beginnen zu wollen, das ist Al–Mubdi´.

Sich mit dem Namen Al–Mubdi´ an Allāh zu wenden, mit dem Beginnenden, dem Hervorbringer, heißt, die Kraft, die Aktion zu spüren, die alles vom Unsichtbaren, Transzendenten ins Sichtbare bringt.

Zu Beginn unseres Lebens sind wir schwach, dann wachsen wir und es kommt eine Periode der Stärke, um letztendlich wieder in den Zustand der Schwäche zurückzukehren. Das ist der Zyklus des Lebens. Vor allem in der Zeit der Stärke, also ab dem vierzigsten Lebensjahr, sollen die Handlungen im Äußeren und Inneren, also im Sozialen und im Spirituellen, in Balance sein.

Al–Mubdi´ gibt uns die Kraft und Stärke, in Aktion zu treten, den Schritt und dann den folgenden auszuführen. Dieser Name schützt uns davor, in unserem eigenen Sumpf steckenzubleiben bzw. uns selbst im Weg zu stehen, bis uns nichts mehr wirklich anspricht oder berührt. Wann immer wir etwas bewusst beginnen, manifestiert sich Al–Mubdi´ in Raum und Zeit.

Wenn man Zweifel hat und unsicher ist, welche Entscheidungen man treffen soll, so soll dieser Göttliche Name 1.000 Mal wiederholt werden und die richtige Entscheidung wird kommen.

Dieser Göttliche Name, gefüllt mit den Qualitäten des Lichtes und des geheimen Wissens, führt durch viele Wiederholungen zu einer vertieften Sicht der Dinge. Er hat Einfluss auf die Zunge, die durch die Wiederholung dieses Namens an Weisheit und Ausgewogenheit gewinnt.

Wenn du in den Raum von Al–Mubdi´ eintrittst, so beginne jede deiner Taten mit diesem Namen. Er gibt dir Festigkeit in Momenten der Unsicherheit und der Unentschlossenheit. Er gibt dir die Kraft, das zu wählen, was gut für dich ist. Er intensiviert das Bewusstsein und verhilft zu höchster Konzentration. Er gehört zu den majestätischen Namen, denn er beinhaltet Leben und Tod.

Sure Al–Baqara, سورة البقرة , Die Kuh (2:156)

„Wahrlich, wir sind Gottes und zu Ihm kehren wir zurück."

Für die Sufis ist die Schönheit und Bedeutung ihres ganzen Weges in diesem Vers enthalten. Es ist die klare und unwiderrufliche Entscheidung, dem Ewigen den Vorrang vor dem Vergänglichem zu geben, dem Unerschaffenen vor dem Erschaffenen, bis das Ich sich in die Richtung zu seinem Göttlichen Ursprung begibt und die Reise beginnt.

„Der Weg der Sufis, der Weg der Liebe, richtet das Herz dahingehend aus, dass die Energie der Liebe hindurch strömen kann und in die Welt fließt."

المعيد

59

Al–Mu‘īd

Der Wiederhersteller, der Wiederbringer, der Zurückführende
1124 – 496 – 15.376

Al–Mubdi´ (58), der Beginner, und Al–Mu‘īd, der Zurückführende, sind zwei Göttliche Namen, die miteinander verbunden sind, denn Er, der alles hergestellt hat, stellt es immer wieder her. Sie beinhalten das Sterben und das Erwecken, sie beinhalten den ewigen Fluss des Lebens, denn Leben ist ewige Veränderung, ewige Bewegung.

Das, was Al–Mubdi´ aus der unsichtbaren Welt in die sichtbare gebracht hat, das führt Al–Mu‘īd wieder zurück, und so schließt sich der Kreislauf:

„Siehe, Er ist es, der den Menschen das erste Mal erschafft (mubdi´), und Er (ist es, der) ihn erneut hervorbringen (mu‘īd) wird."
(85:13)

Diese beiden Göttlichen Namen verbinden den Menschen vor allem mit der Bewegung der Natur, mit den Wundern, die ihn täglich umgeben. Wer die Welt, das Universum beobachtet, wird zum Sehenden, wer zum Sehenden wird, wird zum Wissenden, wer zum

Wissenden wird, wird zum Befolger, wer zum Befolger wird, findet sein Ziel. Denn nach dem Tod wird der Mensch wiederhergestellt.

Al–Mu'īd kommt von der Wurzel '–w–d, aus ihr entstehen folgende Bedeutungen: zurückkehren, zurückkommen, zurückfließen, zurückgehen, heimfallen, zukommen, gebühren, zugehören, zurückführen auf, gewöhnen, wiederaufnehmen, wiederholen, wieder und von neuem tun, wiederherstellen, instand setzen, zurückverlangen, wiederbekommen, Rückkehr, Wiederholung, Wiederaufnahme, Instandsetzung, die Umkehr zum Guten, das Jenseits, das künftige Leben, Assistent, Zugehörigkeit.

Al–Mu'īd ist der Zurückbringer, Schritt für Schritt kehrt alles zu Allāh zurück. Al–Mu'īd ist der Schließer des Kreises.

Al–Mu'īd bringt das Verlorengegangene zurück. Wenn ein Mensch verschwindet oder etwas anderes Kostbares verloren geht, so wiederhole diesen Namen 77 Mal in der Stille der Nacht in dem Haus, wo er lebte oder wo das Verlorene hingehört. Es wird entweder Nachricht über die Person kommen oder die Person selber kommt zurück bzw. die verlorengegangene Kostbarkeit taucht wieder auf.

Mit dem Göttlichen Namen Al–Mu'īd kannst du durch intensive Rezitation all das ins Gedächtnis zurückrufen, was dir verloren gegangen ist. Für Dinge, die sehr weit in der Vergangenheit liegen, wiederhole Yā Mubdi´ (58), Yā Mu'īd. Bei Entscheidungsschwächen, bei Unfähigkeit, einen Entschluss zu fassen, wiederhole 1.000 Mal Yā Mu'īd.

Menschen, die sich viele Sorgen machen und ihr Herz mit Katastrophenvorstellungen und beständiger Traurigkeit füllen, öffnen mit diesem Namen einen Bereich, der ihnen hilft, sich von dieser Schwere zu befreien. Wenn du dich in die Fragen vertiefen möchtest „Woher komme ich? Wohin gehe ich? Wie war mein Beginn und wie wird mein Ende?“, so hilft die Wiederholung von Al–Mubdi´, Al–Mu'īd bei der Vertiefung der Suche.

Sure Al–'Ankabūt, سورة العنكبوت, Die Spinne (29:20)

„Sag: Geht auf der Erde umher und schaut wie (wundersam) Er den Menschen das erste Mal erschaffen hat: und hierauf wird Gott euch ein letztes Mal Existenz verleihen, denn, wahrlich, Gott hat zu allem die Macht“.

Der Mensch ist aus höchst primitiven Elementen entstanden und hat sich allmählich zu einem höchst komplexen Wesen entwickelt, das nicht nur mit einem physischen Körper versehen ist, sondern auch mit einem Geist, mit Gefühlen und mit Instinkten.

Die Vorstellung der Auferstehung gibt es im Judentum, Christentum und Islam. Die Sufis verstehen die Auferstehung symbolisch als die Auflösung des Ichs in Seinem Licht, als die Auflösung der Dualität von Gut und Böse, in die die Seele in dieser Welt eingebettet lebt und auch als die Erfahrung der Einheit, der Schöpferkraft, durch die alles Gegenständliche existiert.

Einheit bedeutet auch Wiedervereinigung, also, den äußeren Dingen stets die inneren Wirklichkeiten zuzuordnen. Die Äußerlichkeiten so zu lesen, um daraus Innerlichkeiten zu gewinnen.

Die Wiederholung dieser Göttlichen Namen soll dir helfen: das Erkennen deiner Selbst in der Zeit, bevor du deine Form hattest; das Erkennen deiner Selbst, als du diese Form bekamst und wenn du sie wieder verlassen wirst. Es bedeutet, den ewigen Fluss von Kommen, Wachsen, Erlöschen und Wiedererscheinen spirituell intuitiv zu erfahren. Ein ewig bewegter Fluss, ausgedrückt im Kommen und Gehen der Kulturen und Zivilisationen. Die gemeinsame Wiederholung von Al–Mubdi´ und Al–Mu'īd hilft auch, wenn man Schwierigkeiten hat, Dinge zu beginnen bzw. sie zu Ende zu bringen.

„Oh Allāh, erinnere uns an das, was wir vergessen haben, gib uns Wissen über das, was wir noch nicht wissen, und lasse unsere Taten mit jedem Tag sich an Güte und Mitgefühl vermehren, sodass unser Ende besser ist als unser Anfang!“

المحي

60

Al–Muḥyī

Der Lebensspender, der Lebensschenker
58 – 174 – 3.364

Zu Beginn gab es nichts außer Allāh und Er schuf die Schöpfung aus dem Nichts und Er schrieb über jedes Lebewesen den Tod und aus dem Kreis des Todes floss das Leben in die Geschöpfe. So ist der Tod vor dem Leben und das Leben ist nach dem Tod.

Al–Muḥyī ist der Schenker des Lebens, der Einzige, der Leben spenden und verursachen kann. Nichts Lebendiges ist außerhalb von Al–Muḥyī. Es ist das Gegenteil von Al–Mumīt (61), der Geber des Todes. Mit Al–Muḥyī und Al–Mumīt wirst du zur Realität geführt, die Leben und Tod verursacht. Al–Ḥayy (62) wiederum beinhaltet beide diese Gegensätze. Al–Ḥayy ist das Ewiglebendige, das immer und überall ist. Es ist die unsterbliche Göttliche Urkraft.

Beide, Al–Muḥyī und Al–Ḥayy , kommen von der Wurzel ḥ–y–w. Folgende Bedeutungen entstehen aus dieser Wurzel: leben, erleben, durchleben, am Leben erhalten, lange leben lassen, begrüßen, Leben verleihen, ins Leben rufen, neu beleben, wiederbeleben, veranstalten, feiern, lebendig, lebend, rege, aktiv, ungebrochen, Lebewesen, Organismus, Schlange, schamvoll, schüchtern, scheu, Leben, Belebtheit, lebenswichtig, Vitalität,

Lebenskraft, Tier, Lebewesen, tierisch, animalisch, Belebung, Wiederbelebung, Neubelebung, Durchführung, Gesicht, Antlitz.

„ḥayya ‘alā ṣ–ṣalāh“ ist der Aufruf zum Gebet: „Auf zum Gebet! Kommt zum Gebet!“

Der Mensch ist ewig eingebunden in den Zyklus des Lebens und des Todes. Die Wiederholung dieses Namens gibt dem Menschen die Kraft, sich in diesen Zyklus einzubetten, vor allem, wenn man den zweiten folgenden Namen mit einbezieht, Yā Muḥyī, Yā Mumīt. Ein Wissender wird durch das Licht des Wissens mit Leben beschenkt und seine Seele durch die Süße Seines Angesichts zum Leben erweckt. Mögen durch die Wiederholung dieses Namens deinem Selbst die Geheimnisse des Seins entschleiert werden.

Wenn ein Mensch unter einer chronischen Krankheit leidet, so soll er 68 Mal 5 Mal am Tag nach dem Gebet oder nach einer Meditation diesen Namen wiederholen. Dieser Name und auch der folgende kräftigen das Bewusstsein, dass der Mensch in den Händen Gottes ruht.

Der Göttliche Name Al–Muḥyī ist der Name, der vor allem vom Engel Israfil, Friede sei mit ihm, wiederholt wird. Ein Mensch, der diesen Namen öfters wiederholt, dessen Herz wird belebt und dessen Stärken und Fähigkeiten sowohl im Inneren als auch im Äußeren kommen zum Vorschein.

Al–Muḥyī ist die Göttliche, regenerierende Kraft in uns und um uns. Wir spüren sie vor allem nach einer Krankheit oder nach einer Krise. Denn kommen wir nicht meist gestärkt aus ihnen hervor? Auf dem Höhepunkt einer schweren Krankheit oder tiefen Lebenskrise haben wir keine Kraft, keinen Raum mehr für Unwesentliches. Das Ego streift alles ab und das Herz befreit sich von allen Begierden. Ein ungewöhnliches Gefühl der Freiheit und Leichtigkeit, eine strahlende Ruhe und Stille nehmen uns ein, ähnlich dem Licht der Morgendämmerung, und die Seele stimmt sich auf eine höhere Energie ein. Die verborgene Sonne in uns geht auf.

Oft erleben wir diesen Zustand der stillen Gestimmtheit der Seele bei Menschen in den Tagen vor ihrer Abreise und verstehen ihn als eine mögliche Verlängerung ihres Daseins. Es ist eine besondere Ehre und eine tiefe Nährung, solche Momente mit unseren Mitmenschen zu erleben, weil ihre Sonne auch uns nährt und in die Tiefen unseres Seins führt.

Die Sonne steht für unsere Seele und unser Herz sendet ihr Licht in die Finsternis unseres Egos nafs. Das Herz wird zum Mittelpunkt unseres Daseins, wenn es sich mit dem Licht der Seele verbindet. An sich entspricht das Herz eher dem Mond. Die Nacht ist unsere Welt, die Welt des nicht heimwärts reflektierten Wissens. Der Mond am Nachthimmel ist auf die Sonne gerichtet und wird von ihr erleuchtet, wird in der Verbindung mit der Seele und dem Geist selbst zur inneren Sonne. Dies ist die Überlegenheit des Herzens, denn dort verbindet sich die seelische und rationale Fähigkeit zur tiefen Erkenntnis.

Sure Az–Zumar, سورة الزمر, Die Scharen (39:23)

„Das Buch, es lässt die Haut derer erschauern, die Ehrfurcht vor ihrem Erhalter haben. Im Gedenken an Gott erweichen ihre Haut und ihre Herzen.“

Aus dem oben erwähnten Koranvers beziehen die Sufis die Wichtigkeit der Bewegung, des Erweichens der Haut, des Schüttelns des Körpers, des Drehens um die Achse des Herzens, als Mittel zur Konzentration im ḏikr und in den heiligen Tänzen des Drehtanzes.

„Ihre Herzen werden weich“ kann man mit „ihre Herzen werden weniger hart“ umschreiben. Der Prophet Muhammad, Friede und Segen seien mit ihm, sagte:

„Es gibt für alles ein Reinigungsmittel, um Rost zu entfernen
und das Reinigungsmittel für das Herz ist die Anrufung Gottes.“

Denn Hartherzigkeit ist wie Wolken vor dem Mond, ist der Rost des Herzens oder der Drache, der den Zugang zur Lebensquelle versperrt.

„Die Sehnsucht ist das Lied der Seele über die Trennung.“

المميت

61

Al–Mumīt

Der Schenker des Todes, der Sterbenlassende
490 – 1.960 – 240.100

Man sollte sich niemals fragen, weshalb Unglücksfälle über Unschuldige hereinbrechen: Wenn die Gerechten leiden, bedeutet dies, dass alle Menschen davon eingenommen werden; Alter und Tod beweisen es, denn sie lassen niemanden aus. Der Tod trägt in sich eine gleichmachende Gerechtigkeit, die viel bedeutsamer für uns ist, als die Mannigfaltigkeit der irdischen Schicksale.

Die Todeserfahrung ist wie das Heraussteigen aus einer Höhle, plötzlich befindet man sich auf der Spitze eines Berges und sieht mit einem Blick das ganze weite Land. Die Seele erkennt die unendlichen Verschiedenheiten, begreift zum ersten Mal die umfassenden Zusammenhänge, die verstrickten Vernetzungen und unerwarteten Verbindungen und es wird ihr klar, dass das Leben nur ein Augenblick, ein Spiel war. Und die Seele erkennt sich unverzerrt im Licht ihrer wahren unendlichen Göttlichen Natur.

„Ihr wart tot in den Lenden eurer Väter und
wurdet lebendig in den Bäuchen eurer Mütter."

Wenn man diesen Namen wiederholt, so besänftigt man die Angst vor dem Leben und vor dem Tod und fühlt im Herzen, dass alles in Gottes Händen ruht. Die beiden Göttlichen Namen Al–Muḥyī (60) und Al–Mumīt werden oft miteinander wiederholt. Wenn man den Namen Al–Mumīt allein wiederholt, so soll er immer gemeinsam mit Allāh verwendet werden: Yā Mumīt, Yā Allāh.

Die gemeinsame Wiederholung von Yā Muḥyī und Yā Mumīt hilft in Zeiten der Trauer beim Verlust eines geliebten Menschen, bis dass das Herz übergeht und Yā Ḥayy (62) das Herz übernehmen kann. Denn beide, Leben und Tod, entstehen und enden in Al–Ḥayy.

Das Leben ist Wahrheit und die Wahrheit ist Gott, folglich ist Leben nur Gott.

Die Wurzel m–w–t, aus der Al–Mumīt entstammt, bringt folgende Bedeutungen hervor: sterben, umkommen, sich legen, den Tod verursachen, abtöten, sich tot stellen, Schwäche heucheln, untergehen, lassen, träge, schlaff, den Tod suchen, sich opfern, sein Leben aufs Spiel setzen, Tod, Ableben, Sterben, todbringend, tödlich, gealtert, ungebräuchlich, todesmutig.

> „Der Tod, lieber Freund, ist für jeden wie er selbst. Für einen Freund ist er ein Freund und für einen Feind ein Feind. Oh du, der vor dem Tode Angst hat, während du davonläufst, mache dir klar, dass du selber die Ursache dieser Angst bist. Es ist dein eigenes hässliches Antlitz, nicht das des Todes. Deine Seele ist wie ein Baum – und seine Blätter, das ist der Tod. Wenn du der Dornen überdrüssig bist, musst du sie veredeln; und wenn du in feinster Seide gehst, so hast du selbst sie gesponnen."
> (Rumi)

Die Trauer, der Schmerz, die Bedrücktheit und der Kummer sind auch eine Form von Tod und auch der Schlaf ist ein leichter Tod, so sind wir ständig von Formen des Todes umgeben. Täglich bettet uns unser Körper in den Zyklus von Tod und Leben ein und erinnert uns an die kontinuierliche Bewegung des Lebens.

Vier Mal am Tag soll sich der Sufi bewusst mit dem Tod auseinandersetzen und sich innerlich darauf vorbereiten, sodass er/sie in jedem Moment, wenn der Großer Meister ruft, bereit ist. Lebe im Jetzt, übe dich in deiner Menschlichkeit, nehme dir Zeit für das Gebet und die Meditation, schenke und gebe und genieße die Schönheit und Wunder und bringe Himmel und Erde zusammen!

In manchen Sufischulen spricht man von den vier Toden, an die sich ein Sufi halten soll:

Der weiße Tod ist der Hunger. Fülle deinen Magen nie zur Gänze. Halte dich an den Hadith: ein Drittel für die Nahrung, ein Drittel für die Flüssigkeit und ein Drittel für den Atem. Ein leerer Magen hält den Verstand wach, erhellt das Herz und beschützt das Bewusstsein vor dem Halbschlaf, vor der Unachtsamkeit, vor dem Vergessen des Geliebten.

Der grüne Tod ist das Einhalten der Bescheidenheit in der äußeren Kleidung, der Höflichkeit im Umgang, damit das Ich vor der Eitelkeit und Arroganz geschützt ist.

Der rote Tod ist der bewusste Kampf gegen die Macht des egoistischen, trennenden, selbstgefälligen Teils des Ichs und dessen Herrschaftsansprüche.

Der schwarze Tod ist das Ertragen von Einsamkeit, Kränkungen, Beleidigungen und Unverständnis, die einem auf einem spirituellen Weg von den Menschen entgegen gebracht werden.

So verwende den Göttlichen Namen Al–Mumīt, wenn du von deinen niedrigen Trieben überkommen wirst, denn seine Wirkung ist groß. Behalte in deinem Herzen stets das Wissen, dass wir alle Gäste auf dieser Erde sind, die hier kurz verweilen, und lasse dies dein Verhalten gegenüber deinen Mitmenschen beeinflussen. Denn du weißt nie, ob dies nicht eure letzte Begegnung ist. Und vergiss nicht, dass das Göttliche Licht uns nach dem Tod erwartet.

„Der Mystiker weiß, dass der Tod nicht existiert, dass es sich einfach um eine Bewusstseinsveränderung handelt."

الحى

62

Al–Ḥayy

Der Lebendige, der Ewiglebende, der immer Seiende
18 – 36 – 324

Dieser Göttliche Name beinhaltet die Lebendigkeit fern von jeder Vergänglichkeit. Er ist das ewige Leben. Dieser Göttliche Name beinhaltet die Ewigkeit des Lebens ohne Anfang und ohne Ende, jenseits von Zeit und Raum. Möge dieser Göttliche Name dich bei jedem Ein– und Ausatmen daran erinnern, dass deine Lebendigkeit und deine Sehnsucht Allāh gehören.

Wer diesen Namen 101 Mal wiederholt, der genießt seine volle Lebensspanne. Wenn man diesen Namen 500 Mal jeden Tag vor Sonnenaufgang wiederholt, kommt Frieden zu den Betrübten und Bedrückten. Die Wiederholung dieses Namens erweckt im Herzen das Licht der Einheit. Er ist einer der Namen, die vom Engel Gabriel, Friede sei mit ihm, immer wiederholt werden.

Al–Ḥayy und Al–Muḥyī (60) kommen beide von der Wurzel ḥ–y–w (siehe Seite 285 ff).

Dieser Name wird zur Heilung verwendet. Menschen, die seit langem eine Krankheit mit sich tragen, die von der normalen Medizin nicht geheilt werden kann, sollen immer wieder diesen Namen 500 Mal vor Sonnenaufgang wiederholen bzw. der Name soll für sie wiederholt werden. So hebe dein Haupt vom Halbschlaf und du findest die Heilung, so Gott will.

Al–Ḥayy trägt in sich eine hohe Lebensenergie, die durch seine Wiederholung intensiv angeregt wird. Er gibt dem Körper starke Kraft und regt den Magnetismus im Körper an wie kaum ein anderer Name. Lade die psychischen und physischen Elemente in dir auf und teile sie mit deiner Umwelt als ein Geschenk an dich selbst.

Ibn Al–'Arabi erklärt:

> „Nach Al–Wāḥid (66) und Al–Aḥad (67) nimmt Al–Ḥayy den höchsten Rang unter den Göttlichen Namen ein. Alle anderen Namen können erst dann in die Realität eintreten, nachdem Allāh Ḥayy dem Universum Leben geschenkt hat. Dann kommt Al–'Alīm (19) und Bewusstsein fließt in die Schöpfung."

Atem ist Leben. Atme ein, atme die Kraft um dich herum ein und dann atme aus und lasse die Grashalme unter dir wachsen. Bringe Leben dorthin, wo immer du hingehst, zu den Menschen, den Tieren, den Pflanzen. Leben ist Freude. Verbinde dich mit dem magnetischen Feld des Kosmos und gib dieser Kraft Ausdruck in deinen Worten, Gedanken und Taten. Werde eins mit dem Rhythmus des Lebens. Das ist Al–Ḥayy.

Al–Ḥayy, das Lebendige, ist das Gegenteil vom Totem, al–mayyit. Das Leben, al–ḥayāt, leitet sich von Al–Ḥayy ab. Man sagt, jener hat ein lebendiges Herz ḥayy ul–qalb, wenn jemand scharfsinnig, klug, edel und anständig ist und man sagt, sein Herz ist tot, mayyit ul–qalb, wenn jemand stumpfsinnig, einfältig und dumm ist.

Wenn man die Hand auf die Nieren legt und den Göttlichen Namen Al–Ḥayy 18 Mal wiederholt, werden diese aufgeladen und gestärkt.

Der Göttliche Name Al–Ḥayy wird vor allem zur Erweckung der Herzen verwendet. Seine Wiederholung füllt das Herz mit dem Licht der Einheit. Wenn du das Gefühl hast, dass du abgeschnitten bist von deinem Herzen, dass sich Kaltherzigkeit in dir ausbreitet, so hilft dir dieser Name, die Verbindung zu deinem Herzen wiederzufinden. Dieser Göttliche Name hilft dir, dich tiefer kennenzulernen. Er trägt in sich die Qualität des Beobachtens und des Tuns. Er erweckt das Bewusstsein seiner selbst. Er führt zu einer Qualität des Beobachtens und Erkennens, sodass sich unter der Beobachtung die Dinge zu bewegen beginnen und sich natürlich in ihren Lauf einbetten.

Wenn du das Gefühl hast, gehetzt zu werden oder unter Druck zu stehen, Stress in deinem Leben zu spüren, so wiederhole diesen Namen 500 Mal jeden Tag vor Sonnenaufgang und Frieden wird sich in dir ausbreiten.

Dieser Name wird oft in Verbindung mit dem folgenden Namen wiederholt: Al–Ḥayy, Al–Qayyūm (63).

Der Prophet Muhammad, Friede und Segen seien mit ihm, sagte:

„Wer beim Hinlegen zum Schlaf 3 Mal:

أستغفر الله الذي لا إله إلا هو الحي القيوم وأتوب إليه

´astaġfiru llāh al–la ḏi lā ilāha illā hū wa–atūbu ilayh

„Ich suche Zuflucht in Allāh, außer Ihm gibt es keinen Gott und wende mich in Reue zu Ihm“

wiederholt, dem werden alle Verfehlungen verziehen, und seien sie so viele wie der Schaum des Meeres, wie die Anzahl der Blätter der Bäume, wie der Sand der Strände oder wie die Tage der Welt.“

„Niemand schenkt der Welt so viel Schönheit und Geist wie die Künstler und Mystiker, und doch ist nichts ewig, absolut oder vollständig außer Ihm.“

الْقَيُّوم

63

Al–Qayyūm

Der Ewigseiende, aus sich selbst Bestehende, der Beständige
156 – 624 – 24.336

Dieser Göttliche Name trägt eine Eigenschaft, die auf Unabhängigkeit und Selbständigkeit hindeutet. Allāh gibt und ohne Ihn hat nichts Bestand, aus Ihm gehen alle Formen hervor, Er ist der Immerwährende, der Ewige. Alles besteht, weil Er ist. Alles ist vergänglich, alles kommt und vergeht und alles, alle Wesen und Dinge, beruhen auf Seiner Existenz und weil sie sich aus Ihm ergeben, bestehen sie auch nach dem Tod.

Al–Qayyūm kommt von der Wurzel q–w–m, aus der auch folgende Bedeutungen ausströmen: aufstehen, sich stellen, sich aufrecht hinstellen, sich erheben, auferstehen, aufsteigen, bestehen, existieren, durchführen, bewahren, hüten, sorgen, wachen, achtgeben, wert sein, gerade und richtig machen, in Ordnung bringen, von den Toten auferwecken, erheben, Stärke, Festigkeit, Lebensunterhalt, Rückhalt, Aufbruch, Abreise, Auferstehung.

Die Form und der Klangschlüssel des Göttlichen Namens Al–Qayyūm deuten auf seine kontinuierliche, ewig bestehende, allem Existenz schenkende Qualität hin.

Al-Qayyūm lässt das Göttliche in uns auferstehen, entfernt uns damit von unserem Ich, um uns dann wieder aufzustellen, doch nicht im Ich, sondern im wahren Selbst! Al-Qayyūm macht uns gerade und richtig, bis wir Licht sind.

Die zwei Göttlichen Namen Al-Ḥayy (62) und Al-Qayyūm werden meistens miteinander wiederholt: Der Immer-Lebendige, durch Sich Selbst Bestehende Quell allen Seins! Sie zu wiederholen bedeutet, Frieden und Eintracht auf Erden zu verbreiten, die Kraft des Lebens und der Harmonie zu stärken gegen die Kräfte der Zerstörung und des Krieges.

Al-Qayyūm schenkt Festigkeit und Vertrauen in die Göttliche Vorsehung, kühlt das Herz von den Schmerzen und der Schwere, die wir immer wieder spüren, wenn wir die Weltgeschehnisse beobachten. Wenn man diesen Namen 99 Mal wiederholt, so schützt man sich vor schweren Zeiten, vor allem, wenn der Sinn für Sicherheit verloren gegangen ist. Er erfüllt unsere Bedürfnisse und löst unseren Kummer. Immer wieder lässt Er mit Al-Qayyūm das Licht in uns auferstehen.

Wer Allāh als Al-Qayyūm erlebt, von dem lösen sich die Sorgen der Lebensexistenz, sein Herz gibt der materiellen Welt weniger Gewicht und findet Ruhe.

Al-Qayyūm ist der aus sich selbst Bestehende, der Eine, der in sich selbst vollkommen ist. Die beiden Göttlichen Namen Al-Ḥayy und Al-Qayyūm werden von vielen als die mächtigsten und bedeutendsten Namen empfunden.

Niemand kann Gott sehen, ohne vorher zu sterben. Deswegen wird das Leben oft mit einem Hammam umschrieben: Du kommst herein, spürst überall die Wärme, sie umhüllt dich, sie gibt dir die Möglichkeit, dich zu reinigen, zu läutern und dich zu stärken, doch die Quelle, die Feuerstelle, von der all diese Wärme kommt, siehst du erst beim Verlassen des Hammams. Der menschliche Körper gleicht einem Hammam. Erst wenn du ihn verlassen hast, erkennst du in der jenseitigen Welt das Wesen der Göttlichen Liebe, die dich mit Sehnsucht gewärmt hat.

Der Prophet Muhammad, Frieden und Segen seien über ihm, wurde einmal gefragt:

„Was kann ich tun, damit mein Herz nicht stirbt?“
Und er antwortete, „Wiederhole

ياحى يا قيوم لا إله إلا أنت
yā ḥayy yā qayyūm lā ilāha illā anta

40 Mal vor Sonnenuntergang. Diese Worte werden dein Herz beleben und für immer vor dem Tod des Herzens, der Hartherzigkeit schützen.“

Wer das Gefühl hat, vom Halbschlaf im Leben übermannt zu sein oder unter der eigenen Trägheit und Faulheit zu leiden, kann Yā Ḥayy, Yā Qayyūm wiederholen, bis die Sonne aufgeht. Dies wird ihm tiefes Verstehen, Wissen und die Freude an der Arbeit schenken. Halte dich nicht auf mit den äußeren Bedeutungen und bitte um die Einsicht, um das Kosten und um das Licht, die hinter einem Göttlichen Namen ruhen.

Ein Mensch, der diesen Göttlichen Namen in sich trägt, wird Zeuge davon, dass alles durch Allāh existiert, und dadurch lernt er, anderen im Namen des Göttlichen zu helfen und sie zu unterstützen. Menschen, die Probleme haben, sich Dinge zu merken, sollen diesen Namen täglich 16 Mal wiederholen und sie werden diese Schwäche überwinden.

الم الله لاإله إلا هو الحى القيوم
alif lām mīm allāhū lā ilāha illā hū al–ḥayy al–qayyūm
und
لا إله إلا هو الرحمن الرحيم
lā ilāha illā hū ar–raḥmān ar–raḥīm

werden als die größten Unterstützungen angesehen.

Im Koran Sure 2 kommt der Vers āyāt al–kursī, آية الكرسي , der Vers des Thrones vor, der als der größte Schutzvers bezeichnet wird. In der zweiten Zeile dieses Verses nach allāh lā ilāha illā hū kommen die zwei Göttlichen Namen Al–Ḥayy, Al–Qayyūm vor. Der Göttliche Name Al–Qayyūm öffnet hier die Spirale zwischen Himmel und Erde und flüstert seinen Reichtum in den Ozean der Manifestationen.

„Ist Al–Qayyūm, der Immer–Lebendige, der durch–Sich–Selbst–bestehende
Quell allen Seins, nicht die schönste Art, Ihn zu verehren?“

الواجد
64
Al–Wāğid

Der Allseiende, der Allfindende, der Vollkommene, der Sein gebende, der Vorhandene
14 – 56 – 196

Dies ist Er, der weder etwas braucht noch jemals zu etwas unfähig ist. Er leitet alles, was nach Ihm ruft. Er unterscheidet alles, was Er will. So ist es an dir, oh Sucher Allāhs, dich darum zu bemühen, alles zu erfüllen, was Er von dir will.

Auf der sprachlichen Ebene basiert dieser Name auf der Wurzel w–ğ–d. Sie beinhaltet die Bedeutungen: finden, existieren, erlangen, empfinden, fühlen, verspüren, erregt sein, lieben, heißes Sehnen empfinden, Leidenschaft, Erregung, Gefühl, leidenschaftlich verliebt sein, Seelenkräfte, bekommen, sich finden, vorhanden sein.

Auch die Liebesekstase und Leidenschaft, wağd وجد, basiert auf dieser Wurzel, und es leiten sich die Worte Gegenwart, Anwesenheit, Existenz und auch Wissen, wuğūd وجود, davon ab.

Al–Wāğid ist Göttliche Ekstase. Al–Wāğid, der Allseiende, ist der Nahe, der Antwortende, der Gütige, der Liebende. So rufe Ihn mit diesem Namen und verlasse dich auf Ihn, sodass dein Weg ein gerader Pfad wird. Seine Allgüte ist immerwährend und überall. Wer den Namen Al–Wāǧid 100 Mal eine Woche lang täglich wiederholt, findet den Finder in seinem Herzen, in seinen Gedanken, in seinem ganzen Sein und bezeugt Seine Einheit.

Al–Wāǧid ist der Reiche, Al–Ġanīy (88), der Wissende, Al–'Alīm (19). Der Unterschied zwischen den Göttlichen Namen Al–Wāǧid und Al–'Alīm ist der folgende: Al–'Alīm bedeutet das uneingeschränkte Wissen über alles und Al–Wāǧid trägt in sich die Fähigkeit, alles ohne Grenzen auszuführen. Die Großzügigkeit eines Menschen wird zum Beispiel als wāǧid واجد bezeichnet. Der Name trägt in sich die Qualität der Großzügigkeit und die Ausführung dieser Qualität.

Wer diesen Namen vor dem Einschlafen und bis in den Schlaf hinein in sich trägt, dessen Herz und Sichtweise werden mit dem Göttlichen Licht umhüllt. So wiederhole diesen Namen und werde ein Sehender oder eine Sehende. Wisse, dass Al–Wāǧid der Urheber aller Dinge aus dem Nichts ist. Wenn du durch die Wiederholung dieses Namens überkommen wirst, findest du in deinem Inneren Wissen und Weisheit, die du noch nie berührt hast. Denn Al–Wāǧid findet dich, wo du auch seist!

Wer diesen Namen oft wiederholt, der gehen die Dinge, die ihr wichtig sind, im Leben nicht verloren – weder die materiellen Dinge noch die Ziele oder die Motivation, die sie sich in ihrem Leben vorgenommen hat.

Al–Wāǧid berührt vor allem das Seelische und Emotionale in uns, alles, was außerhalb und innerhalb der Begriffe von Raum und Zeit besteht, denn keine unserer Handlungen geschieht ohne Seine Feststellung.

Allāh, der Gebende, haucht dem Menschen von Seiner Gnade Leben ein. Er gibt die Erlaubnis zum Leben und stattet den Menschen mit einer unverwechselbaren Natur aus. Er stellt ihn mit beiden Beinen auf die Erde, spannt seinen Geist bis in die höchsten Himmel und sendet ihn dann auf die Reise nach seinem wahren Wesen. Suche deine Mitte, denn in der inneren Mitte beginnt der intime befreiende Dialog, die Beziehungspartnerschaft zwischen Mensch und Gott. Nicht aus Befehl, sondern aus Sehnsucht und Liebe. In Seiner Anerkennung wird der Mensch frei und der vorewige Bund geschlossen. Mögest du in der Liebesekstase von Al–Wāǧid deine Mitte finden.

„So suche und finde die Gegenwärtigkeit Gottes in dir und in allem,
was dich umgibt."

الماجد

65

Al–Māğid

Der Glorreiche, der Gepriesene, der Ruhmvolle
48 – 192 – 2.304

Dies ist Er, der am vollkommensten erhält. Alle Manifestationen fließen aus Ihm und auch das Tun der Menschen, gewollt und ungewollt, fließt aus Ihm.

Al–Māğid ist verbunden mit Al–Wāğid (64), wobei der Letztere auch die Ewigkeit beinhaltet und eine Versicherung, eine Hervorhebung, eine Bestätigung für den Göttlichen Namen Al–Māğid in sich trägt. Aller Preis und aller Ruhm enden in Ihm. Die ganze Existenz ist durchdrungen vom Licht Seiner Schönheit ğamāl جمال und Seiner Majestät ğalāl جلال

Al–Māğid kommt von mağd in der Bedeutung von Ehre, Würde, Vornehmheit und Ruhm, aber auch Bestreben, Bemühung und Anstrengung. Aus der Grundwurzel m–ğ–d kommen auch folgende Bedeutungen: ruhmreich, hochgepriesen sein, rühmen, preisen, verherrlichen, gelobt werden, Ruhm, Herrlichkeit, Adel, Ehre, Würde, ausgezeichnet, Lobpreisung, Vergötterung, Auszeichnung, der erneuert, auf reiche Weide kommen, von Grünfutter satt sein, in die Wolken heben, mit Lob überhäufen. Auch der Göttliche Name Al–Mağīd (48) kommt von dieser Wurzel, wobei die Form und das Klangmuster von Al–Māğid diese Qualität in ihrem aktiven Ausdruck hat, als der ausschließlich Tuende und Ausführende.

Ibn Al–'Arabi erklärt:

> „Ein Mensch, der die Qualität Al–Māğid berührt, dessen Wesen ist edel, dessen Taten von Schönheit umhüllt und dessen Geben und Teilen von großer Großzügigkeit. Es ist, als ob er die Göttlichen Namen Al–Ğalīl (41), Al–Wahhāb (16) und Al–Karīm (42) zusammengebracht hätte."

So rufe Ihn an und bitte und wisse in all deiner Hingabe, dass nicht jeder deiner Wünsche sofort und mancher nie erfüllt wird. Denn würde jeder Wunsch in seinem ganzen Ausmaß erfüllt werden, so käme es zu einem Ungleichgewicht und einer Disharmonie, die zu einer Gefahr für die Menschheit würde. So hat alles sein Maß, denn Er weiß, was gut für dich ist, hier und für deine Weiterreise.

> „Und immer gibt Er euch etwas von dem, worum ihr Ihn bitten mögt, und solltet ihr versuchen, Gottes Segnungen zu zählen, ihr könntet sie nie berechnen."
> (14:34)

Allāh erfüllt jeden Wunsch des Menschen, vorausgesetzt, dass Er in Seiner unendlichen Güte und Weisheit, in seiner Erfüllung, es als nützlich für diesen Menschen ansieht.

Es liegt in unserer Natur und beschränkten Einsicht, dass man sich in gutem Glauben Schlechtes für sich wünscht und anderes wieder, das Weile braucht, hastig herbeirufen will. So lasse Vertrauen die Schwester deiner Wünsche sein und siehe wahrlich: die Welt ist so wie sie ist vollkommen. Bei der Wiederholung dieser beiden Göttlichen Namen spürt man im Herzen eine erhabene Kraft, die einen hoch trägt in das Licht der Einheit. Das ist ein Zustand, der weder durch Bitten noch durch Suchen erreicht wird.

Al–Māğid ist der Schenker des Reichtums und des Segens. Al–Wāğid (64) ist der Nahe, der, der dich erhört, der Gütige, der bedingungslos Liebende. Al–Māğid ist derjenige, zu dem der gesamte Reichtum zurückgeht und von dem er auch kommt. Das ganze Universum trägt Seinen Duft und das Licht Seiner Manifestationen in all ihrer Vielfalt.

Ein Mensch, der die Qualität Al–Māǧid in sich trägt, trägt in sich die Kraft, Verantwortung zu übernehmen. Wenn ein Mensch 465 Mal diesen Namen während des Tages und 465 Mal in der Nacht wiederholt, wird er von anderen so verstanden wie er es mit seinen Worten gemeint hat. Al–Māǧid ist der Göttliche Name, der durch seine intensive und tiefe Wiederholung dem Menschen die Fähigkeit gibt, die Sprache der Mineralien, der Pflanzen und der Tiere zu verstehen, mit Gottes Gnade.

Wer den Namen Al–Māǧid wiederholt, spürt in der Tiefe seines Herzens eine essentielle Zuversicht, die aus dem Herzen heraus sein ganzes Sein erfüllt. Er spürt den Reichtum in seinen Venen, da er verbunden wird mit dem Göttlichen Reichtum. Doch Reichtum anzuhäufen, ohne ihn mit den Mitmenschen zu teilen, Ruhm nachzulaufen und alles dafür zu opfern, um seinen Namen zu verewigen, heißt, zu vergessen, dass wir ein Punkt auf einem Radius sind und dass dieser Radius ein Strahl der Göttlichen Gnade ist, der vom höchsten Mittelpunkt ausgeht und zu ihm zurückführt. Wird dieser Punkt zum Punkt der Gnade und erkennt er seine Verbindung zum Radius als Ganzem, dann vibriert er im Lobe Gottes, und ob nun sein Name berühmt ist oder unbekannt, ist nicht von Wichtigkeit.

Wir sollten uns in Acht nehmen vor der Gier nach mehr, vor dem besessenen Streben nach mehr Annehmlichkeiten, mehr materiellen Gütern, nach mehr Vorteilen, greifbar oder nicht greifbar, nach größerer Macht über unsere Mitmenschen oder über die Natur oder nach unaufhörlichem technologischen Fortschritt. Denn, wenn wir ausschließlich danach streben, behindern wir jegliche spirituelle Einsicht und in Folge immer mehr die Annahme einer noblen Disziplinierung unseres Wesens, die auf moralischen Werten beruht. Das hat zum Ergebnis, dass allmählich alle innere Stabilität und somit alle Aussicht auf wahre Glückseligkeit verloren gehen.

Das Leben bewegt sich in mysteriösen Wellen von Auf und Ab, mal tauchen Frieden erhöhende und gute, fruchtbare Zeiten auf, mal schweres, düsteres Ringen und Mühsale. In diesen Bewegungen sind wir Menschen eingebettet und in ihnen zeigen sich unsre Möglichkeiten, einzeln und im Kollektiv, als Mensch und Menschheit. Durch diese „Wellen" zeigen wir Farbe. Das Szenario, die Umstände, liegen nicht in unserer Hand. Doch als Menschen sind wir Wesen, die Licht und Dunkelheit in sich tragen und die Himmel und Erde, Ewigkeit und Zeit verbinden und daher zum Gleichgewicht und Ungleichgewicht beitragen. Unsere Handlungen ziehen entsprechende positive oder negative Reaktionen nach sich.

In Zeiten des Reichtums wird uns die Möglichkeit gegeben, Dankbarkeit, Großzügigkeit und Nächstenliebe zu leben, in Zeiten der Schwere, Geduld, Genügsamkeit und Beharrlichkeit. Im Aufeinandertreffen der menschlichen Unausgewogenheit mit unserem innewohnenden Göttlichen Seelenfrieden steht es uns als Menschen frei, mit unseren grundlegenden Tugenden, die von der menschlichen Natur nicht zu trennen sind, durchzuschwimmen, Licht, Großherzigkeit und Wahrhaftigkeit zu verbreiten und so mit jeder Welle uns zu unserem wahren Selbst hin zu wenden. Die Tatsache, dass wir nicht wissen, was am nächsten Tag kommen wird, zeigt, dass wir ein winziger unbedeutender Aspekt eines „absoluten Grundstoffs" sind, aber sie zeigt auch, dass wir nicht von dieser Welt sind, sondern in sie geboren wurden, um im Moment das Wunder, die allumfassende Heiligkeit des Lebens, Allāh, zu erkennen.

„Fließe mit deiner Meditation, mit deinen Gebeten in deine persönlichen heiligen Räume, um davor gerettet zu werden, wieder auf demselben Weg zurückzufließen. Lerne zu schwimmen!"

الواحد

66

Al–Wāḥid

Der Eine, der Einzige
19 – 76 – 361

Al–Wāḥid, der Eine in Seiner Essenz, in Seinen Eigenschaften, in Seinen Taten, die Göttliche Einmaligkeit: Gott ist Einer, es gibt keinen Gott außer Ihm. Er ist das Absolute. Der Eine, der war und nichts war mit Ihm.

Al–Wāḥid gibt uns die Kraft, unser Leben ein– und auszuatmen und uns gleichzeitig in die Einheit fallen zu lassen. Er gibt uns die Eine Liebe, um alle Situationen, alle Menschen, alle Prozesse, mit denen wir konfrontiert werden, als Lehre, als Geschenk, als Heilung anzunehmen.

Die Einheit der Essenz bedeutet: grenzenlos zu sein in Zeit und Raum, in Zuständen ohne Teilung und Trennung. Er ist der Eine, der anwesend ist in Allem. Es ist die Einmaligkeit Gottes, reflektiert in allen und jedem Aspekt der Existenz, anwesend in allen Manifestationen. Alle Manifestationen reflektieren Ihn, sind Spiegelungen des Einen. So reflektiert sowohl das Viele das Eine wie auch jedes Teilchen. Alles trägt in sich das Endliche und Unendliche gleichzeitig.

Al–Wāḥid kommt von der Wurzel w–ḥ–d, aus der die folgenden Bedeutungen entstehen: allein, einzig, unvergleichlich sein, einen, vereinen verbinden, zusammenbringen, zusammenfügen, einzeln, allein sein, vereinigt, eine Einheit bilden, eins sein, Einheit, Alleinsein, Einzigartigkeit, Unvergleichlichkeit, eins (Zahlwort).

Aus derselben Wurzel kommt tawḥīd, der Glaube an die Einheit, das Aufgehen des Individuums in der Einheit Gottes.

Die Einheit der Eigenschaften bedeutet: in Ihm liegen alle Eigenschaften in ihrer Vollkommenheit. Ihm gehören die Göttlichen Namen, die wir kennen und die wir nicht kennen. Ihm gehören die Allwissenheit, die Allfähigkeit. Die Menschen, die Engel und die Dschinn (unsichtbare, dämonenartige Wesen, die aus Feuer erschaffen sind, über Verstand verfügen und neben den Menschen die Welt bevölkern. Nur in Ausnahmesituationen werden sie den Menschen sichtbar), die sichtbaren und unsichtbaren Wesen, unterliegen Seiner Macht und alle Geschöpfe preisen Ihn.

Die Einheit der Taten bedeutet: alle Seine Taten sind sichtbar aus Seinem Wissen und aus Seiner unendlichen Weisheit kommend. Sie stehen nicht im Widerspruch und sind unveränderbar. Er trägt den Anfang und das Ende und Er hat weder Anfang noch Ende. Wenn du diesen Namen alleine und an einem ruhigen Ort 113 Mal wiederholst, so befreist du dich von Angst und Täuschung, wenn Allāh es will.

Durch die Wiederholung des Göttlichen Namen Al–Wāḥid berührst du das Licht deiner tiefen Intelligenz und Weisheit.

Die Einheit bedeutet auch, dass es eine gottgewollte Einheit zwischen Verstand und Körper gibt, zwischen Geist und Fleisch, beide dienen einer einheitlichen Zweckbestimmung. Der Mensch soll zwar dem physischen und materiellen Leben keine übermäßige Bedeutung zumessen, trotzdem oder gleichzeitig sind die Wünsche und Motivationen des Menschen, die mit dem „fleischlichem Leben“ verbunden sind, gottgewollt und daher wichtig. Das ausgewogene Gleichgewicht, den Weg der Mitte zwischen Zügellosigkeit und Askese zu finden, macht den Menschen zu einem mitfühlenden, spirituellen und freudigen, die Schönheit genießenden Menschen.

Al–Wāḥid wird 6 Mal im Koran in Verbindung mit Al–Qahhār (15) erwähnt:

„Gott ist der Schöpfer aller Dinge; und Er ist der Eine (al–wāḥid), der absolut herrscht über alles, was existiert (al–qahhār)."
(13:16)

Wenn Al–Wāḥid sich mit der Klarheit einer Lichtsäule in dein Herz einprägt, dann brennt Al–Qahhār. Egal, was es sonst in deinem Leben gibt oder was du sonst tust, das unaufhörliche Streben, die andauernde Sehnsucht nach Allāh erfasst dein Herz. Diese leidenschaftliche Sehnsucht ist das Feuer der Liebe, das die Sufis 'išq nennen. Al–Wāḥid, Al–Qahhār brennt alles weg, alle egozentrischen Identifikationen, alle falschen Vorstellungen des verletzten Ichs, bis du die Göttliche Flamme wirst.

„Lebe die Fülle und das Gute, aus dem dein wahres Wesen besteht:
Erwerbe Wissen, tue Gutes, sei gut zu allen Lebewesen und erlange so
deinen Frieden und deine innere Würde."

الأحد

67

Al–´Aḥad

Der Einzige, der unteilbar Eine
13 – 39 – 169

Al–´Aḥad steht zu Al–Wāḥid (66) in Beziehung wie die Null zur Eins. Al–´Aḥad ist der unmanifestierte Zustand der Einheit. Al–´Aḥad ist das unteilbare Eine, das nicht aus Teilen zusammengesetzt ist.

Er ist die Einheit, in der alle Namen, alle Qualitäten und all ihre Beziehungen vereint sind, die absolute Einheit der Essenz.

Al–´Aḥad kommt von der Wurzel ´–ḥ–d, aus der folgende Bedeutungen ausströmen: einer, jemand, der Eine, Einzige (Gott), Sonntag, Einheit, Einssein, zu einem machen, vereinen.

Eine Mauer besteht aus Steinen, Mörtel, Sand, Ziegel, Wasser, Kiesel. Doch wenn du die Mauer ansiehst, so siehst du sie als Ganzes. Die Mauer ist die Summe all ihrer Teile. Doch die Mauer ist nicht der Stein, der Mörtel, das Wasser. In der Mauer verlieren die Materialien ihre Identität. In gewisser Weise ist es dasselbe mit uns. Du trägst in dir viele Qualitäten, Gedanken, Gefühle, Urteile. Du identifizierst dich damit je nach Situation und begegnest anderen mal mit dem einen Ich und mal mit dem anderen. Alle diese Beziehungen auf dieser Welt sind ähnlich und alle diese unendlichen Manifestationen sind in der Einzigkeit, in der Einheit miteinander verbunden und in dieser Einheit existieren sie nicht als Teile, wie es am Beispiel der Mauer deutlich wird.

Die Lehre von der Einheit des Seins, tawḥīd, bringt zum Ausdruck, dass jedes scheinbar einzelne Ding in Wahrheit die Gegenwart des Unendlichen ist.

„Und Gottes ist der Osten und der Westen: und wohin ihr euch auch wenden werdet, das Antlitz Gottes wird zugegen sein. Wahrlich, Gott ist die unendliche Weite (wāsi'), das unendliche Wissen ('alīm)."
(2:115)

Die Göttliche Allgegenwart wird von der Göttlichen Allwissenheit getragen, denn wenn Gott Allwissend ist, dann ist Er auch Allgegenwärtig, denn in der absoluten Einheit gibt es keine Trennung zwischen Erkennendem und Erkanntem.

Jede Existenz hat zwei Gesichter: ein eigenes Gesicht, eine individuelle Existenz, und ein Gesicht des Göttlichen, eine Göttliche Existenz. In Bezug zum Individuellen ist es Nichtsein und in Bezug zum Göttlichen ist es Sein. Also ist nichts wahrhaftig existent außer dem Antlitz Gottes.

Weder sind die Punkte die Linie selbst, noch sind sie etwas anderes als diese.
Weder eins noch zwei: die Sängerin und ihr Lied, die Sonne und ihre Strahlen.

Sure Al– Iẖlāṣ, سورة الإخلاص, Die Erklärung von Gottes Vollkommenheit (112:1–4)

1 „Sprich: Gott ist der Eine (´aḥad),
2 Gott ist der Ewige, die absolute, sich selbst genügende Vollkommenheit, die unverursachte Ursache all dessen, was existiert (aṣ–ṣamad),
3 Er zeugt nicht, und Er ist auch nicht gezeugt
4 und es gibt nichts, was mit Ihm verglichen werden könnte."

Es ist die Sure, die Gottes Vollkommenheit bezeugt. Sie zu wiederholen, bedeutet, die aufrichtige Ergebenheit, Zuneigung, Treue und den Glauben, ohne Vorbehalt Gott anzurufen. In ihr erscheinen sichtbar die Göttlichen Namen Al-´Aḥad, Aṣ-Ṣamad (68) und unsichtbar die Göttlichen Namen Al-Wāḥid (66) und Al-Fard (der Einzigartige, der Unvergleichbare). Sie drückt den Gedanken aus, dass alles Existierende oder Vorstellbare zu Ihm als seine Quelle zurückkehrt und daher von Ihm abhängig ist in seinem Beginn wie auch in seiner fortwährenden Existenz.

Wenn du fähig bist, dich in einem einzigen Ich zu finden, in deiner Essenz, jenseits aller Qualitäten und Eigenschaften, die du dir gibst oder andere dir geben, ohne Relation, ohne Bezug zu irgendetwas in dir oder um dich herum, dann wirst du Einheit in dir spüren. Wenn du mit dir allein in Ruhe 1.000 Mal diesen Namen, seine tiefe Qualität und Bedeutung sowie das Gefühl der Einheit in dir spürend, wiederholst, wird sich dir dein wahres Selbst zeigen. Mache dein Denkorgan zum Diener deines wahren Selbst.

Vor Gott sind die verschiedenen Sichtweisen und Unterschiede bedingt und die Werte der einen finden sich in irgendeiner Form stets auch in der anderen wieder. Im Äußeren ist die Einheit eingeschränkt, denn das Bestehen von Unterschieden ist gegeben, dennoch ist die Urstoffliche Allgegenwart so wahr, dass es zu einer Wechselwirkung kommt, die der Einheit Wahrhaftigkeit schenkt. Der unterscheidende Verstand und das vereinende Herz bringen Heiligkeit und Weisheit.

„Wir müssen alle Menschen eins mit uns werden lassen. Der Prophet
Muhammad hat uns dies erklärt, doch einige, die auf diese Welt kamen,
haben diese Botschaft Allāhs vergessen. Wir müssen lernen,
unsere Trennung wegzuwaschen und wieder eins zu werden.“
(Bawa Muhaiyaddin)

„Die Einheit des Lebens symbolisiert sich in einem Element, dem Wasser!“

الصمد

68

Aṣ–Ṣamad

Der Ewige, der immer da ist, der Beständige, der Immerwährende, der Unvergängliche
134 – 402 – 17.956

Aṣ–Ṣamad ist der, dem sich die Herzen in Sehnsucht und Ehrfurcht zuwenden, zuwenden in der Sehnsucht, den Überfluss an Gutem und Lobenswerten, der in Ihm ist, zu erleben.

Dieser Name weist auf die Göttliche Essenz hin. Aṣ–Ṣamad ist derjenige, der die erhabenste Würde in sich trägt, der absolut Ganze, der ewig Immerwährende, der gleichzeitig und zeitlos ist.

Aṣ–Ṣamad kommt von der Wurzel ṣ–m–d, aus der auch die folgenden Bedeutungen entstehen: sich begeben, sich zuwenden, standhalten, trotzen, ausharren, verschließen, dicht, voll, führen, leiten, kämpfen, ewig, immerwährend, Herr, der Niemandes bedarf, massiv, ausdauernd, Fels im weichen Boden.

Eine stimmige Übersetzung für den Göttlichen Namen Aṣ–Ṣamad zu finden, ist schwierig. Aṣ–Ṣamad ist wie eine geballte Faust, wie ein Felsen, dicht, fest und voll, ohne Lücken, kein leerer Raum dazwischen. Aṣ–Ṣamad ist durch und durch Sein, unberührt von Zeit und Raum, keinem Wandel unterworfen. Aṣ–Ṣamad ist unteilbar und nicht aus Teilen zusammengesetzt. Aṣ–Ṣamad ist die Vollständigkeit aller Potenziale, die beständige, immerwährende Ewigkeit.

Ibn Al–'Arabi erklärte:

„Aṣ–Ṣamad ist die universelle Unterstützung und die universelle Zuflucht."

Alles fließt zu Aṣ–Ṣamad und hat Aṣ–Ṣamad als Ziel! Es ist ein fortdauernder Prozess der Rückführung und der Verbindung. Wie der Fisch, der zum Ozean schwimmt, in dem er ist.

Aṣ–Ṣamad hilft uns, unserer individuellen Einheit entgegen zu schreiten und uns einzubetten in die uns umgebende Einheit auf dem gemeinsamen Fluss zu und in Ihm.

Wenn jemand diesen Namen mehrfach 119 Mal wiederholt, so wird für ihn gesorgt werden und er wird keine anderen brauchen, sondern sie werden ihn brauchen. Er wird in der Qualität, im Wissen um seine Bedürftigkeit vom Nehmenden zum Gebenden. Bitte nicht um Schutz bei jemandem oder bei etwas, das vergehen kann. Bitte um Schutz immer nur bei Ihm.

Wenn uns unsere Essenz nicht bewusst ist, entsteht das Gefühl, dass etwas fehlt, entsteht ein Loch. Wenn der Kontakt mit dem eigenen Wert verloren gegangen ist, kommt das Gefühl von Leere, der Minderwertigkeit und Unvollständigkeit. Dann entwickelt sich das Bedürfnis, diese Leere von außen mit Lob, Zustimmung oder Anerkennung zu füllen. Man ist sich dann nur mehr seiner Wünsche und Bedürfnisse bewusst: „Ich will dies und jenes. Ich will Erfolg, ich will, dass mich diese Person liebt, ich will diese Hilfe und jene Anerkennung!" Das Ego übernimmt die Führung und unsere Essenz verschwindet mehr und mehr in den Untergrund, in das Unterbewusstsein. Jeder unserer Hohlräume ist mit einem psychologischen Thema, mit Glaubenssätzen, spezifischen Erlebnissen und Traumata gefüllt, die zur Trennung von unserer Essenz geführt haben. Das Ego identifiziert sich mit diesen Erfahrungen, Ideen und Vorstellungen der Vergangenheit, man ist also NICHT IN dieser Welt, aber von ihr. Mit seiner Essenz verbunden zu sein, bezeichnen die Sufis als in dieser Welt, aber NICHT VON ihr zu sein.

Gepriesen sei diese großzügige Essenz, sie schenkt uns Konflikte, Probleme, Krisen, Herausforderungen und Grenzen, um etwas im Inneren zu entwickeln, um unser wahres Wesen aufzudecken, um etwas herauszufinden, ein Wissen, das wesentlich ist für uns. Mit dem Leid des Egos öffnen sich die persönlichen Aushöhlungen und Vertiefungen für die Wasser der Unendlichkeit und wir nehmen in unserer endlichen Gestalt auf geheimnisvolle Weise Anteil am Unendlichen. Das isolierte Becken erfährt Brüche und Ritzen, durch die die Wasser des Ozeans einzufließen beginnen. Das Becken beginnt, den Geschmack des Ozeans zu kosten und kann sich mutig dem Großen Wasser ergeben. Seinen Rhythmus erfahrend, Sein Liebesrauschen hörend, wird das Becken ganz und ein Teil der Ganzheit. So lass täglich das Wasser des Ozeans dich berühren durch deine Gebete und deinen ḏikr.

Aṣ–Ṣamad verhilft uns zur Umkehr, hilft uns, den Wind der Ganzheit anzurufen und ihn durch alle Poren unserer Existenz wehen zu lassen, lässt den Boden unseres Seins erbeben und die Trennungsbarrieren in sich zusammenfallen. Mit Aṣ–Ṣamad klopfen wir an die Pforten des Unterbewusstseins und an die Tore unseres höheren Bewusstseins, bis die Dämme porös werden und die Flut der Einheit uns überschwemmt. Er, Aṣ–Ṣamad, der Undurchdringliche, macht uns weit und grenzenlos, alle Angst und Zweifel mit sich reißend.

Wiederhole den Göttlichen Namen Aṣ–Ṣamad in der Sure 112 (siehe Seite 309) so oft wie möglich. Sie ist Ausdruck der Treue zur Göttlichen Einheit.

„Diese Welt ist eine Rohrflöte, auf der Er Seine Melodie spielt.“

القادر

69

Al–Qādir

Der unbeschränkt Fähige, der zu allem Fähige, der Mächtige
305 – 1.220 – 93.025

Dieser Name zeigt eine Eigenschaft Allāhs, welche die unbeschränkte Fähigkeit und Macht manifestiert. Al–Qādir ist die unendliche Göttliche Kapazität und Macht. Alles im Universum ist mit dieser Macht verbunden. Sie zu erfahren heißt, sich für die eigene Kapazität zu öffnen und die Zuversicht zu bekommen, dass alles möglich ist. Al–Qādir gibt Mut, Zuversicht und Kraft. Er holt uns aus der Passivität heraus in die Aktivität und erlaubt uns zu spüren wie die Göttliche Kraft durch uns wirkt.

Wenn dieser Göttliche Name während der rituellen Reinigung bzw. Waschung wiederholt wird, so gibt dieser Name dem Gläubigen in jedem Teil seines Körpers Kraft. Wenn man diesen Namen 114 Mal wiederholt, so erfüllen sich die Wünsche, die man tief in sich trägt, so Gott will.

Der Göttliche Name Al–Qādir wird oft gemeinsam mit dem Göttlichen Namen, Al–Muqtadir (70), der Mächtige, verwendet. Wenn die Zunge den ersten Namen wiederholt, so wiederholt das Herz den zweiten.

Al–Qādir und Al–Muqtadir kommen beide von der Wurzel q–d–r. Aus ihr entstehen folgende Bedeutungen: beschließen, bestimmen, mächtig sein, gewachsen sein, imstande sein, können, vermögen, vorherbestimmen, würdigen (siehe Seite 317 ff).

Qadar – aus derselben Wurzel stammend – ist auch die Vorherbestimmung und das Schicksal. Allāh allein kann unser Schicksal hier und im kommenden Leben bestimmen. Denn Er allein kennt unsere Motive, und Er allein versteht die Ursache unserer Irrtümer, und Er allein kann unsere spirituellen Erfolge und Mängel würdigen.

Auch qudra, das Potenzial, die in uns innewohnenden Möglichkeiten, die Fähigkeiten, die uns mitgegeben worden sind, kommt von dieser Wurzel.

Wenn man im Leben in eine Situation kommt, in der man mit einem mächtigen oder einflussreichen Menschen konfrontiert wird, so mag die Zunge bestätigen, dass dieser Mensch zu allem fähig ist, doch im Herzen steigt der zweite Göttliche Name Al–Muqtadir auf und verwischt die Illusion. So hebt das Herz den Schleier des Verstandes und zeigt dem Menschen, wo wahrlich die Macht, die Einheit und die Fähigkeit ruhen. Dieses Wissen löst die Angst und öffnet den Weg für die Weisheit.

Ibn Al–'Arabi erklärt es folgendermaßen:

> „Ob eine Bitte erhört wird oder ihre Erfüllung verschoben wird, hängt von Gottes vorherbestimmten Maß ab. Wenn die Bitte zu einem Zeitpunkt ausgesprochen wird, der für ihr Erhören vorherbestimmt ist, dann erfolgt die Erfüllung unmittelbar, wenn ihr Erhören für einen späteren Zeitpunkt bestimmt ist, und sei dieser in dieser oder in der anderen Welt, dann kommt die Erfüllung nicht, wohl aber das Erhören, denn dieses später wird immer mit der Göttlichen Antwort: Ich bin da! Beantwortet."

So lebt der Mensch in der Spannung zwischen zwei Kräften, der Kraft der Freiheit und der Kraft der Vorherbestimmung.

„Euer Erhalter hat gesprochen: Ruft nach Mir und Ich werde euch antworten.“
(40:60)

Für den Sufi ist dies ein fundamentaler Satz, der ihn von vermeintlichen Sorgen und Ängsten befreit, Frieden im Herzen ausbreitet und alles durch das Herz zu seinem ewigen und unendlichen Ursprung zurückfließen läßt.

Entschleiere dein Herz mit diesem Göttlichen Namen und lasse deine Seele die Bewegung zu Ihm hin beginnen!

Wenn dich innen und außen Angst umgibt, so wiederhole diese Namen. Wenn du spürst, dass die Wolken der Angst deinen Himmel füllen, dann wiederhole diesen Namen und Gefühle der Rache verwandeln sich in eine tiefe Sicht der Dinge.

Wenn dir Unrecht angetan wird, so hast du als Mensch das Recht, Unrecht zurückzugeben. Das ist menschlich, nicht zu verurteilen und auf der menschlichen Ebene verständlich. Als Mensch aber wächst und reift man, und es ist Aufgabe des Menschen, dorthin zu kommen, wo er nicht mehr Gleiches mit Gleichem vergilt, denn nicht der Hass kann den Hass löschen, sondern nur die Liebe. Ist der Mensch aber noch nicht soweit, dass er so handeln kann, so ist er nicht als böse zu verurteilen, denn der Mensch ist ein Wachsender und Reifender. Man muss als Mensch erst ein „Brandstifter“ sein, um dann ein „Feuerlöscher“ zu werden.

„Das Gute kommt von Dir – Allāh – doch nicht das Böse,
obwohl alles von Dir – Allāh – kommt.“

المقتدر
70

Al–Muqtadir

Der Macht besitzt, der alles Bestimmende
744 – 3.720 – 553.536

Al–Muqtadir ergänzt, wie im vorigen Kapitel erwähnt, den Göttlichen Namen Al–Qādir (69). Ein Mensch, der diesen Namen verinnerlicht hat, hat keine Angst, auch wenn alle Menschen sich fürchten, und er geht weder in der materiellen noch in der spirituellen Welt verloren.

Al–Muqtadir wirkt direkt und persönlich auf uns. Er stellt uns auf den Pfad zu Gott. Er gibt uns die Fähigkeit, diesen Weg zu gehen und unser individuelles Schicksal anzunehmen. Schritt für Schritt werden wir geführt, um unsere Bestimmung zu erfüllen. Die Liebende, der Liebende nimmt, was der Geliebte ihr/ihm an Macht und Fähigkeit gegeben hat und verwendet es auf die schönst mögliche Art und Weise.

Wenn ein Mensch diesen Namen 500 Mal wiederholt, wird er sich der Wahrheit bewusst. Es ist ein Göttlicher Name, der die Illusion der Getrenntheit schmelzen lässt, der die Weisheit, die in einem Feinde verborgen liegt, erkennen lässt, der in der glühenden Sonne den Schatten der Zuversicht fühlen lässt. Wenn du dich einbetten möchtest in die Göttliche Allmacht, dann verbinde dich mit diesem Namen.

Die Göttlichen Namen Al–Qādir und Al–Muqtadir kommen beide von der Wurzel q–d–r, wobei Al–Muqtadir die verstärkende Variante des vorhergehenden Namens ist. Die Wurzel mit ihren verschiedenen Formen trägt in sich die Bedeutungen: Göttlicher Beschluss und Vorherbestimmung, Schicksal, Leistungsfähigkeit, Lebensenergie, Kapazität, Potenzial, Geschick, Maß, Verhältnis, gewachsen sein, imstande sein, Ansehen und Rang.

Al–Qādir ist die Erscheinung Seiner unbeschränkten Fähigkeit, während Al–Muqtadir die allumfassende Ausführung aufzeigt. Die Wiederholung beider Namen gibt uns die Kraft und Fähigkeit, unserer Berufung im Leben nachzugehen. Er gibt uns die Stärke, unser Geschenk an uns, an die Menschheit und an die Welt zu geben.

Ein Mann schenkt einer Frau ein Kind, durch sie manifestiert es sich und sie schenkt es dem Mann. So ist es das natürlichste, dass sich jedes Kind als Geschenk an seine Eltern und an diese Welt empfindet.

„Siehe, alles haben Wir in gebührendem Maß und Verhältnis erschaffen."
(54:49).

Je mehr ein Mensch von diesem Namen trinkt, desto kleiner wird sein Ego, das niedrige Selbst, das nafs, und ein solcher Mensch wird dadurch gehemmt, seinen egoistischen Trieben nachzugehen. Bei einem Menschen, der seinem tiefen Sein durch die Göttlichen Namen Al–Qādir und Al–Muqtadir Raum gibt, wachsen spontan die Fragen: „Wie kann ich helfen, was und wozu kann ich beitragen?" Die Sehnsucht und die damit verbundene Demut leiten uns dann, uns für die Harmonie, für die Eintracht unter den Menschen und Völkern einzusetzen und wahre Friedensstifter für die Menschheit zu werden. Ein Friedensstifter betet und wünscht nicht nur Glück und Segen für die, die er liebt, sondern für alle beteiligten Menschen: Geprüfte und Prüfer, Kranke und Pfleger, Lehrer und Schüler. Mit dieser geistigen Einstellung entstehen die Kreise des vereinenden Lichtes und Gottes Liebe wird erkennbar.

Wenn du möchtest, dass sich etwas verändert, frage ehrlich: „Nährt dieser Wunsch, dieses Tun, meinen Stolz, geht es dabei nur um meinen Vorteil, dient es nur meinem Vergnügen?“ Und dann handle wahrhaftig.

„Oh, du fähiger Mensch, Allāh ist fähiger als du!
Oh, Allāh, erfülle mich mit der Kraft, die mich näher bringt zu Dir!
Gib Allāh einen Platz zwischen deinen Augen und in deinem Herzen.“

المقدم

71

Al–Muqaddim

Der Beschleunigende, der Voranstellende, der Fördernde

184 – 736 – 33.856

المؤخر

72

Al–Mu´ahhir

Der Aufschiebende, der Nachstellende, der Verzögernde

846 – 3.384 – 715.716

Wer diese beiden Göttlichen Namen wiederholt, geht in den tiefen Zustand der Hingabe und verbindet sein Herz in schweren und in leichten Zeiten mit dem Göttlichen, im tiefen Wissen, dass Gott der Fördernde und der Verzögernde ist, in der Allwissenheit des Seins.

Al–Muqaddim kommt von der Wurzel q–d–m, aus der folgende Bedeutungen entstehen: vorangehen, eintreffen, ankommen, kommen, gelangen, den Vortritt lassen, vorziehen, vorbereiten, bereitstellen, vorsorgen, zum Geschenk machen, darbringen, widmen, erteilen, vorrausgehen, vorstehen, bewegen, näher kommen, unterbreiten, auftragen, altern, alt werden, kommen lassen, zu sich rufen, alte Zeit, Vorzeitlichkeit, Urewigkeit, Fuß, Schritt, geradeaus oder vorwärts gehen, Kommen, Ankunft, vorangestellt, Vorhut, vorderste Reihe, Vorspiel.

Jemand, der sich seiner Triebe und Ich–Wünsche bewusst ist, der sich der Oberflächlichkeit und Tiefe seines Seins gewahr ist, kann den Namen Al–Muqaddim 184 Mal am Tag wiederholen und dieser Name gibt ihm die Kraft und die Weisheit, das zu erkennen und zu wählen, was in seinem Leben wesentlich ist, denn Er versorgt die Menschheit mit allen Mitteln des wirklichen und wahrhaftigen Fortschritts.

Die Wiederholung des Göttlichen Namens Al–Mu´aẖẖir gibt einem Menschen die Kraft, Negatives abzuwenden. Wenn man diesen Namen 100 Mal pro Tag wiederholt, bekommt man einen klaren Blick für die eigenen Schwächen. Wenn ein Mensch es abwenden möchte, dass eine negativ dominierende Persönlichkeit eine einflussreiche Position einnimmt, so muss er den Namen 1.446 Mal an sieben Tagen vor Sonnenaufgang wiederholen. Mit Allāhs Hilfe wird es dann nicht dazu kommen.

Sowohl Al–Muqaddim als auch Al–Mu´aẖẖir bewegen uns hin und her auf der Ebene der Zeit. Wenn die Qualität von Al–Muqaddim einen Widerhall in uns auslöst, erkennen wir, dass alles zu seiner rechten Zeit passiert. Al–Muqaddim lehrt uns, mit der Zeit umzugehen und mit unserer Ungeduld. Al–Muqaddim lässt uns Schritt für Schritt vorangehen, die Wahrheit nicht aus den Augen des Herzens verlierend.

Wenn die Qualität von Al–Mu'aḫḫir einen Widerhall in uns auslöst, erwacht die Erkenntnis, dass alles zur rechten Zeit erscheint und im richtigen Zeitpunkt zu Ende geht. Al–Mu'aḫḫir lässt uns in die Einheit zurücktreten und aus Ihr, den Rücken gestärkt und daher aus unserem tiefen Selbst agierend, die Dinge zu Ende bringen.

In beiden Fällen können Ruhe und Stille in uns heranwachsen und eine Zuversicht, dass Alles in Seinen Händen ist.

Al–Mu'aḫḫir und Al–'Āḫir (74) entstehen aus der Wurzel '–ḫ–r, aus der auch folgende Bedeutungen erscheinen: verzögern, aufschieben, vertagen, hemmen, hindern, aufhalten, zurückstellen, absetzen, entlassen, verabschieden, sich verspäten, sich verzögern, zurückbleiben, zaudern, in Verzug geraten, im Rückstand sein, stocken, zögern, letzter, äußerster, Ende, Schluss, das Jenseits, Verzögerung, Aufschub, Hemmung, Verspätung, Zögern, Ende, Schlußteil, Nachhut.

Allāh gibt dem einen, was Er dem anderen vorenthält, und mit diesem Beschleunigen und Verzögern entsteht eine Gleichheit unter den Menschen, eine Gleichheit, die sich nur dann zeigt, wenn die Menschen offen und hilfsbereit füreinander sind und so in den Zustand der Ergänzung übergehen. Denn was auf der einen Seite erniedrigt wird, wird auf der anderen Seite erhöht. Mögest du die Kraft haben, was verzögert wird zu akzeptieren und was beschleunigt wird anzunehmen.

Es gibt nichts Falsches. Es mag etwas falsch erscheinen, weil wir eine bestimmte Vorstellung von richtig haben, aber wenn man ohne Vorurteil hinsieht, ist nichts falsch. Wir Menschen sind immer nur fähig, einen Ausschnitt zu sehen, nie das Ganze. Alle Aspekte des menschlichen Lebens, die gesellschaftlichen und individuellen, die spirituellen und die materiellen, bilden ein unteilbar Ganzes und können nicht voneinander trennbar angesehen werden.

So übe dich in Disziplin, denn wahre Disziplin heißt, etwas ohne Vorurteil, ohne vorgefasste Meinung anzusehen, empfänglich zu lernen.

Manche Menschen sind mit ihren Unternehmungen erfolgreich und andere scheitern mit ihren Unternehmungen. Nach außen hin gibt es keinen offensichtlichen Grund für das Scheitern des einen und für den Erfolg des anderen. Die Gründe können individuell sein, z. B. in den Absichten oder der Durchführung eines Unternehmen liegen; oder für den einen ist der Erfolg von Wichtigkeit, da Erfolg ihn näher zu seiner Essenz bringt, andere bringt das Scheitern innerlich weiter, oder Erfolg bzw. Scheitern passen nicht in den unerkennbaren großen Göttlichen Plan. Möge Allāh uns vor dem Dünkel der Einbildung schützen und uns öffnen für alles, was Er uns gibt, um dankbar zu sein. Denn alles, was wir „besitzen", ist uns von Gott anvertraut, wir sind die Nutznießer, wir kommen leer und gehen leer. Nutze es gut! Mögen wir durch unsere Taten Licht und Schönheit verbreiten! Denn Gott ist schön und liebt die Schönheit.

Verbinde dich mit Hilfe von Yā Muqaddim, Yā Mu'a<u>hh</u>ir mit dem Ganzen und erlange so deine eigene wahre Bedeutung. Breche die Dämme deines Teiches und werde wieder zum Fluss, denn nur der Fluss erreicht das Meer. Gehe der allumfassenden Wahrheit entgegen.

Für die Sufis sind die beiden Namen „derjenige, der entfernt" und „derjenige, der nahebringt", von großer Wichtigkeit. Für sie ist die Näherung ihr „Nicht–Bewusstsein ihrer selbst" und die Entfernung ihr „Sich–Gegenwärtigsein ihrer selbst".

„Oh Allāh, schenke uns Deine Liebe und erteile uns die Fähigkeit,
Deine Schöpfung zu lieben!"

„Oh Allāh, schütze uns vor den Fallen der Selbstschmeichelei und der
Selbsterniedrigung, der Gier, des Machthungers, aber vor allem
vor der Blindheit und Taubheit des Herzens."

الأول

73

Al–´Awwal

Der Erste, der Anfang
37 – 111 – 1.369

Er ist der Erste ohne Beginn, Er ist die Vorewigkeit. Der Erste ist der in sich ewig Existierende, außerhalb von Zeit und Raum. Er war und nichts außer Ihm war.

Alles was etwas anderes für seine Existenz braucht, ist nicht Al–´Awwal. Der Tisch braucht das Holz, aus dem er besteht, also ist er nicht Al–´Awwal. Das Holz braucht den Baum, also ist es nicht Al–´Awwal. Die Pflanze braucht den Samen, also ist sie nicht Al–´Awwal. Der Samen braucht eine vorhergehende Pflanze, aus der er entspringt, also ist er nicht Al–´Awwal. Diese Pflanze ist wiederum nicht der Beginn, also ist sie auch nicht Al–´Awwal. Die Bedeutung von Al–´Awwal ist Jener, der für Seine Existenz nichts braucht, Der also in Seinem Sein frei ist von allem Sein.

Es kam ein Mann zu dem Propheten Muhammad, Allāhs Friede und Heil seien mit ihm, und fragte: „Wo war Allāh vor der Schöpfung“? Er erwiderte: „Allāh war und nichts war mit Ihm!“ Und er fragte weiter: „Und jetzt?“ „Er ist jetzt, wie Er war!“ war des Propheten, Allāhs Friede und Heil seien mit ihm, Antwort.

Als Er erkannt werden wollte, erschuf Er die Schöpfung, um von ihr erkannt zu werden. Er zeigte sich ihr und sie erkannte Ihn und sie pries Ihn, wissend oder unwissend, freudig oder unwillig. Dieser Name sagt, dass Er war, bevor alles war und Er ist es, der alles hervorbringt. Er ist der Erste im Geben der Wohltaten an die Menschheit, frei, ohne Maßnahmen und ohne Bitten.

Al–´Awwal kommt von der Wurzel ´–w–l und aus ihr fließen folgende Bedeutungen: erster, das Erste, Vorderste, das erste Mal, dieses Leben (Gegensatz zu Jenseits), der erste Gebetsruf, besser, wichtigster Teil, Anfang, primär, ursprünglich, grundlegend, elementar, Grundwahrheit, feststehende Wahrheit, Grundbestandteil, Element, Vorrang, Vorrecht, Priorität.

Gottes Schöpfung ist gekennzeichnet von der endlosen Wiederkehr von Geburt, Tod und Wiedergeburt in den physischen und spirituellen Dingen: dem Wasser, das im Untergrund verschwindet und wieder auftaucht, das Emporsteigen der Dämpfe und das Herabkommen von Regen, Schnee und Hagel, die Entwicklung der Samen zu einer Pflanze und die der zerfallenden Pflanze zu Kohle und Erdöl, die Verwandlung der toten Körper von Tieren und Menschen in Elemente der Nahrung für neues Leben, Spuren von Zivilisationen, die in der Erde begraben sind und dann wieder in die Sicht und das Bewusstsein späterer Generationen gelangen, das Aufsteigen der Wünsche, Hoffnungen und Ambitionen von Menschen in den Himmel und das Herabkommen der Göttlichen Eingebung in den Geist der Menschen und damit die Wiederbelebung von Glauben und Denken und dadurch das Wachsen neuer Fertigkeiten und neuer Hoffnungen.

Auf Ihm und in Ihm beruht unsere Existenz, Er ist die Einheit der Vielfalt. Er ist die Ursache und die Wirkung. Er ist der Eine, der Erste, der Sich widerspiegelt in den unendlichen Spiegelungen des Seins. Er ist das Eine, das Alles und doch kein Einziges.

Wer diesen Namen mit sich trägt, dem wird gegeben, wonach er sich sehnt und er wird schneller als andere tiefe Einsichten erlangen. Das Bewusstsein für die Ewigkeit und die Unendlichkeit wächst.

Wenn man einen Kinderwunsch hat und es nicht dazu kommt, wenn ein geliebter Mensch verlorengegangen ist oder man ein überwältigendes Problem hat, so wiederholt man diesen Namen 1.000 Mal 40 Freitage nacheinander und der jeweilige Wunsch wird erfüllt, wenn Allāh es bestimmt. Du bist der Erste und nichts ist vor Dir, denn Du bist das Sein allen Seins.

Wir Menschen sind Wesen, in die der Samen der Strebsamkeit gelegt wurde. Wir streben nach einer Ausbildung, dann streben wir nach einer Partnerin, einem Partner, dann streben wir nach Nachwuchs, dann streben wir nach Eigentum: Auto, Haus, Wohnung. Wir essen, trinken, verreisen und doch spüren wir Überdruss und Langeweile und zuweilen gar Missvergnügen. Denn der Mensch ist nicht für die Endlichkeit geschaffen und wenn er nur danach strebt, kommt der Trübsinn. Sich der Göttlichen Unendlichkeit zuzuwenden bedeutet, die Freude, Offenheit und das Staunen zu erleben. Wir Menschen sind mehr als die Endlichkeit, mehr als die Materie.

„Und von den Segnungen deines Erhalters sollst du immer sprechen!"
(93:11)

Sei dir deiner Segnungen bewusst, erwähne sie, genieße sie, teile sie und wachse als Mensch.

„Und wisst, dass eure weltlichen Güter und eure Kinder nur Prüfungen und eine Versuchung sind und dass es bei Gott einen gewaltigen Lohn gibt."
(8:28)

Die Liebe zu weltlichen Gütern und der Wunsch, unsere eigene Familie zu beschützen und zu unterstützen bzw. ihr Nutzen zukommen zu lassen, kann uns, auch wenn wir ansonsten gute Menschen sind, zu Übertretungen führen, die unsere Mitmenschen verletzen. Mögen diese unsere Bindungen uns nicht von der Wahrheit ablenken.

„Al–´Awwal, für Ihn ist Alles, durch Ihn ist Alles und von Ihm ist Alles."

الآخر

74

Al–´Āẖir

Der Letzte, der Endpunkt
801 – 2.403 – 641.601

Er ist der Letzte ohne Ende, die Nachewigkeit:

„Du bist der Letzte und nichts kommt nach Dir,
alles geht und Du bist der Bleibende."

Von Ihm ist der Anfang und zu Ihm kehrt das Ende. Er ist es, der bleibt, wenn alles vergangen ist. Alle Gedanken, alle Absichten, alles Wissen gehen irgendwann zu Ende.

Wer den Göttlichen Namen Al–´Āẖir immer wieder 600 Mal wiederholt, bringt Freude in sein Leben und führt ein gutes Ende herbei.

Al–´Āẖir entsteht aus derselben Wurzel wie Al–Mu´aẖẖir (72) nämlich ´–ẖ–r (siehe S. 322).

Al–´Awwal (73) und Al–´Āẖir sind miteinander verbunden und werden meist miteinander wiederholt und manche fügen auch Aḏh–Ḏhāhir (75) und Al–Bāṭin (76) hinzu und wiederholen alle vier Namen gemeinsam.

Er wird Al–´Awwal genannt, weil Er war und nichts war mit Ihm, und Er wird Al–´Āhir genannt, weil Er sein wird und nichts wird mit Ihm sein. Er ist das Sinnbild für den vollkommenen Kreis ohne Anfang und Ende.

Sure Al–Ḥadīd, **سورة الإخلاص**, Das Eisen (57:3)

هوالأول والآخر و الظاهر والباطن وهو بكل شيء عليم

huwa al–´awwal wa–l–´āḫir wa–ḏh–ḏhāhir wa–l–bāṭin wa huwa bi–kulli šai´in ʻalīm.
„Er ist der Erste, Er ist der Letzte, Er ist der Sichtbare,
Er ist der Unsichtbare, Er ist der Allwissende."

Al–´Awwal und Al–´Āḫir, sowie Aḏh–Ḏhāhir und Al–Bāṭin sind außerhalb von Zeit und Raum, sie sind der Ewige Beginn und der Ewige Schluss, das Ewige Erscheinen und das Ewig Verborgene, der Ewige Aufstieg und der Ewige Abstieg, bleibende, unvergängliche Bewegungen der Absoluten Majestät und Schönheit. Sie sind wie der Rhythmus des Atems. In seinem höchsten Punkt der Einatmung ist es die Vereinigung mit Allāh, dort wo Alles aufgegeben wird und wir im Erkennen unserer höchsten Fülle alles loslassen können, und Alles anhält, das, was die Sufis als fanā´, „Entwerdung", bezeichnen. Unsere danach folgende Ausatmung ist die Rückkehr in die Welt, es ist nach dem fanā´ das baqā´, das Ausatmen aus dem wahren Selbst.

Der Prophet Muhammad, Allāhs Segen und Friede seien mit ihm, erklärte Al–´Awwal und Al–´Āḫir:

„Sein Wesen ist ewig, ohne dass Seiner Existenz irgendetwas vorausgeht und
ohne dass irgendetwas Seine Unendlichkeit überdauert."

Alles, was existiert oder geschieht, hat eine Bedeutung und einen Zweck. Wenn wir Menschen erkennen, dass alles, was wir als schlecht ansehen, in seiner verborgenen Form gut ist, würde unser verletztes Ich in Liebe zu Gott schmelzen.

Al–'Awwal und Al–'Āhir geben uns Menschen die Möglichkeit, uns in den Ewigen Kreis einzubetten. Vor jedem Entstehen, vor jedem Anfang, vor jeder Eröffnung, vor jedem Aufbruch ist Al–'Awwal und nach jedem Ende, nach jedem Ausklang, nach jedem Schluss, nach jeder Ankunft ist Al–'Āhir. Mit dem Bewusstsein, zwischen diesen beiden Absoluten eingebettet zu sein, ist es möglich, sich auszudehnen, sich einzubetten in die Ewigkeit. Unser Atem und unser Geist weiten sich und in dieser Weite erfahren wir unsere eigene Ewigkeit, erfahren wir das Jetzt jenseits der Zeit.

Aus derselben Wurzel wie der Göttliche Name Al–'Āhir kommt al–'āhira, der Ausdruck für das kommende Leben, die Fortdauer des Lebens nach dem körperlichen Tod, und mit ihr die Tatsache, dass die Haltungen und die Handlungen eines Menschen in dieser Welt bestimmte Konsequenzen im kommenden Leben haben.

Wiederhole diesen Namen oft, denn er öffnet das Herz, sodass es das Göttliche Licht erkennt und sich für das Jenseits öffnet.

Die Wiederholung dieses Göttlichen Namens 100 Mal am Tag gibt einem die Kraft, sich nichts vorzumachen und die wahrhaftige Realität zu sehen. Wer diesen Namen 1.000 Mal wiederholt, dessen Herz wird sich mit Göttlicher Liebe füllen.

„Nichts war in Ihm und daher kann alles aus Ihm kommen."

Am Ende kommst du immer zu Allāh, weil Er hinter allem ist. Er ist der Schöpfer des Raumes und der Schöpfer der Zeit und es gibt kein „wo" und kein „wann" für Ihn.

„Das Ende ist im Anfang enthalten. Es ist ein geschlossener Kreis der Liebe,
in dem im ersten Augenblick alles vorhanden ist."

الظاهر

75

Aḏh–Ḏhāhir

Der Manifestierte, der Offenbare, der Sichtbare
1.106 – 4.424 – 1.223.236

Dieser Göttliche Name zeigt die Manifestation des Göttlichen in der sichtbaren Welt, die Existenz der Einheit im Wesen aller Dinge, in den Eigenschaften und in den Taten. In der Essenz weiß der Mensch um seine Verbindung mit dem Göttlichen und auf seinem Weg, wenn Wissen, Verstehen und Benehmen, sowie menschenwürdiges Verhalten dazukommen, verfeinert und kristallisiert sich dieses Wissen immer mehr, bis es alle Zellen erfüllt.

Die Sufis sprechen von den Manifestationen, von den Erscheinungen als Symbole. Das Symbol des Schleiers, ḥiğāb, spielt dabei eine wichtige Rolle. Der Schleier erregt meine Aufmerksamkeit und ist, gleichwohl er in seiner Funktion verschleiert und irreführt, auch ein Wegweiser, ein Zeichen, das mir verhilft, Gott aufzufinden. Der ḥiğāb ist das, was die Hindus Maya nennen. Der ḥiğāb ist zwar auf seiner manifestierten Ebene eine Trennung, doch gleichzeitig ist alles vom Absoluten eingeschlossen und so ist er Verschleierung und Enthüllung zugleich. Der höchste Schleier ist Ar–Raḥmān, aus dessen Atem die Welt ins Dasein eintrifft, wobei der Stoff, aus der die Welt besteht, nafas ar–raḥmān, der Atem des Mitfühlenden, des Allbarmherzigen ist.

Alle guten Taten, jene, die jenseits des egozentrischen Eigennutzes ausgeführt werden, tragen in sich die Leitung und Gnade Allāhs, sind Göttliche Eingebung und Inspiration. Denn der Urgrund für die Vollkommenheit dieses Universums ist Aḏh–Ḏhāhir. Alle Schönheit im Universum bezeugt uns zurufend das Göttliche. Wenn der Mensch sich für dieses Rufen öffnet, wird alles zu Adh–Dhāhir, zur Manifestation.

Wiederhole diesen Namen 15 Mal nach einer Meditation oder nach dem Gebet und du spürst das Göttliche Licht in deinem Herzen. Die Wiederholung dieses Namens gibt dir die Fähigkeit, Dinge zu sehen, die vorher vor dir verschleiert waren. Wenn ein Mensch ein Problem hat und keinen Weg sieht, dieses Problem zu lösen, so soll er nach dem Nachtgebet oder der Nachtmeditation 1106 Mal den Namen Yā Ḏhāhir wiederholen, und Allāh zeigt ihm eine Lösung. Diese Lösung kann sich auch im Traum zeigen. Lerne die Zeichen Allāhs zu erkennen und in allen Wesen zu lesen.

Manchmal verlangt das Leben bzw. eine Situation von uns, dass wir klar und mutig aufscheinen, unsere positiven Taten „aufdecken" und sie aufrecht und klar zeigen. Verbinde dich dann mit dem Göttlichen Namen Aḏh–Ḏhāhir, damit du die notwendige Stärke bekommst und zugleich dein Denken und dein Herz nicht vergessen, woher diese Macht und dieser Einfluss kommen.

Mit der 1106–maligen Wiederholung des Göttlichen Namen Aḏh–Ḏhāhir behandelt man Augenleiden, vor allem jene, die mit dem Augennerv verbunden sind.

Aḏh–Ḏhāhir und Al–Bāṭin werden üblicherweise zusammen wiederholt, der eine zeigt, dass sich das Göttliche in Seinen entschleierten Formen manifestiert, die Ihn gleichzeitig verschleiern, und der andere zeigt, dass Er von keiner Form verhüllt wird, ohne dass sie Ihn gleichzeitig entschleiert.

Die Erkenntnis des Herzens ist die Wiedervereinigung, was bedeutet, den äußeren Dingen stets die innere Wirklichkeit zuzuordnen, die diese versinnbildlichen, die innere

Äußerlichkeit und die äußere Form des Innerlichen im Herzen zu erleben. Zu erkennen, dass die Dinge dieser Welt nicht als unabhängige Wirklichkeiten existieren, sondern ganz und gar vom Vorhandensein des verborgenen Schatzes abhängig sind, dessen Herrlichkeit zu enthüllen, sie erschaffen sind.

„Die inneren und äußeren Sinne zu vereinen heißt auch, das sichtbare Leben des Diesseits mit dem verborgenen Leben des Jenseits zu vereinen."

الباطن
76

Al–Bāṭin

Der Verborgene, der Nichtsichtbare, der Geheime, der Inwendige
62 – 248 – 3.844

Al–Bāṭin ist jener, der verschleiert, jener, der wegen der Allmacht Seiner Sichtbarkeit unsichtbar für das „fleischliche“ Auge ist. Wer sichtbar ist, ist verschleiert vom Unsichtbaren, und wer unsichtbar ist, ist verschleiert vom Sichtbaren. So ist das Sichtbare mit dem Unsichtbaren verbunden und das Unsichtbare mit dem Sichtbaren. Er ist das Sichtbare, das Manifestierte und nichts ist höher als Er, Er ist das Unsichtbare, das Verborgene und nichts ist ohne Ihn. Er ist die transzendente Ursache von allem, was existiert, und zugleich immanent in jedem Phänomen Seiner Schöpfung.

Allāh Al–Bāṭin verhüllt sich vor der realen Sehkraft und wird A<u>dh</u>–<u>D</u>hāhir (75) durch das Auge des Herzens. Al–Bāṭin ist für das Auge des Kopfes verborgen und für das Auge des Herzens sichtbar.

Die häufige Wiederholung des Göttlichen Namens Al–Bāṭin lässt eine tiefe Bescheidenheit und wärmende Demut ins Herz fließen und der Zauber der Gnade und Güte weitet sich aus.

„Seid ihr nicht gewahr, dass Gott euch alles dienstbar gemacht hat, was in den Himmeln ist, und alles, was auf Erden ist, und euch mit Seinen Segnungen überhäuft hat, sowohl äußerlich (d̲hāhir) wie innerlich (bāṭin).“
(31:20)

Er hat uns befähigt, von allem, sowohl Sichtbaren wie Unsichtbaren, Nutzen zu ziehen, da wir mit physischen, geistig–intellektuellen und spirituellen Gaben versehen worden sind für das Leben in dieser Welt.

Er ist Ad̲h–D̲hāhir durch Seine Namen, Seine Qualitäten und durch das Licht Seiner Zeichen und Symbole und Er ist Al–Bāṭin durch die Göttliche Wahrheit, die in allen Dingen existiert. Der Mensch gibt durch seinen Körper kund vom Licht des Göttlichen Namens Adh–Dhāhir und durch seine Seele vom Licht des Göttlichen Namens Al–Bāṭin.

Manchmal verlangt das Leben bzw. eine Konstellation von uns, dass wir im Verborgenen bleiben und von dort unseren Einfluss und unsere Liebe fließen lassen. Dich mit Al–Bāṭin zu verbinden, Seine Resonanz in dir zu verspüren, hilft dir, dein Ich zu zügeln, das sich gerne zeigt und gibt dir die Souveränität, dich nur Ihm zuzuwenden.

Wenn Zweifel dein Herz zu erobern versuchen, dann wiederhole die vier letzterwähnten Göttlichen Namen.

Bāṭin kommt von der Wurzel b–ṭ–n mit den Bedeutungen: verborgen, sich verbergen, zu ergründen suchen, tiefgehende Kenntnis besitzen, genau kennen.
Es ist das Gegenteil von Dhāhir aus der Wurzel d̲h–h–r mit den Bedeutungen: sichtbar, erkennbar, offenbar sein, zutage treten, sich zeigen, aufsteigend, hervorgehen, die Oberhand gewinnen, siegen, überwinden, Kenntnis erlangen, enthüllen.

Allāh ist D̲hāhir und Bāṭin. Bāṭin weil nicht offensichtlich, und D̲hāhir durch die Manifestationen, die auf Ihn hinweisen, und durch Seine Wirkungen und Handlungen, die zu

Wissen und Erkenntnis Seiner führen. So ist D̲hāhir das Aufsteigende, welches Bāṭin umhüllt und Ihm näher ist als sich selbst. D̲hāhir und Bāṭin entsprechen dem exoterischen und esoterischen Aspekt Gottes und der zweifachen – einer äußeren und einer verborgenen – prophetischen Sendung des Propheten Muhammad – Allāhs Segen und Frieden seien mit ihm.

„Er ist der Erste, Er ist der Letzte, Er ist der Sichtbare, Er ist der Unsichtbare, Er ist der Allwissende."
(57:3)

Ibn Al–'Arabi erklärt:

„Die vier Göttlichen Namen Al–´Awwal, Al–´Āḫir, Ad̲h–D̲hāhir, Al–Bāṭin sind die räumlich und zeitlich geistigen Erfassungen und Umhüllungen, von Anfang und Ende, Tiefe und Höhe. Die Vorewigkeit und die Nachewigkeit sind das Vor und Nach. Denn jedes Vorhergehende, sābiq, führt zu seinem Vorrang, ´awwaliyya, zu Seiner Grundwahrheit, und jedes Ende führt zu seinem Nachrang, ´āḫiriyya, zu Seiner Endwahrheit. So umhüllt Seine Grundwahrheit und Seine Endwahrheit allen Anfang und jedes Ende, und Seine Äußerlichkeit und Seine Innerlichkeit alles Äußere und Innere. Es gibt nichts Äußeres, ohne dass Allāh es umhüllt und darüber ist, so wie es kein Inneres gibt, ohne dass Allāh darunter und nahe ist. Dies sind die vier Pfeiler der Einheit."

Die vier Göttlichen Namen Al–´Awwal, Al–´Āḫir, Ad̲h–D̲hāhir, Al–Bāṭin gemeinsam zu wiederholen setzt uns in das Zentrum der Stille, jenseits von Anfang und Ende, jenseits des Sichtbaren und Verborgenen. Es ist die Begegnung mit der Ewigkeit.

Wenn dich dein Ich überkommt, wenn Zweifel und Verzweiflung dich verzerren, dann wiederhole diese Worte:

„Wie kann Er vor mir verschleiert werden, wo Er doch alles sichtbar macht!"
„Wie kann Er vor mir verschleiert werden, wo Er doch in allen Dingen manifestiert ist!"

„Wie kann Er vor mir verschleiert werden, wo Er sich doch in allen Dingen zeigt!“
„Wie kann Er vor mir verschleiert werden, wenn Er sich doch für alle Dinge manifestiert!“
„Wie kann Er vor mir verschleiert werden, wenn Er doch sichtbar war vor aller Existenz!“
„Wie kann Er vor mir verschleiert werden, wenn Er doch sichtbarer ist als alles!“
„Wie kann Er vor mir verschleiert werden, wenn Er der Eine ist, neben dem nichts anderes ist!“
„Wie kann Er vor mir verschleiert werden, wenn Er näher bei mir ist als alles andere!“
„Wie kann Er vor mir verschleiert werden, wenn ohne Ihn kein Sein wäre!“

„Oh Allāh, wie nahe Du mir bist und wie fern ich von Dir! Oh Du Naher, Du Vertraulicher, Du bist der Nahe und ich bin die, die fern ist! Deine Nähe zu mir ließ mich an allem zweifeln und meine Ferne zu Dir ließ mich nur Dich anflehen. So sei für mich da und bring mich Dir näher, sodass ich befreit werde von dem Flehen und dem Flehen anderer.“

Wiederhole diesen Namen täglich und du wirst fähig sein, die Wahrheit in den Dingen zu sehen. So siehe die Zeichen in den Himmeln über dir und in der Tiefe deines Selbst.

Für die Sufis dienen die Äußerlichkeiten stets dazu, die Innerlichkeiten zu gewinnen. Denn in Wirklichkeit ist der Äußere eins mit dem Inneren. So wird die ganze Welt eine Welt der Symbole. Aus dem Halbschlaf zu erwachen bedeutet, aus dem Zustand zu erwachen, wo man den Dingen dieser Welt lediglich um ihrer selbst willen Aufmerksamkeit schenkt. Die unerbittliche Einsicht, dass das Natürliche vom Übernatürlichen durchdrungen ist, beeinflusst und verändert unser Wesen, entwickelt in uns das Gefühl für das Heilige, das „Gefühl für Gott“, denn heilige Dinge verlangen dies mit Recht dem Menschen ab.

„Die äußere Welt ist zwar nicht Gott, doch ohne Ihn kann sie nicht sein.“

„Wenn man vom innerlichen Weg gehalten wird, kann die äußere Welt ruhig zusammenfallen. Denn die lange Reise nach Hause hat begonnen.“

الوالى

77

Al–Wālī

Der Regent, der Herrscher
47 – 188 – 2.209

Die Wiederholung dieses Göttlichen Namens erfüllt den Wiederholenden mit dem Gefühl der Geborgenheit und der Gewissheit, dass er von Göttlichem Schutz umhüllt ist. Wenn man Yā Wālī sagt, so ist es, als ob man sagt:

„Oh Du, Der mich liebt und Den ich liebe, Du hast mich mit Deiner Güte
und Deinem Segen umhüllt und hast mir geholfen, Dich in meinem
Herzen und auf meiner Zunge zu tragen. Du hast mich mit
Dankbarkeit beschenkt und hast mir den Weg zu Dir geöffnet."

Al–Wālī schützt uns davor, unsere Errungenschaften unser eigen zu nennen und dadurch der Arroganz und Selbstgefälligkeit zu verfallen. Al–Wālī schützt uns davor, der Stimme des herrschsüchtigen Egos nachzugeben und nachzugehen und dirigiert uns wieder zurück zur inneren Führung. Al–Wālī hilft, unterstützt und schützt uns auf dem Weg zu unserem wahren Selbst. Es ist eine intime, schützende Liebe, die mal die eine Hand hinhält, mal den einen Spiegel aufstellt auf unserem Weg zu Allāh, darauf achtend, dass wir nicht dem Wahn des Egoismus unterliegen.

Al–Wālī anzurufen heißt, beide Hände zu öffnen und um Schutz zu bitten, um aus der Liebe erwachsende Selbstdisziplin zu erbitten und um Harmonie und Ausgewogenheit.

Ein/e Sufi erfüllt ihre/seine Aufgaben, geht der Arbeit nach und nützt die äußere Tätigkeit, nützt die äußeren Gegebenheiten, um innerlich zu wachsen, ihren/seinen Weg zur eigenen Vollkommenheit zu gehen, zu Allāh, Ihn nicht aus den Augen verlierend.

Ein Mensch, der diesen Namen in sich sät und diese Qualität in sein Leben hineinträgt, ist bereit, sich für die Rechte der Menschen und für die Gerechtigkeit einzusetzen, ganz frei, nicht getrieben von seinen eigenen Vorteilen. Seine Handlungen sind durch Gottesbewusstsein motiviert und folglich durch dieses beeinflusst und nicht durch weltliche, sich wandelnde Umstände oder durch die wechselnden Bedingungen der menschlichen Gesellschaften.

Al–Wālī und Al–Walīy (55) stammen beide von der Wurzel w–l–y mit den Grundbedeutungen: nahe, nahe stehend, beistehen, sich unmittelbar anschließen, folgen, Helfer, Beschützer sein, unter seiner Leitung haben.

Al–Wālī betont im Vergleich zu Al–Walīy vor allem den beschützenden Aspekt in der intimen Beziehung zu Allāh. Al–Wālī ist derjenige, der sich um alle Angelegenheiten der Schöpfung kümmert, Er ist der Herr aller Dinge und Der ihren Fortgang bestimmt, Er ist ihr Lenker, Er ist die Tat und die Ausführung.

Wer diesen Namen 33 Mal wiederholt und diesen Hauch in sein Heim hinein atmet, schützt und bewahrt es vor Gefahr. Wenn du das Gefühl hast, dein Haus ist von Gefahr umgeben, dann schreibe diesen Namen auf ein Gefäß mit Wasser und besprenge das Haus rundherum damit.

Menschen in hohen Positionen, die also andere führen, sollten einmal pro Woche 1.000 Mal diesen Namen wiederholen, um Regenten über sich selbst zu sein, bevor sie es über andere sind, um Großzügigkeit und Großmut in sich zu wecken, bevor sie es bei anderen können, um Mitgefühl und Güte für sich selbst zu leben, bevor sie diese für andere verströmen.

Wer schwierige Zeiten durchlebt und mit Problemen konfrontiert wird, die schwer auf ihr/ihm lasten, die/der soll diesen Namen oft wiederholen und er wird ihr/ihm Erleichterung bringen.

Durch die Sufi–Praxis des ḏikr, durch das Richten der Aufmerksamkeit auf das Jenseits, durch das Hineinwerfen des ganzen Selbst in die Leere jenseits des Verstandes und jenseits des Selbst, beginnt das Polieren des Spiegels des Herzens. Es ist ein Konzentrieren auf das Innen, um sich für die Energie des Jenseits zu öffnen. Eine Energie, die die Unreinheiten des nafs, des niedrigen Selbst, heraus fegt. Ḏikr ist Ausdehnung jenseits der Angst, nicht dazuzugehören, oder der Angst, vernichtet zu werden, oder der Angst, etwas falsch zu machen, jenseits des Halbschlafzustandes angreifbar, bedürftig und getrennt zu sein. Ḏikr bedeutet, unser Herz jenseits der Grenzen des Egos in die Göttliche Ergebung zu werfen und aus dem Traum zu erwachen. Es bedeutet, bereit zu sein, die Identifikation mit dem Ego zu verlieren und in Kontakt mit unserem wahren Selbst, unserem grenzenlosen Bewusstsein zu kommen.

Es ist das Bewusstmachen, dass wir eine Seele sind, im Kern frei von den Ketten dieser Welt und gleichzeitig menschlich gefangen in der Dualität von Gut und Böse, Licht und Dunkelheit. Verbunden zu bleiben, dabeizubleiben, ganz gleich wie die innere und äußere Situation aussehen, stets auf Ihn ausgerichtet zu sein und dabei ein ausgeglichenes Alltagsleben zu führen, den Gegebenheiten des Moments entsprechend, das ist die Arbeit eines Sufis.

„Wenn der wālī sieht, sieht er die Zeichen Gottes, und wenn er hört, hört er die Verse Gottes, und wenn er spricht, lobt er Ihn, und wenn er sich bewegt, bewegt er sich in Seinem Dienste."
(Rāzī gest. 1210)

المتعالى

78

Al–Muta'ālī

Der Erhabene, der Höchste, der Oberste
551 – 3.306 – 303.601

Das Leben ist ständige Bewegung und Veränderung. Heute bist du jung und stark, morgen kannst du schwach und zerbrechlich sein. Heute bist du arm und in Bedrängnis und morgen kannst du reich und kraftvoll sein. Ein Mensch, der diese Göttliche Qualität in sich trägt, ist jemand, dessen Aufmerksamkeit auf das Verstehen, Finden und Sein mit Allāh konzentriert ist, immer wieder in sich flüsternd: „Oh Herr, vermehre mein Wissen und Verstehen."

Al–Muta'ālī ist über alles erhaben, nichts kann mit Ihm verglichen werden, Er steht über allem Vergänglichen. Er ist die Quelle, aus der alles hervorkommt und die nie versiegt. Al–Muta'ālī ist Seine unendliche Erhabenheit über alles Seiende oder Mögliche, über alles, was durch menschliche Begriffe umschrieben werden könnte.

Der Göttliche Name Al–Muta'ālī entsteht aus der Wurzel '–l–w, genauso wie Al–'Alīy (36). Folgende Nomen, Verben und Adjektive kommen aus derselben Wurzel: hoch sein, sich erheben, steigen, Brust heben, höher sein, übersteigen, überragen, überwinden, meistern, Höhe, Größe, Erhabenheit, himmlisch, höchster Gipfel, ausgezeichnet.

Al–Muta'ālī kommt im Koran nur einmal vor und zwar in der Form Al–Muta'āl:

„Er weiß alles, was jenseits der Reichweite der Wahrnehmung eines erschaffenen Wesens ist, wie auch alles, was durch die Sinne oder den Geist eines Geschöpfes wahrgenommen werden kann – der Große, der hoch Erhabene über alles, was ist oder je sein könnte(al–muta'āl)!"
(13:9)

In unserer Kindheit entwickeln wir Strategien, um mit der übermächtigen, unverständlichen Welt zurechtzukommen. Wir beginnen, uns zu isolieren: entweder wir ziehen uns zurück und verkapseln uns oder wir. passen uns an. Dann beginnen wir eine Strategie aufzustellen: wir entscheiden uns, besser und stärker als andere zu werden, oder besonders hilfsbereit, oder innerlich distanziert zu sein. Wir tun all dies um so unseren Schmerz, unsere Scham, unsere Sensibilität zu verhüllen. Und all dies tun wir für die Liebe. Denn aus dem Ozean der Einen Liebe sind wir geboren und zu Ihm sehnt sich unsere Seele, unser wahres Selbst, zurück. Doch es ist der Schleier des verletzten isolierten Ichs der zu unserer Identifikation wird. Nicht mehr die Eine Liebe bildet unseren Mittelpunkt und unsere Orientierung, sondern das selbstbeschützende selbstgefällige Ich wird zu unserem Urteiler, unserem Richter. In den äußeren Erscheinungen beginnen wir, nach dem ersehnten Frieden, dem Glück und der Liebe zu suchen und fangen an, uns selbst und unsere Umgebung zu manipulieren, um Anerkennung, Schutz und Sicherheit zu erlangen und endlich die Trennung zu überwinden, um endlich das Gefühl, etwas stimmt nicht, etwas fehlt, zu überwinden. Die Gottgegebene Liebe in ihrer Vielfalt an Tugenden und Potenzialen unseres wahren Selbst wird verzerrt vom Ich aufgenommen und zur Angstüberwindung und Ablenkung verwendet. Der Schritt zum wahren Selbst ist die Anerkennung dieses Dilemmas und die Entscheidung, den Weg zurück zur Liebe zu gehen. Gehe mutig ein paar Schritte und Sie wird dir entgegen laufen.

Das Leben hat jeden von uns geformt. Vor allem in unserer Kindheit entstehen die Muster und Konditionen, die unser weiteres Leben und unsere Sichtweise prägen, und manches tragen wir schon mit uns, bevor wir in die physische Welt eindringen. Von der Seelenebene her ziehen wir bestimmte Erfahrungen an, um etwas Bestimmtes lernen zu können. Zentrale Themen und Probleme, die uns unser ganzes Leben begleiten, entstehen dadurch. Für die einen mag es das Gefühl sein, immer nur für ihr Tun und nicht für das, was sie sind, geliebt zu werden, für die anderen das Gefühl, vom Paradies ausgeschlossen zu sein, für wieder andere das Helfersyndrom oder die Opferrolle. Für weitere andere ist es das Gefühl, nicht adäquat beschützt worden zu sein oder nicht gesehen bzw. lieblos behandelt worden zu sein.

Al–Muta'ālī gibt uns die Kraft, uns Schritt für Schritt zu erheben zu einem erweiterten, erhabenerem Bewusstsein, das uns mit unserem wahren Sein verbindet. Ein Bewusstsein, das uns in neue Dimensionen des Erkennens trägt, ein Bewusstsein, das uns zu wahren DienerInnen dieser Erde macht und zu HelferInnen, wissend, dass wir unserer Verantwortung nicht entgehen können, dass wir Brücken sind zwischen Himmel und Erde, dass wir den Brennpunkt der Vereinigung bilden und dass es unsere Schöpfungsbestimmung ist, das Göttliche Licht in der Welt zu spiegeln und unsere Lebensführung dieser Wahrheit entsprechen soll.

Sich den Ursprung und die Ursachen früher Traumatisierungen anzusehen und somit die Sicht zu klären, ist erstrebenswert. Sie aber alle als Möglichkeiten, als tiefe Potenziale zu erfahren, die einem spirituellen Zweck dienen, ist wesentlich.

Das verzerrende und verzehrende Gefühl der Einsamkeit, das schwache Selbstwertgefühl, die Eifersucht, die Intensität der verschiedenen Formen des Verlangens, die Aggressionen, sie alle können im Alltag zu Schwierigkeiten und Verwirrungen führen.

Von einer/m spirituellen LehrerIn werden diese verschiedenen Fieberarten der Schüler erkannt, also deren wahrer Ursprung und der Sinn, der hinter diesen Eigenschaften ruht. Er/sie erkennt die Aspekte der Psyche und wie diese mit dem Potenzial und dem spirituellen Zweck in Verbindung stehen. Die/der SchülerIn wird erkannt, geliebt und verwandelt.

Durch das Verstanden werden, aber vor allem durch die Liebe kann die/der SchülerIn ihr/sein ganzes Selbst übergeben und in den Kreis der vorewigen Ganzheit eintreten. Denn Transformation braucht Vertrauen und Liebe, um stattzufinden.

Wenn man diesen Namen immer wieder wiederholt, können verloren gegangene Fähigkeiten wieder zurückgeholt werden. Wenn man ungerechterweise von einer Position oder einem Posten verdrängt wurde, kann man mit der Wiederholung dieses Namens, 540 Mal, diesen wiedererlangen, so Gott will. Die Wiederholung dieses Namens vor wichtigen Begegnungen kann einem helfen, effektiver zu sein. Das höfliche Verhalten bzw. Benehmen sich selbst gegenüber, den Menschen gegenüber, bedeutet Höflichkeit dem Göttlichen gegenüber, denn in der Einheit liegt das Höchste, das einzig wahrlich Existierende, Allāh.

Die Kraft des Göttlichen Namen Al–Muta'ālī wird vor allem beim Heilen der Augen verwendet und hier vor allem bei Entzündungen des Bindegewebes, indem man ihn 551 Mal wiederholt.

Ihn in Zeiten zu wiederholen, wenn man vor Gericht steht oder während eines Prozesses oder während eines Streites mit einem Kontrahenten, stärkt und hilft, die Wahrheit ans Licht zu bringen.

Al–Muta'ālī soll uns helfen, den Weg der Ausgeglichenheit, der Verantwortung, der Erkenntnis, der Geradlinigkeit und des Wissens zu gehen und diese Erkenntnisse großzügig mit anderen zu teilen. Er hilft uns, als Menschen nicht unter unserem Niveau zu existieren.

„Sag immer: Oh mein Erhalter, lasse mich an Wissen wachsen!“
(20:114)

البر
79
Al–Barr

Der Entlastende, der Liebevolle, der Wohltuende, der Gütige
202 – 404 – 40.804

Der Göttliche Name Al–Barr ist der Wohlwollende, der großzügig, gütig Gebende von Gesundheit, materiellem Segen, Freunden, Kindern und – auf der spirituellen Ebene – von Glauben, von Vergütungen für gute Taten, und Er ist derjenige, der im Herzen die Frömmigkeit bewirkt. Ibn ‘Umar definierte Frömmigkeit: „Frömmigkeit ist einfach: ein offenes Gesicht und eine zarte Zunge."

Al–Barr kommt von der Wurzel b–r–r. Aus ihr fließen folgende Bedeutungen: wohltun gegen Gott, Alte und Kinder, wahrhaftig sein, das Wort und den Eid halten, wohltätig, gerecht, fromm sein, Gott gehorchen, liebreich, wahrhaft, Land, Festland, Ufer, wilder Honig, liebreiches Betragen, Frömmigkeit, gute Tat, Geschenk, Wahrhaftigkeit, Paradies, Herz.

Wenn du Gutes gegenüber den Menschen, den Tieren, den Pflanzen, der Schöpfung, die dich umgibt, tust, so spürst du die Widerspiegelung des Göttlichen Al–Barr in dir.

Al–Barr kommt im Koran einmal vor und zwar gemeinsam mit Ar–Raḥīm:

„Wahrlich, wir haben Ihn zuvor (also als wir in der Welt waren) angerufen:
Er ist wahrhaftig gütig (al–barr), ein wahrer Gnadenspender (ar–raḥīm)!"
(52:28)

„Seit der Zeit Adams bis zur heutigen Zeit ist kein Mensch jemals frei
von Fehlern gewesen."
(Zamahschari)

Vollkommenheit ist einzig eine Eigenschaft Gottes.

Er zeigt Güte dem gegenüber, der sich Ihm widersetzt, Er verzeiht den Übeltätern, Er vergibt demjenigen, der darum bittet und lässt Entschuldigungen gelten, Er verdeckt unsere Schwächen und Fehler und Er ist der, dessen Segnungen nie enden, auch wenn der Beschenkte in Auflehnung lebt. All dies fließt aus dem Göttlichen Namen Al–Barr.

Al–Barr erfüllt das Herz mit Freude und macht es heil. Al–Barr gibt dem Menschen Würde und hilft ihm in der Bewältigung seines Lebens.

Wer diesen Namen oft wiederholt und im Herzen trägt, dem wird gegeben, wonach er sich sehnt. Der Name schützt bei Reisen auf dem Land, auf dem Wasser und in den Lüften. Durch ihn wird die Reise erleichtert, werden die Wege geebnet und der/die Reisende, der/die BegleiterInnen und ihr Habe beschützt.

Al–Barr hilft uns, aus Liebe eine innere und äußere Balance zu finden, sodass Innen und Außen in keinem Widerspruch stehen. Er hilft uns, aus Güte unser Selbstbild immer wieder ehrlich anzusehen und zu transformieren, in Ehrlichkeit, Großmut, Aufrichtigkeit und Respekt. Al–Barr ist eine Liebe, die uns reinigt und ausdehnt für die Nähe zu Allāh. Al–´abrār werden jene genannt, die die Göttliche Liebe leben.

Wahrhaftigkeit und Aufrichtigkeit führen uns zu Al–Barr. Ein Mensch, der sich dieser Göttlichen Qualität nähern möchte, fügt keinem Leid zu, wünscht niemandem Übel, neidet niemandem etwas, ist gütig zu seinen Eltern und nachsichtig zu seinen Feinden. Diesen Namen zu wiederholen, schützt vor Missgeschick. Alle Arten der Güte, der Gnade und des Segens, die wir geschenkt bekommen haben, können wir mit Al–Barr ausdrücken. Allāh hat uns erschaffen, um uns glücklich zu sehen.

Viele der Segnungen, die wir bekommen und in denen wir leben, haben wir unseren Müttern zu verdanken, denn Allāh weiß, dass jede Schwierigkeit, jedes Leid, die ihrem Kind widerfahren, das Mutterherz betrüben und erschweren.

Wenn Eltern ein Kleinkind verlieren, dann sollten sie diesen Göttlichen Namen wiederholen und es wird ihnen, wenn es für sie bestimmt ist, durch die Güte und Gnade Gottes, wieder ein Kind geschenkt. Wenn ein Mensch dazu neigt, seine Umgebung zu beschuldigen, und die Unlust ihn davon abhält, sich auf das Leben einzulassen, dann hilft dieser gütige Name.

Der Göttliche Name Al–Barr beinhaltet die Verbindung zu den Eltern. Er hilft uns zu lernen, hnen gegenüber keine Überheblichkeit iim Herzen zuzulassen und uns der Gnade zu öffnen. Er ist die Güte und das Guttun, die von dir zu deinem Stamm fließen und dadurch von dir zu den Zweigen, die nach dir kommen, fließen kann.

Wenn du dich fragst, wie erreiche ich Güte, wie erreiche ich das Gute in mir, so antworte dir selbst: „Den anderen das Gute, das ihnen widerfährt, ohne Neid zu gönnen!“

Wir Menschen sind mit den intellektuellen und spirituellen Fähigkeiten versehen, die uns befähigen, zwischen Gut und Böse zu unterscheiden und so fruchtbaren Gebrauch von unseren Möglichkeiten zu machen, die uns durch unsere irdische Umgebung gegeben sind.

Menschen, die eine plötzliche Lähmung erleiden, eröffnen sich durch die tägliche Wiederholung (202 Mal) dieses Göttlichen Namens den Weg zur Heilung, zur Linderung oder zur Kraft, diese Krankheit zu tragen, so Gott will. Ängste und Krankheiten, die mit Flüssigkeit bzw. dem Fließen in Verbindung stehen wie zum Beispiel die Angst auf einem Schiff bei Sturm, oder Alkoholprobleme, können durch die Wiederholung dieses Göttlichen Namens gelindert bzw. geheilt werden.

Allāh gibt ohne wenn und aber und ohne Gegenleistung. So möge der Mensch daraus lernen, es Ihm gleich zu tun. Ein Mensch, der diese Göttliche Qualität in sich trägt, trägt die Qualität der Güte und des Guttuns in sich, sowohl auf der materiellen als auch auf der seelischen Ebene. Er ist ein Mensch, der seine Güte und sein Mitgefühl aus seinem Wissen um das Göttliche Mysterium schöpft.

Mögen wir nicht vergessen, dass unser individuelles Bewusstsein stets unseren körperlichen Tod überlebt, um im kommenden Leben immerfort zu bestehen. Mögen unsere Taten in diesem Leben, möge unser Bewusstsein in diesem Leben, die Tore zu den Gärten der Schönheit öffnen.

„Güte ist, wenn du gibst von dem, was du liebst.
Auch ein Lächeln ist ein Akt der Güte."

التواب

80

At–Tawwāb

Der die Reue Annehmende, der zur Rückbesinnung Führende
409 – 1.636 – 167.281

Rückbesinnung bedeutet immer, seine Sinne von der ablenkenden äußeren Form zum Wesentlichen zu führen, und dies bedeutet auch immer, sein Herz neu zu erwecken. Wenn deine Pfade auch noch so dunkel waren und deine Taten auch noch so schrecklich, so ist und bleibt dir der Weg zurück zur Göttlichen Essenz, zu Gott, immer offen, bis zum letzten Lebenshauch.

Manche Herzen öffnen und erwärmen sich durch einen kleinen Funken und finden ihren Weg zurück und andere Herzen erwärmen sich und werden wieder kalt und erwärmen sich und werden wieder kalt. So erinnere dich, dass der Weg nach Hause immer da ist.

Sufis sind Reisende sālikūn, deren Ziel die Erlangung der „Heiligkeit" ist. Es ist die Einkleidung des Selbst mit den Göttlichen Eigenschaften, die äußere Form mit der Würde und die innere mit der Schönheit, wobei zunächst die Mängel, die schlechten Gewohnheiten und ihre Vorurteile, die uns zur zweiten Natur geworden sind, transformiert und gereinigt werden, damit wir zu den Tugenden unserer wahren Natur gelangen. Es ist das Bewusstsein, dass wir Menschen das Zwischenglied zwischen Gott und der Welt bilden und dass wir die Fähigkeit haben, in uns das Göttliche und das Geschöpfliche zu vereinen.

Es ist das Sich–Vertiefen, Sich–Zurückziehen in das eigene vergängliche Ich, um es in Richtung auf seinen Göttlichen Ursprung zu führen. Es ist das, was der Prophet Muhammad – Allāhs Segen und Heil seien mit ihm – als den großen heiligen Kampf bezeichnete. Es ist die Entscheidung, dem Ewigen den Vorrang vor dem Vergänglichen zu geben, in allem, in Gedanken und Vorstellungen, bis es das Innerste berührt. Von unserer Wesenheit her, von unserer Natur her, sind wir vollkommen, doch dieses Gott geschenkte Potenzial müssen wir bewusst in uns verwirklichen.

Die Reue, tawba, der Sufis ist die vollkommen aufrichtige und offene Entscheidung, sich auf diesen Weg zu begeben und sich der Anziehungskraft des Jenseits auszuliefern. Und doch ist der Alltag der Ausgangspunkt und der Ort dieser spirituellen Reise. Die Welt der Erscheinungen wird zum Ort für das Erleben des Göttlichen, wenn der Mensch danach strebt, dem Göttlichen körperlich und seelisch nahe zu kommen.

At–Tawwāb kommt von der Wurzel t–w–b. Aus ihr fließen auch folgende Worte und Bedeutungen: bereuen, Reue empfinden, sich abwenden von, zuwenden, sich bekehren, verzeihen, wieder Gott zuwenden.

Sieben Mal wird der Göttliche Name At–Tawwāb gemeinsam mit Ar–Raḥīm im Koran erwähnt:

> „O ihr, die ihr Glauben erlangt habt! Vermeidet die meisten Vermutungen übereinander – denn, siehe, manche (solcher negativen) Vermutung ist (an sich) eine Sünde und spioniert einander nicht nach und erlaubt euch selbst auch nicht, schlecht übereinander hinter euren Rücken zu reden. Würde irgendeiner von euch das Fleisch seines toten Bruders essen mögen? Nein, ihr würdet es verabscheuen! Und seid Gottes bewusst. Wahrlich, Gott ist ein Reueannehmender (at–tawwāb), ein Gnadenspender (ar–raḥīm).“
> (49:12)

Wenn ein Lehrer eine Klasse unterrichtet, ihr den Stoff erklärt und näherbringt, so ist das korrekt und gerecht gegenüber den Schülern. Wenn aber ein Lehrer mal lobt, mal schimpft, mal anspornt, mal droht, mal straft, mal die Eltern herzitiert, mal lächelt, mal ernst blickt und das alles, um die Schüler zu animieren, ihr Bestes zu geben, um sie für den Weg zum Wissen anzuspornen und um die Fähigkeiten, die in ihnen schlummern, aufzudecken, dann ist das Gnade, dann ist das Ar–Raḥīm. Aus Gnade wird unser Weg gezeichnet, aus Gnade kommen die Schwierigkeiten und Anstrengungen. Mit der Qualität der Gnade werden wir behandelt, um zu den Tiefen unseres Seins vorzudringen, das Paradies findend.

Der Göttliche Name At–Tawwāb ist ein Name der Rückkehr. Die Form bzw. der Klangschlüssel trägt in sich die wiederholende Kontinuität. Allāh gibt uns immer wieder Situation und Gegebenheiten, um zur Göttlichen Liebe zurückzukehren, uns in die Göttlichen Gesetzlichkeiten einbettend und so unserem tiefen Wesen entsprechend zu leben, im Auf und Ab des Universums, geformt aus dem ewig strömenden Liebesatem Allāhs.

Die Aussage des Propheten Muhammad – Allāhs Segen und Heil seien mit ihm – fasst es zusammen:

„Handle für diese Welt, als ob du tausend Jahre leben würdest, und
für die nächste, als ob du morgen sterben müsstest."

Beide Seiten ergänzen und bedingen sich wechselseitig, denn die äußere Konzentration bedingt die innere Konzentration.

Wenn du fähig bist zu vergeben, wenn du fähig bist, denen, die dir Leid oder Kränkung zugefügt haben, zu verzeihen oder zumindest teilweise zu verzeihen oder dir selbst zu verzeihen, so spürst du die Qualität dieses Göttlichen Namens in dir.

Um Unterstützung, Kraft und das Bewusstsein dafür zu erlangen, wiederhole morgens diesen Göttlichen Namen 409 Mal. Möge die Schwäche, möge der Schmerz, die dir im

Wege stehen, dadurch aufgelöst werden und mögest du eines Morgens aufwachen ohne Erinnerung daran. Auf deinem Wege achte auf zwei Dinge, die dich aufhalten können: die Arroganz und den Halbschlaf. Für die Sufis ist Reue auch, sich von der Gleichgültigkeit abzuwenden.

Erkenne eine begangene Ungerechtigkeit, nimm dir vor, sie nicht noch einmal zu begehen, verwende dein schlechtes Gewissen, um den Vorsatz, diesen Fehler nicht zu wiederholen, zu bekräftigen, und suche nach innerer Reinheit, indem du eine Wiedergutmachung anstrebst. Lege es in Gottes Hände. So kannst du deinen eigenen und den Leichtsinn deiner Mitmenschen verzeihen. Handle im Äußeren so, dass du das, was du bereut hast, nicht vergisst und daher nicht wiederholst, und im Inneren bleib frei von allen Vorwürfen!

„Reue ist Reinigung, es bedeutet, sich wieder auf den Heimweg zu begeben,
nachdem man sich verloren hat.“

المنتقم

81

Al–Muntaqim

Der Rächer, der gerechte Vergelter
630 – 3.150 – 396.900

Dieser Göttliche Name trägt nach außen deutlich die Qualität der Majestät und verborgen in sich die Qualität der Schönheit. Unter Majestät versteht man das Machtvolle, das Überwältigende und das Ehrfurchtgebietende. Unter Schönheit versteht man die Güte, die Hingabe, die umhüllende Liebe und den inneren Frieden. Alle Göttlichen Namen beinhalten immer beide Qualitäten, wobei mal jene, mal die andere sichtbarer ist.

Wenn dieser Göttliche Name wiederholt wird, wird das Herz von einem heftigen Zittern erfasst und man hat das Gefühl, es springe aus der Brust. Eine Angst drückt es zusammen, eine Angst so tief wie das Urvertrauen. In diesem Augenblick der Auflösung zeigt sich die Göttliche Güte, die Qualitäten der Göttlichen Schönheit öffnen sich und das Herz kehrt mit größerer Zuversicht und Stille als zuvor zurück. So war das Erzittern letztendlich die Quelle des Friedens. Denn es geht immer um die Heilung des Herzens.

Al–Muntaqim, der große Rachefeldzug, ist gegen den eigenen Egoismus gerichtet, diese einnehmende betäubende Macht, die einen Menschen nur sich selbst sehen lässt, abgeschnitten von der Einheit und Verbundenheit aller Wesen, umhüllt von Selbstgefälligkeit.

Es ist der Kampf gegen die Trägheit, die Engstirnigkeit, den Rassismus, die Arroganz, das Vorurteil und die Unbewusstheit, die uns immer wieder einzunehmen drohen.

Zu lernen, unsere eigene, individuelle Reise zu unserem Ursprung anzutreten und gleichzeitig auf das Ganze ausgerichtet zu sein, auf die Energie der Einheit, Hüterinnen und Hüter dieses Planeten zu sein, die Isolation und das Getrenntsein überwindend und die Verbundenheit mit der gesamten Schöpfung zu finden, all das formt unsere spirituelle menschliche Entwicklung. Das Gefühl der gegenseitigen Verbundenheit zuzulassen und ihr zu folgen, sprengt die Ketten der Isolation und bringt den ersehnten Frieden. Lerne deinen Zorn zu beherrschen, indem du seinen wahren Grund erkennst, verzeihe denen, die dir Unrecht taten, verbinde und vereine dort, wo es zum Bruch kam, übe Liebe und Wissen aus, wo Unwissenheit herrscht und behalte dabei immer das Antlitz Allāhs in deinem Herzen. Er ist die ewige Realität.

Wenn wir mit unserer wahren Natur verbunden sind, können sich die höheren Energien der inneren Welt manifestieren und ihr Licht kann sich zeigen. Das innere Wissen des wahren Selbst, ein Wissen der Liebe und Einheit, kann so auf die äußere Welt ausstrahlen. Aus unserem Ego herauszutreten, unseren Fokus von unserem Ego abzuwenden, uns nicht mehr als den Mittelpunkt des Universums zu betrachten und an der Ganzheit teilzunehmen, führt uns zu unserer eigenen Ganzheit. Wir werden viele Mittelpunkte!

Im Koran wird der Mensch als Wesen beschrieben, das teils göttlich, teils irdisch ist. Der Mensch hat in sich sowohl die Neigung zum Guten, wie zum Schlechten, doch ihren inneren Frieden findet sie nur in der Nähe Gottes und in Seinem Gedenken, denn die wahre Natur des Menschen kennt Gott und ist eins mit Ihm.

„Oh du Mensch, der inneren Frieden erlangt hat! Kehre zurück zu deinem Erhalter, wohlzufrieden und zufriedenstellend. Schließe dich dem Kreis Meiner Diener an und gehe ein in Mein Paradies!"
(89:27–30)

Von unserer Natur her haben wir die Fähigkeit, vollkommen zu werden. Wir müssen nur danach streben, unsere vorhandenen Veranlagungen und Begabungen zu entschleiern. Diejenigen, die sich auf den Weg machen, also ihr Haus, ihr Herz für die mannigfaltige Eine Göttliche Liebe öffnen, werden die Stufe der Vollkommenheit erreichen und als Gottes StellvertreterInnen bezeichnet und jene, die ihrem verletzten Ich, ihren Trieben verfallen, werden viel niedriger als Tiere sein.

Der Sog und die Kräfte des Materialismus sind so machtvoll geworden und haben sich so verdichtet, dass die Hilfe all jener gebraucht wird, die eine Verpflichtung gegenüber der Menschheit und den Geschöpfen dieser Erde in ihrem Herzen tragen.

Allāh gibt allen die Kraft, die daran teilnehmen, für die Menschheit zu arbeiten. Wir haben uns in unseren Kulturen zu sehr mit den Mustern von Hierarchie, Rangordnungen und den verschiedenen Arten des Ausgrenzens identifiziert. Wir unterstützen mit unserem Egoismus bewusst oder unbewusst Systeme, die auf Unterdrückung und Ausbeutung basieren und daher unweigerlich zu Aggression und Krieg führen. Dabei übersehen wir die ursprüngliche Wahrheit, dass die Fülle der Einheit alles einschließt. Unsere wahre Natur jedoch sehnt sich nach Harmonie und Frieden. Die Entscheidung, den Weg der Liebe zu gehen mit all seinen Konsequenzen oder den Weg des Kampfes und der Trennung, ist eine Entscheidung, die wir irgendwann im Laufe unseres Seins klar formulieren sollten, denn auf dieser bewussten Erklärung basieren unsere alltäglichen Handlungen und daraus formt sich unsere Mitte, aus der heraus wir fähig sind, alles abzuwägen und zu relativieren.

Für die Sufis ist ihr Weg der Weg zu Allāh und ihre Mitte ist nur Er. Aus ihrer Liebe zu Ihm formen sich ihre Taten, bilden sich ihre Beziehungen. Aus ihrer Liebe sind sie fähig, über den Rand des kleinen Ichs hinauszublicken und für die Einheit in der Welt zu arbeiten. Ob jemand diesen Pfad gerade neu betreten hat oder über viele Jahre spirituelle Übungen ausgeführt hat, spielt keine Rolle, allen wird gleich viel Zugang gewährt. Das ist das Gesetz der Einheit.

Wenn dir auf deinem Weg Leid von den Menschen zugefügt wird, dann sprich:

حسبيا الله ونعم الوكيل

ḥasbiya llāh wa ni‘mal–wakīl

Gott genügt mir und Er ist mein gerechtester Vergelter.

und vertraue auf diese Göttliche Energie.

Wenn das Leid durch einen tyrannischen Menschen länger anhält, dann wiederhole: Yā Muntaqim, Yā Ǧabbār (9), Yā Kabīr (37), Yā Muta‘ālī (78)

Um die Stärke und die Heilkraft in dir zu formen, wiederhole 1.000 Mal an einem Tag: Yā Muntaqim, Yā Qahhār (15) und die Tyrannei hört auf, so Allāh will.

Aus der Wurzel n–q–m entspringt der Göttliche Name Al–Muntaqim und kommen auch folgende Bedeutungen: Belohnung durch Strafe, Rache nehmen, verleugnen, das Geschenkte nicht sehen, feindliche Gefühle hegen, verabscheuen, übelnehmen, ungehalten sein, hassen.

Auch das ist die Qualität von Al–Muntaqim – Bayazid al–Bistami sagte einmal:

„Eines Nachts fühlte ich mich zu faul und müde, meine Meditationen auszuüben.
Ich nahm Rache an mir, indem ich mir ein Jahr lang das Trinken
von Wasser verbat."

Verwende diesen Namen, um alles, was sich oberflächlich oder unnatürlich anfühlt, von deinem Herzen abzustreifen, auch die Dinge, die du dir angeeignet hast, um anderen zu gefallen. Lege deine wahre Natur frei, sodass du das Göttliche in dir erkennen kannst. Sieh nach außen, auf Situationen, Ereignisse und Beziehungen in deinem Leben und dann blicke nach innen und erkunde, ob die Eindrücke und Stimmen, die in dir sind, aus deinem tiefen Selbst kommen oder angenommene fremde sind, mit denen dich abzugeben, nicht deine Aufgabe ist. Verankere dich in deinem essentiellen Sein.

Sieh mit dem Auge deines Herzens auf deine Lebenssituation. Was kann zurechtgerückt, gereinigt und losgelassen werden? Wie sieht dein inneres Haus aus und wie kannst du den Dingen ihren angemessenen Platz geben, wenn du dabei den Sinn und Zweck deines Lebens berücksichtigst? Beachte den Raum deines Herzens und gehe respektvoll und liebevoll mit deiner Seele um. Lass den Wind der Achtung und Würde durch deine Lungen fließen.

Es gibt zwei Stufen der Heilung für das Herz: Die eine Heilung ist die Heilung der verhärteten Herzen. Sie befreit die Herzen vom Rost, der sie hat verdunkeln lassen und der das innere Licht, bedingt durch Leid verschiedenster Art, überdeckt hat. Die andere Heilung vermehrt das Mitgefühl und die Güte der geöffneten Herzen. Und wisse, der Zustand des Herzens hat Einfluss auf den Körper.

Die Kraft des Göttlichen Namens Al–Muntaqim wird oft verwendet, um das Ego zu bezwingen. Mögest du immer die Kraft haben, deine Rache in Mitgefühl zu verwandeln, Unrecht dir gegenüber in Recht, und Abwendung in Zuneigung, und möge dabei dein Herz zu Allāh gewendet sein.

„Der größte Feind der Menschheit ist der Egoismus,
denn durch ihn kommt alles Verwirrende und Verlorene.“

العفو

82

Al–'Afūw

Der Vergebende, der Verzeihende
156 – 468 – 24.336

Wenn man diesen Göttlichen Namen wiederholt, so spürt man, wie einen das Licht der Güte und Barmherzigkeit umhüllt, ein Licht, das die Hoffnung erweckt und die Milde, ein Licht, das den Kummer auflöst und das Herz erleichtert.

Die Qualität oder der Name Al–'Afūw geben uns die Kraft, Erniedrigungen und Kränkungen durch Güte, ohne Strafe und ohne Mahnung, nur durch Güte und Großzügigkeit, ohne den anderen an seine Schwäche zu erinnern und dadurch zu beschämen, zu überwinden. Er vertilgt alle Spuren und lässt den Fehler vergessen. Das ist die Qualität von Al–'Afūw. Die Qualität der Vergebung wird auch folgendermaßen erklärt: Der Vergebende ist jemand, der die Spuren des Unrechts verwischt. Er lässt sie mit dem Wind der verzeihenden Gnade verwehen und löscht sie von der Tafel der eigenen Erinnerungen und aus dem Herzen. Denn Verzeihen bedeutet auslöschen und vergessen. Wenn ein Mensch wahrlich und zutiefst seine Fehler bereut, so kommt die Göttliche Gnade und lässt seine Sinne und sein Herz sie vergessen und verwischt ihre Spuren von der Erde. Wer einen Fehler begangen hat und die Konsequenzen und die Strafe fürchtet, der soll diesen Namen viele Male wiederholen und Allāh wird ihn vor dem, was er befürchtet, schützen.

Al–'Afūw kommt von der Wurzel '–f–w, aus der folgende Bedeutungen entspringen: ausgelöscht, getilgt, verwischt, beseitigt sein oder werden, verzeihen, vergeben, erlassen, nachlassen, sich erholen, wieder gesund werden, frei, um Verzeihung bitten, um Befreiung bitten, Verzicht auf Bestrafung, Wohltat, Gunst, Verzeihung, Vergebung, Befreiung, Auslöschung, Tilgung, Beseitigung, Entlassung, Entschuldigung, Gesundheit, Lebenskraft, Vitalität, Wohlbefinden.

Al–'Afūw trägt in sich nicht nur die Kraft der Vergebung, sondern Er verwischt und vertilgt die Spuren, sodass wir uns nicht einmal mehr an die Verletzungen und Kränkungen erinnern können. Er macht das Herz wieder frei und lässt es abermals gesunden. Al–'Afūw ist ein Geschenk Gottes, das aus den Tiefen unseres Seins auftaucht und uns befreit. At–Tawwāb (80) ist der Göttliche Name der uns für Al–'Afūw vorbereitet.

Der Göttliche Name Al–'Afūw, der im Koran fast immer gemeinsam mit Al–Ġafūr (34) erwähnt wird, erscheint immer bei großen Verfehlungen, sei es im sozialen oder spirituellen Bereich. Dass Al–'Afūw gemeinsam mit Al–Ġafūr auftaucht, zeigt einerseits, dass Seine allumfassende, tiefgreifende, wohltuende Liebe auch für unsere erbarmungslosesten Taten besteht, andererseits, dass Gottes ewig bestehende Kraft der Vergebung für die Menschen allseits vorhanden ist. Er ist der Vielvergebende. Alles kann getilgt werden, wenn der Mensch bereit ist, sich dem Göttlichen in sich wieder hinzuwenden und sich den Göttlichen Rechtmäßigkeiten zu ergeben.

Mögen wir durch die Wiederholung dieser beiden Namen die Tore der Vergebung in uns öffnen und durch sie fähig sein, in dieser Qualität zu verweilen.

Wer diesen Namen 156 Mal am Tag wiederholt, wird eine größere Kontrolle über sein Ego bekommen, sein Charakter verfeinert sich und es kommt ihm auch mehr Vergebung von seiner Umwelt entgegen.

Wenn jemand spürt, dass sie/ihn große Wut oder großer Zorn überkommen, so beschwichtigt die Wiederholung dieses Göttlichen Namens das Gemüt und hilft, die Mitte wieder zu finden. Bewahre dir in tiefem Mitgefühl zu dir selbst diesen Satz im Herzen: „Allāh behandelt mich so wie ich die Schöpfung behandle."

Das Bittere und das Süße sind großmütige Geschenke Allāhs, einmal als Prüfung gegeben, einmal als gerechte Strafe oder Konsequenz, wahrlich immer als Möglichkeit, als Heilmittel auf dem Weg der Reife, der Freiheit und Vollkommenheit.

Wenn der Tag kommt, an dem die Schleier gehoben werden und die Weisheit hinter unseren Schwierigkeiten aufgezeigt wird, werden wir uns auflösen, überwältigt von der Liebe zu Allāh.

Die tiefe Gnade, die in diesem Namen lebt, öffnet das Herz für den, der sie erweist und erweitert den Geist mit einem Hauch des Wissens um Seinen Göttlichen Plan.

„Oh Allāh, übersehe und spreche mich los von meinen mir selbst zugefügten Erniedrigungen und lehre mich, zu lieben."

الرؤوف

83

Ar–Ra'ūf

Der Milde, der Nachsichtige, der Mitleidsvolle, der Gütige, der Freundliche
292 – 1.168 – 85.264

In einem Hadith heißt es:

> Am Jüngsten Tag spricht Gott: „Oh, Mensch! Ich war krank und du hast mich nicht besucht." Der Mensch antwortet: „Oh, mein Gott! Du bist der Herr der Welten. Wie hätte ich Dich besuchen sollen?" Gott antwortet: „Einesr meiner Diener war krank und du hast ihn nicht besucht. Hättest du ihn besucht, ich wäre an seiner Seite gewesen." Und Gott fährt fort: „Ich bat um Essen, du jedoch gabst mir nichts zu essen; ich war durstig, du gabst mir nichts zu trinken ..."

Allāh und der Mensch sind vereint und dieser Hadith verdeutlicht diese Vereinigung. Er veranschaulicht, dass der Kern des Menschen mit Gott identisch ist und dass der Mensch sein Glück und seine Unsterblichkeit erfährt, wenn er zu Gott gelangt und unglücklich ist, wenn er sich von Gott entfernt:

„Wahrlich, Gott gehören wir, und, wahrlich, zu Ihm werden wir zurückkehren"
(2:156)

> „Zu Mir müsst ihr alle zurückkehren, woraufhin Ich euch (das Recht und Unrecht von) allem, was ihr (im Leben) getan habt, (wahrhaft) verstehen lassen werde.“
> (29:8)

Die Milde und die Nachsicht sind Qualitäten, die vor allem für Kinder, für Kranke, für Leidende, für Schwache und für alte Menschen wesentlich sind. Sein Herz mit Milde, Nachsicht und Güte zu füllen, bedeutet, als Mensch seine Würde gefunden zu haben. Die Milde und das Mitgefühl halten sich an keine Gesetze.

Ein Mensch, der die Qualität der Milde und der Nachsicht in sich trägt, ist ein Mensch, der die Quelle der Göttlichen Gnade in sich geöffnet hat. Wenn man diesen Namen 287 Mal wiederholt, füllt sich das Herz mit Mitgefühl für andere. Er gibt die Kraft, anderen zu helfen und die Brücke des Mitgefühls zwischen einem selbst und anderen zu schlagen.

Ar–Ra'ūf kommt von der Wurzel r–´–f und aus dieser entspringen folgende Bedeutungen: sich erbarmen, Mitleid haben, gütig, gnädig sein, Erbarmen, Mitgefühl, Güte, Anstand, erbarmungsvoll, barmherzig, gütig, gnädig.

Das Wort ra'fa, „Erbarmen und Güte“, das von derselben Wurzel kommt, ist in Bezug auf den Menschen der Prozess, der zur Erweichung des Herzens führt. Die ra'fa auszuweiten, sodass sie nicht nur den geliebten Menschen entgegengebracht wird, bedeutet, in die allumfassende raḥma, „Barmherzigkeit“, überzugehen.

Ar–Ra'ūf und Ar–Raḥīm (2) werden oft gemeinsam wiederholt, da sie beide dieselbe Natur in sich tragen. In Bezug zu Gott ist ra'fa die große Güte, das Erbarmen und die Freundlichkeit:

> „An dem Tag, da jeder Mensch sich angesichts all des Guten finden wird, das er getan hat, und all des Übels, das er getan hat, wird (manch einer) wünschen,

dass zwischen ihm und diesem (Tag) eine lange Zeitspanne wäre. Darum warnt
Gott euch, sich vor Ihm zu hüten, aber Gott ist höchst mitfühlend (ra'ūf)
gegenüber Seinen Geschöpfen."
(3:30)

Der Göttliche Name Ar–Ra'ūf wird zur Behandlung der Knie sowie des Dickdarms 287 Mal wiederholt, indem man die Hand auf den zu heilenden Teil des Körpers auflegt.

Ar–Ra'ūf lässt im Herzen eine Sanftheit, Güte und Freundlichkeit entstehen, die von solcher Feinheit und durchdringenden Qualität sind, dass sie durch die Wände von Hass und Bosheit schwingen können, denn der Ort, von dem aus man dann agiert, ist der Sitz des wahren Selbst mit der sanften, ruhigen und gelassenen Liebe, und nicht das verletzte Ich, das gekränkt und verwundet reagiert.

Ar–Ra'ūf hilft, nicht die Bösartigkeiten zu ertragen bzw. zu überwinden, die einem entgegengebracht werden, sondern beseitigt jeden Widerhall, der in uns gegenüber dieser Bösartigkeit besteht. Wenn Ar–Ra'ūf besteht, gibt es nichts zu verteidigen, denn das Licht der Güte umhüllt uns und mit diesem Licht können wir die Wunden, die in den Herzen anderer existieren, berühren. Denn aus diesen Wunden kommen die Ängste, die Empfindlichkeit und die Angriffe.

Allāh in Seiner Qualität Ar–Ra'ūf bringt den Menschen dazu, in die Reue zu gehen, bevor er einen Fehler begeht. Begeht er aber einen Fehler und die Konsequenzen erscheinen, so ist Ar–Rahīm derjenige, der die Konsequenzen aufhebt.

Die Barmherzigkeit und Güte, Ar–Raḥīm, sind eine allumfassende Qualität, die uns als Ganzes erfassen kann und zugleich in ihrer Größe auch lähmen kann. Ar–Ra'ūf trägt in sich eine gezieltere Qualität. Es ist das Gefühl der Gnade, des Mitgefühls für ein konkretes persönliches Wesen und kann in dieser „Einschränkung" konkreter im Ausdruck sein.

Darauf zu achten, dass du einem Menschen nicht die Möglichkeit gibst, etwas Übles zu tun, kommt von der Qualität Ar–Ra'ūf, z. B. deinen Schmuck nicht frei herumliegen zu lassen und jemanden dadurch zum Diebstahl zu verführen, oder dir Zeit zu nehmen für Gespräche mit deinen Kindern, sie beraten, begleiten und sie dadurch zu stärken und vor Fehlentscheidungen zu beschützen, all das kommt von Ar–Ra'ūf.

Ar–Ra'ūf ist die achtsame, wachsame, schützende Hand. Der äußere Ausdruck dieser Qualität kann sanft oder scharf sein, sein Inneres ist aber immer vom uferlosen Meer der Gnade und Milde geführt. Ar–Ra'ūf gibt uns eine stille innere Kraft, die wir auch in Momenten der Panik, der größten Schwierigkeiten und der Angst bewahren können. Denn Ar–Ra'ūf berührt und beschwichtigt unsere tiefsten Ängste.

„Achte die Art anderer Menschen und verschmähe Niemandes Wesen.
Die Güte steht zu Beginn, die Nachsicht und Milde am Ende."

مالك الملك

84

Māliku–l–Mulk

Der Allbesitzende, der Herrscher der Herrschaft, der Besitzer und Herr der Welten
212 – 1908 – 44.944

Wenn man diesen Göttlichen Namen wiederholt, dann taucht man in eine Welt, in der man spürt und erkennt, dass man nichts von dem besitzt, was einem gehört.

Māliku–l–Mulk drückt aus, dass Alles und jede Manifestation im Universum vollkommen auf Allāh beruhen. Die Wiederholung von Māliku–l–Mulk bzw. Yā Mālika–l–Mulk (mit der Hinzufügung der Anrufung „Yā" kommt es zu dieser grammatikalischen Veränderung) öffnet im Herzen das Wissen, dass, obwohl alles im Leben sich verändert, es immer und ewig in Gottes Händen ist. Diese Erfahrung gibt uns die Fähigkeit und Eignung, uns im Leben zu engagieren und zu beteiligen. Das Erwecken von Māliku–l–Mulk nimmt die Schleier der Sinnlosigkeit von uns und schenkt uns Vertrauen in das Leben und die Menschen. Alles ruht in Seinen Händen und die Öffnung unseres Herzens zu dieser Erkenntnis erlaubt uns, die Wechsel und Übergänge des Lebens als das bewegliche Bild der Ewigkeit zu erfahren. So lebt der Mensch in der Zeit, als Zeugin und Zeuge der Ewigkeit.

Es gibt einen Makrokosmos, das Universum, und im Mensch spiegelt sich das Universum als Mikrokosmos. Der Mensch ist der Göttliche Repräsentant auf Erden. Für eine Zeit wird manchen von uns Reichtum, anderen Wissen und wieder anderen Macht gegeben. Der Mensch hat die Freiheit, sich zu entscheiden, wie er mit den Dingen, die ihm gegeben worden sind, umgehen möchte. Er hat die Freiheit, sich einzubetten in die Menschheit durch verbindende, besonnene und gütige Taten und er hat die Freiheit, seinem Ego zu folgen. Wie immer du dich entscheidest, behalte stets in Erinnerung, dass das, was du besitzt, nicht deines ist. So mögen deine Herzensanmut und Wärme stets die Dämonen der Gier und des Neides vertreiben, deren Eintritt immer durch das Tor des Zweifels erfolgt.

Sowohl Mālik als auch Mulk, wie Malik (3) kommen von der Wurzel m–l–k.
Mulk bedeutet: Herrschaft, Macht, Souveränität, Beherrschung.
Mālik bedeutet: Herr, Besitzer, Eigentümer, herrschend, besitzend.

Die Wiederholung dieses Göttlichen Namens lässt einen Menschen erkennen, dass er als Göttlicher Stellvertreter auf die Erde gesandt wurde, um Herrscher und Diener für das Universum und für sich selbst zu sein.

Wenn man diesen Namen täglich 212 Mal wiederholt, so verwandeln sich Zweifel in Zuversicht und die Angst vor Besitzlosigkeit verflüchtigt sich. Die Wiederholung dieses Namens führt zu einer der größten Leistungen: sich selbst beherrschen zu können. Selbstbeherrschung und Selbstüberwindung sind wichtige Qualitäten auf dem Weg der Selbsterkenntnis und der Menschwerdung.

Um uns in den Glauben und Seine Lobpreisung zu führen, hat Allāh uns das ganze Universum als Zeichen Seines Seins geschenkt und Er hat das ganze Universum als Äußerung und Kundgebung Seiner Göttlichen Namen und Qualitäten erscheinen lassen.

„Oh Mensch, rufe Mich an und du wirst Mich finden und wenn du Mich findest, hast du alles gefunden. Denn es verliert Ihn nicht, wer Ihn sucht und es verzweifelt nicht, wer Gott zum Ziel hat.“

Das ganze Universum mit all seinen Geschöpfen, mit seinen Mineralien, Pflanzen, Tieren ist im Singularausdruck al–mulk repräsentiert. Der Singular wird hier verwendet, weil alles miteinander verbunden ist, weil jeder Teil für die Ganzheit steht und seinen Beitrag für das Zusammensein erfüllt: die Tiere für die Menschen, die Pflanzen für die Tiere, die Erde für die Pflanzen, das Wasser für die Erde. Die Größe der Erde, dieses allumfassende Wesen, entspricht der Kapazität und Kraft des Menschen und ihre Rotation passt zu seinen Fähigkeiten. Alles ist eine sich ergänzende Einheit und alles fügt sich einem einzigen Göttlichen Willen. Ein Königreich für einen König: Māliku–l–Mulk.

Das Wissen, dass das, was immer auch geschehen ist, geschehen musste und nicht hätte **nicht** geschehen können, weil es in Übereinstimmung mit Gottes unergründlichem Plan gewollt ist, schenkt uns die Fähigkeit, auf das, was auch immer uns an Gutem oder Schwerem trifft, mit bewusstem Gleichmut und Vertrauen zu reagieren.

Wer sich und alles andere als Eigentum Allāhs sieht, der wird eins mit Allāh und sie wird nichts anderes brauchen.

„Glaube ohne gute Werke ist wie Wasser ohne Nässe!“

ذو الجلال و الاكرام

85

D̲ū–l–Ǧalāli wa–l–Ikrām

Der Herr der Majestät und des Großmuts, der voller Würde und Ehre
1.100 – 17.600 – 1.210.000

Dieser zusammengesetzte Göttliche Name besteht aus drei Teilen:

„D̲ū“ bedeutet: Herr, Besitzer, Inhaber, begabt oder ausgestattet mit, etwas in sich enthaltend.

„Al–Ǧalāl, “ die allumfassende machtvolle Majestät, Erhabenheit, Pracht und Glorie;

„wa“ ist das Bindewort „und“;

„Al–Ikrām“, die bedingungslose, liebende Großzügigkeit, Ehrung, freundliche Aufnahme und Güte.

Dieser ausgewogene Göttliche Name, der Macht und Schönheit so offensichtlich und ausgeglichen in sich trägt, vermittelt Ausgewogenheit und Balance und zeigt die allumfassende, omnipotente Göttliche Präsenz in Allem. Er harmonisiert und führt in den Zustand der Einung.

Al–Ǧalāl kommt wie der Göttliche Name Al–Ǧalīl (41) von der Wurzel ǧ–l–l, aus der auch Bedeutungen fließen wie: gewaltig, groß, erhaben sein, umhüllen, ehren, glorreich, prächtig, bedeutsam.

Al–Ikrām kommt wie der Göttliche Name Al–Karīm (42) von der Wurzel k–r–m, aus der auch Bedeutungen fließen wie: edel, edelmütig, großherzig, freigebig, wohltätig sein, wertvoll und kostbar sein, gastfreundlich, ehrenwert, würdevoll.

Ḏū–l–Ǧalāli wa–l–Ikrām oder Yā Ḏā–l–Ǧalāli wa–l–Ikrām, mit der Hinzufügung der Anrufung „Yā" kommt es zur Veränderung des Ḏū zu Ḏā (Akk.), kann Balance und Ausgewogenheit bringen, besonders in Bereichen des Umgangs mit Macht bzw. Kontrolle oder im Umgang mit Großzügigkeit bzw. Verschwendung.

Alle Vollkommenheit gehört Ihm. Die Göttliche Mildtätigkeit liegt darin, uns das Göttlich–Manifestierte in allem erkennen zu lassen. Die Wiederholung jedes Namens ruft eine ganz eigene Qualität der Lobpreisung im Herzen hervor. So singe in deinem Herzen und vertraue. Die größte Göttliche Großzügigkeit und Freigiebigkeit zeigt sich, wenn ein Mensch Wissen geschenkt bekommen hat. Allāh ist freigebig, großzügig und liebt die Großzügigen. Wenn du Allāh um etwas bittest, ob für dein materielles oder geistiges Leben, dann wiederhole diesen Namen. Wiederhole ihn täglich 100 Mal, er trägt in sich das Göttliche Licht und die Göttliche Weisheit.

Ḏū–l–Ǧalāli wa–l–Ikrām kommt im Koran zwei Mal vor und zwar in der Sure Ar–Raḥmān:

„Für immer bleibt Deines Erhalters Antlitz, voller Majestät und Großmut!"
(55:27)

„Geheiligt sei deines Erhalters Name, voller Majestät und Großmut!"
(55:78)

In jedem dieser beiden Namen gibt es Tausende von Graden der Erhabenheit und Pracht und Tausende von Ebenen der Vollkommenheit und Wohltätigkeit.

Die Vollkommenheit und Schönheit in all ihren Formen und Ausdrücken sammeln sich unter dem Göttlichen Namen Al–Ikrām, und die Macht und Kraft in all ihren Erscheinungen in Al–Ğalāl. Die Qualitäten, die wir bewundern, sammeln sich in Al–Ğalāl und die, die wir lieben, in Al–Ikrām.

Der Göttliche Name D̲ū Al–Ğalāli wa–l–Ikrām vereint in sich alle Aspekte der Qualitäten der Würde und Macht sowie der Schönheit und Güte und bringt damit alle Göttlichen Namen zusammen.

Die Vollkommenheit kommt Allāh zu und Er ist über jedes Lob und jede Verherrlichung erhaben. Jedes Geschöpf ist auf Ihn angewiesen, alle Würde, Kraft, Schönheit und Ehre kommen von Ihm und jedes Bedürfnis wird von Ihm erfüllt.

Und doch hat Er Seine Geschöpfe mit dem unsichtbaren Faden des gegenseitigen Bedürfens verbunden, sodass Güte, Toleranz, Kommunikation und Freude unter allen Wesen wachsen können. Doch vergiss nicht, wer dir die Kraft, die Fähigkeit und die große Ehre gegeben hat, helfen zu können. Welche Ehre, Trägerin und Verbreiterin von Gottes Güte zu sein. Oh Allāh, möge Dein Wille in mir vollzogen werden.

„Die sichtbaren Segnungen Allāhs zeigen sich in Annehmlichkeiten und Glück,
die unsichtbaren Segnungen in Problemen und Unglück."

„Unzählbar und vielfältig sind Seine Gnaden."

المقسط

86

Al–Muqsiṭ

Der Gerechte, der Unparteiische, der unparteiisch Richtende
209 – 836 – 43.681

Wenn man diesen Göttlichen Namen wiederholt, spürt man, wie man seelisch zur Ruhe kommt und wie die Wellen der Zornanfälle und der Unbeherrschtheit, entstanden durch Mühen, Missverständnisse und Hürden des Lebens sowie durch die erlittenen Ungerechtigkeiten von Menschen, langsam verebben.

Al–Muqsiṭ kommt von der Wurzel q–s–ṭ und aus ihr stammen auch folgende Bedeutungen: in Raten zahlen, gerecht, recht handelnd, recht, Gerechtigkeit, Billigkeit, Richtigkeit, richtig, Teil, Anteil.

Al–Muqsiṭ ist jener, der jedem das zuweist, was er gerechterweise verdient, wobei die Anteile nicht notwendigerweise gleich sein müssen. Doch auch wenn die Anteile nicht gleich sind, so sind sie trotzdem gerecht, weil Allāh nur gerecht zuteilt. Die Gaben und Geschenke mögen nicht immer gerecht erscheinen und doch besteht die Gerechtigkeit. Al–Muqsiṭ kommt immer zu uns, auch wenn wir das Gefühl haben, dass er nicht anwesend ist bzw. unsere Bedürfnisse nicht erfüllt wurden. Somit ist Al–Muqsiṭ (wie auch Al–'Adl (29)) ein Göttlicher Name der Gerechtigkeit, wobei hier der Aspekt des Gleichgewichts, der Unparteilichkeit und der Gleichberechtigung im Vordergrund steht.

Die Wiederholung von Al–Muqsiṭ ist vor allem hilfreich, wenn wir das Gefühl haben, dass das Leben ungerecht zu uns ist. Dieses Gefühl kann einen Menschen vor allem auf der Ebene der materiellen Verteilung bzw. der Kinderwünsche einnehmen. Oft glauben wir, dass die Reichen bzw. die, die ihren Kinderwunsch erfüllt bekommen haben, von Allah mehr geliebt werden. Al–Muqsiṭ hilft uns, tiefer zu gehen und die weise, Göttliche Richtigkeit zu erfahren. Er hilft uns, unser Herz für den Göttlichen Plan auszuweiten. Ohne die Öffnung des Herzens kann Al–Muqsiṭ nicht angenommen werden. Allāh hat jedem Wesen ihren/seinen Anteil gegeben. Aus unserer persönlichen, individuellen Sicht ist der Grund dieser Aufteilung, wieso manche mehr und manche weniger bekommen, verschleiert. Al–Muqsiṭ ist die Waagschale, in der Allāh uns materiell und spirituell mal hebt, mal senkt:

„Und den Himmel hat Er hoch erhoben und für alle Dinge ein Maß ersonnen,
auf das auch ihr, oh Menschen, niemals das Maß dessen, was recht ist,
überschreiten möget!“
(55:7–8)

Eine Mutter weiß, dass jedes Kind einmalig ist und gemäß ihrer oder seiner Einmaligkeit gesehen und begleitet werden soll. Die Liebe zu allen ihren Kindern ist gleich und doch braucht jedes Kind eine andere Aufmerksamkeit. Doch wenn ein Kind das Gefühl bekommt, dass es weniger erhält als andere, wenn es das Gefühl hat, es wird nicht gesehen und geachtet, dann entsteht eine tiefe Wunde, ein Loch, das mit Selbstmitleid, einem überdauernden Gefühl, schlechter wegzukommen bzw. dem steten Gefühl von Mangel oder mit Egozentrismus gefüllt und beschützt wird. Das Resultat sind die Schleier von Neid, Missgunst, Bosheit, Gier und Eifersucht.

Al–Muqsiṭ eröffnet uns den Weg zur Einmaligkeit unserer Seele, zum Sehen, Anerkennen und Schätzen jenes Teiles, der uns gegeben worden ist, um unsere Aufgabe, unseren

Anteil am Leben, unseren Beitrag an dieser Welt zu erfüllen. Sich mit dem wahren Selbst zu verbinden, den Weg dorthin zu beschreiten, durch die Wunde hindurchgehend, lässt uns erfahren, dass unsere wahre Existenz nicht von den äußeren Gegebenheiten abhängt. Al–Muqsiṭ widerspiegelt die Schönheit und Majestät unserer Seele, unseres wahren Selbst.

Ein Mensch, der diese Qualität in sich trägt, ist ein Mensch, der gelernt hat, hinter die Dualität zu sehen und der fähig ist, Gerechtigkeit und Balance in schwierigen Situationen zu bewahren. Ein Mensch, der fähig ist, wenn er in seinem Urteilen oder Handeln Unstimmigkeit oder Mangel an Fairness erkennt, Zuflucht im Göttlichen zu suchen und sich bei dem ungerecht Behandelten zu entschuldigen, trägt die Qualität Al–Muqsiṭ in sich.

Al–Muqsiṭ ist der Gerechte. Je näher man diesem Namen kommt, desto mehr achtet man darauf, die Menschen und alle Wesen gerecht zu behandeln. Man setzt sich für die Gerechtigkeit in dieser Welt ein, hilft den Schutzbedürftigen, bemüht sich um Wahrhaftigkeit und Ausgeglichenheit und motiviert auch andere dazu.

Lerne zuerst, gerecht zu dir selbst zu sein, ausgeglichen in deiner Sichtweise und in deinem Umgang mit dir selbst und weite dies auf deine Mitmenschen, auf alle Tiere, Pflanzen und Steine/Mineralien aus.

Und doch ist nur Allāh allein wahrhaftig gerecht, Er ist die Quelle für alle, die sich nach Gerechtigkeit sehnen.

Wenn man von diesem Namen getrunken hat, verändern sich unser Verstehen und unsere Sichtweise. Man lernt, nicht den Menschen, der uns Übles antut, zu verurteilen, sondern die Tat selbst, nicht den lasterhaften Menschen, sondern seine Verirrungen, nicht den feindseligen Menschen, sondern die Feindseligkeit.

Al–Muqsiṭ berührt die Sinne und verwandelt sie zu Dienern der Gerechtigkeit. Al–Muqsiṭ gibt die Kraft und den Mut, sich die eigenen Fehler einzugestehen und dadurch zu wachsen, denn Recht und Gerechtigkeit waren immer schon die Sehnsucht aller Menschen guten Willens.

Die Wiederholung dieses Göttlichen Namens, 209 Mal, beruhigt Menschen im Zustand des Zornes und der Depression. Er hilft, wenn es schwierig ist, sich in der Meditation und im Gebet zu konzentrieren, die abschweifenden Gedanken zurückzuholen. Suche Zuflucht im Göttlichen und hilf den Menschen, sich miteinander und sich selbst zu versöhnen und sei gerecht zu deinen Mitmenschen, ob Freund oder Feind.

Solange du dir mehr Gutes gönnst als jenem Menschen, den du noch nie gesehen hast, hast du deinen Seelengrund noch nicht berührt.

„Am Tag des Gerichts werden sich alle Tiere vor Allāh verbeugen, als Dank dafür, dass Er sie nicht zu Menschen machte, denn groß sind die Vergehen und zahlreich die beschämenden Handlungen der Menschen auf dieser Welt."

„Allāh liebt jene, die Seine Schöpfung mit zärtlicher Liebe behandeln."

الجامع
87

Al–Ğāmi‘

Der Versammelnde, der Allumfassende, der Zusammenbringende
114 – 456 – 12.996

Der Göttliche Name Al–Ğāmi‘ ist fähig, Dinge zusammenzubringen, jene, die zusammen gehören, aber auch jene, die nicht zusammen gehören, Dinge, die sich ähnlich sind, und jene, die verschieden sind. Er bringt Galaxien und Sterne, die Erde und die Meere, die Tiere und die Pflanzen, Großes und Kleines, verschieden in Form und Farbe zusammen, und in den Körpern der Geschöpfe bringt er das Feuer, das Wasser, die Luft und die Erde, das Feuchte, das Trockene, das Heiße und das Kalte zusammen.

Auf dem Pfad der Liebe zu sein, bedeutet, innerlich loszulassen und äußerlich zusammenzubringen. Denn die Gefährten, die uns bleiben und die wir im Bewusstsein ins Jenseits mitnehmen, sind unsere Taten. Am Tage, an dem der Vogel Seele den Käfig Körper verlässt, findest du dich alleine mit deinen Taten, die die Kinder deiner Absicht waren. So lasse das Treffen zwischen dir und ihnen ein leuchtendes, gewichtiges Treffen sein und nicht ein verlorenes, nichtiges.

Der Göttliche Name Al–Ğāmi‘ kommt von der Wurzel ğ–m–‘, aus welcher folgende Bedeutungen entstammen: sammeln, einsammeln, vereinen, verbinden, zusammenbringen, zusammenstellen, umfassend, allgemein, universal, Vereinigung, Körperschaft, Verbindung.

Al–Ğāmi‘ gibt die Fähigkeit, zwischen Gefühlen, Gedanken und Handlungen eine Einheit entstehen zu lassen, also all die Welten im Inneren zu einer organischen Einheit zu verbinden. Al–Ğāmi‘ löst den Prozess der inneren Vereinigung aus. Im Äußeren ist es die Fähigkeit, Menschen mit ihren verschiedenen Kapazitäten und Wünschen, die Energien der Umgebung und die unterschiedlichen Gegebenheiten unter einer gemeinsamen geistigen Kraft der Geborgenheit, Zugehörigkeit und Liebe zu einer lebendigen Gemeinschaft zusammenzubringen.

Allāh vereint die Menschen, so vereint Er uns alle am Tag der Auferstehung, aber Er vereint uns auch mit Menschen, was wir Zufall nennen und oft entstehen aus solchen „Zufällen“ wichtige Begegnungen.

Wenn du etwas verloren hast, sei es einen geliebten Menschen oder einen Gegenstand, so wiederhole diesen Göttlichen Namen Al–Ğāmi‘ 114 Mal und sprich anschließend:

يا جامع الناس ليومٍ لا ريب فيه إجمع بيني وبين حاجتي

yā ğāmi‘ an–nāsi li–yawmin lā rayba fihi iğma‘ baynī wa bayna ḥāğatī.
Oh Sammler der Menschheit an einem Tage, an dem kein Zweifel ist,
vereine mich mit dem, was ich verloren habe.

„Yā Ğāmi‘ hilf mir, meine äußeren Handlungen
mit meiner inneren Wahrheit zu vereinen!“

Es wird ein Tag kommen, an dem wir alle durch Allāh versammelt werden, der Unterdrücker mit dem Unterdrückten, der Schwache mit dem Mächtigen, der Gebende mit dem Nehmenden. Er versammelt sie alle und nimmt vom Unterdrücker und gibt dem Unterdrücktem,

Er nimmt vom Ausbeutenden und gibt dem Ausgebeutetem. Mögen unsere Taten an jenem Tag unser Schutzmantel sein.

Allāh Al–Ǧāmi‘ verbindet zwischen den Ähnlichkeiten und den Unterschiedlichkeiten zwischen dem Einmaligen und dem Allgemeinen, zwischen den Gegensätzen und den Ergänzungen, zwischen dem Oben und dem Unten, zwischen dem Individuum und dem Kollektiv, zwischen dem Sichtbarem und dem Unsichtbarem.

Als Adam und Eva vom Paradies getrennt und auf die Erde gesandt wurden, fanden sie sich wieder durch die Wiederholung dieses Namens. Ein Mensch, der diese Qualität in sich trägt, ist ein Mensch, der seinen inneren Zustand in Harmonie mit seinen äußeren Taten lebt. Er ist fähig, Gegensätze in sich und um sich zu vereinen. Durch die häufige Wiederholung dieses Namens bekommt der Mensch die Fähigkeit, sich zu sammeln und seinen Reichtum im Herzen zu verbinden. Die Welt kommt ihm mit offenen Armen entgegen und er kann sie annehmen, ohne ihr zu verfallen. Diese Freiheit bringt ein tiefes Wissen, das die Herzen der Menschen berührt und anzieht. Herzensverbindungen entstehen.

Lasse deinen Eigenwillen eins werden mit dem All–Willen. Im Grunde ist alles, was geschieht, Allāhs Wille.

> „Dank dem Göttlichen Namen Al–Ǧāmi‘ hat jedes Wesen teil am Göttlichen,
> aus Ihm nimmt es seine Essenz und Substanz und zu Ihm kehrt es zurück.“

الغنى

88

Al–Ġanīy

Der Reiche, der Selbstgenügende
1.060 – 3.180 – 1.123.600

Allāh ist der Reiche, unabhängig von anderen, und doch sind alle abhängig von Ihm. Die Göttliche Qualität Al–Ġanīy, der im Überfluss Besitzende, der Ungebundene, Unabhängige, ist das Gegenteil von faqīr, arm, bedürftig, die notwendige Eigenschaft aller erschaffenen Wesen. Wenn ein Mensch seine Bedürftigkeit erkennt und seine Errungenschaften und Erfolge als Gaben des Al–Ġanīy erlebt und sie Ihm zuspricht, beginnt eine innere Wandlung, die zu den Weiten der Freiheit führt.

Manch reicher Mensch lässt sein Herz durch Arroganz, Eitelkeit und Hochmut verdunkeln. Er vergisst, dass wahre Schönheit durch Dankbarkeit für den Reichtum und durch Bescheidenheit im Dienst an den Menschen entsteht. Wenn man den Namen Al–Ġanīy oft wiederholt, verflüchtigt sich Neid aus dem Herzen. Menschen in materieller Not sollen diesen Namen 1.060 Mal an Samstagen wiederholen und sie werden nicht die Hilfe anderer benötigen. Wenn du weißt, dass Allāh der einzig Allreiche ist, dann brauchst du nur Ihn um Hilfe zu bitten.

Der Göttliche Name Al–Ġanīy, als auch Al–Muġnī (89) kommen beide von der Wurzel ġ–n–y, aus der auch folgende Bedeutungen entstammen: frei von Not, reich sein, entbehren können, nicht nötig haben, nicht bedürfen, genügen, wohlhabend, Reichtum, bereichernd, unabhängig davon.

Neun Mal kommt der Göttliche Name Al–Ġanīy zusammen mit Al–Ḥamīd (56) im Koran vor:

„Allāh gehört alles, was in den Himmeln und auf Erden ist. Wahrlich,
Allāh allein ist der Reiche (al–ġanīy), der Gelobte (al–ḥamīd)!"
(31:26)

Unabhängig von den Menschen zu sein, bedeutet sehr wohl, ihre Sorgen zu teilen, sich um sie zu kümmern, Anteil haben an ihrem Leid und ihrer Freude, für ihre Wünsche und Bedürfnisse offen zu sein. Die Verbindung dieser beiden Namen erinnert uns daran, dass Allāh in all Seinem unabhängigen Reichtum Al–Ġanīy immer für die Menschen da ist, ihnen gibt, verzeiht und sie führt. Die gemeinsame Aufreihung zeigt aber auch unserem Herzen, unserem Geist, dass die Anerkennung unseres geschenkten Reichtums uns in das Reich der Lobpreisung führt, wo alle Wesen in ihrer Gotteslobpreisung uns mit den Worten begrüßen: „Salām, Salām! Frieden, Frieden!"

Die Wiederholung dieses großzügigen Namens hilft, wenn man trotz großer innerer und äußerer Bemühungen auf seinem spirituellen Weg ständig mit Schwierigkeiten konfrontiert wird. Er ist wie ein Bitten um eine Atempause, die wir brauchen, oder glauben, zu brauchen. Möge Allāhs Antwort dir Klarheit über deine Lage geben.

Dieser Göttliche Name soll den Menschen immer wieder daran erinnern, dass Großzügigkeit und Güte die Basis unseres Ursprungs sind, von dem wir kommen und zu dem wir zurückkehren. Seine Wiederholung nährt die Großzügigkeit in uns und beendet die so oft hinderliche Kleinlichkeit.

„Sehne dich nicht nach dem, was du nicht vorfindest, und nehme nicht in Gier
von dem, was du findest. Blicke nicht auf das, was andere besitzen
und begehre nicht, was anderen gegeben ist."

المغنى

89

Al–Muġnī

Der Reichmachende, der Bereicherer
1.100 – 4.400 – 1.210.000

Die Göttlichen Namen Al–Ġanīy (88) und Al–Muġnī werden meist gemeinsam wiederholt.

Der Göttliche Name Al–Muġnī, der Reichmachende, bringt vor allem im Herzen die Qualität der Zufriedenheit hervor, denn wahrer Reichtum zeigt sich in der Zufriedenheit. Man kann reich gemacht werden durch materielle Güter – das ist das allgemeine Verständnis von Reichtum. Man kann reich gemacht werden durch Wissen – das ist ein kostbarer Reichtum. Man kann aber auch reich gemacht werden mit dem Reichtum der Zufriedenheit und der Freiheit von Anhaftung. Doch der größte Reichtum liegt im Herzen eines gläubigen Menschen.

Und was ist wahre Armut? Wahre Armut ist Gier und Geiz. Sie sind dieser unsichtbare Dämon, der dem Herzen nie Frieden lässt. Es ist das Gefühl, nie satt zu sein. Vertraue auf Allāh und behalte deine Würde durch die Zufriedenheit, durch die Geduld, durch die Dankbarkeit. Handle und sprich so, dass du wahrhaftig bleibst, ohne dabei die Gefühle der anderen durch Worte und Taten zu verletzen und ohne zu glauben, dich in die Enthaltsamkeit von Begegnungen und Beziehungen flüchten zu müssen.

Diese Erde ist ein Platz der Erfahrungen und des sich Kennenlernens. Sie ist ein Platz, wo wir Farbe bekennen. Interessanterweise fragt man im Arabischen: „Wie geht es dir, wie ist deine Farbe?“ Und die Farbe eines Menschen erkennt man daran, wie er mit den Dingen umgeht, die er besitzt, seien es die ihm geschenkten, materiellen Reichtümer, sei es die Zeit, aber vor allem mit der Schöpfung und diese beginnt bei einem selbst.

Wahrlich bereichert ist derjenige, der mit Wissen, Weisheit und Glaube beschenkt wurde.

Was immer uns gegeben wird, in welche Situation auch immer wir hineingestellt werden, sie ist immer hier als potenzielle Möglichkeit. Manche von uns sind mit materiellem Reichtum beschenkt, darin liegt die Gefahr der Arroganz und Überheblichkeit, andere sind mit Armut ausgestattet, darin liegt die Gefahr des Zweifels und des sich Beschwerens. Dankbarkeit und Großzügigkeit von dem einen, sowie Vertrauen und Geduld vom anderen, bringen Fülle und Mangel zusammen. Allāh hilft jenen, die bereit sind, sich selbst und die Zustände um sie herum zu verändern.

Wer den Göttlichen Namen Al–Muġnī 10 Freitage nacheinander 1121 Mal wiederholt, hilft sich selbst, nervöse Spannungen aufzulösen. Al–Muġnī hilft, sich von den Qualen der Gier und Habsucht zu befreien.

Wenn du diesen Namen mit nach oben schalenförmig geöffneten Händen wiederholst und anschließend jene Teile deines Körpers oder die eines anderen Menschen berührst, wo Krankheit herrscht oder Schmerzen bestehen, leitest du Heilung ein, so Gott will.

Al–Muġnī ist ein Kanal, durch den der Reichtum Gottes in die Welt fließt.

„Und hat Er dich nicht in Bedürftigkeit gefunden und dich bereichert.“
(93:8)

Die Energie des Göttlichen Namens Al–Muġnī wird als eine der heilendsten Kräfte beschrieben, die Veränderungen auf der körperlichen, materiellen und spirituellen Ebene bewirken kann, und daher mit großer Verantwortlichkeit zu verwenden ist. Denn, was immer wir auch tun, hat Folgen, alles hängt mit allem zusammen. Daher sollte man stets vor dem Beginn einer Behandlung fragen: „Darf ich, kann ich, soll ich, oh Allāh"? Darf ich: ist es mir erlaubt, bin ich die Person für diese Handlung? Kann ich: bin ich bereit und fähig dazu? Soll ich: ist es der richtige Zeitpunkt?

Mit dem Göttlichen Namen Al–Muġnī wird Migräne behandelt, indem man ihn 1.100 Mal wiederholt und dabei über den Körper streift.

„Wer den Weg des Reichtums gehen möchte, muss großzügig werden."

المانع

90

Al–Māni'

Der Abwender von Unheil, der Zurückweisende, der Hindernde, der Abhaltende
161 – 644 – 25.921

Jeder Göttliche Name trägt ein Geheimnis und ein tiefes Wissen in sich, dessen Wahrheit sich dem Herzen nach langen Wiederholungen manifestiert. Der d̠ikr ذكر (das Gemeinschaftsritual, in dem das Herz durch das ständige, laute Gotteserinnern, begleitet von Atem– und Körperbewegungen, angesprochen wird) und der fikr فكر (das stille, in der Einzelmeditation wiederholte Gotteserinnern) sind zwei Formen des spirituellen Übens, die die Süße der Hingabe im Herzen wecken sollen. Ihr Ziel ist, die Liebe und die Nähe zum Göttlichen und das ewige Licht in und hinter allen Manifestationen zu erkennen.

Der Göttliche Name Al–Māni' kommt von der Wurzel m–n–' und aus ihr entspringen folgende Bedeutungen: aufhalten, nicht durchlassen, verhindern, abhalten, versperren, entziehen, untersagen, verweigern, unzugänglich machen, unbesiegbar, immun, hindernd, verbietend, Vorbeugungs– oder Schutzmittel, Undurchdringlichkeit, Widerstand leisten, Hinderung, Widerstand, Kraft, Stärke, Widerstandsfähigkeit.

Der Göttliche Name Al–Māni', der Abwender, der Abwehrende von Unheil, wird von der Qualität des Gebens getragen. So kommt al–manā'a – das Immunsystem – von derselben

Wurzel. Denn, wer abwehrt, gibt, und wer gibt, wehrt ab. Wenn Er die Armut von dir abwehrt, gibt Er dir den Reichtum und wenn Er die Krankheit von dir abwehrt, gibt Er dir Gesundheit. Und wenn Er die Unwissenheit von dir abwehrt, gibt Er dir Wissen. So trage im Herzen den Satz:

„Oh Gott, niemand kann abwehren, was du mir geben möchtest
und niemand mir geben, was du abwehren möchtest."

Die Liebe eines Menschen zu Gott zeigt sich wahrlich, wenn er das Abwendende dem Gebenden vorzieht, also wenn er sowohl mit dem einen als auch dem anderen zufrieden ist. Denn alles kommt von Dir, Allāh.

Der Göttliche Name Al–Māni' beinhaltet immer das Abwehren des Unheils aus Schutz und aus Barmherzigkeit. Und doch kann das Gegebene oder das Abgewendete als negativ empfunden werden, weil man sich etwas anders gewünscht hat. Wenn jedoch etwas abgewendet wird, so wird etwas gegeben, das mehr von Nutzen ist, auch wenn das Gegebene oder das Abgewendete schwer zu ertragen sind, da es immer einen inneren Prozess auslöst und eine Verwandlung bzw. Verfeinerung fordert. Das innere Feuer beginnt zu brennen und das Herz ruft: „Nimm einen weiteren Schleier des Halbschlafs von mir ab!"

Ein Mensch, der die Qualität Al–Māni' in sich trägt, ist ein beschützter und beschützender Mensch. Er beschützt die Menschen um sich herum vor negativen Dingen, auch wenn diese negativen Dinge in schönen Gestalten wie Ruhm, Reichtum oder Freude erscheinen.

Der Wunsch, zu dienen, macht sich bemerkbar, wenn der Kontakt mit der Seele beginnt. Denn es ist die Seele, die dienen möchte, denn dienen liegt in ihrer Natur. Die erste Reaktion auf Seelenkontakt ist der Wunsch – ob man ihm folgt oder nicht –, der Welt auf irgendeine Weise zu dienen.

Die Wissenden sagen: „Wenn Allāh das Auge deines Herzens öffnet, erkennst du, dass das Abwenden und Zurückweisen die Quelle des Gebens ist!“

Nimm nicht die Welt und ihre Gaben als Maßstab für das Geben und Verwehren, für das Belohnen und Bestrafen. Denn das Geben ist nicht ein Zeichen von Gottes Belohnung, noch ist das Verwehren ein Zeichen Seiner Strafe. Beides sind Zeichen Seiner Weisheit und Gnade. Allen Wesen wird gemäß ihrem Wohl Nützlichkeit und Förderlichkeit gegeben.

„Oh Allāh, lasse mein kleines Ich keine dunklen Schatten auf mein Herz werfen,
wenn es nicht das bekommt, was es glaubt, bekommen zu müssen!“

Wenn man diesen Namen morgens und abends 161 Mal wiederholt, so hilft dies, Schmerz und Angst zu erleichtern. Wenn die Leidenschaft zwischen einem Paar schwach geworden ist, so entfacht die leise Wiederholung dieses Namens im Bett die Liebe. Den Namen während einer Reise zu wiederholen, hilft Gefahren und Schwierigkeiten abzuwenden.

„Die Wege zu Gott sind so zahlreich wie Seine Geschöpfe, doch der kürzeste
und schnellste ist, anderen zu dienen, niemanden zu stören
und andere glücklich zu machen.“
(Sa'di)

الضار

91

Aḍ–Ḍār

Der Erschaffer des Schadens, der Nachteilgebende
1.001 – 3.003 – 1.002.001

Die beiden Göttlichen Namen Aḍ–Ḍār und An–Nāfi‘ (92) werden zusammen wiederholt.

Unter den Göttlichen Namen gibt es mehrere Paarnamen, die bevorzugt gemeinsam verwendet werden, denn Allāh gibt Schaden, Aḍ–Ḍār, damit Nutzen und Gutes, An–Nāfi‘ (92), entsteht; Er gibt Erniedrigung, Al–H̱āfiḍ (22), um Erhebung, Ar–Rāfi‘ (23), existieren zu lassen; Er packt zu Al–Qābiḍ (20), um Weitmachung, Al–Bāsiṭ (21), aufblühen zu lassen; Er demütigt, Al–Muḏil (25), um Ehrung, Al–Mu‘izz (24), entstehen zu lassen.

In jeder Gegebenheit, in jeder Situation liegt Weisheit und die Möglichkeit, menschlich–spirituell zu wachsen. Alle Zustände sind Gäste, manche sind schmerzhaft, manche süß, sie treten ein, bewirken und wirken auf uns. Es ist in unseren Händen, es steht uns frei, wie wir mit ihnen umgehen, wie und wie sehr wir durch sie verstehen wollen, uns Wissen aneignen wollen, ihnen zuhören wollen, sie annehmen oder ablehnen.

„Oh Allāh, führe und heile mich durch Deine Weisheit!“

Eine der größten Segnungen und eines der größten Geschenke ist das Gefühl der Zufriedenheit.

„Oh, Allāh, bist Du zufrieden mit mir?“ betete ein Mann und hinter ihm fragte ihn jemand: „Bist du denn zufrieden mit Ihm, dass Er zufrieden sein kann mit dir?“ Da erwiderte er erstaunt: „Wie soll ich mit Ihm zufrieden sein, wo ich doch Seine Zufriedenheit ersehne!“ Und die Antwort kam: „Wenn deine Freude mit dem Unglück der Freude mit dem Glück gleicht, dann bist du zufrieden mit Ihm!“

Aḍ–Ḍār kommt von der Wurzel ḍ–r–r, aus der folgende Bedeutungen entstehen: schaden, Schaden zufügen, verletzen, zwingen, genötigt sein, bedürfen, sich in einer Not– bzw. Zwangslage befinden, Verlust, Nachteil, Beeinträchtigung, Verletzung, notwendig, unvermeidlich, unerlässlich, erforderlich.

Das Wort ḍarīr, Blindheit, kommt auch von dieser Wurzel. Meist sehen wir nicht, dass Allāhs Schaden stets nur dem Nutzen dient, dem Guten, denn hinter jedem Geschehen ruht eine Weisheit und die Möglichkeit des Heilwerdens. Daher gehören die Göttlichen Namen Aḍ–Ḍār und An–Nāfi‘ zusammen, um die Einheit und die Ganzheit, die dahinter existiert, zu verstehen.

Lerne, wann du sprichst und wann du still sein sollst, wann du dein Herz für andere öffnest und wann du dich nur an höflicher Konversation beteiligen sollst.

Wenn es in deinem Leben stürmisch wird, dann wiederhole das Gebet, welches der Prophet Muhammad, Allāhs Segen und Frieden seien mit ihm, sprach:

„Oh Allāh, ich bitte Dich um das, was Gutes darin ist, und um das Gute, das es enthält, und das Gute, um dessentwillen es gesandt worden ist. Ich suche Zuflucht bei Dir von allem, was schlecht daran ist, was es an Schlechtem enthält und dem Schlechten, um dessentwillen es gesandt worden ist.“

Alle Tugenden des Menschen sind mit Wissen und Bewusstsein verbunden. Eigne dir Wissen an und lerne, im weitesten Sinne zu lesen, mit allen Sinnen, mit deinem Herzen, mit deinem ganzen Sein! Mache die Natur, die Menschen, alle Begegnungen zum Gegenstand deines Lesens. Und hüte dich vor unnützem Wissen, wie vor der Unwissenheit selbst. Denn die Last des unnützen Wissens kann zu Verwirrung führen und zur Belastung werden. Es ist die reine Aufrichtigkeit und Absicht, die uns für das Heilige Wissen öffnet, und die Pforten des Herzens für die Erkenntnis des Sinns und Zwecks des Daseins aufdrückt, damit die Göttliche Gnade Einkehr findet.

„Und es gibt unter den Menschen auch manch einen, der Gott nur an der Grenze (zwischen Glaube und Unglaube schwankend) anbetet: wenn ihn Gutes trifft, ist er zufrieden mit Ihm, aber wenn ihn eine Prüfung überkommt, wendet er sich völlig ab und verliert diese Welt wie das kommende Leben, dies ist fürwahr ein unvergleichlicher Verlust! Er ruft dann anstelle Gottes etwas an, was ihm weder schaden noch nutzen kann.“
(22:11–12)

Die materielle Welt trägt in ihrer Stofflichkeit sowohl die Möglichkeit des Guten als auch des Üblen. Die Entscheidung, welcher Inhalt hervorkommt, liegt beim Menschen und seiner Freiheit, zu wählen, und seiner Fähigkeit, zu unterscheiden.

Das Gute kommt stets von Ihm und das Üble kommt stets von Ihm, doch die Ursache für das Letztere dafür kommt vom Menschen.

„Die eigene Furcht und Hoffnung auf Allāh zu richten, heißt, frei von Angst vor einer Sache oder Situation zu sein und frei von der Erwartungshaltung gegenüber einer Sache oder Situation.“

النافع
92

An–Nāfi‘

Der Erschaffer des Nützlichen, des Guten, der Vorteilgebende
201 – 804 – 40.401

Wenn man die Gotteserinnerung durch die Wiederholung der beiden Namen Aḍ–Ḍār (91) und An–Nāfi‘ spricht, so löst sich langsam die Verbindung und die Erwartungshaltung den Menschen gegenüber, und die Hinwendung zu Allāh intensiviert sich. Diese beiden Namen zeigen intensiv die Einheit auf. Er ist der Erschaffer des Schadens, sei es um das Herz durch Läuterung auf höhere Stufen vorzubereiten oder sei es als Konsequenz der eigenen Taten. Was auf der einen Seite ein Schaden ist, kann auf der anderen sehr wohl ein Nutzen sein.

Der Göttliche Namen An–Nāfi‘ stammt von der Wurzel n–f–‘ und aus ihr kommen folgende Bedeutungen hervor: nützlich, vorteilhaft sein, nützen, helfen, brauchbar sein, dienen, heilsam, Nutzen ziehen, Vorteil oder Gewinn von etwas haben, etwas genießen, Wohl, Gewinn.

Auf unserem Weg zu unserem wahren Selbst, auf dem Weg vom peripheren Exil in die Heimat, werden wir immer Orten der Dunkelheit begegnen, genauso wie wir sie in der äußeren Welt immer wieder mitbekommen und erfahren. Wenn wir diese Orte um Seinetwillen berühren, ohne Sorge um unser Ich, ohne die Absicht, etwas zu erlernen oder zu erreichen, sondern nur um voller zu leben, kann die Transformation beginnen. Die vollkommene Hingabe an Gott ermöglicht uns, die Dunkelheit in uns, die Dunkelheit der Welt um Seinetwillen zu berühren. Es ist die Hingabe, die den einzigen, wahren Schutz bildet, die einzige, wirkliche Sicherheit. Erst durch das Abreißen der Wände können die wärmenden, klärenden Sonnenstrahlen dich erreichen, dich stärken und vor der Gefahr, von der Dunkelheit ergriffen oder verschlungen zu werden, bewahren.

Was ist wertvoll und was ist schädlich, was ist wahrhaftig und was ist unnütz?

So wie die Dunkelheit, ist das Unnütze, das Schädliche, ein vorübergehender Zustand der „Illusion", aber auch der Herausforderung, der Verführung, der Verwirrung und der Wahl. Wer die Einende Ganzheit im Herzen trägt, kann die Teile und die Episoden als solches erkennen, ohne darin zu ertrinken.

„Immer wenn Er Wasser vom Himmel herab sendet und Flussbetten nach ihrem Maß hochgehen, trägt der Strom Schaum auf seiner Oberfläche (während das Wasser darunter klar bleibt) und desgleichen steigt von jenem (Metall), das sie im Feuer schmelzen, um Schmuck oder Geräte zu machen, Schaum auf. Auf diese Weise legt Gott das Gleichnis von Wahrheit und Falschheit dar: denn was den Schaum angeht, er geht dahin, wie (alle) Schlacke, aber das, was dem Menschen von Nutzen ist, verbleibt auf Erden. So legt Gott die Gleichnisse dar."
(13:17)

Der Göttliche Namen An–Nāfi' wird zur Heilung von Krankheiten verwendet, indem man ihn mit aufrechtem, liebendem Herzen ständig wiederholt und dabei mit der Hand über den Körper des Kranken streift.

Das Böse ist nicht das Gegenteil von Gott, sondern im Widerstand zu Gott. Alles besteht aus derselben Energie. Die Göttliche Energie ist dunkel und hell, männlich und weiblich.

Sie beinhaltet beides, das weiße Licht und die schwarze Leere. Wir verwenden zwar das Konzept der Dualität, aber es ist nur eine Welt der augenscheinlichen Oppositionen, die sich ergänzen, sie sind keine „wahren" Gegensätze. In dieser Welt wird die Dualität nur benutzt, um uns in die Einheit zu führen. Alles ist miteinander verwoben, sind untrennbare Muster. Wir sind nicht getrennte Teile eines Ganzen, wir sind das Ganze.

Mache dich vertraut mit den positiven, den guten Seiten des anderen, denn das ist Liebe.

Meditation und Gebet helfen uns, den linearen Verstand zu transzendieren und erlauben uns, die Verwobenheit aller Dinge als Realität zu erfassen. Dann sehe, wo du stehst und wohin du gehst!

„Unsere Existenz basiert auf den Grundlagen von Erbarmen, Großzügigkeit,
Demut und vor allem Dankbarkeit. Was haben wir davon erreicht? Überlege!
Denn die Taten in diesem Leben formen den Körper für die Seele
im nächsten Leben."

النور

93

An–Nūr

Das Göttliche Licht
256 – 768 – 65.536

Die Eine Realität ist das Eine Licht, mit dem die ganze Schöpfung verbunden ist und das diese in sich trägt. Alle spirituellen Wege verbinden das Licht mit dem Göttlichen. Wenn ein Mensch sagt, er will das Ewige, das in ihm ruht, berühren, so meint er/sie immer dieses universelle, ewige Licht, das sich hinter den äußeren Formen verbirgt. Einen erleuchteten, spirituellen Weg zu gehen, bedeutet, dieses Licht in allem zu erkennen und sich in Dankbarkeit in die Verbeugung zu begeben. Eine Verbeugung, die das Dienen beinhaltet, ohne Opfer zu sein, wissend, dass die Ewigkeit uns trotz aller Verschiedenheit für immer verbindet.

Der Göttliche Name An–Nūr kommt von der Wurzel n–w–r, aus der auch folgende Bedeutungen entstammen: in Blüte stehen, blühen, leuchten, erleuchten, beleuchten, aufklären, erläutern, ans Licht kommen, Erleuchtung empfangen, Aufklärung suchen, Licht erhalten, erleuchtet werden.

An–Nūr macht die Welt sichtbar und verleiht ihr somit Existenz. Im Koran ist eine ganze Sure dem Licht سورة النور An–Nūr gewidmet. Es ist der Vers, der uns über das Licht in allem Sein kontemplieren lässt:

„Gott ist das Licht des Himmels und der Erde, das Gleichnis Seines Lichtes ist so, als ob dort eine Nische wäre und mittendrin eine Lampe, und diese Lampe ist mit Glas umschlossen, und das Glas ist ein strahlender Stern, erleuchtet von einem gesegneten Baum, einem Olivenbaum, weder aus dem Osten noch aus dem Westen, dessen Öl beinahe klar ist, obwohl das Feuer es kaum berührte. Licht über Licht."
(24:35)

Die Sufis verstehen diesen geheimnisvollen Koranvers als ein Gleichnis mit dem menschlichen Herzen, in dem das Göttliche Licht innewohnt und das den Menschen auf die Reise zu Ihm führt.

An–Nūr ist das Göttliche Licht, der Grund allen Daseins, das uns in den Finsternissen des irdischen Exils leitet.

Es ist unmöglich, Allāh zu definieren, auch nicht mittels einer Metapher oder eines Gleichnisses, da „es nichts Ihm Gleiches gibt" (42:11), und auch „nichts, das mit Ihm verglichen werden könnte" (112:4). Das Gleichnis „Gott ist das Licht" soll also nicht die Göttliche Wirklichkeit ausdrücken, sondern der Erleuchtung Ausdruck geben, die dem Geist und den Gefühlen jedes Menschen von Ihm gewährt wird, der willens ist, geleitet zu werden.

Wir tragen zwei natürliche Offenbarungen der Göttlichen Gegenwart in uns: das Herz, das unsere Mitte formt, und die Luft, die wir atmen. Die Luft ist die Trägerin des Lichts. Wenn wir atmen, dringt sie in uns ein, und mit ihr dringt in jedem Moment die allumfassende Gegenwart Gottes in uns ein. Mit jedem Atemzuge ergreifen wir Besitz von ihr, verbinden wir uns mit der ganzen Welt und betten uns in sie ein, weil wir Licht einatmen, aus dem alles geschaffen ist, und weil wir selbst aus Licht bestehen.

Jedes Einatmen ist Rückkehr zur Einheit, zu Ihm, und jedes Ausatmen ein Ausdruck der Dankbarkeit in der Welt der Vielfältigkeit und des Wandels. Der Halt zwischen Ein– und

Ausatmen zwischen Aus– und Einatmen ist Verweilen, im Wissen um die Einung, im Bewusstsein um die Spiegelung, die wir selbst sind. Sich des Göttlichem bewusst zu sein, heißt, mit dem Herzen zu atmen, die Brust zu weiten und dem Himmel Einlass ins Herz gewähren:

„Haben wir nicht dein Herz geöffnet (deine Brust geweitet)!"
(94:1)

So wird in jedem Augenblick das Band zwischen dem Schöpfer und seiner Schöpfung unaufhörlich erneuert. Sowohl nūr, „Licht", als auch nār, „Feuer", kommen von derselben Wurzel n–w–r. Am Ende der Zeiten wird das Licht sich von der Hitze scheiden und diese Hitze wird die Hölle sein, das kühle himmlische Licht hingegen das Paradies. So sind auch Paradies und Hölle aus dem Einen Urstoff. Im Tode werden wir dem enormen Raum der ewigen Wirklichkeit gegenübergestellt und unsere eigene innewohnende Wirklichkeit tritt hell zutage, sich durchbrennend durch alle Falschheit, durch alles aus dem Gleichgewicht gebrachte. Es ist unsere eigene Erkenntnis, die erscheint, und Zeugin unserer Wahrheit wird. Und so verurteilt sich der Mensch selbst, es sind seine eigenen Glieder, die ihn anklagen:

„An dem Tag, da ihre eigenen Zungen und Hände und Füße Zeugnis gegen sie
geben werden durch alles, was sie taten!"
(24:24)

Doch der Mensch brennt nicht nur wegen seiner verfälschten Natur; er brennt wegen seiner Würde als Ebenbild des Göttlichen. Licht ist ihre/seine Natur und Licht wird sie/er sein.

Die Wiederholung des Göttlichen Namens An–Nūr erfüllt das Herz mit Sanftheit und Demut und lässt es den Göttlichen Lichtschleier erfühlen. Der Mensch beginnt, die unsichtbare Welt mit dem Auge des Herzens zu sehen, und wie die Sonne die Brust und das Gesicht erwärmt, so erwärmt sich sein ganzes Sein, und Stille und Frieden kommen durch die Tür des Einen.

Es gibt zwei Arten von Licht: ein Licht, das wir mit unseren Sinnen, mit unserem Auge, erfassen können, also ein sinnliches Licht, und ein Licht, das wir mit unserem Geist erfahren, also ein geistiges Licht. Wenn wir mit einem Problem konfrontiert sind und uns um eine Lösung bemühen und wenn dann nach langem Überlegen und nach langem Studium eine Lösung auftaucht, dann ist das ein geistiges Licht. Unser Geist ist Licht, nūr, der Koran ist Licht, nūr. Wenn wir eine Flasche in die Hand nehmen, deren Inhalt wir nicht kennen, und dann jemand kommt und ein Etikett mit der Beschreibung des Inhalts darauf klebt, dann sind die Worte auf diesem Etikett Licht, nūr, denn sie haben uns von der Dunkelheit des Nicht–Wissens in das Licht des Erkennens geführt. Denn Licht ist Wissen.

Jede Erfindung, jede Entdeckung, jede Erkenntnis ist ein geistiger Glanz, ein Licht, nūr, von Allāh. Doch dieses Licht erfordert einen Preis; der Preis ist das aufrichtige Suchen, Forschen und Bemühen. Jede Erfindung, jede Entdeckung, jede Erkenntnis ist zu 99% Fleiß und Schweiß, um die 1% Göttliche Eingebung, ilhām, zu empfangen. Allāh richtet sich nicht nach den Wünschen der Menschen, sondern nach ihrer Aufrichtigkeit und Ehrlichkeit. Etwas von der Nicht–Existenz in die Existenz zu führen, ist An–Nūr. Gehe mit allem in deinem Leben nicht mit der Einstellung des Nutzens um, sondern mit der Einstellung der Erkenntnis, das ist An–Nūr. Denn An–Nūr ist Führung und Abwägung. Das Erkenntnisvermögen nimmt mit seinem Wesen Gott wahr, weil es selbst Göttlicher Natur ist; es kann die Bedeutungen der Zufälligkeiten erkennen und verstehen. So bewegt sich der Mensch zwischen Gnade und Erkenntnis.

Wenn man das Gefühl hat, dass sich das Herz verdunkelt und tiefe Trauer Einzug hält, so wiederholt man diesen Namen 1.000 Mal. Wenn du dich verirrt hast, dann wiederhole diesen Namen 256 Mal und du wirst deinen Weg wieder finden, so Gott will. An–Nūr wird zur Klärung und Befreiung des Herzens wiederholt und auch zur Stärkung des inneren und äußeren Augenlichtes.

Durch die Wiederholung des Göttlichen Namens An–Nūr beginnt eine innere Reinigung und Läuterung. Dieses Licht gehört nicht der erschaffenen Welt an. Die Annäherung erfolgt in Stufen und Stadien, es ist ein Aufstieg der Seele in immer höhere Sphären des Lichtes bis zur Versenkung in die Licht–Einheit jenseits aller Formen.

Es ist in jedem von uns und doch jenseits von uns. Es kennt die Geheimnisse der Materie, den unendlichen Blütenreichtum der Formen, welche das Feuer und den Garten bilden, das endlose Schauspiel von

نور على نور
nūrun 'ala nūr
Licht über Licht

Wende dich der Wirklichkeit selbst zu und die Formen verschwinden. Die Geschöpfe zu betrachten, bedeutet, den Schöpfer zu sehen, kein anderes Antlitz. Das ist sufisches Benehmen.

Wenn das Herz sich klärt, wir Raum machen für mehr als nur dem Eigennutz, wenn wir beginnen, uns auszudehnen, zu reinigen und Schritt für Schritt mehr Platz für die Göttliche Einheit schaffen, läutert sich auch der Körper. Die besondere Art der Sufis kommt nicht von dem, was sie sagen oder tun. Sie kommt vielmehr von der Haltung ihrer Herzen. Wir brauchen das Licht der Sonne, damit unser Auge die Dinge erkennt und wir brauchen das Göttliche Licht, damit unser Geist die Wahrheit der Dinge erkennt.

Es wird überliefert, dass der Prophet Muhammad, Allāhs Segen und Frieden seien mit ihm, sprach:

„Oh Allāh, gepriesen seist Du, Du bist das Licht der Himmel und der Erde und alles was darin ist."

„Oh Allāh, lege Licht, nūr in mein Herz und Licht in mein Grab und Licht vor mir und Licht hinter mir und Licht zu meiner Rechten und Licht zu meiner Linken und Licht über mir und Licht unter mir und Licht in mein Hören und Licht in mein

Sehen und Licht in meine Haare und Licht in meine Haut und Licht in mein Fleisch und Licht in mein Blut und Licht in meine Knochen. Oh Allāh, vergrößere das Licht in mir und schenke mir Licht. Oh Allāh, mache mich zu Licht!“

„Es ist einfach: Geboren in die Welt, öffne durch deine Taten die Tore zum Paradies!“

„Das Göttliche ist wie der Ozean, der sich in Millionen von Wellen zeigt.“

الهادي

94

Al–Hādī

Der Rechtleitende, der Führende, der Wegweiser
20 – 80 – 400

Dieser Göttliche Name trägt in sich die Qualität der Führung, der Göttlichen Führung für die gesamte Schöpfung, für die Mineralien, die Pflanzen, die Tiere und den Menschen. Man kann diese Führung auch als Göttliche Hilfe bezeichnen. Es ist ein Name, der die Weisheit fließen lässt und das Herz zum Wissen um seine Essenz führt.

Dieser Göttliche Name basiert auf der Wurzel h–d–y mit den Bedeutungen: den rechten Weg führen, den Weg zeigen, bringen, zuführen, hingeführt werden, den Weg finden, auf etwas geistig–spirituelles draufkommen, zurückgeführt werden, Göttliche Leitung erbitten, Weg, Art und Weise, Richtung, Verhalten, Schenkung.

Hādī wird auch das Leittier einer Kamelherde bezeichnet. Hier zeigt sich auf der weltlichen Ebene die Bedeutung dieses Namens. Durch Al–Hādī werden wir zum Ziel geführt, wird es uns gezeigt und wir hingeleitet. Als Vergleich dazu Ar–Rašīd (98) „Der Rechtleitende, der Unterweisende", jener, der auch führt und begleitet, aber währenddessen unterrichtet, erzieht, unterweist und belehrt. Der Aspekt des Erziehens und Verstehens steht hier mehr im Vordergrund.

Al–Hādī ist die allumfassende Quelle der Führung. Al–Hādī berührt die Führung, die Allāh in all Seinen Offenbarungen der Menschheit, einer Gemeinschaft, gegeben hat. Al–Hādī zeigt die Kontinuität und die essentielle Einheit aller Offenbarungen auf. Das Universum ist der Ort, wo die Göttlichen Namen erscheinen, Er hat das Universum mit Al–Ḫāliq (11) erschaffen, im Universum siehst du das Wissen Al–ʻAlīm (19), durch das Universum siehst du die Weisheit Al–Ḥakīm (46), durch Al–Ḥayy (62) siehst du das endlose Kommen und Gehen der Schöpfung, durch das Universum siehst du die Allmacht Al–Qādir (69), durch das Universum siehst du die Gnade Ar–Raḥīm (2). Im aufbäumenden Meer siehst du den Gewaltigen Al–Ǧabbār (9), in der Liebkosung siehst du die Milde Al–Ḥalīm (32), in den Augen der liebenden Mutter erkennst du Al–Wadūd (47). Das Universum stellt dich immer wieder vor die Göttliche Absolutheit und durch das Universum kannst du Ihn erkennen:

„Lobpreise den grenzenlosen Ruhm des Namens deines Erhalters, des Allerhöchsten, der (alles) erschafft und es daraufhin in Übereinstimmung mit dem formt, was es sein soll, und der die Natur bestimmt und sie daraufhin (zu ihrer Erfüllung) leitet, und der die Weide hervorbringt und sie dann wieder in Stoppeln verdorren lässt!“
(87:1–5)

Alles im Universum wird mit innerem Zusammenhang und Eigenschaften versehen, gemäß den Erfordernissen seiner Existenz und in Übereinstimmung mit den Aufgaben, die es erfüllen soll.

Al–Hādī, die Göttliche Führung leitet uns zu taqwā, zum universellen Bewusstsein um die Göttliche Existenz.

Al–Hādī gibt uns die Kraft, stetig unserem Ziel entgegenzugehen, trotz aller Stürme und Hindernisse. Al–Hādī gibt uns die Kraft dazu, denn er lässt uns die Göttlichen Zeichen in den Alltäglichkeiten sehen. Ein Mensch, der die Qualität von Al–Hādī in sich trägt, ist ein Mensch, der fähig ist, die führende Stimme seines wahren Selbst zu hören. Es ist ein Mensch, der die Antworten auf seine Gebete erkannt hat.

„Allāh gibt jedem Ding (das existiert) seine wahre Natur und Form
und leitet es daraufhin zu seiner Erfüllung."
(20:50)

Gott erzieht die Welt, die Geschöpfe, indem Er ihnen die Verwirklichung ihrer spirituellen Fähigkeiten ermöglicht. Das Göttliche Sein manifestiert sich in jedem Wesen anders, je nach Aufnahmefähigkeit und Disposition und doch ist es nur ein einziges Sein.

Die Wiederholung dieses Namens, 200 Mal jeden Tag, führt zum Erfolg und zur richtigen Wahl, wenn man sich nicht entscheiden kann. Dieser Name öffnet den Weg zu spirituellem Wissen. Wer diesen Namen in seinem Herzen, mit seiner Zunge und seinen edlen, menschenwürdigen Taten lebt, wird mit immer tieferem Wissen beschenkt. Er erkennt die Weite und Weisheit, die hinter allen Dingen besteht.

Wenn man das Gefühl hat, dass sich der Lebensweg verdunkelt, so hilft die Wiederholung dieses Namens, den tiefen Sinn wieder zu erkennen. Wer diesen Namen aufschreibt und mit sich trägt und immer wieder wiederholt, wird recht geleitet in all seinen Taten und Zuständen, sichtbar und unsichtbar. Wenn ein Säugling beim Trinken Schwierigkeiten hat, so wird dieser Name um seinen Hals gehängt.

Mit dem Göttlichen Namen Al–Hādī wird die Zirbeldrüse angeregt, aber auch die Blase, die „Ist–Energie", gestärkt und geheilt, so Gott will.

Ein spiritueller Führer ist jemand, der den Suchenden zu seinen eigenen Möglichkeiten führt, und in ihm Zufriedenheit mit der Gesamtheit dessen, was ihn umgibt, erweckt. Die Schleier vom Herzen hebend, um die großen Wunder und Zeichen der Schöpfung in sich und im Buch der Natur zu sehen. Der Mensch selbst wird als wandelndes Buch bezeichnet, in das die ganze Schöpfung ihre Geschichte eingeschrieben hat.

Al–Hādī in sich zu erwecken heißt: offen sein für alles, was ist und kommt, liebevoll, sanft, voller Güte, aufmerksam, wach, konzentriert, präsent, nicht bewertend, nicht urteilend, nicht wissend, nichts erreichen wollen, nichts verdrängen, nichts festhalten.

In der Eröffnungssure Al–Fātiha heißt es:

إهدنا الصراط المستقيم
ihdinā ṣ–ṣirāta l–mustaqīm
Führe uns den geraden Weg.

Das bedeutet: „Oh Allāh, lasse unsere Herzen sich nach Dir sehnen und sich zu Dir neigen und führe uns durch Dich zu Dir!“

„Oh Allāh, schenke uns himma همة, jene Sehnsucht bzw. jenen Hunger nach der Erkenntnis der Wirklichkeit, jene Lebensenergie, die danach strebt, die Verbindung mit der Wahrhaftigkeit wiederherzustellen!“

Es gehört zum Wesen der himma همة, dem Suchenden jede Handlung angenehm zu machen, wenn sie zu Ihm hinführt.

„Liebe ist der Weg, die Verpflegung und das Ziel.
Wer geführt werden möchte, wird geführt!“

البديع
95

Al–Badī‘

Der Entdecker, der Schöpfer, der Neubeginnende, der Urheber
86 – 344 – 7.396

Allāh ist der Schöpfer dieser Welt mit all der Schönheit, die sie beinhaltet. Nichts kann sich mit Ihm vergleichen, Er ist der Eine, der Ewige. Wenn ein Mensch diesen Namen tiefer verstehen will, so steht ihm die Schöpfung, die Natur dafür zur Verfügung. Sie hat die Fähigkeit, sich an den Verstand und an das Herz gleichzeitig zu wenden, der Verstand analysiert und erklärt, und das Herz empfängt und erkennt. Es ist das Herz, dass deine Analysen und Erklärungen zur Weisheit führt und dadurch eine Welt eröffnet, die dich von der Komplexität der Vielfalt in die Stille der Einheit führt.

Al–Badī‘ basiert auf der Wurzel b–d–‘ aus der folgende Bedeutungen hervorkommen: Neuerung, Neuschöpfung, anders als, unerhört, einzigartig, vollkommen, unvergleichlich sein, etwas als Erste tun, wunderbar, selten, hervorbringen, unvergleichliche Frauen.

Allāh Al–Badī‘, derjenige von dem aus alles geschieht. Diesen Namen anzuklingen, heißt, die einmalige Schöpferkraft und Kreativität in sich anzuregen und zu nutzen. Es sind jene verblüffenden und plötzlich auftauchenden Lichtblitze, die eine ganz neue Sichtweise und ein Verstehen aufhellen lassen und uns in neue Dimensionen führen.

Al–Badī‘ drückt das Wunder aus, durch das die Schöpfung entsteht:

„Der Urheber (badī‘) der Himmel und der Erde ist Er: und wenn Er will,
dass ein Ding ist, sagt Er nur: „Sei!“ – und es ist!“
(2:117)

Der Göttliche Name Al–Badī‘ steht für das nie Dagewesene. Er kann uns helfen, stärker unserer Spontanität zu vertrauen, uns frei zu machen von der gewohnten Denkweise, das Undenkbare zu denken und zu wagen und die Einmaligkeit unseres Seins hervorzubringen. Al–Badī‘ hilft uns, wenn wir die Tendenz haben, anderen unsere Überzeugungen aufzuzwingen, wenn wir den Pfad der Toleranz aus dem Auge verlieren. Er weitet unsere Brust und erlaubt uns, die allumfassende Göttliche Vielfalt zu kosten.

Wenn dieser Göttliche Name wiederholt wird, spürst du all Seine Manifestationen in deinem Sein. Du erkennst zuerst einmal deine Einmaligkeit, deinen Reichtum und dein Wunder und findest das Bild des ganzen Universums in dir reflektiert. So liegt in jeder deiner Falten die ganze Welt, und in diesem Staunen beginnt die Preisung der Zunge und die Weichheit des Herzens und das Leuchten der Seele. Eine Stunde der Kontemplation in der Göttlichen Schöpfung und Natur ist wie ein Jahr des Gebetes. Der Beweis liegt in dir und um dich herum.

Wenn du diesen Namen täglich nach dem Gebet 86 Mal wiederholst, wird sich dein Verstehen erweitern, dein inneres Auge sich öffnen und in die tiefere Bedeutung des Wissens eindringen. Deine Worte werden die Weisheit deines Herzens tragen und auch schwierige Taten erleichtern. Dieser Name wird auch zur Stärkung der Haare verwendet.

Ibn Al–‘Arabi erklärt:

„Wissen gibt es auf drei Ebenen: erstens das Wissen des Verstandes, al–‘aql, jenes Wissen, das man durch Schlussfolgerungen erlangt oder als Resultat von

Spekulationen in einer Beweiskette, wobei das Auffinden jener Beweisketten in der Welt des Denkens strukturiert ist. Das Denken sammelt und selektiert aus dieser Form des Wissens und entscheidet, was Gültigkeit besitzt und was nicht.

Die zweite Art des Wissens ist das Wissen um Zustände, ´aḥwāl, zu dem man nur durch unmittelbare Erfahrung Zugang gewinnt. Ein Mensch des Verstandes kann es weder eingrenzen noch es zur Basis eines Beweises machen wie z. B. das Wissen um die Süße des Honigs, das Saure der Zitronen, die Bitterkeit der Aloen, das Vergnügen der geschlechtlichen Vereinigung und Leidenschaft und die Ekstase und die Sehnsucht. Daher handelt es sich hier um ein Wissen, das niemand besitzen kann, ohne davon durchdrungen zu sein und es zu erfahren.

Die dritte Art des Wissens, ist das Wissen um die Geheimnisse, ´asrār, es ist ein Wissen, das sich über die Bedingungen des Verstandes erhebt. Es ist ein Wissen, das die Vollkommene Kraft der existentiellen Erfahrung dem Herzen einhaucht. Keine Art des Wissens ist edler als dieses allumfassende Wissen, welches alle gewussten Dinge enthält.“

Die 1.000–malige Wiederholung von

يا بديع السموات والارض
yā badī‘ us–samawāti wa–l–arḍ
Oh Schöpfer der Himmel und der Erde

hilft bei Depressionen und Stress, so Gott will.

„Oh Allāh, befreie unser Herz von Zweifel und Verzweiflung
und fülle es mit Zuversicht und mit der Bitte nach mehr Wissen
um die Geheimnisse Deiner Göttlichen Namen und der Schöpfung.“

Wer die eigene Unvergleichlichkeit erkennt, verliert das Interesse, andere Menschen miteinander zu vergleichen oder nach vorgegebenen Maßstäben zu beurteilen.

Wie erkennt man die Wahrheitsliebenden? Wenn du sie siehst, erinnern sie dich an Allāh. Dann siehst du dein eigenes Licht, jenseits all der illusionären Dunkelheit, die dich so sehr bekümmert und dich vom inneren Frieden fernhält. Das Entfliehen vor der Vergangenheit und das Fliehen in die Zukunft enden und du stehst in der Wirklichkeit des Augenblicks.

„Bevor der Künstler sein Kunstwerk formt, muss er selbst
zum Geformten werden."

الباقي

96

Al–Bāqī

Der Ewige, der Ewigseiende, der Immerwährende, der Bleibende
113 – 452 – 12.769

Die Zeit existiert nur für die sich immer wandelnde Schöpfung. Und doch ist es den Menschen möglich, in der Ewigkeit zu sein. Es ist möglich, wenn man sein Herz nicht an diese Welt bindet. Man lernt dies zu tun, wenn man nicht nur für seinen persönlichen Vorteil hier auf der Erde arbeitet, wenn man seine Taten, seine Worte und seine Gedanken mit dem Ewigen verbindet, wenn man zur Freude Allāhs Dinge tut und zum Wohle der Menschen und aller Wesen, jetzt und für die Zukunft. Denn auch, wenn alles beendet ist, und dieser Körper zur Erde zurückgerufen wird – die Taten gehen weiter in die Ewigkeit.

Arbeite mit deinem nafs, deinem Ego–Selbst, tue ruhig Gutes aus egoistischen Gründen, nähre dein nafs mit den positiven Resultaten deiner guten Taten, lasse es dein Partner werden, verwandle es von einem Feind zu einem Diener, denn deine Seele weiß, dass es das Gute für den Geliebten tut. Es ist die Selbstbeobachtung, die dir dabei hilft.

Der Göttliche Name Al–Bāqī entsteht aus der Wurzel b–q–y. Aus ihr kommen auch folgende Bedeutungen: bleiben, verharren, andauern, fortdauern, dauerhaft, unaufhörlich, wahren, übrig lassen, schonen, bewahren, ewig dauernd, verweilen, überleben, Fortdauer, in einem Zustand verharren, erhalten bleiben, ewiges Leben, Existenz, Dasein, Bestand.

Alles, alle Dinge, alle Lebewesen vergehen (fanā´ „Dahinschwinden, Entwerden“), nur das Göttliche ist Gleichbleibend, Fortdauernd im Urzustand (baqā´ „Gleichbleiben, Fortdauern“). Deswegen nennt man das Sich–ergeben in das Göttliche Gesetz des Universums baqiyya, „im Immerwährenden ruhen“. Mit dem Göttlichen Befehl: „kun!“, „Sei!“ entsteht alles und mit dem Wort: „zul!“, „Entwerde!“ vergeht alles. Der Mensch ist Zeit und Zeit vergeht, das Göttliche ist Immerwährend, Ewig. Doch ein Teil von uns ist von derselben Ewigkeit. So kümmere dich und achte auf diese Ewigkeit in dir.

Jami sagt:

„Das Universum ändert und erneuert sich unaufhörlich in jedem Augenblick,
mit jedem Atemzug. In jedem Augenblick wird ein Universum durch eine
zusammenziehende Bewegung (al–qabḍ) zum Ursprung zurückgeführt,
und durch Ausdehnung (al–basṭ) ein neues, ihm ähnliches geschaffen.
Infolge dieser raschen Wiederholung erliegt der Betrachter der Täuschung,
dass das Universum eine permanente Existenz hätte.“

Ein Mensch, der mit dem Göttlichen verbunden ist, kontempliert über das, was Ewigbleibend ist und in Bezug dazu über das, was vergeht. Sein Mittelpunkt ist die Suche nach der Erkenntnis, weil sie im Heiligen wurzelt und durch sie erlangt wird. Durch die Einfriedung im Göttlichen wird das Bewusstsein geläutert.

Die Sehnsucht des Menschen nach dem Bleibenden, dem Immerwährenden, dem Unwandelbaren, dem Ewigen, dem, was er wirklich ist, wird immer bestehen, denn der Mensch trägt in sich das Heilige. Es ist ein Teil seines Wesens. Durch die Reise von der Erde zum Himmel, den der Mensch in seinem Inneren trägt, wird der Mensch zum Kanal der Gnade und Güte für die Erde und zur Brücke, die diese mit dem Himmlischen paart.

Das Glück des Menschen liegt darin, sich dieser Brückenfunktion zwischen Himmel und Erde bewusst zu bleiben und nach ihr zu leben. Wenn wir Menschen uns dieser Aufgabe nicht bewusst sind bzw. nicht mehr bewusst sind, bringen wir Disharmonie auf diese Erde. Da wir von unserer Natur aus einende Wesen sind, haben wir die Fähigkeit und Kapazität, Harmonie und Disharmonie auf Erden heraufzubeschwören. Da wir die Merkmale eines Göttlichen Wesens in uns tragen, ist uns diese Macht gegeben. Überall sucht die Seele nach den Merkmalen ihrer ursprünglichen Göttlichen Heimat, wird berührt durch die Schönheit der Natur, eines Liedes, eines Gemäldes, eines Menschen. Es ist der Hauch des Ewigen, das durch die Schönheit der Existenzen die Seele berührt und anrührt.

Führe deine Taten, indem du sie mit Liebe tust, Allāh zu, und Er macht sie ewig, unendlich! Die Ewigkeit offenbart sich dem Menschen, der weiß, wo er herkommt und wo er hingeht. Durch die Erkenntnis der Ewigkeit wird der Mensch mit der Endlichkeit versöhnt.

Wenn du bei den Menschen bist, so vergiss alles, was du siehst oder hörst, und halte dich an das, was sich dir innerlich offenbart. Sei unabhängig, sodass sich dein inneres und äußeres Menschsein miteinander übereinstimmen können.

Jedes Wesen hat zwei Gesichter: ein eigenes und ein Göttliches. In Bezug zum eigenen ist es Nichts und in Bezug zum Göttlichen Gesicht ist es ewiges Sein.

Der Göttliche Name Al–Bāqī gibt uns die Möglichkeit, jenseits von Zeit das Ewige zu kosten, uns von unseren beschränkten Konzepten von Zeit und Raum zu lösen und unser stetes und eifriges Streben in eine tiefere Ebene des Erkennens zu führen. Die damit gewonnene Tiefe und Weite ermöglichen uns, mit Zeit und Raum klarer und effizienter umzugehen, lehren uns das Zulassen, Loslassen und Seinlassen.

Bei immer wieder kommenden Ängsten hilft die Wiederholung dieses Namens vor dem Einschlafen, um sich davon zu befreien. Sei mit den Menschen, aber übernimm nicht ihre schlechten Gewohnheiten. Wer im Inneren im Ewigen verweilt, kann äußerlich rund werden!

Al-Bāqī schenkt Stetigkeit und relativiert so manches im Leben, denn Er graviert in das Herz, dass nur Er Bestand und Ewigkeit hat, so richte deinen Blick vor allem auf deine innere Entwicklung.

Die ewigbleibenden, guten Werke nennt man die folgenden:

Subḥāna llāh, al-ḥamdu li-llāh, lā ilāha illa llāh und allāhu akbar.
Lob sei Allāh, Preis sei Allāh, es gibt nichts außer Allāh und Allāh ist größer!

Wenn wir davon ausgehen, dass wir eine Seele haben – ein tiefes ewiges Sein – dann können wir auch sagen, dass Alles beseelt ist. Jede Bakterie hat Farbe, Form und einen spirituellen Aspekt. Die Bakterie oder den Virus bzw. die Entzündung zu entfernen, ohne den spirituellen Aspekt zu heilen, lässt die Türen offen und die Spuren bleiben.

Die Wiederholung dieses Göttlichen Namens, 113 Mal am Tag, schützt vor Krankheiten. Al-Bāqī schützt präventiv vor Krankheit, und jemand, die/der von diesem durchdrungen ist und seine/ihre Hand auf einen Kranken auflegt, kann – mit Gottes Erlaubnis – sofort Heilung bringen, so Gott will.

„Die Liebe ist eine Krankheit des Herzens, die keiner anderen Krankheit gleicht.
Sie ist unser Wegweiser zu Gott und führt uns am Ende immer zu Ihm, ganz
gleich, wem sie äußerlich gilt. So vergiss alles und liebe."

„Ach!", seufzt das Herz verwundert, „waren wir ihr jemals fern?"

الوارث

97

Al–Wāriṯ

Der Allerbende, der Erbe
707 – 2.828 – 499.849

Dieser Göttliche Name weist darauf hin, dass Allāh der Allerbende von Himmel und Erde ist. Er zeigt, dass alles von Ihm kommt und zu Ihm zurückkehrt. Wenn man diesen Namen wiederholt, so hilft er, sich von der Beherrschung durch die Triebe zu befreien und die Oberflächlichkeit der Wahrnehmungen zu durchdringen.

Dieser Name gibt dem Menschen die Freiheit zu erkennen, dass von all der Schönheit und dem Reichtum, die zu leben und zu erleben er bekommt, wahrlich nichts ihm gehört, dass alles eine Zeitlang ausgeborgt ist, um dann wieder weiter zu fließen. Wisse, dass jeder Göttliche Name ein Licht, ein Geheimnis und einen Schatten, eine „Antidosis", in sich trägt. Das Licht jedes Namens scheint im Herzen jenes Menschen, der sich in den jeweiligen Namen vertieft und Allāh durch ihn immer wieder anruft.

Der Göttliche Name Al–Wāriṯ kommt von der Wurzel w–r–ṯ, aus der auch folgende Bedeutungen entstehen: beerben, erbend, ererben, Erbe, als Erben einsetzen, hinterlassen, vermachen. Al–Wāriṯ erinnert uns, woher wir kommen und was wir als Erbe mitgebracht haben.

Al–Ghazali erklärt den Namen:

> „Al–Wāriṯ, der Erbe, ist der, dem die Besitztümer zufallen, nachdem ihre Eigentümer gegangen sind, und dies ist Allāh, denn Er ist derjenige, der sein wird, wenn die Schöpfung vergangen ist. Alles kehrt zuletzt zu Ihm zurück. Er ist es, der dann fragen wird: Wer hat die Herrschaft? Und Er ist es, der antwortet: Der Eine Allgewaltige.“

Menschen mit geistiger Wahrnehmung haben die Wahrheit dieser Ankündigung schon immer erkannt: dass alles Gott gehört, in jedem Augenblick eines jeden Tages, und dass dies in alle Ewigkeit so ist. Doch begreifen kann dies nur derjenige, der die Wahrheit der Göttlichen Einheit in der Schöpfung erkennt und diejenige, die weiß, dass Er der Einzig Seiende ist.“

Es sagte einmal ein Wissender: „Wahrlich unverständlich ist es, wenn ein Mensch diese Welt verlässt, ohne ihren Reichtum und ihren Segen zu genießen.“ Und er wurde gefragt: „Gibt es denn in dieser Welt einen Segen?“ Und er antwortete: „Es gibt in ihr einen Segen, der dem des Paradieses gleicht.“ „Und welcher ist dieser?“ Und er antwortete: „Die Wiederholung der Göttlichen Namen, die Gotteserinnerung, der ḏikr. Wer kostet, weiß!“

Paare, die Schwierigkeiten haben, ihren Kinderwunsch zu erfüllen, sollten immer wieder gemeinsam folgende Worte wiederholen:

Sure Al–Anbiyā´, **سورة الأنبياء**, Die Propheten (21:89):

> „Oh Gott, lass mich nicht sein ohne Nachkommen,
> Du bist der Beste aller Erben.“

Jemand, der bei Entscheidungen unentschlossen ist, soll Yā Wārit 1.000 Mal zwischen dem Sonnenuntergang und dem Nachtgebet wiederholen und er wird die richtige Entscheidung finden. Wer diesen Namen 707 Mal wiederholt und um etwas bittet, das ihm rechtmäßig zusteht, bekommt es, mit Gottes Gnade.

Zu lernen, uns nicht mit unserem limitierten Ich zu identifizieren, ist oft ein langer Prozess, der dem Ego nicht sehr geheuer ist bzw. gefällt. Sobald wir entschieden haben, uns auf die Suche nach unserem wahren Selbst zu begeben, beginnt der Prozess der Transformation. Alle unsere Fähigkeiten, unser Potenzial, unsere Talente, Erfahrungen, Erlebnisse, Begegnungen und Beziehungen machen einen Wandel durch. Es ist eine Neugeburt, doch diesmal nicht durch unsere Mütter, sondern durch uns selbst. Das arabische Wort für Transformation ist taqallub, was so viel bedeutet wie: umdrehen, wenden und von allen Seiten ansehen, suchen, Veränderung, wechseln. Interessanterweise kommt es von derselben Wurzel wie qalb, „das Herz". Denn das Herz ist das Zentrum dieser Transformation und sie erfolgt, indem wir all die Tätigkeiten ausführen, die mit Transformation verbunden sind. Es ist wie die Vorbereitung auf eine große Reise, wie ein Umzug: Man steht in seinem Zuhause und beginnt, die Dinge in die Hand zu nehmen, sie abzuwägen, hin– und her zu wenden, in Relation zu den anderen Dingen zu bringen, sie nach kurzer Kontemplation abzulegen, vielleicht auch abzustauben, damit sie zu ihrem ursprünglichen Glanz kommen, manche Dinge zu suchen, manche Veränderung einzugehen. In diesem Fall macht man all dies in Bezug zur Reise bzw. dem Umzug, wenn es aber um die Transformation der Identifikation vom Ego zur Hinwendung zum wahren Selbst, zur Seele, geht, bringt man alles in Bezug und Relation zum Einen Ewigen und unser Handlungs– und Tätigkeitsbereich ist die ganze Schöpfung.

Unser Benehmen und unsere Aktionen zeigen uns, wo wir stehen und wie wir weitermachen sollen. Sie erlauben uns wahrlich, den Zustand unseres Herzens zu sehen, ob es rein oder bedeckt ist. Deswegen ist die Meditation, die Kontemplation und die Reflektion so wesentlich. Je näher wir zu unserem Inneren kommen, je näher wir zur Quelle der Liebe schreiten, desto klarer sind die Reife und die Freiheit und die Zeichen der Ewigkeit. So wird

Allāh der Erbe jeder unserer Zustände und Stationen und unser Ziel. Alle Wesen kehren am Ende zu Ihm zurück. Wenn wir dies erkennen, bekommt jeder Verlust, jeder Schmerz und jeder Tod eine Bedeutung und einen Inhalt:

„Allāh gehört das Erbe der Himmel und der Erde,
und Allāh allein ist all dessen gewahr, was ihr tut."
(3:180)

Al–Wāriṯ vereint inneres und äußeres Wissen. Er hilft uns beim Loslassen, er hilft uns, unsere Gier zu überwinden, und er hilft uns, unsere Kraft auf das Wesentliche zu fokussieren und uns für unser natürliches Recht, unsere Seele zu nähren, einzusetzen.

Allāh ist der Allerbe und alles, was nach dem Tod bleibt, kehrt zu Ihm zurück:

„Wir allein werden die Erde und alle, die auf ihr sind, erben
und alle werden zu Uns zurückgebracht!"
(19:40)

Allāh hat uns Menschen alles vererbt. Wir können diesen Segen genießen, verwenden und nutzen. Wie wir mit dieser Erbschaft umgehen, steht uns frei, denn Allāh hat uns Menschen den freien Willen gegeben. Doch am Ende kehrt alles zu Ihm zurück. Wenn wir unser Augenlicht verlieren, kehrt es zum Allerbenden zurück, wenn wir unsere Jugend verlieren, kehrt sie zu Ihm zurück, wenn wir unser Gehvermögen verlieren, kehrt es zu Ihm zurück. Alles ist von Ihm und kehrt zu Ihm zurück und wir sind die beschenkten VerwalterInnen. Möge Allāh uns das Augenlicht, unsere Kraft und unsere Beweglichkeit lange erhalten!

„In der Liebe sind die Spuren Seiner Anwesenheit. Sie ist die Substanz, aus der
die Schöpfung geformt ist. Die Liebe ist immer da, der Sufipfad offenbart sie
dem Bewusstsein, indem er das Herz auf sie ausrichtet."

الرشيد

98

Ar–Rašīd

Der Rechtleitende, der Führungsgebende, der Unterweiser
514 – 2.056 – 264.196

Der Prophet Muhammad, Allāhs Segen und Frieden seien mit ihm, sagte:

„Befrage dein Herz … In der Tat ist es die Rechtschaffenheit, die deiner Seele Frieden gibt. Das Böse hingegen ist das, was sich in deinem Inneren niederlässt und unaufhörlich dein Gewissen heimsucht …“

Die Rechtleitung beinhaltet die Selbstbeobachtung des nafs und der Triebe. Dieser Göttliche Name reflektiert einerseits das Göttliche Wesen und andererseits eine Göttliche Eigenschaft. Auf diese sind die Himmel und die Erde aufgebaut, getragen von einer unendlichen Güte. Alle Wesen, Tiere, Insekten und Pflanzen sind eingehüllt in die Göttliche Rechtleitung. Sie führen ihre Taten auf eine Art aus, die ihrem Wesen entspricht – ein Weg voller Wunder. Und wenn wir Menschen einen Einblick in ihre Wege bekommen, so bekommen wir einen Einblick in die Wunder und Mysterien dieser Welt. Sie alle preisen und singen auf ihre Art ihr Göttliches Lied. Der Mensch aber ist frei und muss sich daher bewusst entscheiden, diesen Weg zu gehen. In der tiefen Wahrheit stimmt jeder Mensch das Göttliche Lied an und ist ein Instrument im großen Orchester des Lebens. Doch der

Unterschied zwischen einem halbschlafenden und einem wachen Menschen ist, dass der eine klar seinen Weg bejaht und sein Leben darauf ausrichtet, der andere jedoch seine Mitte noch nicht erkannt hat. Wer den wachen Weg gehen möchte, muss an die Tür des Wissens klopfen und der Schlüssel dazu sind die inneren Fragen. Wissen entspringt aus einer inneren Haltung, die sich in den Worten und Taten des Menschen widerspiegelt, in seinem Benehmen und in seinem Umgang mit anderen. Wissen ist ein Weg, der das Herz von Zorn, Neid, Arroganz, Hochmut und Verleumdung befreit und es mit Zuversicht und tiefem Glauben umhüllt.

Ar–Rašīd kommt von der Wurzel r–š–d, aus der auch folgende Bedeutungen entstammen: den richtigen Weg verfolgen, gut geleitet sein, nicht irre gehen, rechtgläubig sein, führen, besonnen werden, reif werden, den rechten Weg führen, hilfreiche Führung, spirituelle Wegleitung, Anweisung, Anleitung, Beratung, drauf bringen, drauf führen, unterweisen, belehren, raten, volljährig werden, Vernunft, gesunder klarer Verstand, Reife.

Zwischen Al–Ḥakīm (46) und Ar–Rašīd gibt es eine Verbindung – der erste rückt die Dinge auf ihren rechten Platz und der zweite führt zu den richtigen Taten. Mit Ar–Rašīd erleuchtet das Göttliche Licht den Weg für uns.

Ar–Rašīd, von dem auch muršid, spiritueller Lehrer, also der Lehrer für den inneren geistigen Weg, kommt, ist, wenn Gott einen Suchenden sozusagen an der Hand nimmt und ihm bei seinen Entscheidungen hilft. Ein muršid oder eine muršida geben uns den Mut, die Liebe, die Kraft und den Glauben, uns unserem verletzten Ich und der Identifizierung damit zu stellen, uns unsere Vorstellungen, Wünsche und Begehren anzusehen, und mit und durch das Göttliche Wort hindurchzugehen, bis wir die Göttliche, liebevolle Gnade erfahren.

Sowohl Al–Hādī (94) als auch Ar–Rašīd tragen in sich die Qualität der Rechtleitung und des Führens. Während bei Ar–Rašīd der erzieherische Aspekt im Vordergrund steht, ist es bei Al–Hādī der spirituell–intuitiv geführte Aspekt.

Ein Mensch der Ar–Rašīd verinnerlicht hat, erkennt Wahrheit von Trug und hält sich auf dem Weg zur Wahrheit, ohne das Ziel aus den Augen zu verlieren und ohne unnötige Mühen auf sich zu nehmen. Ar–Rašīd bringt Balance und Ausgewogenheit zwischen Innen und Außen. Zu viel Anhänglichkeit und Verfangenheit im Äußeren bringen Wut und Zorn mit sich und zu viel Orientierung nach Innen kann Instabilität, Unbeständigkeit, Verwirrung und Mangel an Standhaftigkeit mit sich bringen. Ar–Rašīd lehrt uns, die innere Realität in den äußeren Zeichen zu sehen und unseren Weg zu unserer Essenz und zu Gott zu beschreiten.

Wer diesen Namen 152 Mal am Tag wiederholt, stärkt seine Kraft auf der äußeren und der inneren Ebene. Ein lehrender Mensch, der diesen Namen 504 Mal wiederholt, schützt sich davor, fehlgeleitete Information weiterzugeben und missverstanden zu werden. Dieser Name gibt den Menschen die Kraft, zu ihren Taten zu stehen. Wenn jemand die Führung in einer Gruppe oder Gemeinschaft übernehmen möchte, so hilft die Wiederholung dieses Namens in der Erfüllung dieses Wunsches, so Gott will.

Von Selbstsucht leer werden heißt, Gottes voll werden. Wo das Selbst von aller Selbstsucht und allem, was daraus entspringt, frei ist, da geht Gott, der die Liebe selbst ist, in Seiner ganzen Fülle in es ein.

Jeder Mensch möchte Frieden spüren und glücklich sein. Allāh gibt vielen Menschen Gesundheit, Intelligenz, Wohlstand, Schönheit, aber Er gibt nur denen, die Ihm nahe kommen, die Platz gemacht haben in ihrem Herzen für Ihn, sakīna, innere Gottesentstammende Ruhe und Stille. Wenn sakīna eintritt, kommt Friede, und der wärmende Strom des Glücks breitet sich aus, beruhend auf dem tiefen Wissen um die Göttliche Allgegenwart in mir und um mich herum. Wenn der Mensch beginnt, seine Essenz, sein wahres Selbst grenzenlos zu lieben, ist der Weg zu Allāh offen:

„Oh Allāh! Erteile uns Gnade von Dir und versehe uns, was immer unsere äußere Lage braucht, mit Bewusstsein von dem, was recht ist!“
(18:10)

Lasse die Würde und den tiefen Stolz deiner Seele, der auf dem Wissen beruht, dass wir nach dem Bild Gottes erschaffen wurden, sich in deinem Gang widerspiegeln. Wir sind spirituelle Wesen und gleichzeitig menschlich, gefangen in der Dualität von Licht und Dunkel. Wir Menschen bilden die Trennlinie zwischen diesen beiden. Vereinen können wir sie, indem wir unseren verborgensten Feind transformieren: die Arroganz.

„Das Herz ist das Meer, die Gedanken sind die Wellen. Führe sie gut!“

الصبور

99

Aṣ–Ṣabūr

Der Geduldige, der Langmütige
298 – 1.192 – 88.804

Die Geduld gehört zu den höchsten Tugenden. Sie verleiht Ausdauer, Langmut, Standhaftigkeit und eine ungeheure Stärke, den inneren wie äußeren Einflüssen entgegentreten zu können.

Aṣ–Ṣabūr ist die Kraft, die uns erlaubt, die Dinge bis zum Ende durchzuhalten bzw. durchzustehen. Er gibt uns den Willen und den Fokus bzw. innere Sammlung auf unsere Mitte, um nicht in Jammern und mitleidigen Gestöhne in den Wogen des Lebens auszuharren, sondern trotz allem die gütige Liebe und Göttliche Umsicht auch in schweren Zeiten zu erfahren. Er gibt dem spirituellen Sucher die Energie, den geraden Weg zu gehen in Zuversicht, aus allem lernend.

Der Göttliche Name Aṣ–Ṣabūr kommt von der Wurzel ṣ–b–r, aus der auch folgende Bedeutungen entstammen: binden, fesseln, geduldig sein, sich gedulden, Geduld haben, ausharren, gefasst, standhaft ertragen, aushalten, sich enthalten, verzichten, um Geduld bitten, zur Geduld anhalten, trösten, gefasste Haltung, Standhaftigkeit, Selbstbeherrschung, Ausdauer, Widerstandsfähigkeit, Langmut.

Das Wort ṣabr bedeutet nicht nur Geduld, es beinhaltet auch Ausdauer, aber vor allem das Ausharren im Guten und das Hingeben in den Willen des allumhüllenden Göttlichen. Nichts verlängert das Leben mehr als Geduld und Geduld macht schön, denn Geduld ist rein, und daher reinigt sie alle Dinge.

Geduld, Standhaftigkeit, Selbstbeherrschung, Trost, Ausdauer, Widerstandsfähigkeit, Langmut ist ṣabr und all das ist Schönheit. Denn ṣabr führt dich zum Wesentlichen, führt dich zu deiner Schönheit und zu dem, der die Schönheit erschaffen hat.

Eine der Geschichten im Koran (18:66–82), die am schönsten die Qualität der Geduld ṣabr aufzeigt, ist jene vom Propheten Moses und Al-Khidr, „der Grüne“, Allāhs Friede sei mit ihnen. Al-Khidr ist jener, dessen Weisheit immer lebendig (grün) ist. Al-Khidr ist eine sinnbildliche Figur, die die äußerste Tiefe mystischer Erfahrung, die den Menschen zugänglich ist, symbolisiert:

Moses fragte Al-Khidr, ob er ihn auf seiner Reise begleiten darf, damit er von ihm lernen und von seinem Bewusstsein trinken kann. Al-Khidr antwortete: „Du wirst niemals fähig sein, Geduld mit mir zu haben! Denn wie könntest du bei etwas geduldig sein, was du nicht innerhalb des Umkreises von deiner Erfahrung verstehen kannst?“ Doch Moses vergewisserte Al-Khidr: „Ich werde geduldig sein, wenn Gott will, und ich will dir in allem folgen und gehorchen!“ „Nun denn“, antwortete Al-Khidr, „wenn du mir folgst, so frage mich nicht nach meinen Taten, sondern warte, bis ich dir selbst darüber berichte!“ So gingen die beiden los, bis sie das Ufer erreichten. Als sie aus dem Boot ausstiegen, das sie hinübergetragen hatte, machte Al-Khidr ein Loch hinein. Moses war entsetzt und rief aus: „Du machst ein Loch in das Boot, sodass die Leute, die damit fahren wollen, ertrinken! Welch schlimme Tat!“ Al-Khidr erwiderte: „Habe ich dir nicht gesagt, du wirst niemals Geduld mit mir haben!“ Moses bat, ihm zu verzeihen, dass er vergessen hatte und die beiden gingen weiter, bis sie einen jungen Mann trafen. Al-Khidr tötete ihn. Moses schrie auf: „Du hast einen unschuldigen Menschen, der nichts Böses begangen hatte, getötet. Welch schreckliche Sache hast du getan!“

Al–Khidr antwortete: „Habe ich dir nicht gesagt, dass du niemals fähig sein wirst, Geduld mit mir zu haben!“ Moses besann sich wieder und bat erneut um Verständnis und er fügte hinzu: „Wenn ich dich noch einmal fragen sollte, dann entlasse mich von deiner Gesellschaft, denn du hast genug Entschuldigungen von mir gehört!“ Und so gingen sie weiter, bis sie zu einem Dorf kamen. Sie baten die Bewohner um Speise, doch jene verweigerten ihnen diese. In diesem Dorf sah Al–Khidr eine Mauer, die kurz davor war, einzustürzen und er baute sie wieder auf. Moses war erstaunt: „Keine Gastfreundschaft und auch keine Bezahlung für deine Mühe. Du hättest doch sicher eine Bezahlung bekommen, wenn du danach gefragt hättest!“ Al–Khidr erwiderte: „Nun, Moses, trennen sich unsere Wege, doch zuvor werde ich dich die Bedeutung all dieser Ereignisse wissen lassen, die du unfähig warst, mit Geduld zu ertragen! Was das Boot angeht, es gehörte bedürftigen Menschen, die auf dem Meer hart arbeiteten. Ich habe es vorübergehend unbrauchbar gemacht, weil ich wusste, dass ein brutaler König, der jedes Boot ergreift, hinter ihnen her war. Was den jungen Mann betrifft, so hatte er tiefgläubige gütige Eltern, doch er war von anmaßender Ruchlosigkeit. Und was die Mauer angeht, so gehörte sie zwei Waisenjungen und unter ihr war ein Schatz vergraben. Wäre die Mauer eingestürzt, wäre der Schatz von den habgierigen Dorfbewohnern gestohlen worden, und die Jungen hätten noch nicht die Kraft gehabt, sich zu wehren. Alles, was ich tat, war auf Antrieb einer höheren Wahrheit und nichts kam aus eigenem Antrieb.“

Für uns Menschen ist es schwer, Gleichmut zu bewahren, wenn wir uns Dingen gegenüber sehen, die wir nicht verstehen bzw. noch nie erfahren haben. Die Geduld und die Weisheit zu haben und zu erkennen, dass äußere Erscheinung und Wirklichkeit nicht immer übereinstimmen, erfordert Geduld und tawakkul, „Vertrauen in Gott“, in eine Macht, die Absolut und Allumfassend ist, jenseits unserer Urteilskraft. Indem wir unser Herz einer größeren Macht öffnen, in unserem Herzen Raum machen durch das Bewusstsein vom Absoluten, öffnet sich eine tiefere Dimension und wir können uns bei der Anstrengung des Lebens und seinen Erfordernissen erholen. Es entsteht ein Gleichgewicht in uns, das eine Einung hervorbringt zwischen den Welten, eine Ausgewogenheit zwischen dem

Vergänglichen und dem Ewigen, zwischen der sichtbaren und verborgenen Welt, zwischen dem Leben hier und dem weiteren. Ein Licht legt sich über alles und vereint, Frieden im Göttlichen, Verwurzelung im Heiligen, im Mysterium des Lebens.

Der Göttliche Name Aṣ–Ṣabūr gibt uns die Fähigkeit und Kraft, das Wissen, das uns Allāh gegeben hat, zu halten und immer heller leuchten zu lassen.

Wenn ein Mensch diesen Göttlichen Namen wiederholt, so steigen in seinem Herzen zweierlei Gefühle auf: das Gefühl der Angst sowie das Gefühl der Güte und der Barmherzigkeit. Wenn man diesen Namen wiederholt, steht man klar vor seinem nafs seinem Ego–Ich, und wirft ihm einerseits Fehlverhalten und Schwächen vor und umhüllt es andererseits mit dem Wissen um die unendliche Güte und Barmherzigkeit Gottes, die alles verzeihen. Hin und her wird das Herz gewendet, nicht wissend, welches von den beiden mehr bringt. Gott schenkt den Menschen alles und vergisst nichts und niemanden.

Die Angst und die Zuversicht sind zwei Flügel desselben Vogels. Der Flügel der Angst löst die Arroganz auf, führt zur Selbstbeobachtung und Erinnerung und schützt durch seine Wachheit und Wachsamkeit vor vielen Fehlern und Schwächen. Und der Flügel der Zuversicht sowie das Wissen um die bedingungslose, Göttliche Güte und Liebe verflüchtigt den Dämon der Zweifel und Verzweiflung und führt den Menschen zu mitfühlenden Taten. Der Vogel selber aber ist das Herz. So korrigiere deinen Flug, indem du einmal den Flügel der Angst hebst, in Zeiten der Oberflächlichkeit und des lauwarmen Daseins, und einmal den Flügel der Zuversicht, in Zeiten der Ängstlichkeit und der Selbstverurteilung.

Es gibt drei Arten der Geduld: die Geduld für das Gute in einem, die Geduld für das Träge und Nachlässige und die Geduld mit den Katastrophen und schweren Zeiten. Der Göttliche Name Aṣ–Ṣabūr verleiht Geduld und Ausdauer für alle drei Arten, denn Er ist der Geduld Schenkende und wandelt die Energie des Klagens und sich Beschwerens in Zuversicht und Vertrauen. Halte den Wogen das Meer deiner Geduld entgegen!

„Wie soll ich mit den Menschen umgehen?“ war die Frage, und der Weise antwortete: „Handle wie folgt: Gib ihnen von dem, was du besitzt, und nimm nicht von ihrem Besitz. Stehe ein für ihre Rechte und verlange nicht, dass sie dasselbe für dich tun. Habe Geduld mit dem, was sie dir antun, und tue ihnen nichts an.“ „Ist das nicht ein schwerer Weg?“ war die Frage und die Antwort war: „Ja das stimmt, und trotz allem wirst du nicht frei sein vor Verleumdung.“

Der Wanderer begibt sich nicht blind auf seinen Weg, sondern benutzt das Licht seiner Liebe und seines Feingefühls, um mit dem Fluss des Lebens zu gehen. Der Name Allāhs ist einer der größten Schutzschilde für den Wanderer, weil er uns direkt mit Ihm verbindet, dessen Namen wir rufen.

„Gib uns die Kraft, Selbstbeherrschung und Widerstandsfähigkeit,
unsere Aufgaben, Dinge, die wir uns vorgenommen haben, zu Ende zu bringen.“

In Gott Geduld zu haben, ist Treue. Er schenkt uns Geduld und hilft uns, in Höhen und Tiefen des Lebens, in den tiefen Brunnen der Einsamkeiten und in den Wechselwinden der Zweifel und Ängsten, uns stets treu zu bleiben.

Die Geduld ist die Frucht der Milde. Je größer die Milde des Herzens, desto größer die Geduld. Gottes Geduld zeigt sich darin, dass Er trotz des ewigen Ungehorsams des Menschen Er ihm immer wieder Seine Leitung anbietet.

Hilf geduldig und kreativ–schöpferisch, die Energie der Liebe auf diese Erde zu bringen. Dann können wir wieder gutmachen, was durch unseren Materialismus und unsere Gier in Disharmonie gebracht wurde.

Hundert und einmal wird die Geduld im Koran zitiert und mit Geduld schließt sich der Kreis der Göttlichen Namen.

„Und sei geduldig in Widrigkeit: denn, wahrlich, Gott fehlt nicht,
es denen, die Gutes tun, zu vergelten!"
(11:115)

Es wird der Tag kommen, an dem die Erde alles bezeugen wird, was vom Menschen je getan worden ist. Jede und jeder von uns trägt eine individuelle, nicht übertragbare Verantwortlichkeit für unsere Handlungen. Mögen unsere Taten und Worte Lichtbringer sein für diese Welt und ihre Geschöpfe. Möge Allāh uns auf dem Weg zu unserem wahren Selbst unterstützen, möge Er uns mit Ausdauer, Geduld, Liebe und Beharrlichkeit ausstatten, geleitet vom Licht des Wissens und der Weisheit, damit wir FriedensstifterInnen unserer Gesellschaft werden.

„Geduld ist der Schlüssel zur Heiterkeit!"

الله الله الله الله الله الله الله

الشافي

Aš–Šāfī

Der Heiler, der Heilende, der Gesundmacher
391 – 1564 – 152.881

„Und wenn du hundert Knoten knüpfst, die Schnur bleibt eine!"
(Rumi)

Der Göttliche Name Aš–Šāfī trägt in sich die Quelle der Gesundheit und Genesung.

„Wer sich mit der Bearbeitung von Perlen beschäftigt, muss dafür Sorge tragen, dass sie ihre Schönheit nicht zerstört. Ebenso ziemt es sich, dass diejenige, die menschliche Körper, die edelste Schöpfung der irdischen Welt, heilen will, behutsam und liebevoll mit ihnen umgehe."
(Islamisches Sprichwort)

Unsere Essenz, unser tiefes Selbst, besteht aus der unendlichen Güte, die Allāh uns, als unsere essentielle Qualität, geschenkt hat. Sie befasst sich mit positiven Dingen und wird durch diese angeregt. Deswegen sagt man auch, die halbe Heilung ist ein gutes Wort. Jede positive Energie wird vom tiefen Selbst angezogen, erweckt sie, regt sie an und nährt sie. In einem harmonischen, positiven Raum erwachen die Herzen.

Aus der Wurzel š–f–y entstehen folgende Bedeutungen: heilen, wieder gesund machen, wiederherstellen, seinen Durst stillen, sein Gemüt kühlen, Rache nehmen, entschieden sein, bestimmt sein, heilsam, Medizin, Heilmittel, Heilung suchen, Krankenhaus (im Arabischen: Genesungshaus).

Hier eine genauere Auflistung der verschiedenen Formen:

Šāfī	شافي	Heiler
´Ašfā	اشفى	ganz nahe sein, am Rand sein von, ein Medikament geben, das Heilung bringt. Passiv: Er brachte ihn an den Rand der Verzweiflung, auf die materielle Welt zugehen, auf etwas zugehen
Šafā	شفى	heilen, wieder gesund machen, wiederherstellen (von einer Krankheit), um jemandes Heilung bitten
Šifā´	شفاء	Heilung, Genesung, Befreiung von einer Krankheit, von Schuld befreien
Ašfiya	أشفية	Heilmittel, Arznei, Medizin
Istišfā´	استشفاء	Heilung suchen
Šāfin	شاف	entschieden, bestimmt
Šafawī	شفوي	Lippen, mündlich
Mušfin	مشف	todgeweiht, Sonnenstand kurz vor Untergang
Tašaffin	تشف	wieder zu sich kommen (z. B. vom Zorn), sich beruhigen, besänftigt werden
Ištafa	اشتفى	sich am Unglück des Feindes erfreuen
Istašfaya	استشفي	Heilung oder Heilmittel verlangen, Heilung erlangen, sich um die eigene Heilung kümmern, etwas als Heilmittel betrachten, seine Rache kühlen, sich Genugtuung verschaffen, aus einem Rat Nutzen ziehen
Šufūf	شفوف	durchsichtig, transparenter Zustand
Šiffa	شفة	Gewinn, Zunahme, Abnahme
Šafāhu –l–llāh	شفاه الله	von Allāh von der Heilung des Körpers, zur Heilung des Herzens, zur Heilung der Seele geführt werden
Bint uš–šifa	بنت الشفة	Wort, Lob

Wie alle Göttlichen Namen, trägt auch dieser den Gegenpol in sich, um eine Einung und Ganzheit herzustellen.

D̲ikr ist Heilung, wenn Heilung Ganzheit bedeutet, denn d̲ikr heißt, gütig singen, die Menschen an die ewige Heimat erinnern und so aus dem Schlummer des Vergessens zu erwecken und das anzuregen, was verborgen in ihnen liegt, und damit zu heilen. Es ist Nächstenliebe in der Göttlichen Präsenz.

Zwei Grundpositionen im d̲ikr helfen und unterstützen, dass die Energie innerhalb des Körpers zirkuliert und nicht entweicht: die Position mit den Händen auf den Knien oder jene, mit den Händen übereinander im Schoss, wobei erstere den Bereich der Brust und des Herzens mehr betont und aktiviert und letztere mehr der Sammlung dient.

Die Weisheiten des Herzens und der Liebe gehen dahin, wo sie gebraucht werden, formen sich neu und fließen dann vielleicht auch wieder zurück, so war es immer.

„Darf ich – soll ich – kann ich", sind Fragen, die uns Menschen bewahren, der latenten Tendenz des Egos, dem Stolz und der Arroganz, zu verfallen und stattdessen der Qualität der Dankbarkeit und Menschlichkeit, die auf dem Wissen der unser aller umhüllenden Bedürftigkeit basieren, Raum zu geben. Einen Menschen zu berühren ist immer eine Ehre, in der Position der Begleiterin sein zu dürfen und das Gute auf diese sichtbare Welt zu bringen, schenkt inneres Ansehen und Würde.

Sieben bindende Fesseln legt uns das Ego an: Neid, Hass, Gier, Unwissenheit, eigennützige, negative Leidenschaften, Arroganz und Geiz.

Geben und nehmen, Liebe zu empfinden und selbstlos zu sein, hat nichts mit Reichtum oder sozialem Stand zu tun, es ist keine materielle Frage. Es ist die Liebe, die uns erst zu zivilisierten Wesen macht. Das Erwecken der Liebesfähigkeit verschafft den Zugang zum großen Ozean.

Ansari zufolge verlangt das „sufische Gesetz des Lebens“ :

- Güte für die Jungen,
- Freigebigkeit gegenüber den Armen,
- guten Rat für Freunde,
- Nachsicht mit Feinden,
- Gleichgültigkeit gegen Narren und
- Achtung für die Wissenden.

Hakim Gulam Moinuddin Chisti zufolge ist die trefflichste Zusammenfassung der Philosophie des Sufismus, in der er seine Schüler aufforderte, jene:

- alle zu lieben und keinen zu hassen,
- Hilfe von niemandem zu suchen außer von Gott,
- die volle Größe unseres unsterblichen Selbst zu entwickeln und
- sie in den Dienst der Wahrheit und vor allem der bedürftigen Menschen zu stellen.

Es sind die Stille, das Mitgefühl und die inspirierenden Dinge, die die sichtbare Welt mit der unsichtbaren verbinden und über das irdische Leben hinausgehen. Es bedeutet, die verborgene Kraft im Alltag finden, auf Gefühle und Intuition zu vertrauen und diszipliniert zu leben, sorgsam mit der Umgebung und im Umgang mit sich selbst.

Der Weg vom Kopf über den Bauch zum Herzen kann sehr weit und langwierig sein. Mancher muss schmerzvoll vom Schicksal darauf gestoßen werden, manche spürt einfach, dass das Leben sonst weder Freude noch einen Hauch von Sinn ergibt. Jeder ist anders, und jede geht einen anderen äußeren Weg dorthin.

Krankheit ist in der Regel ein aus der Harmonie geratenes System, dessen Schwingungen disharmonisch verlaufen. Bringt man das System dazu, sich in seiner tiefsten Ebene zu synchronisieren, wird ein Heilungsprozess in Gang gesetzt. Wesentlich ist, dass die begleitende Person selbst ihre Schwingungen auf ein einheitliches Niveau bringt, bevor sie mit der Anwendung beginnt.

„So werde wie du warst, als du nicht warst!"
(Junaid)

Das folgende Heilungsgebet kann für eine anwesende bzw. abwesende Person zur Heilung gesprochen werden, wobei dies im Rhythmus von 19 Mal wiederholt wird:

يا الله

يا شافي

بسم الله أرقيك مما فيك

إشفي أنت الشافي

شفاء لا يترك سقماً

بسم الله أوله وآخره

Yā Allāh
Yā Šāfī
bismillāh arqīka mimmā fīka
išfī anta š–šāfī
šifā´un lā yatruku saqaman
bismillāh awwaluhu wa āchiruhu

Oh Allāh
Oh Heiler
Im Namen Allāhs heile ich dich vom dem, was du in dir trägst.
Heile, Du bist der ewig Heilende,
Eine Heilung, die keine Krankheit hinterlässt.
Im Namen Allāhs ist der Anfang und das Ende

„Niemals steigt und niemals sinkt die Sonne,
ohne dass nach Dir der Sinn mir stände.
Nie sitz mit den Leuten ich zu sprechen,
ohne dass mein Wort Du bist am Ende.
Keinen Becher Wasser trink ich dürstend,
ohne dass Dein Bild im Glas ich fände.
Keinen Hauch tu ich betrübt und fröhlich,
dem sich Dein Gedenken nicht verbünde."
(Hallaj)

„Nicht nur die Durstigen suchen das Wasser, das Wasser sucht die Durstigen."
(Rumi)

Über die Autorin

Rosina-Fawzia Al-Rawi Al-Rifai,
Dr.in der Orientalistik, lehrt seit über 20 Jahren im Bereich des Sufismus und leitet heute weltweit Seminare zum Thema „Weibliche Spiritualität“.
Geboren in Bagdad, verbrachte sie ihre Kindheit im Irak und im Libanon. Von ihrer Großmutter wurde sie hier in die Traditionen der orientalischen Kultur eingeführt, wobei Bauchtanz als wichtiges Ausdruckselement der weiblichen Welt eine wesentliche Rolle spielte.
Seit 2001 lebt Fawzia Al-Rawi mit ihrem Mann und ihren drei Kindern in Wien.

www.haus-des-friedens.at
www.fawzia-al-rawi.com

Leserservice

Die Autorin hat exklusiv für alle interessierten Leser und Leserinnen eine Aufnahme zu den 99 heilenden Namen der Einen Liebe und den Gebeten erstellt. Diese Aufnahme steht Ihnen als MP3-Download gratis zur Verfügung. Besuchen Sie im Internet folgende Website:

www.sheema-verlag.de/namenderliebe

tragen Sie dort Ihre Email-Adresse ein, bestätigen diese und schon erhalten Sie die Aufnahme. Wir wünschen Ihnen viel Freude damit!

Hinweis: Bitte hören Sie diese Aufnahme nicht während Sie Autofahren oder andere Tätigkeiten ausführen, die Ihre volle Konzentration verlangen.

Index

LITERATURLISTE

‘Abd Al–Karim Al–Qusayri As–Safi‘i: At–taḫbīr fi–t–taḏkīr šarḥ ’asmā’u llāh al–ḥusna, Dar Al–Kotob Al–Ilmiyah, Beirut, Libanon 1999.

Shaykh Muhammad Ratib An–Nabulsi: mawsu‘āt asmā’u llāh al–ḥusna, Bd. I–III, Dar Al–Maktabi, Damaskus, Syrien 2004.

Muhammad Jamal Al–Rifai: The meanings of the Names of our Lord, Sidi Muhammad Press, Petaluma, California, s.d.

‘Abd Al–Maqsud Muhammad Salim: fi malakuti llāh ma‘a asmā’u llāh, Sharikat Ash–Shamarli, Kairo, Ägypten, 2003.

Hasanayn Muhammad Machluf: asmā’u llāh al–ḥusna, Dar Al–Ma’arif, Kairo, Ägypten, 1974.

Shaykh Tosun Bayrak Al–Jerrahi Al–Halveti: The Name and the Named, Louisville, USA, 2000.

Shams Ad–Din Az–Zira’l Ad–Dimasqi: asmā’u llāh al–ḥusna, Al–Tawfikia Bookshop, Kairo, Ägypten, s.d.

Muhammad Bakr Isma’il: asmā’u llāh al–ḥusna, Athariha wa asrariha, Dar Al–Manar, Kairo, Ägypten, 2000.

Abd Allah Ahmad Al–Hurani: asmā’u llāh al–ḥusna lil–ḏākirin wa–l–ḏākirāt, s. E. Palästina, 2007.

BÜCHER DER AUTORIN

SEELENBLÜTEN: 52 Weisheitssprüche und 52 Blütenfotos, ISBN 978-3-931560-60-7, Sheema Verlag (2017)

Der Tanz in die Weiblichkeit: Bauchtanz, Übungen & Meditationen aus der Tradition des Sufismus, ISBN 978-3-931560-66-9, Sheema Verlag (2018)

Meine Seele begann zu flüstern: 40 Geschichten aus der Welt der Sufis, ISBN 978-3-948177-04-1, Sheema Verlag (2019)

Der Ruf ALLAHs: Ein Begleitbuch durch den heiligen Monat RAMADAN, ISBN 978-3-948177-08-9, Sheema Verlag (2021)

KONTAKT

Sheema Medien Verlag
Bücher. Aus Liebe.
Hirnsberger Str. 52
D - 83093 Antwort

Tel.: +49 (0)8053 - 7992952
Fax: +49 (0)8053 - 7992953
E-Mail: info@sheema.de

www.sheema-verlag.de

SHEEMA

MÖGEN ALLE WESEN GLÜCKLICH SEIN